OEUVRES COMPLÈTES

DE

W. SHAKESPEARE

TOME X

LA SOCIÉTÉ

CORBEIL. TYP. ET STÉR. DE CRÉTÉ FILS.

FRANÇOIS-VICTOR HUGO

TRADUCTEUR

ŒUVRES COMPLÈTES

DE

W. SHAKESPEARE

TOME X

LA SOCIÉTÉ

MESURE POUR MESURE. — TIMON D'ATHÈNES. — JULES CÉSAR.

PARIS

PAGNERRE, ÉDITEUR

RUE DE SEINE, 18

1872

Reproduction et traduction réservées.

A LOUIS BLANC

F.-V. H.

INTRODUCTION

L'art est libre et souverain. Il se meut à sa fantaisie dans son domaine idéal. Il ne relève ni de la philosophie, ni de la morale, ni de la science, ni de la religion. L'art est lui-même un dogme qui a ses dévots et ses sectaires. Pour prêtres il a les artistes, pour prophètes les poëtes, pour croyants tous les penseurs. L'art anime ses interprètes du souffle mystique de l'inspiration ; il communique à ses fidèles l'extase sacrée de l'admiration. Grâce au charme magique de l'illusion, il possède tous les esprits. Pour lui pas de sceptique : il impose aux âmes les plus rebelles ses plus fantasques superstitions, il rend l'athée même crédule. Il évoque, au gré de ses mythes, les sentiments les plus divers et les plus contradictoires, joie et douleur, gaieté et mélancolie, sympathie et antipathie, terreur et pitié. Il arrache une larme au plus enjoué, un éclat de rire au plus soucieux, un cri d'enthousiasme au plus flegmatique, un mot de compassion au plus implacable. Il efface sous les impressions de la fiction les impressions mêmes de la réalité ; il asservit la vérité à sa rêverie ; il donne à l'évidence le démenti triomphant de ses fables. Pouvoir étrange que l'imagination oblige la raison à reconnaître et qui assure à l'art le gouvernement des âmes ! Puissance inexplicable, incontestable, irrésistible et d'autant plus formidable qu'elle est irresponsable.

Oui, l'art exerce sans contrôle son omnipotence : il n'est

justiciable d'aucune autorité extérieure. Pourvu qu'il atteigne la fin qui lui est propre, il n'a pas à rendre compte des procédés qu'il emploie. Il peut à sa guise défendre ou attaquer la morale, l'équité, le progrès, le droit. Il peut dans les écarts de sa fantaisie violer la pudeur elle-même. Il peut parer d'esprit les immondices de Pétrone et de l'Arétin ; il peut illustrer avec le crayon de Jules Romain les raffinements monstrueux de la luxure italienne ; il peut revêtir de toutes les séductions de la forme les turpitudes de marbre qui se cachent au musée de Naples. Il peut soutenir le despotisme comme il peut prôner l'obscénité. Il peut écrire, de la main de Hobbes, l'apologie du tyran et, de la main de De Maistre, l'éloge du bourreau. Il peut faire l'apothéose d'Octave dans les Bucoliques de Virgile et dans les Odes d'Horace. Il peut offrir à César Borgia les conseils de Machiavel et à Charles IX les adulations de Ronsard. Il peut insulter les martyrs comme il peut encenser les tyrans. Il peut jeter à Socrate l'épigramme meurtrière d'Aristophane, à Jeanne d'Arc le sarcasme lubrique de Voltaire, à Jésus-Christ l'anathème impie de Shelley.

Ainsi, — d'éclatants exemples le prouvent, — l'art peut être servile, cynique, obscène, lâche, féroce, sacrilége, meurtrier ; n'importe ! il est toujours l'art. Mais de ce que l'art peut, sans fausser son essence, enfreindre la loi morale qui nous régit, faut-il conclure que l'artiste peut violer cette loi sans forfaire à son devoir ? L'artiste a-t-il les mêmes immunités que l'art ? Si l'art n'est pas responsable, est-ce une raison pour que l'artiste soit irresponsable ? — L'art est impersonnel, cosmopolite, universel ; il est de tous les temps, de tous les âges, de tous les climats, de toutes les régions, de tous les mondes. Partout où il y a un cerveau qui conçoit, un esprit qui pense, une âme qui rêve, l'art existe. L'art a pour ciel natal, non l'atmosphère étroite qui nous emprisonne, mais la profondeur démesurée de l'infini. — L'art est dans l'absolu, l'artiste vit dans le contingent. L'artiste est homme, et, comme homme, il relève de l'humanité. La société dont il est membre a le droit de lui demander compte de ses œuvres comme de ses actes. Sous peine de désertion, il ne peut s'abstraire de la communauté militante. Dans la guerre sainte du juste contre l'injuste, il est tenu d'apporter le concours de son talent, de son énergie et de ses forces. Il ne peut sans félonie trahir la cause sacrée du progrès. Il est obligé de servir, comme nous tous, et de combattre pour l'équité, pour la vérité, pour la civilisation. Apôtre du beau, il doit être aussi le croisé du bien.

Telle était, je n'en doute pas, l'idée que Shakespeare se faisait de sa mission terrestre. Shakespeare ne séparait pas les fonctions du poëte des devoirs de l'homme. Il ne cultivait pas l'art pour l'art. Sa dévotion à la muse se fortifiait toujours de son dévouement pour l'humanité. Comme le philosophe d'Alexandrie, il ne cherchait le beau que dans la splendeur du vrai. La fiction dramatique était toujours pour lui la plus lumineuse des paraboles. C'était peu que le théâtre amusât : il fallait, avant tout, qu'il instruisît. « L'objet du théâtre, dit Hamlet, est de présenter le miroir à la nature, de montrer à la vertu ses propres traits, à l'opprobre sa propre image et au corps séculaire du temps sa marche et sa trace. » Paroles mémorables, qu'on ne saurait trop méditer, car elles peuvent servir d'épigraphe à l'œuvre entière du maître.

Des critiques à courte vue se sont plu à présenter Shakespeare comme un fantaisiste n'ayant d'autre souci que son caprice, indifférent à la renommée et à la gloire, dédaigneux de l'avenir, inconscient de son génie, concevant et composant au hasard de l'inspiration, penseur irréfléchi, créateur involontaire. C'est contre ce préjugé, malheureusement trop répandu, que je voudrais réagir. Si un écrivain a jamais eu la conscience de son apostolat, selon moi, c'est Shakespeare. La poésie pour lui n'est jamais que le verbe le plus haut de la sagesse. Suivant lui, ce n'est pas assez que le théâtre expose les faits et les choses *en présentant le miroir à la nature ;* il faut qu'il apprécie ces faits et ces choses, *en montrant à la vertu ses propres traits, à l'opprobre sa propre image.* Le théâtre ne doit pas seulement animer les personnages, il doit les juger. Il faut qu'il exalte les bons et flétrisse les méchants. Il faut qu'il prenne parti pour le juste contre l'injuste. Chaque acte doit porter sa sentence. Tout drame doit conclure par un verdict. Telle est la pensée de Shakespeare. — Shakespeare est donc un poëte moraliste, tout aussi bien que Molière; mais il y a entre les deux écrivains cette différence radicale : chez Molière, l'idée est presque toujours extérieure à l'action; chez Shakespeare, l'idée se mêle toujours intérieurement à l'action. — La philosophie circule dans le drame anglais comme la séve dans l'arbre ; elle l'anime, elle le vivifie, elle en prolonge les racines, elle en élève la tige, elle en étend les rameaux, elle en multiplie les fleurs et les fruits, et, toujours présente par ses effets, elle se cache sous l'écorce au regard superficiel. Mais pour peu que vous souleviez cette écorce, elle jaillit et saute aux yeux.

Scrutez et fouillez tour à tour les pièces du maître : vous verrez surgir de chacune d'elles un généreux précepte. Hamlet vous dévoilera les périls de l'hésitation en présence du devoir; Lear vous révélera les erreurs auxquelles l'autorité factice du roi expose l'autorité native du père; Othello vous indiquera l'effrayant précipice de la jalousie; Macbeth vous fera voir la chute de l'ambition dans le crime; Richard III vous montrera l'inévitable ruine de la tyrannie. — Si des drames vous passez aux comédies, vous reconnaîtrez partout encore la préoccupation du moraliste.

Dans la *Sauvage apprivoisée*, le poëte prêche la paix domestique en rappelant aux femmes que la grâce est leur vraie force ; dans *Peines d'amours perdues*, il démontre à nos prétendus souverains que la passion est la véritable souveraine ; dans *Comme il vous plaira*, il fait justice de cet odieux droit d'aînesse qui, durant tout le moyen âge, établit l'inégalité entre les enfants du même père et fit du cadet la victime du premier-né ; dans *Tout est bien qui finit bien*, il abolit la distinction des castes en forçant l'aristocratie à accepter l'alliance du peuple; dans le *Marchand de Venise*, il met un terme à la guerre des religions en mariant un chrétien à la fille d'un juif.

Ainsi, les fantaisies les plus légères du maître offrent toujours à l'esprit une conclusion profondément sérieuse. Comment croire que ce soit là l'effet d'un hasard ? Comment prétendre que le poëte était un rêveur qui ne se rendait pas compte de ce qu'il rêvait ? Quoi ! c'était sans s'en douter que Shakespeare proclamait tant de vérités dans tant de chefs-d'œuvre ! C'était à son insu qu'il prodiguait les exemples et les conseils ! C'était involontairement que sans cesse il mettait en action la plus haute et la plus pure morale et qu'il fixait les principes les plus généreux dans d'impérissables symboles ! C'était machinalement que, s'adressant successivement à toutes les classes, parlant avec la même indépendance à ceux d'en haut et à ceux d'en bas, ce grand pontife de la nature prêchait à la royauté la clémence, à l'aristocratie l'humilité, au peuple la tolérance, à tous le devoir !

Ah ! rendons à Shakespeare ce qui est à Shakespeare ! n'attribuons pas à l'interprétation moderne l'honneur d'avoir inventé ce qu'elle n'a fait que comprendre. Soyons plus modestes, afin d'être plus équitables. Ne contestons pas son œuvre à cet ouvrier. Ne marchandons pas à cette imagination prodigieuse le menu mérite de la réflexion.

Ne chicanons pas le génie, et convenons de bonne grâce que celui qui a conçu de telles choses était bien capable de les préméditer ! Que si des critiques obstinément sceptiques hésitaient encore à faire cet aveu et à reconnaître dans Shakespeare un des artistes qui ont le plus puissamment contribué à l'élévation morale du genre humain, je les invite à relire attentivement les trois pièces que j'ai essayé de traduire dans ce volume, et j'ose affirmer que cette étude aura raison de leurs derniers doutes. Comment, en effet, persisteraient-ils à nier que le poëte anglais eût souci de notre état social, en présence de cette magnifique trilogie dont la société est la véritable héroïne? Ici c'est la société même qui va occuper la scène ; c'est son gouvernement, c'est sa constitution, c'est sa nature, c'est son histoire, ce sont ses vices, ce sont ses luttes, ce sont ses détresses, ce sont ses désastres qui vont être mis sous nos yeux ; c'est le drame de la société qui va se jouer. O vous qui croyez encore que Shakespeare était indifférent aux misères de notre communauté, regardez. Shakespeare va dévoiler les trois grandes plaies qui la rongent : dans *Mesure pour Mesure*, l'hypocrisie, dans *Timon d'Athènes* l'égoïsme, dans *Jules César*, la servilité.

I

L'aventure qui fait le sujet de *Mesure pour Mesure* est de tous les temps et de tous les pays. Si monstrueux qu'il soit, ce n'est pas un personnage rare qu'un magistrat coupable du crime pour lequel il condamne un autre homme. Il ne faudrait pas chercher bien loin dans l'histoire du peuple le plus civilisé pour y trouver un juge concussionnaire sévissant contre un voleur, un juge prévaricateur punissant un faussaire, ou un juge adultère s'oubliant jusqu'à châtier un adultère. — Un malheureux est condamné pour attentat aux mœurs; une femme, parente du condamné, intercède pour lui auprès de l'officier public : l'officier promet d'être clément si cette femme se donne à lui; la femme se livre, et l'officier, en dépit de sa promesse, laisse exécuter la sentence : voilà un fait bien atroce, n'est-ce pas ? eh bien, il n'est pas extraordinaire. On en trouverait plus d'un exemple dans nos annales européennes. Ce fait a été raconté, en France, d'Olivier le Diable et de Laubardemont; en Angleterre, du colonel Kirke; en Italie, d'un officier de la maison d'Este. Ce n'est donc pas à la légende qu'il faut l'attribuer, c'est à l'histoire. La fable a pu se l'approprier et le développer, elle ne l'a pas inventé : il a appartenu de tout temps à la chronique scandaleuse de l'humanité.

Je n'hésite donc pas à attribuer une origine historique à la tragique nouvelle que raconte maître Giraldi Cinthio de Ferrare au cinquième chapitre de la huitième décade de ses *Hécatommithi*. — Il était une fois, dit Mme Fulvia, un grand empereur appelé Maximian, qui était un rare exemple de courtoisie, de magnanimité et de justice. Cet empereur unique avait choisi, pour gouverner sa bonne ville d'Inspruck, un sien familier qu'il aimait fort, nommé Juriste; mais, avant de lui bailler ses lettres patentes, il lui avait recommandé de garder inviolablement la justice, l'avertissant qu'il pourrait tout lui pardonner, excepté une chose faite contre justice : « Si d'aventure vous ne pensez être tel que je vous désire, pour ce que tout homme n'est pas propre à toute chose, ne prenez pas cette charge et restez ici à la cour. » Juriste, plein de confiance en lui-même, avait remercié son seigneur de la remontrance et hardiment avait accepté l'office. — Longtemps après qu'il eut pris en mains l'administration de la cité, advint qu'un jeune homme, appelé Vico, força une jeune fille d'Inspruck. De quoi la plainte alla par-devant Juriste lequel le fit prendre incontinent et le condamna, selon la loi de la ville, à avoir la tête tranchée. — Or, Vico avait pour sœur une jeune demoiselle de dix-huit ans, nommée Épitia, laquelle, outre qu'elle était ornée de grande beauté, avait une très-douce manière de parler et une présence aimable, accompagnée d'une rare honnêteté féminine. Épitia n'hésita pas à aller trouver Juriste pour le prier d'avoir compassion de son frère. Elle plaida la cause du condamné avec grande éloquence, insistant sur la puissance de l'aiguillon d'amour, sur le peu d'expérience de Vico, lequel n'avait encore que seize ans, déclarant d'ailleurs que, pour réparer la faute commise, il était prêt à prendre la fille à femme, et ajoutant enfin que, dans sa pensée, la loi avait été établie pour épouvanter plutôt que pour être observée, et que ce serait grande cruauté de punir par la mort un péché qui pouvait être honnêtement et saintement réparé. Juriste, qui ne prenait pas moins de plaisir à entendre le gracieux langage d'Épitia qu'à voir sa grande beauté, se fit répéter deux fois les mêmes choses et finit par consentir à différer l'exécution, « pour réfléchir à ce qu'Épitia lui avait dit ». Épitia eut bonne espérance de telles paroles et courut les rapporter à son frère qui la pria de solliciter de nouveau sa délivrance. — La jeune fille revint donc, quelques jours après, devant le lieutenant et lui demanda humblement ce qu'il avait délibéré. Aussitôt que Juriste la vit, il se sentit devenir tout en feu et lui répondit qu'il avait considéré ses raisons, mais qu'elles étaient insuffisantes, que la loi était formelle et qu'il ne pouvait user de miséricorde envers Vico. Pourtant, si Épitia voulait lui complaire de sa gente personne, il était prêt à faire grâce au condamné.

— J'aime beaucoup la vie de mon frère, répondit fièrement la jeune fille, mais j'aime encore mieux mon honneur. Laissez donc votre déshonnête pensée. Si je peux recouvrer mon frère par un autre moyen, je le ferai volontiers.

— Il n'y a point d'autre moyen, répliqua Juriste, et ne devriez vous montrer tant revêche ; car peut-être nos premières conjonctions seraient telles que vous deviendriez ma femme. Avisez bien, j'attendrai demain votre réponse.

Épitia s'en alla toute fâchée à son frère et lui rapporta fidèlement ce qui était advenu, concluant qu'elle ne voulait point perdre son honneur pour lui sauver la vie et le suppliant, les larmes aux yeux, d'endurer patiemment sa mauvaise fortune. Sur quoi Vico, fondant en larmes, la conjura de ne point consentir à sa mort, puisqu'elle pouvait le délivrer en la manière que le gouverneur avait proposée.

— Cela est impossible, dit Épitia.

— Ah ! ma sœur, je vous prie, que les lois de la nature, du sang et de l'amitié puissent tant en votre endroit que vous me délivriez d'une misérable fin. Vous êtes belle, ornée de toutes les grâces que la nature peut donner à une gentille femme, vous avez une merveilleuse manière de parler, ce qui peut vous faire aimer, non-seulement de Juriste, mais de l'empereur du monde. Et pour cette cause vous ne devez douter que Juriste ne vous prenne à femme.

Et, tenant ces propos, Vico pleurait et Épitia aussi. Et le frère, embrassant la sœur par le cou, ne la laissant qu'elle ne lui eût promis par contrainte de s'adonner à Juriste pour le sauver. Sur quoi la jeune fille s'en alla à Juriste et lui dit que l'espérance qu'il lui avait donnée de la prendre pour femme et le désir de sauver son frère l'avaient décidée et qu'elle consentait... La nuit suivante, elle se livra à Juriste ; mais, avant de prendre son plaisir de la fille, le méchant avait expédié l'ordre de trancher incontinent la tête de Vico. Le matin venu, Épitia, à peine défaite des bras du magistrat, lui rappela son engagement ; Juriste déclara qu'il allait le tenir et lui envoyer son frère chez elle. Épitia courut bien vite à sa maison. Sur quoi Juriste manda le geôlier, et lui ordonna de mettre sur une bière le cadavre de Vico, de le couvrir d'un drap noir et de le porter immédiatement à Épitia. Qui pourrait dire l'ennui de la jeune femme quand elle reçut son frère en cet état? Pourtant elle eut la force de cacher son déplaisir, et, retenant ses larmes, elle déclara au geôlier qu'elle était satisfaite. Dès qu'elle fut seule, elle ne songea plus qu'à la vengeance. Après avoir médité maints projets, elle reconnut que le plus sûr était d'aller se plaindre à l'empereur, et, vêtue d'habits de deuil, se rendit à Villaque où Maximian tenait sa cour. L'équitable monarque écouta gracieusement les doléances de la dame; mais, ne voulant pas condamner le coupable sans l'entendre, il manda son lieutenant. A la vue de celle qu'il avait offensée, Juriste fut tellement éperdu qu'il avoua tout. Sur quoi, l'empereur, pour garder l'honneur de la femme, ordonna que Juriste épouserait Épitia. En vain celle-ci objecta son aversion pour Juriste; l'empereur fut inflexible et la sentence fut exécutée. Dès que le lieutenant eut épousé la dame, Maximian le fit appeler de nouveau et lui dit:

— J'ai pourvu à votre premier crime en vous faisant épouser la fille que vous avez violée: pour réparer l'autre, je veux que l'on vous tranche la tête, comme vous l'avez fait trancher à son frère.

Le misérable magistrat allait être livré au bourreau, quand Épitia intervint, et, faisant valoir son titre d'épouse, la sainteté du mariage et la beauté même de la clémence, supplia Son Altesse de laisser vivre Juriste. L'empereur, émerveillé de l'entendre prier pour un homme qui lui avait fait si grand tort, jugea qu'une si grande bonté devait obtenir ce qu'elle demandait et fit grâce, mais en signifiant à Juriste qu'il ne l'épargnait qu'en considération d'Épitia. Sur quoi les deux époux se retirèrent, en remerciant l'empereur. Et Juriste, songeant combien avait été grande envers lui la courtoisie d'Épitia, l'aim a toujours beaucoup, et elle vécut très-heureusement avec lui le reste de ses jours.

Ainsi finit l'aventure que l'auteur des *Hécatommithi* racontait à toute l'Italie vers l'an de grâce 1565. Révélé à la France par la traduction de notre compatriote Gabriel Chappuys [1], ce récit parvint en Angleterre en même temps que la glorieuse légende du *More de Venise.* Un écrivain aujourd'hui oublié, Georges Whetstone le prit pour thème d'une comédie en deux parties qu'il dédia, en 1575, à son respectable ami et parent William Fleetwood, recorder de Londres. — Si imparfaite qu'elle fût, cette comédie attestait pourtant chez son auteur un certain tact poétique. Whetstone avait compris le défaut capital de la fable italienne et avait essayé de le corriger. Quoi de plus répugnant, en effet, pour le sens moral que la terminaison de cette fable : l'assassin épousant la sœur de l'assassiné, cette jeune fille prétendue si pure, si généreuse, si noble, achevant paisiblement ses jours en compagnie de l'infâme qui, pour prix de son déshonneur, lui a envoyé le cadavre de son frère ! Qu'Épitia pardonne l'offense personnelle qui lui a été faite, soit. Mais qu'elle amnistie le meurtre au point de vivre heureuse avec le meurtrier, c'est ce qui révolte l'équité et la raison. Cette félicité conjugale est moralement impossible; un spectre la troublera toujours. La lune de miel qui doit luire sur ce bon ménage monstrueux aura toujours l'aspect horrible d'une tête coupée. — Aussi, pour pallier l'impression odieuse produite par une telle conclusion, maître Whetstone imagine un moyen qui, disons-le à son honneur, sera sanctionné par Shakespeare : il sauve les jours du frère con-

---

[1] Voir cette traduction à l'Appendice.

damné. Dans la *Très-excellente et très-fameuse histoire de Promos et Cassandre*, Andrugio ne meurt pas comme Vico dans la légende italienne. Promos, qui joue le rôle de Juriste, donne bien, il est vrai, l'ordre de procéder à l'exécution, mais un geôlier, plus humain que le magistrat, fait évader le prisonnier et, pour que cette évasion reste secrète, envoie à Cassandre le crâne d'un autre prisonnier fraîchement décapité. Dupe de ce pieux stratagème, Cassandre croit avoir perdu son frère, et, pour se venger, dénonce le crime de Promos au grand roi de Hongrie, Mathias Corvin, qui remplace ici l'empereur légendaire. Comme Juriste, Promos est condamné à épouser celle qu'il a séduite, puis à être décapité. En vain Cassandre suit l'exemple d'Épitia en implorant la grâce de l'homme qu'elle accusait tout à l'heure : elle ne peut parvenir à fléchir l'inexorable justicier. Mathias déclare que le sang versé exige du sang : Andrugio est mort, mort à Promos ! *Hoc facias alteri quod tibi vis fieri*, dit ce grand prince qui ne perd pas son latin. Promos est donc livré à l'exécuteur ; mais, au moment où tout espoir semble perdu, survient Andrugio qui, renonçant à un déguisement inutile, se fait reconnaître et implore lui-même du monarque la vie de son beau-frère. Le roi ne résiste plus ; il accorde à l'offensé la grâce de l'offenseur. Promos, redevenu premier ministre, est rendu à Cassandre, Andrugio épouse Pauline, la jeune fille avec laquelle il s'est oublié, et la pièce se termine ainsi par un double épithalame.

Vous le voyez, la légende italienne a subi une transformation radicale, dès son entrée sur la scène anglaise. La tache de sang qui la défigurait a été pour toujours essuyée. La fable a perdu toute son horreur, et elle peut, sans contradiction, se dénouer en comédie. — Mais ce qui fait de la pièce de George Whetstone une composition décidément comique, c'est l'intrigue secondaire qu'il a accouplée à la donnée primitive. — Au gouverneur Promos est adjoint un certain Phallax qui est chargé de la police urbaine dans la ville capitale de Julio. Par ordre de son supérieur, ce Phallax a fait fermer toutes les maisons suspectes de la cité. Un jour les recors amènent devant lui une prostituée récalcitrante. Phallax s'éprend tout à coup de cette fille et, au lieu de l'envoyer en prison pour être fouettée comme ses pareilles, la prend sous sa protection. Lamia, conseillée par un drôle nommé Rosko, exploite habilement la passion du robin : elle mène un train splendide dont Phallax fait tous les frais. Pour subvenir à ces prodigalités, le juge commet force déprédations et concussions; toutes les turpitudes lui sont bonnes pour battre monnaie; il rançonne les habitants en les faisant arrêter, puis relâcher moyennant finance; il va jusqu'à dévaliser les passants avec l'aide de ses exempts, Rapax et Gripax, transformés en filous. Le magistrat se fait brigand pour rester souteneur. Cependant le roi Mathias songe à revenir dans sa capitale, et il faut reconnaître qu'il est grand temps. Dès son entrée dans la cité, Sa Majesté est assourdie par les plaintes de ses loyaux sujets. Phallax est destitué et condamné à rendre tout ce qu'il a volé : c'est bien le moins, convenez-en. Quant à Lamia, elle est enlevée de son logis et emmenée en prison où elle doit être bel et bien fustigée. — Le moindre inconvénient de cette seconde intrigue est de se superposer à la première sans jamais s'y mêler. Les farces pénibles auxquelles elle donne lieu surchargent l'action centrale d'intermèdes bouffons qui n'ont aucun rapport avec elle. Aucun lien entre une fable et l'autre. Les personnages de celle-ci sont absolument étrangers aux personnages de celle-là. — Production étrange que cette comédie hybride dont les deux fictions, s'interrompant sans jamais se répliquer, jouent continuellement aux propos interrompus!

De cette production confuse, disparate, dégingandée, Shakespeare a fait une œuvre pleine d'harmonie et d'ensemble. De *Promos et Cassandre* il a fait *Mesure pour Mesure*. — Et d'abord, afin de rendre à la fable originale toute son importance, Shakespeare a réduit l'intrigue secondaire, si longuement développée par Georges Whetstone, aux proportions d'un court épisode qui, loin de troubler la donnée principale, en est le complément logique. Le despotisme d'Angelo a pour conséquence grotesque l'arrestation de Pompée et de dame Surmenée (*mistress Overdone*), comme il a pour conséquence tragique l'arrestation de Claudio et de Juliette. Le procès fait à la matrulle et au rufian accuse la niaiserie de la tyrannie, comme le procès intenté au gentilhomme et à la fille de qualité en expose la cruauté. L'esclandre du carrefour fait écho au scandale du salon pour dénoncer les abus de la toute-puissance. La vérité fondamentale que développe ainsi le fait principal est répétée en d'autres termes par le fait subalterne. — L'incident, relié par l'idée à l'événement central, y est d'ailleurs constamment rattaché par l'action même. Dans les deux ou trois scènes auxquelles il donne lieu, figure toujours quelque personnage essentiel : tantôt c'est Angelo, tantôt le duc, tantôt le prévôt. En outre, l'excentricité de Lucio, fantasque figure créée tout exprès par le poëte, est un continuel trait d'union entre le drame et l'épisode. Lucio est la mouche du coche de l'intrigue. Il hante la ville et la cour; il a un pied dans les plus saints lieux et un pied dans les plus mauvais; le même homme qui va chercher Isabelle au monastère de Sainte-Claire, a déjà conduit certaine Cateau de sa connaissance dans le couvent dont dame Surmenée est la supérieure. Lucio est à la fois le chaperon de la vierge sage et le familier de la vierge folle : il patronne la vertu et il tutoie le vice ; il sert Claudio de tout son dévouement, et l'on ne peut s'empêcher de le trouver ingrat quand il refuse sa caution à ce pauvre clown. — Par cette création si originale, le problème est donc décidément résolu : l'œuvre a trouvé son unité dans sa variété même. Grâce au génie souverain de l'artiste, la construction éphémère et incohérente, échafaudée par un manœuvre obscur, est devenue un monument complet, homogène, impérissable.

Pourtant ce ne sont pas les détracteurs qui ont manqué à *Mesure pour Mesure*. Cette œuvre, si justement vantée en France et en Allemagne, a été en Angleterre l'objet de continuelles attaques. Voulez-vous avoir une idée de ces hostilités? Écoutez comment se sont exprimés les plus indulgents : « Cette comédie, qui est toute de Shakespeare, a déclaré Coleridge, est pour moi la plus *pénible*, je devrais dire la seule pénible portion de ses ouvrages. » — « La faute, a observé M. Hunter, en est principalement au sujet qui est improbable et *dégoûtant*. » — « Il y a des scènes, a ajouté de nos jours M. Knight, qui sont simplement *révoltantes*. » *Pénible ! dégoûtante ! révoltante !* telles sont les épithètes qu'ont jetées à la face de cette œuvre magistrale les admirateurs les plus fervents et les plus intelligents de Shakespeare. Au premier moment, cette explosion de huées étourdit et étonne : on ne comprend pas comment de telles imprécations peuvent être proférées par des bouches amies. Il est vrai que l'auteur de *Mesure pour Mesure* peint librement la nature et appelle les choses par leur nom ; il est vrai qu'il n'emploie pas la périphrase pour qualifier le vice : il est vrai qu'ayant à exposer toutes les plaies sociales, il n'hésite pas, pour nous faire voir la plus profonde, à entr'ouvrir sur la scène la porte condamnée du lupanar. Mais ces objections, permises aux prudes de la critique, ne sauraient être présentées sérieusement par ceux qui louent sans réserve les autres pièces du maître. Les chefs-d'œuvre les plus universellement acceptés, *Hamlet, Othello, Roméo, et Juliette, le Roi Lear,* offrent maints passages tout aussi licencieux que les scènes qui révoltent les détracteurs de *Mesure pour Mesure.* Le reproche d'obscénité n'est donc pour ceux-ci qu'un prétexte ; le motif, le motif véritable n'est pas là. Ce qui indigne ces critiques, ce qui leur inspire, à leur insu même, une si invincible répugnance, ce n'est pas la forme, c'est le fond même de l'œuvre. Hazlitt a trahi leur sentiment intime lorsqu'il a dit : « Il y a dans la nature du sujet de cette pièce *un péché originel* qui nous empêche d'y prendre un intérêt sympathique. » Quel est ce péché originel ? Je vais tâcher de l'expliquer.

S'il est une nation qui honore l'apparence, cette nation, c'est l'Angleterre. S'il est une race qui se laisse prendre aux semblants, cette race, c'est la race anglo-saxonne. Les dehors exercent sur elle une fascination singulière. Pour elle, paraître, c'est exister ; la question, ce n'est pas d'être vertueux, c'est de sembler vertueux ; ce n'est pas d'être fort, c'est de sembler fort ; ce n'est pas d'être puissant, c'est de sembler puissant. La gravité visible constitue pour elle la vraie dignité. Le décorum extérieur est le criterium de l'honneur intérieur. — Eh bien, c'est en dépit de ce préjugé national qu'a été conçu *Mesure pour Mesure.* Dans cette œuvre audacieuse, Shakespeare a détruit le prestige de l'apparence si cher à la vanité de ses concitoyens ; il a montré le néant de cette vertu spécieuse dont un peuple essentiellement formaliste est toujours la dupe obstinée. La conception du principal personnage est une offense directe à la pruderie sociale de l'Angleterre. Froid, rigoriste, flegmatique, observateur scrupuleux de l'usage, ami des traditions, toujours soucieux du *qu'en dira-t-on*, dédaignant l'émotion comme une faiblesse, impassible de parti pris, mesurant ses paroles comme ses gestes, gourmé, solennel et majestueux, Angelo est le type de cet homme *respectable* à qui, au delà de la Manche, appartient de droit l'estime publique. Et c'est un personnage si considérable et si considéré que Shakespeare a osé couvrir de ridicule et d'opprobre ! C'est ce mérite sterling qu'il a soumis à la pierre de touche de la passion pour en prouver la fausseté ! C'est ce parfait gentleman qu'il a montré commettant une bassesse et, pour cacher cette bassesse, prêt à commettre un crime ! — Étonnez-vous donc qu'une telle témérité ait révolté la critique britannique !

Molière n'a dénoncé qu'un jésuitisme de sacristie en créant le Tartufe religieux. Shakespeare a dénoncé le machiavélisme mondain en concevant le Tartufe social.

Le Tartufe de Molière n'est guère dangereux, convenez-en. Il faut être aussi niais que le bonhomme Orgon et aussi simple que madame Pernelle pour se laisser séduire par les simagrées de ce pied-plat. « Que d'affectation et de forfanterie ! » murmure Dorine aux premiers mots qu'il prononce. Tous les gens sensés sont de l'avis de la soubrette : ni Cléante, ni Valère, ni Damis, ni Elmire ne se font illusion sur ce charlatan. L'homme d'ailleurs n'est pas adroit : c'est dans le salon même de son bienfaiteur qu'il risque sa déclaration d'amour, et il n'a seulement pas pris la précaution élémentaire de regarder dans le cabinet voisin ; enfin, c'est au moment où il touche au but de son ambition, quand Orgon vient de lui donner tout son bien, qu'il tombe dans le piége grossier que lui tend Elmire. — Combien le Tartufe de Shakespeare est plus habile et plus terrible ! Celui-là ne porte pas la haire et ne se flagelle pas avec la discipline : il ne crie pas, ne grimace pas, ne gesticule pas. Son attitude est si grave et si sévère qu'elle trompe le plus clairvoyant. Comment n'en imposerait-il pas au monde entier, puisqu'il s'en impose à lui-même ? Ce comédien émérite a fini par se croire le personnage qu'il joue : son rôle est devenu sa conscience. A force d'être impassible, il s'imagine être vraiment infaillible. Il ne distingue plus son masque de son visage ; il ne se doute plus qu'il n'est qu'un hypocrite. Il a conquis sa propre estime, comme celle de tous. La considération générale lui fait respectueusement cortége. A lui toutes les distinctions et toutes les faveurs que la fortune réserve à ses élus. Daigne-t-il sortir de la vie privée pour entrer dans la vie publique ? Les postes les plus éminents lui appartiennent d'avance. Veut-il être député ou ambassadeur ? Il est déjà diplomate. Veut-il être premier ministre ? Il est d'emblée homme d'État.

Le seigneur Angelo était donc tout naturellement désigné pour le pouvoir, quand le duc de Vienne, partant pour un long voyage, lui a délégué l'autorité souveraine. Consulté sur ce choix, le sage et excellent Escalus lui-même a déclaré que, « si quelqu'un dans Vienne méritait ce témoignage de confiance et d'estime, c'était assurément le seigneur Angelo. » — A peine investi de la lieutenance, Angelo tranche du réformateur : il prétend imposer à la société tout entière la règle de son austérité. Au gouvernement paternel du prince, qui laissait ses sujets vivre à leur guise, a succédé une administration tracassière qui traite tous les citoyens en suspects et introduit l'espionnage jusque sous le toit domestique. Angelo a fait revivre les lois policières que le duc avait laissé tomber en désuétude, et, en vertu de ces lois, un gentilhomme de la ville vient d'être condamné à mort pour avoir épousé sa fiancée avant l'heure. L'exécution est fixée à demain. Toute la cité est consternée de cet arrêt. Les jeunes gens s'abordent en se racontant avec épouvante une nouvelle qui les menace tous. Par commandement spécial, le malheureux Claudio a été promené à travers la ville en compagnie de la *fornicatrice*, avant d'aller à l'échafaud. Angelo est inexorable. En vain Escalus a essayé de l'apitoyer en faveur du condamné. En vain le prévôt, chargé de présider à l'exécution, l'a invité respectueusement à revenir sur sa sentence. Angelo lui a signifié sèchement de faire son office ou de donner sa démission. A ce moment critique, quand toute espérance paraît abandonnée, un valet pénètre dans l'appartement de Son Excellence et annonce que la sœur du condamné demande à lui parler.

— Est-ce qu'il a une sœur ? dit négligemment Angelo en se tournant vers le prévôt.

— Oui, mon bon seigneur, une toute vertueuse jeune fille qui doit bientôt entrer au couvent, si elle n'y est déjà.

— Eh bien, qu'on la fasse entrer.

Observez bien la jeune fille qui va paraître : c'est une des plus admirables figures que le maître ait jamais peintes. Isabelle est une beauté exceptionnelle parmi les beautés même de Shakespeare. Les femmes que le poëte nous a montrées jusqu'ici sont femmes avant tout : si parfaites, si angéliques qu'elles soient, elles appartiennent toutes à notre humanité ; elles portent toutes notre livrée de chair et de sang. Nos instincts sont les leurs ; elles n'ont pas d'autres émotions que les nôtres. Ce sont nos affections qui les animent et les exaltent jusqu'à la tragédie ; c'est l'amitié qui donne à Émilia le courage de mourir ; c'est l'amour maternel qui tue Constance ; c'est l'amour filial qui tue Cordélia ; c'est l'amour conjugal qui tue Juliette et Desdémona ; c'est l'amour qui tue Ophélia. L'amour leur donne la vie comme il leur donne la mort. C'est l'amour qui, dans la comédie même, règle la destinée de ces adorables créatures : Imogène, Hermione, Miranda, Hermia, Viola, Héro, Portia, Béatrice ! C'est l'amour qui fait la chute de Cressida et le triomphe de Perdita ! La fatalité de la passion gouverne irrésistiblement toutes ces existences.

Seule, Isabelle est soustraite à ce formidable empire. Par une puissance de volonté dont le poëte l'a douée spécialement, elle a secoué le joug des sens. Les affections humaines peuvent encore la toucher, mais ne peuvent plus la dominer. Sa force, c'est sa foi. « L'âme de sa nature est la grâce, *grace is the soul of her complexion.* » Morte à l'existence présente, Isabelle vit par aspiration de la vie future. Les choses de ce monde ne sauraient plus distraire un esprit entièrement absorbé par l'adoration de l'Éternel. A force de contempler le ciel, elle a perdu de vue la terre. Son regard, continuellement levé là-haut, a pris la fixité séraphique. C'est plus qu'une vierge, c'est une sainte dont l'auréole est déjà visible pour les profanes. Lucio lui-même ne l'aborde qu'avec une superstitieuse vénération, et c'est en l'invoquant comme une créature céleste *(a thing enskyed and sainted)* qu'il lui a annoncé la condamnation de Claudio. La jeune fille, entraînée par son enthousiasme religieux, venait d'entrer au couvent de Sainte-Claire pour y commencer son noviciat, quand elle a appris le cruel événement. Malgré sa répugnance à redescendre dans le siècle qu'elle croyait avoir quitté pour toujours, elle a dû céder au désir de sauver son frère : elle a quitté le cloître, et, accompagnée de Lucio, elle est venue tenter une démarche suprême en faveur du cher condamné.

Vous comprenez ce que la situation indiquée par Giraldi Cynthio a gagné d'intérêt et de grandeur dramatique, grâce à la conception d'une telle figure. Comment une vierge si religieusement vertueuse va-t-elle remplir la délicate et scabreuse mission dont l'événement l'a chargée? Comment cette pudeur claustrale va-t-elle présenter la périlleuse apologie d'un sensualisme tout mondain? Cette conscience ascétique pourra-t-elle se plier à tous les tempéraments et faire toutes les concessions nécessaire au succès d'une telle tentative ? Voilà la question. Voyons la solution.

Angelo a laissé entrer Isabelle avec l'insouciante hauteur d'un tout-puissant sûr de lui-même. Il a une telle confiance dans son caractère qu'il empêche le prévôt de sortir, pour donner à cet indulgent magistrat le spectacle de son inflexibilité exemplaire. — Invitée à parler, Isabelle explique timidement le motif qui l'amène ; mais les premiers mots qu'elle prononce sont nécessairement maladroits. La novice a tellement peur d'excuser le péché, même en apparence, que, malgré elle, elle exagère la culpabilité de Claudio, au lieu de l'atténuer. Sa rigidité monacale donne raison au rigorisme légal du juge. Elle condamne la faute commise avec plus de sévérité qu'Angelo lui-même. Elle abhorre cette faute « entre toutes » et désire « la voir tomber sous le coup de la justice ». La seule chose qu'elle demande au gouverneur, c'est de condamner le crime sans condamner le criminel. Angelo n'a pas de peine à démontrer combien cette distinction est spécieuse : « Condamner » le crime, et non l'auteur du crime ! mais tout crime est » condamné avant d'être commis. Ma fonction serait réduite à néant si je flétrissais les crimes que répriment » nos codes en laissant libres leurs auteurs. » Isabelle ne saurait répliquer à cette conclusion logiquement tirée de ses propres prémisses ; déjà elle abandonne la cause : « O juste, mais rigoureuse loi! s'écrie-t-elle, j'ai donc eu » un frère ! » Et, saluant le gouverneur, elle va se retirer. Heureusement Lucio est là qui la retient par le pan de sa robe. Le libertin ne comprend pas le pieux scrupule qui fait reculer la vierge. Il prend pour une lâche indifférence ce pudique désistement : « Ne renoncez pas ainsi, revenez à » la charge, suppliez-le, agenouillez-vous devant lui, pen- » dez-vous à son manteau. Vous êtes trop froide, vous

» auriez besoin d'une épingle que vous ne pourriez la de-
» mander en termes plus glacés. Revenez à lui, vous dis-je. »

Soufflée par cet étrange conseiller, Isabelle revient à la charge et reprend le plaidoyer interrompu avec une éloquence nouvelle. La boutade de Lucio lui a remis en mémoire l'argument suprême: Chrétienne, elle rassure et fortifie sa conscience, en rappelant le commandement sacré qui a prescrit le pardon des offenses, protégé la femme adultère et amnistié les bourreaux même de l'Homme-Dieu. Elle propose à Angelo l'exemple de cette indulgence divine. Ce n'est plus la justice qu'elle invoque, c'est la pitié.

« Croyez-le bien, aucun des insignes réservés aux grands, ni la couronne du roi, ni le glaive du lieutenant, ni le bâton du maréchal, ni la robe du juge, ne leur ajoutent autant de prestige que la clémence. »

Mais Angelo est logiquement impitoyable. Le juriste, habitué à sévir, ne comprend pas et n'admet pas cette théorie illégale de la mansuétude. Il répond sèchement à Isabelle que son frère est le condamné de la loi et qu'elle perd ses paroles.

— Hélas! hélas! s'écrie la vierge inspirée, mais toutes les âmes étaient condamnées, et Celui qui aurait pu si bien se prévaloir de cette déchéance y trouva le remède. Où en seriez-vous si Celui dont émane toute justice vous jugeait seulement d'après ce que vous êtes? Oh! pensez à cela, et alors vous sentirez le souffle de la pitié sur vos lèvres, comme un homme nouveau.

— Résignez-vous, c'est la loi et non moi qui condamne votre frère ; fût-il mon fils, il en serait de même de lui : il doit mourir demain.

— Demain ! oh ! si brusquement ! épargnez-le, épargnez-le ! il n'est pas préparé à la mort ! même pour nos cuisines, nous ne tuons un oiseau qu'en sa saison : aurons-nous donc, pour servir le ciel, moins de scrupule que pour soigner nos grossières personnes ? Mon bon seigneur, réfléchissez : qui donc jusqu'ici a été mis à mort pour cette offense, et il y en a tant qui l'ont commise !

— Quoiqu'elle sommeille, la loi n'était pas morte ; tant de coupables n'eussent pas osé commettre ce délit, si le premier qui enfreignit l'édit avait répondu devant elle de son action. Désormais elle veille, elle prend acte de ce qui se passe et fixe son regard de prophétesse sur le cristal qui lui montre les crimes futurs...

— Pourtant, faites pitié.

— Je fais acte de pitié quand je fais acte de justice. Car alors j'ai pitié de ceux que je ne connais pas et qu'un crime pardonné corromprait plus tard ; et je fais le bien de celui qui, expiant un crime odieux, ne peut plus vivre pour en commettre un second. Prenez-en votre parti : votre frère mourra demain.

Voyez comme peu à peu la légende originale s'est agrandie sous nos yeux. Cette scène entre le juge et la suppliante, qu'indiquait sommairement le conteur italien, est devenue, — ainsi transfigurée par le génie anglais, — le symbole dramatique d'un antagonisme qui dure encore. Angelo et Isabelle résument dans un admirable dialogue l'incessant débat entre la loi sociale et la loi divine. La loi sociale, cette loi du talion et des représailles, cette loi sanguinaire, meurtrière, exterminatrice, que promulguent tous nos codes, parle par la voix du magistrat judaïque. La loi divine, cette loi du pardon et de l'amour, cette loi indulgente, douce et charitable dont émane l'Évangile, répond par la bouche de la vierge chrétienne. A la misérable argutie de la vindicte humaine, Isabelle oppose l'argument suprême de l'éternelle miséricorde. A la glose ténébreuse des statuts terrestres, elle réplique par le Verbe sacré qui resplendit en caractères radieux dans la mansuétude du firmament.

— Ciel miséricordieux ! quand tu lances tes éclairs, c'est pour fendre le chêne trapu et rebelle plutôt que l'humble myrte ! Mais l'homme vaniteux ! drapé dans sa petite et brève autorité, connaissant le moins ce dont il est le plus assuré, sa fragile essence, il s'évertue, comme un singe en colère, à faire des grimaces grotesques qui font pleurer les anges et qui, s'ils avaient nos ironies, leur donneraient le fou rire des mortels !

Angelo se tait comme accablé par cette sublime apostrophe. Isabelle entrevoit enfin la victoire et profite de cet instant de stupeur pour la décider. Elle n'implore plus le magistrat, elle le confesse. Le ton timide de la solliciteuse a fait place à l'accent superbe de la prophétesse : — Rentrez en vous-même, frappez votre cœur et demandez-lui s'il n'a conscience de rien qui ressemble à la faute de mon frère. S'il confesse une faiblesse de nature analogue à la sienne, qu'il ne lance pas de vos lèvres une sentence contre la vie de mon frère !

Angelo est visiblement ému: Pour la première fois de sa vie, cet homme ressent une impression dont il n'est pas maître. L'infaillible faillit. Le magistrat dont tous les arrêts étaient irrévocables révoque une décision ; il accorde un sursis : — Je réfléchirai, murmure-t-il, revenez demain.

La pieuse enfant attribue à l'indulgence toute désintéressée du magistrat la concession qu'elle vient d'obtenir. Aussi croit-elle pouvoir le suborner par des actions de grâces : — Écoutez comment je veux vous corrompre, dit-elle avec un adorable sourire.

— Comment ! me corrompre ?

— Oui, en vous offrant des dons que vous partagerez avec le ciel, en vous offrant, non de futiles sacs d'or monnayé, ni des pierres plus ou moins précieuses, mais de vraies prières qui s'élèveront vers le ciel et y entreront avant le soleil levant.

Mais Isabelle se trompe : ce n'est pas par ces présents ineffables qu'elle peut corrompre une pareille conscience. Elle s'imagine avoir attendri Angelo par la sainte prédication de la charité. Quelle erreur ! Ce qui a touché Angelo, ce n'est pas l'éloquence de sa parole, c'est le charme de sa voix. Ce qui l'a séduit, ce n'est pas la suavité de la prière, c'est le geste de la suppliante. Ce qui l'a tenté, ce n'est pas l'appât moral d'une bonne action, c'est l'attrait charnel d'une virginale beauté. Isabelle se figure avoir remué l'âme d'Angelo, elle n'a bouleversé que ses sens. Au lieu d'un magnanime désir, elle ne lui a inspiré que la plus basse convoitise. Au lieu d'une noble flamme, elle n'a allumé en lui que les feux de l'enfer. Son angélique pudeur va provoquer chez cet homme le rut du démon.

Le lendemain, quand Isabelle revient au palais, Angelo est seul. Le magistrat a éloigné tous les témoins. Plus circonspect que Tartufe, il a pris les précautions nécessaires pour que pas un tiers ne sache ce qui va se passer. Il est bien sûr que le secret lui sera gardé. Cette jeune fille est à sa discrétion : il la veut, il la tient. Il peut à son aise la circonvenir, la séduire, l'entraîner à l'aide de cette puissante amorce : la vie d'un frère. — Arrière donc « la gravité qui faisait son orgueil » ! Arrière « cette dignité qui extorque la crainte des sots et enchaîne les imbéciles à ses faux semblants » ! A bas le masque ! Le magistrat n'a plus que faire ici de son hypocrisie ; il peut mettre son impudeur à nu ; il peut sans scrupule être infâme.

— Eh bien, jolie fille, dit-il à Isabelle qui entre ?
— Je viens savoir votre décision.
— Votre frère ne peut vivre.

Vous devinez dans quel but Angelo affecte tout d'abord une telle rigueur. Par cette terrible sentence, Angelo fait sentir tout son pouvoir à la solliciteuse ; il compte la ployer à de nouvelles supplications ; il pense qu'elle va l'implorer, le presser, et se traîner à ses genoux. Mais ce premier calcul est déjoué. Isabelle a puisé dans sa foi la force de supporter le coup qui la frappe ; elle est résignée d'avance, elle se retire. Angelo sent que sa victime lui échappe, et vite il la retient, en lui laissant entrevoir la possibilité d'un nouveau sursis. La pieuse jeune fille demande quelle sera la durée de ce répit, afin que Claudio puisse se préparer. Le magistrat évite de se prononcer ; il revient sur la culpabilité du condamné et récrimine contre la faute commise, avec l'intention évidente de forcer son interlocutrice à excuser cette faute. Pour pallier le tort de son frère, Isabelle reconnaît qu'en effet la perfection n'est pas de ce monde. Et c'est alors que, profitant de l'aveu obtenu, Angelo lui pose brusquement cette question :

— Qu'aimeriez-vous mieux, voir la plus juste loi ôter la vie à votre frère, ou, pour le racheter, livrer votre corps à d'impures voluptés comme la femme qu'il a souillée ?

— Seigneur, croyez-le bien, j'aimerais mieux sacrifier mon âme que mon corps.

Angelo feint de ne pas tenir compte de cette réplique ; il répète sa question, mais en la précisant : Claudio doit mourir ; que ferait Isabelle, si elle pouvait le sauver en se livrant à quelque puissant personnage ?

— Je ferais pour mon pauvre frère ce que je ferais pour moi. Or, si j'étais sous le coup de la mort, je me parerais, comme de rubis, des marques du fouet déchirant et, plutôt que de prostituer mon corps à la honte, je me dépouillerais pour la tombe, comme pour un lit ardemment souhaité.

— Vous voudriez donc que votre frère mourût ?

— Ce serait le parti le moins désastreux. Mieux vaudrait pour le frère une mort d'un moment que pour la sœur qui le rachèterait une mort éternelle.

— Mais vous seriez alors aussi cruelle que la sentence que vous réprouviez si fort !

Ici les rôles s'intervertissent. La suppliante devient la suppliée. Naguère c'était Isabelle qui réclamait contre la rigueur d'Angelo, maintenant c'est Angelo qui se récrie contre la cruauté d'Isabelle. Eh quoi ! elle laisserait périr ce frère qu'il dépendrait d'elle de sauver ! Elle refuserait, pour l'arracher à la mort, de commettre une action qu'elle-même absolvait presque tout à l'heure ! Que parle-t-elle de damnation ? La charité ici compenserait le péché. D'ailleurs, ne sommes-nous pas tous faillibles ? Isabelle convient que les femmes sont fragiles comme les glaces où elles se mirent : « Eh bien qu'elle soit ce qu'elle est, c'est-à-dire une femme ; si elle est plus, elle n'est plus femme ; si elle l'est, comme l'indique tout son extérieur, qu'elle revête la livrée prédestinée. »

Ce sophisme machiavélique rappelle la fameuse théorie jésuitique :

> Le ciel défend de vrai certains contentements,
> Mais on trouve avec lui des accommodements,
> Selon divers besoins, il est une science
> D'étendre les liens de notre conscience
> Et de rectifier le mal de l'action
> Avec la pureté de notre intention.

Mais Isabelle, entendant Angelo, a droit d'être plus étonnée qu'Elmire écoutant Tartufe. C'est donc ainsi que parle l'intègre justicier devant qui le monde s'incline ! Celui qui naguère jetait l'anathème *au vice immonde* en fait maintenant l'apologie ! Il invoque les circonstances atténuantes de l'infirmité humaine en faveur de ce même crime que demain il punira de la mort ! Qu'est-ce que cela signifie? Isabelle entrevoit enfin l'atroce vérité qu'elle repoussait jusque-là comme une impossible hypothèse ; inquiète, elle considère cet homme qui depuis peu s'est approché d'elle, l'œil étincelant, la joue en feu, le geste frémissant.

— Je n'ai qu'un seul langage, s'écrie-t-elle, mon généreux seigneur, reprenez avec moi votre premier ton.

Inutile supplication. Angelo ne peut plus retenir les mots qui lui brûlent les lèvres :

— Comprenez bien, je vous aime.

— Mon frère a aimé Juliette, et vous me dites qu'il mourra pour cela.

— Il ne mourra pas, Isabelle, si vous m'accordez votre amour.

Après ce cri qui résume tout le drame, le doute n'est plus possible. La conjecture est devenue réalité. Isabelle est convaincue. Sous la toge auguste de Minos la vestale stupéfaite a vu surgir Priape :

— Hypocrisie, s'écrie la vierge indignée, hypocrisie ! je te dénoncerai, Angelo, prends-y garde. Signe-moi immédiatement la grâce de mon frère ou à gorge déployée je crierai au monde quel homme tu es !

Mais Angelo ne fait que rire de cette menace candide : n'est-il pas tout-puissant? Bien naïve est cette enfant de s'imaginer qu'elle obtiendra justice contre le dispensateur de la justice. D'ailleurs où sont les témoins? Une simple dénégation mettra à néant toutes ses accusations :

— Qui te croira, Isabelle? Mon nom immaculé, l'austérité de ma vie, mon témoignage opposé au tien prévaudront sur tes accusations, et ton rapport s'éteindra comme en une fumée de calomnie.... Accorde ton consentement à mon ardent désir, réprime tout scrupule et toutes ces fâcheuses rougeurs qui repoussent ce qu'elles attirent. Rachète ton frère en livrant ton corps à ma fantaisie... Autrement, non-seulement il subira la mort, mais ta dureté prolongera son agonie par une lente torture.

Tragique extrémité ! Isabelle est obligée de se prostituer ou de tuer son frère. Entre les deux termes de ce dilemme, la vierge sainte n'hésite pas : « Mieux vaut pour le frère la mort d'un moment que pour la sœur une mort éternelle. » Mais Claudio ratifiera-t-il cette décision? se soumettra-t-il à ce verdict ? — Qu'Isabelle ne veuille pas se perdre dans le ciel pour sauver Claudio sur la terre, qu'elle ne veuille pas sacrifier la béatitude certaine d'une existence immortelle aux jouissances équivoques d'une vie éphémère, qu'elle ne veuille pas risquer une éternelle damnation pour un répit de quelques années, rien de plus logique. Mais Claudio, qui n'a pas la certitude d'Isabelle, peut-il avoir la même résignation ? La vérité, lumineuse pour celle-ci, est plus que douteuse pour celui-là. Claudio est une âme sensuelle pour qui la matière est la seule évidence. Le monde visible où il respire lui paraît beaucoup plus prouvé que le monde invisible auquel aspire la religieuse. Autant l'une a horreur de notre milieu charnel, autant l'autre est content d'y être et avide d'y jouir. La mort, qui pour la croyante est un avénement à la félicité céleste, n'apparaît au sceptique que comme une affreuse dissolution. La dalle du sépulcre, qui pour Isabelle est la porte du paradis, est pour Claudio la trappe du néant.

Le conflit entre ces deux caractères va éclater dans une scène merveilleuse que Shakespeare a pu seul inventer.

Isabelle a pénétré dans le cachot de son frère toute tremblante de ce doute : consentira-t-il à mourir ? Haletante, elle raconte au prisonnier ce qui vient de se passer. Le premier instinct du jeune homme est de flétrir et de repousser l'infâme clémence d'Angelo. Isabelle le félicite de ce beau mouvement et l'avertit de se préparer à la mort. Mais, à la pensée de ces apprêts funèbres, le courage de

Claudio l'abandonne. La voix de la nature, un instant dominée par l'indignation, se fait entendre de nouveau. Le condamné discute alors avec faveur la proposition qu'il rejetait d'abord avec mépris ; il va jusqu'à pallier le forfait d'Angelo : « Si c'était une faute si damnable, lui qui est si sage, voudrait-il pour la niaiserie d'un moment encourir une peine éternelle ? » Claudio ne s'aperçoit pas qu'il outrage sa sœur en qualifiant de *sage* le misérable qui veut la violer. La crainte de mourir le rend lâche au point d'insulter l'héroïsme et de louer le crime.

— La mort est une si terrible chose, s'écrie-t-il.

— Et une vie déshonorée une chose si odieuse, réplique Isabelle.

— Oui, mais mourir et aller on ne sait où ! être enfermé dans de froides parois et pourrir !... Ce corps sensible, plein de chaleur et de mouvement, devenant une argile malléable, tandis que notre esprit, privé de lumière, est plongé dans des flots brûlants, ou retenu dans les frissonnantes régions des impénétrables glaces, ou emprisonné dans les vents invisibles et lancé avec une implacable violence autour de l'univers en suspens ! Ah ! c'est trop horrible ! La vie terrestre la plus pénible et la plus répulsive est un paradis, comparée à ce que nous craignons de la mort.

— Hélas ! hélas !

— Chère sœur, faites-moi vivre ! Le péché que vous commettez pour sauver la vie d'un frère est autorisé par la nature au point de devenir vertu.

— O brute ! ô lâche sans foi ! ô malheureux sans honneur ! veux-tu donc te faire une existence de ma faute ! N'est-ce pas une sorte d'inceste que de vivre du déshonneur de ta propre sœur ?... Reçois mon refus : meurs, péris !

— Mais écoutez-moi, Isabelle.

— Oh ! fi, fi, fi !... Le vice chez toi n'est pas un accident, c'est un trafic !... Tu ferais de la clémence même une entremetteuse ! Il vaut mieux que tu meures, et promptement !

Quelle scène que cette altercation entre ce frère, réduit à implorer la honte de sa sœur, et cette sœur, forcée d'exiger le supplice de son frère ! Un génie souverain a pu seul rendre logique cette situation prodigieuse où la pudeur devient farouche jusqu'à la férocité, où la charité éclate en malédiction, où la virginité se fait fratricide. — Chez Shakespeare, comme chez tous les grands auteurs dramatiques, les caractères ne sont jamais subordonnés à l'action ; tout au contraire, c'est l'action qui procède des caractères. Le caractère d'Isabelle étant donné, elle ne peut répondre que par un refus péremptoire aux sollicitations de son frère. Et c'est ici que se manifeste la différence entre Shakespeare et ses devanciers. Les écrivains qui ont traité, avant lui, cet émouvant sujet, Giraldi Cinthio et George Wheststone ont cru impossible que, placée dans de telles circonstances, une femme résistât à la tentation de sauver son frère, même au prix de son honneur ; voilà pourquoi, dans la nouvelle de l'un, Épitia, sollicitée par Vico, se livre à Juriste ; voilà pourquoi, dans la pièce de l'autre, Cassandre, pressée par Andrugio, se donne à Promos. Shakespeare seul a pu évoquer des profondeurs du cœur humain le sentiment capable de sauver la femme de cette prostitution fatale. Ce sentiment, c'est la foi. — Animée par cette croyance qui inspire les martyrs, Isabelle doit résister au cri de la nature. La religieuse doit immoler à Dieu toute parenté ; pour prolonger une agonie terrestre, elle ne saurait compromettre une éternité de bonheur ; plutôt que de risquer la damnation, elle doit sacrifier son frère même, et jeter entre elle et l'enfer l'infranchissable cadavre de ce bien-aimé.

Comment tout cela va-t-il finir? Allons-nous assister à ce douloureux holocauste? Conviés à une comédie, allons-nous être témoins de cette tragédie sinistre? Verrons-nous égorger le pauvre Claudio, frappé d'un double arrêt par Angelo et par Isabelle, par le juge infâme et par la vierge sainte? Rassurez-vous. Afin d'empêcher une pareille conclusion, le poëte a prémédité l'expédient providentiel. Pour que le condamné soit sauvé, il suffit que le rendez-vous, imploré par Angelo, lui soit accordé; mais ce n'est pas Isabelle qui se trouvera à ce rendez-vous, c'est Marianne, — Marianne, la fiancée d'Angelo, qui, depuis six ans, a été abandonnée par lui, et qui, depuis six ans, a la faiblesse de le pleurer. Tel est le moyen sauveur que suggère le duc de Vienne, qui, affublé du froc monastique, est devenu le directeur des deux jeunes filles. — Cette substitution de Marianne à Isabelle, au moment décisif, est un coup de théâtre dont l'habileté scénique a été vantée par la plupart des critiques. Mais, qu'on ne s'y trompe pas, ce coup de théâtre n'est pas seulement une péripétie dramatique, c'est un élément indispensable à la moralité même de l'œuvre. C'est grâce à cette conception que le caractère d'Isabelle reçoit son plein développement, que l'héroïne reste pure, sans avoir à expier sa sainte obstination par un sacrifice douloureux; c'est grâce à cette conception qu'Angelo trouve sa confusion dans sa faute même, que le fourbe est corrigé par sa fourberie, que le tout-puissant est vaincu par sa victoire. Il croit avoir obtenu la femme qu'il désirait; il n'a réussi qu'à posséder la fiancée qu'il délaissait. Il a cru séduire Isabelle, il a épousé Marianne.

Dès lors le drame se dénoue logiquement en comédie. Claudio, arraché au bourreau par l'intervention du duc de Vienne, est rendu à la liberté et à l'amour, pour devenir le mari de Juliette. Angelo, coupable seulement par intention, est définitivement uni à Marianne qui l'a sauvé de l'échafaud en le sauvant du crime. Enfin le duc, offrant à la vertu triomphante un hommage suprême, conjure Isabelle d'accepter un trône sur la terre ; mais la vierge sainte, que sollicitent les solitudes du cloître, ne répond pas à cette prière : elle garde le silence, en levant les yeux au ciel.

Coleridge a blâmé avec une sorte de colère ce dénoûment si charmant et si profond : « Le pardon et le mariage d'Angelo, s'est écrié l'auteur des *Literary Remains*, frustre les droits indignés de la justice. » Qu'aurait donc voulu le critique anglais ? — Qu'Angelo fût mis à mort ! — Et pourquoi ? pour des crimes non commis ! pour *avoir eu l'intention* de séduire Isabelle ! pour *avoir eu l'intention* de mettre à mort Claudio ! Mais, ainsi que l'observe Isabelle elle-même, « l'acte n'a pas suivi la mauvaise intention ; il doit donc être considéré comme une intention morte en route. Les pensées ne sont pas justiciables : les intentions ne sont que des pensées. » Comme l'indique le titre même de la pièce, la peine doit être égale au délit, *Mesure pour Mesure*. Angelo, n'étant coupable que moralement, n'est passible que d'une peine morale. Et n'est-ce pas un terrible châtiment moral que subit Angelo, à la scène finale ? N'est-ce pas un supplice pour cet hypocrite que de se voir arracher devant tous son masque d'austérité ? Quelle disgrâce et quelle humiliation ! Ce personnage devant qui la foule s'inclinait, personne ne le saluera plus. Les honnêtes gens ne daigneront plus connaître ce magistrat dont le sourire était une faveur ! Ah ! avouez que la mort serait douce à côté de cette lente torture ! Voilà l'arrogant pour toujours exposé au mépris public ; son orgueil a été mis au pilori de l'opprobre ; sa vanité portera à jamais la marque infamante du scandale.

Et ce n'est pas seulement la réputation d'Angelo qui s'écroule au milieu des huées, c'est le despotisme qu'il incarnait. L'homme a entraîné l'homme d'État dans sa chute. Rappelez-vous avec quelle inexorable rigueur Angelo exerçait le pouvoir. Ce prétendu Caton gouvernait avec la dureté de Dracon. Son avénement avait été l'avénement même de la terreur ; à peine installé, il avait exhumé du passé les pénalités gothiques qu'y avait ensevelies la désuétude. Dans ses mains, la police, au lieu d'être une égide bienfaitrice, était devenue une arme meurtrière dirigée contre tous. Il ne persécutait pas seulement la société, il frappait la nature elle-même : il punissait de mort l'amour. Mais, par une juste rébellion, la nature s'est alors retournée contre son oppresseur et l'a mordu aux entrailles. Ce bourreau des faibles a été surpris en flagrant délit de faiblesse humaine. On l'a vu, sous l'hermine de sa dignité, commettre furtivement la faute qu'il châtiait publiquement. On l'a vu violer sans vergogne les règles qu'il appliquait sans merci. On l'a vu enfin, le front baissé, la main tendue, la voix suppliante, mendier son pardon et rappeler piteusement au pouvoir cette pitié qu'il avait bannie du pouvoir. Ainsi l'expérience a été complète. Le vice de la tyrannie a été prouvé par le vice même du tyran. La justice implacable a été condamnée par la culpabilité du juge.

Voilà l'immortel enseignement que contient *Mesure pour Mesure*. Et ce qui ajoute encore à la solennité de cette grande leçon, c'est la date même à laquelle elle a été donnée. Le 27 décembre 1604, au soir de la Saint-Étienne, les comédiens du *Globe* jouèrent devant la cour d'Angleterre la pièce nouvelle du maître[1]. A cette époque critique, une nouvelle dynastie venait d'être intronisée. La nation, récemment délivrée d'Élisabeth, regardait avec anxiété l'étranger qui venait la régir : quels destins lui apportait cet inconnu ? Quel avenir lui préparait cette famille hier ennemie ? Ces

---

[1] Une mention constatant officiellement ce fait a été récemment découverte dans le registre des dépenses faites pour les divertissements de la cour de Jacques Ier. (*Tylney's papers.*)

Stuarts seraient-ils plus doux au peuple que les Tudors ? Il faut l'avouer, les premiers actes du nouveau prince étaient de sinistre augure. A peine Jacques Ier avait-il franchi la frontière que le tyran se révélait. Sur la route même de Berwick à Londres, au bourg de Newark, le roi avait arrêté sa marche triomphale pour faire dresser une potence et pendre sans jugement un pauvre vagabond [1]. Dès son entrée dans sa capitale, Jacques avait institué un tribunal d'exception qui multipliait les supplices. Deux prêtres catholiques, suspects de conspiration contre sa personne, avaient été étranglés au gibet de Tyburn. D'anciens ministres de la feue reine, prévenus du même crime, lord Cobham et lord Grey, attendaient dans un cachot leur exécution. Sur une simple dénonciation, l'illustre Walter Raleigh avait été condamné à mort, agenouillé de force devant un billot, puis brusquement renvoyé à la tour de Londres par un sursis dérisoire qui devait le torturer dix ans. Tels étaient les événements lugubres qui inauguraient le régime nouveau. Et devant ces tragédies le peuple impuissant ou ignorant se taisait. Le parlement, avili par la crainte, sanctionnait les décrets les plus capricieux du despote. Le clergé, représenté par ses évêques, se prosternait à Hampton-Court devant le nouveau Salomon. Un concert d'adulations s'élevait de toutes parts autour du trône. La tribune approuvait, la chaire acclamait... Ce fut du théâtre que vint la remontrance.

Seul debout au milieu de la multitude prosternée, Shakespeare fit entendre au prince omnipotent le langage austère de la vérité. Dans une allégorie transparente, il lui rappela la sainte obligation de la clémence. La clémence

---

[1] C'est à propos de cet assassinat juridique qu'un contemporain, sir John Harrington, écrivait : « J'apprends que le nouveau roi a pendu un homme avant qu'il fût jugé, c'est un acte étrange ; si le vent souffle ainsi, pourquoi un homme ne serait-il pas jugé avant d'être délinquant ?

n'est pas une grâce, c'est un principe ; ce n'est pas une concession, c'est un devoir, — devoir impérieux imposé au pouvoir par la nature même. Il n'est permis qu'à l'impeccable d'être inexorable. Il faut être sans faiblesse pour avoir le droit d'être sans pitié. Or, l'exemple d'Angelo le prouve, — les gouvernants sont sujets aux mêmes erreurs que les gouvernés. Le plus intègre magistrat est virtuellement coupable, car la faute existe chez tous à l'état latent. Soyez toujours prêt à pardonner, car vous êtes toujours prêt à faillir. — O vous donc de qui la justice émane, ne prononcez jamais de sentences impitoyables, de crainte que ces sentences ne soient un jour justement retournées contre vous. N'appliquez pas la loi de mort, de peur que dans l'avenir elle ne vous soit appliquée. Roi, prenez garde que votre tyrannie ne provoque le régicide.

Avertissement tutélaire que le poëte adressait inutilement, hélas ! au fils de Marie Stuart, au père de Charles Ier !

II

La misanthropie procède de la philanthropie, comme la jalousie, de l'amour. — Chose digne de remarque, — ce sombre malaise n'est contagieux qu'aux âmes généreuses : il n'atteint pas les égoïstes. Il faut aimer les hommes pour être capable de les maudire. Éprenez-vous de l'humanité, intéressez-vous à son bien-être, soyez dévoué à ses destinées, dévoué jusqu'au martyre, sacrifiez-lui votre bonheur, votre fortune, votre existence, soyez prêt à affronter pour elle les supplices de la prison, les tourments de l'exil, les angoisses de la mort, dès lors vous serez exposé à récriminer contre les générations qui vous entourent. Impatient du progrès, vous reprocherez à ces générations leur apathie, leur mollesse, leur insouciance, leur servilité devant le despotisme, leur lâcheté devant l'usurpation, leur indifférence à la honte, leur trahison envers elles-mêmes. Et, si ces générations restent sourdes à vos reproches, alors peut-être l'accablant ennui vous saisira ; vous vous sentirez envahir par une morbide amertume, et, découragé de la lutte par votre impuissance même, vous serez atteint de cette nostalgie d'outre-tombe à laquelle ont succombé les plus stoïques.

La magnanimité de Shakespeare le rendait plus que tout autre sujet à cette fatale mélancolie. Que ne devait pas souffrir l'auteur de *Comme il vous plaira*, quand il comparait en lui-même le monde qu'il rêvait au monde qu'il voyait ! Il rêvait partout le bien, l'équité, la vertu ; partout il voyait le mal, l'injustice, la corruption. Il rêvait la douce et radieuse république épanouie au soleil de l'idéale forêt des Ardennes, et il ne voyait que la sinistre monarchie des Tudors et des Stuarts. Il aspirait à la lumière, et il n'apercevait autour de lui que des ténèbres insondables. En vain, égaré dans l'ombre immémoriale des âges, il invoquait la civilisation, l'avenir, le jour. Aucune aurore ne répondait à sa voix. Alors le découragement s'emparait de lui ; et, comme si la nuit du sépulcre était moins profonde que la nuit d'une telle existence, il jetait à la tombe cet appel désespéré : « Lassé de tout, j'appelle à grands cris le repos de la mort, lassé de voir le mérite né mendiant, et le dénûment affamé travesti en drôlerie, et la foi la plus pure douloureusement parjurée, et l'honneur d'or honteusement déplacé, et la vertu vierge prostituée à la brutalité, et le juste mérite à tort disgracié, et la force paralysée par le pouvoir boiteux, et l'art bâillonné par l'autorité, et la niaiserie, vêtue en docteur, contrôlant le talent, et le Bien captif esclave du capitaine Mal [1]. »

Si l'homme qui avait nom Shakespeare ressentait ainsi

---

[1] Voir le 18ᵉ sonnet de Shakespeare, dans la traduction que j'ai publiée. [Paris, Michel Lévy, 1856.]

les souffrances publiques, s'il était navré par les iniquités sociales au point d'invoquer parfois la mort comme un remède, faut-il s'étonner que nous retrouvions dans son œuvre le contre-coup d'une telle douleur ? Déjà nous avons pu reconnaître les symptômes de cette mélancolie délétère dans les monologues d'Hamlet, dans les imprécations du roi Lear, et jusque dans les sarcasmes de Jacques. Mais ces prodromes n'ont encore été que des accès passagers. L'humeur sombre qui assiége depuis longtemps le cerveau du poëte, doit éclater enfin par un drame fiévreux, aigu, foudroyant.

Plutarque, dans la *Vie de Marc-Antoine*, parle d'un certain Timon, citoyen d'Athènes, qui vivait à l'époque de la guerre du Péloponèse et était noté « comme malveillant et ennemy du genre humain ». Ce Timon « abhorroit toute compagnie des autres hommes, fors que d'Alcibiades, jeune audacieux et insolent, auquel il faisoit bonne chère ; de quoy s'ébahissant quelqu'un : Je l'aime, respondit-il, pour autant que je suis seur qu'un jour il sera cause de grands maux aux Athéniens [1]. » Un jour qu'on célébrait à Athènes la fête des morts et qu'il festoyait un certain philosophe Apemantus, *qui estoit ensemble à luy de nature et de mœurs et imitoit sa manière de vivre* : « Que voicy un beau banquet ! se prit à dire Apemantus. — Oui bien, respondit Timon, si tu n'y estois point. » Un autre jour, comme le peuple était assemblé sur la place pour ordonner de quelque affaire, il monta à la tribune aux harangues et dit : « Seigneurs Athéniens, j'ay en ma maison une petite place où il y a un figuier auquel plusieurs se sont desjà estranglés et pendus, et pourtant que j'y veux faire bastir, je vous en ai bien voulu advertir devant que faire coupper le figuier, à

---

[1] Traduction d'Amyot. — Édition de Berne, 1574, page 1141.

celle fin que si quelques-uns d'entre vous se veulent pendre, qu'ils se despeschent ! » Il mourut en la ville de Halès et fut inhumé au bord de la mer dans un tombeau sur lequel se lisait cette épitaphe composée par lui-même :

>Ayant finy ma vie malheureuse,
>En ce lieu-cy, on m'y a inhumé ;
>Mourez, meschants, de mort malencontreuse,
>Sans demander comme je fus nommé.

Personnage historique dans les annales de Plutarque, Timon reparaît, comme personnage légendaire, dans un dialogue satyrique de Lucien. Plus explicite que le chroniqueur de Chéronée, le fabuliste de Samosate insiste d'abord sur les causes qui ont provoqué chez Timon cette misanthropie furieuse. — Si Timon déteste les hommes, c'est qu'il a éprouvé leur ingratitude. Ses faux amis l'ont délaissé après avoir mangé tout son bien, et se sont détournés de lui comme d'un sépulcre. Voilà pourquoi, de la solitude où il s'est retiré, Timon interpelle Jupiter et le somme d'écraser les impies. Jupiter, qui dormait profondément au haut de l'Olympe, se réveille de fort mauvaise humeur et demande quel est ce blasphémateur qui crie si fort du côté du mont Hymette. Mercure explique à son maître que c'est Timon, celui-là même qui offrait aux dieux tant de sacrifices et les traitait si magnifiquement le jour de leur fête. Jupiter, malgré ses bons yeux, a peine à reconnaître le splendide Athénien dans ce malheureux qui, vêtu d'une peau de bête, laboure péniblement la terre au fond de cette vallée déserte. Sur les représentations de Mercure, il confesse qu'en effet Timon a quelque sujet de se plaindre ; il s'associe à la colère de celui-ci contre des amis ingrats et serait tout disposé à les frapper, n'était qu'il a ébréché sa foudre en la lançant récemment contre le sceptique Anaxagore. Grand embarras. Timon ne pourra être vengé que quand le tonnerre aura été raccommodé par le forgeron du mont Etna ; mais, en attendant, Jupiter veut tirer de la misère son ancien serviteur, et pour ce il va lui dépêcher incontinent le dieu des richesses. Plutus reçoit en maugréant l'ordre du maître : « C'est comme si tu m'envoyais verser de l'eau dans un tonneau percé, » murmure-t-il [1]. N'importe. Jupiter le veut, il faut partir. Plutus qui, comme vous savez, est aveugle et boiteux, se cramponne au manteau de Mercure et quitte l'Olympe. Les deux dieux sont bientôt en vue du mont Hymette. Ils pénètrent dans la vallée sans tenir compte des protestations de la Pauvreté qui, furieuse, s'enfuit avec ses satellites, le Travail, la Force, la Santé et la Vertu. Timon aperçoit les nouveaux-venus et de loin les menace de son hoyau. Plutus, fort peureux, veut se sauver, mais Mercure le retient et, entamant vaillamment les pourparlers, représente qu'il est Mercure et qu'il est chargé par Jupiter d'amener à Timon le dieu des richesses. Timon est grandement obligé à Jupiter, mais il est résolu à ne pas admettre celui qui a causé tous ses malheurs : Plutus l'a livré aux flatteurs, l'a corrompu à force de délices et l'a traîtreusement lâché au moment critique. Que Mercure s'en aille donc avec son aveugle ! Blessé dans son amour-propre de dieu, Plutus éprouve le besoin de se justifier : en quoi a-t-il pu offenser Timon ? Il l'a comblé de biens et d'honneurs. C'est lui, Plutus, qui bien plutôt devrait se plaindre : il a été chassé par Timon, prostitué par Timon à d'infâmes parasites. Il en était même tellement indigné qu'il ne serait jamais revenu sans l'ordre formel de Jupiter. Mercure confirme le dire de son collègue et somme Timon de se résigner à la volonté divine. Sur quoi les deux immortels disparaissent. — Resté seul, l'homme se remet à bêcher, et immédiatement l'or jaillit en paillettes sous son hoyau. Bientôt le bruit s'est répandu

---

[1] Voir la traduction de d'Ablancourt. Amsterdam, 1709.

que Timon a découvert un immense trésor, et voici ses anciens amis qui reviennent lui faire visite. C'est d'abord le parasite Gnathonide qui arrive tout souriant pour lui chanter une nouvelle chanson à boire. Timon le congédie à coups de pierres. Puis c'est le flatteur Philiade qui, charitablement, l'avertit de mieux choisir ses amis à l'avenir, Timon le remercie à coups de bâton. Vient ensuite l'orateur Déméa qui compte proposer au sénat de dresser en l'honneur de Timon une statue d'or, destinée à faire pendant à la statue de Minerve, et qui espère que ce grand homme daignera être le parrain de son premier-né. Timon lui répond à coups de bâton. Derrière Déméa, paraît le cynique Thrasyclès, reconnaissable à sa barbe de bouc et à l'épaisseur de ses sourcils, qui prétend vivre de pain et d'eau, affecte le plus grand mépris pour les richesses, et conseille à Timon de se débarrasser de son or, en le jetant à la rivière, ou plutôt dans un bissac que lui, Thrasyclès, a apporté tout exprès. Timon le renvoie en faisant pleuvoir sur son échine, non les lingots, mais les horions. A peine a-t-il pu reprendre haleine qu'une multitude immense débouche dans la vallée : c'est la population d'Athènes tout entière qui vient l'acclamer. Cette fois Timon a affaire à trop forte partie. Il fait retraite sur les hauteurs du mont Hymette, d'où il repousse à coups de pierres le dernier assaut de ses flatteurs. Enfin sa misanthropie reste maîtresse du champ de bataille.

Tel est le farouche personnage que l'auteur d'*Hamlet* a choisi pour héros. Convenez qu'un génie sûr de lui-même était seul capable d'une telle audace. Que d'obstacles à vaincre, en effet, pour mener à fin une pareille œuvre ! De tous les sujets jamais choisis par un auteur dramatique, certes voici le plus intraitable. Comment intéresser le public à cet insulteur acharné du public ? Comment attirer la sympathie de la foule sur ce haïsseur de la multitude ? Comment réclamer la pitié du monde pour cet épouvantail de l'univers ? Comment apprivoiser pour la scène moderne ce fauve loup-garou de l'antiquité ?

Ce problème, en apparence insoluble, Shakespeare l'a résolu. Disons par quelle magistrale intuition.

Ici la difficulté primordiale était de justifier par des raisons suffisantes l'animosité extraordinaire du personnage. Plutarque se borne à signaler dans une phrase incidente « l'ingratitude et le grand tort de ceux à qui Timon avoit bien fait ». Lucien donne quelques détails sur cette ingratitude : il parle des flatteurs qui ont abandonné Timon après avoir mangé tout son bien ; il signale le parasite Gnathonide offrant ironiquement à son hôte ruiné une corde pour s'aller pendre, le sycophante Philiade levant la main sur le généreux bienfaiteur qui a doté sa fille. Mais ces traits isolés de perfidie suffisent-ils à rendre légitime la misanthropie de Timon ? Parce que cet homme a été trompé par quelques Grecs, a-t-il le droit de jeter la pierre à tous ? Parce qu'il a été dépouillé par de grossiers flagorneurs, est-il fondé à accuser tous ses semblables de trahison ? Shakespeare a jugé que non, et voilà pourquoi il a assigné une autre origine au ressentiment de son héros. Ce ne sont pas seulement quelques flatteurs qui ruinent le Timon anglais, ce sont tous ses contemporains. Il n'est pas la dupe d'une clique, il est la victime d'un peuple entier. Son écroulement a pour cause, non la trahison obscure d'une cabale, mais l'ingratitude éclatante d'un État. S'il est devenu insociable, c'est qu'il a été frappé par la société.

Ainsi la rancune exceptionnelle du misanthrope doit être provoquée et autorisée par des griefs exceptionnels. Mais le poëte dramatique ne s'est pas contenté d'indiquer ces griefs dans une énumération trop vite oubliée ; il a voulu les développer successivement en une série de scènes émouvantes qui fissent sur l'esprit du spectateur une impression ineffaçable. De là un changement radical dans la manière de présenter le sujet traditionnel. Les auteurs grecs n'avaient mis en relief que l'effet, le poëte anglais a fait le jour sur la cause. Plutarque et Lucien n'avaient montré que l'ennemi des hommes ; Shakespeare a commencé par nous présenter l'ami des hommes. Dans la légende antique, nous ne voyons que le misanthrope ; sur la scène moderne, nous voyons d'abord le philanthrope.

Conçu de cette manière, le drame de *Timon d'Athènes* se développe comme le drame du *Roi Lear*. Il offre en raccourci le même brusque contraste de lumière et d'ombre. Lear et Timon sont tous deux, par une catastrophe analogue, précipités du faîte radieux de la prospérité dans la nuit sans fond de la misère. Comme Lear, Timon change soudainement l'opulence princière pour la détresse du vagabond. Il est battu de la même tempête, aveuglé par le même ouragan. L'hypocondrie, qui se résout chez Lear en folie furieuse, éclate chez Timon en misanthropie forcenée. Dans ce terrible délire, l'un trouve chez son intendant Flavius le dévouement impuissant que trouve l'autre chez Kent son vassal. Et tous deux meurent de douleur, également trahis par ceux qu'ils ont aimés.

Mais, si les drames se ressemblent dans leurs linéaments généraux, combien les personnages diffèrent ! Comparez les deux expositions. Qu'il y a loin de la magnificence autocratique du roi à la générosité impersonnelle du patricien ! Le *moi*, qui se manifeste chez celui-là par un égoïsme tout dynastique, n'existe même pas chez celui-ci. Ce n'est pas Timon qui pourrait vivre dans une bastille féodale ! Son palais n'est point un sombre château fort, hérissé de créneaux et de meurtrières, qui n'abaisse son pont-levis que pour des grands seigneurs, et dont les peuples se détournent avec effroi. C'est une lumineuse villa de la Renaissance, construite par quelque Piranèse sur les plans grandioses de la plus magnifique hospitalité. Le portique, qu'aucune grille ne ferme, reçoit les plus humbles sous une arche triomphale. Pas de garde sur le seuil, « pas de portier, mais un homme qui sourit et invite sans cesse tous ceux qui passent. »

> No porter at his gate,
> But rather one that smiles, and still invites
> All that pass by.

Sous les vastes colonnades de l'édifice, sur ces terrasses étagées à perte de vue, sur les perrons, le long des escaliers, à travers les galeries, circule un peuple sans cesse renouvelé de visiteurs. Entre là qui veut, dîne là qui veut. Les violes et les hautbois appellent tout le monde à la fête. Le banquet est servi, comme aux noces de Cana, avec une profusion qui tient du miracle ; et, pour se mettre à table, il suffit d'avoir faim. Le passant, vous dis-je, est invité ! Dans sa bienveillance ineffable, le châtelain ne distingue pas entre ses hôtes ; il reçoit avec une grâce égale le sénateur et le plébéien, le poëte et le marchand, l'artiste et le bourgeois, le joaillier sans nom qui lui vend un bijou et le seigneur Lucius qui lui a offert ce matin même, « par un hommage spontané de son estime, quatre chevaux blancs comme le lait, harnachés d'argent ». Il a pour tous les visages le même sourire rayonnant. Et ne croyez pas qu'aucun sentiment bas dépare cette généreuse courtoisie. N'allez pas justifier d'avance l'ingratitude des hommes envers leur bienfaiteur en répétant, avec les critiques Schlegel et Johnson, que la magnificence de Timon n'est qu'une ostentation provoquée par un vil désir de flatterie. Si la passion de la louange était réellement le mobile de Timon, accueillerait-il avec une telle indulgence ce hideux cynique qui, drapé dans sa guenille, ne répond à la politesse que par l'injure, à l'affabilité que par l'outrage ; Apémantus prétend en effet que Timon n'aime que la flatterie ; mais gardez-vous de prendre l'insulteur au mot. Il réfute lui-même cette calomnie par sa présence.

Ce qui anime Timon, ce qui règle sa conduite, ce qui explique tous ses actes, c'est l'amour de l'humanité, amour désintéressé, universel, idéal. C'est cette passion immense qui le caractérise. — Les autres héros de Shakespeare ont tous leurs prédilections ; chacun d'eux choisit ici-bas une créature privilégiée sur laquelle il concentre ses sympathies : Coriolan a un culte suprême pour sa mère, Lear pour sa fille, Hamlet pour son père mort ; Macbeth trouve son Ève dans lady Macbeth ; Othello s'absorbe en Desdémona, Roméo se confond avec Juliette. Timon, lui, est sans préférence. Cette exception étrange, Shakespeare l'a rendue logique par un trait frappant. Timon n'a pas de parents. Près de lui ni père, ni mère, ni épouse, ni frère, ni sœur, ni enfant : point de famille ! L'auteur a affranchi son personnage de tous les liens domestiques qui pouvaient retenir et enchaîner son cœur. Timon n'a pas de maîtresse; il n'a même pas ce qu'on appelle un ami, c'est-à-dire un compagnon choisi, un confident intime, un jumeau d'adoption qui soit pour lui ce qu'est Horatio pour le prince de Danemark, ce qu'est Bassanio pour le Marchand de Venise. Timon n'a pas d'ami, — parce qu'il n'a que des amis. Tous ses semblables lui sont également chers. Pour gagner sa sympathie, c'est assez d'avoir figure humaine. A quoi bon choisir entre tant de créatures ? Il retrouve en chacune d'elles l'essence idéale dont il est épris. Il sent battre dans toutes ces poitrines le cœur de l'humanité. C'est l'humanité qu'il adore, c'est dans l'humanité qu'il s'absorbe, c'est pour l'humanité qu'il s'épuise. Amour instinctif et inéluctable qui doit l'entraîner à l'abîme. Timon a pour l'humanité la générosité insouciante d'un amant éperdu. L'humanité est sa Cléopâtre.

Que n'a-t-il, comme Antoine, un empire à offrir! « Il me semble, avoue-t-il, que je pourrais distribuer des royaumes, sans jamais me lasser. »

> Methinks I could deal kingdoms
> And ne'er be weary.

« O mon seigneur! lui crie son intendant, l'univers n'est qu'un mot : s'il dépendait de vous de le donner d'un souffle, que vite il serait parti ! »

> O my good lord, the world is but a word;
> Were it all yours to give in a breath,
> How quickly were it gone !

Flavius dit vrai. Entraîné par un tel amour, Timon ne se demande pas si sa fortune est aussi vaste que sa bienveillance ; chacun de ses actes est une largesse, chacune de ses paroles une prodigalité. A peine entré en scène, il a payé la rançon de Ventidius prisonnier pour dettes, doté son serviteur Lucilius, acheté l'épopée du poëte, le tableau du peintre, le bijou du joaillier, et retenu tout Athènes à souper. Si vous lui faites quelque représentation sur les conséquences d'une telle libéralité, il vous répond candidement qu'il n'est point inquiet de l'avenir. Telle est sa confiance en cette humanité dont il raffole, qu'il appelle de ses vœux le moment où lui-même aura besoin d'elle. Il l'avoue, il a *souvent souhaité de s'appauvrir*, afin de recevoir à son tour un secours qu'il est si heureux d'accorder. Donner lui semble si doux que, par crainte d'être égoïste, il voudrait procurer cette joie à autrui : « O dieux, dit-il les larmes aux yeux, qu'aurions-nous besoin d'amis, si nous ne devions jamais avoir besoin d'eux ? Ce seraient les créatures du monde les plus inutiles si jamais nous n'étions dans le cas de recourir à eux ! Ils ressembleraient à ces instruments harmonieux, accrochés à leurs étuis, qui gardent leurs sons pour eux-mêmes. Même j'ai souvent souhaité de m'appauvrir pour pouvoir me rapprocher de vous. Nous sommes nés pour faire le bien, et quelle chose pouvons-nous appeler nôtre plus justement que la fortune de nos amis ? Ah ! quelle garantie c'est pour nous de pouvoir en frères disposer de nos richesses ! »

Cependant l'heure de l'épreuve approche. Cette fête fabuleuse, où les cinq sens et Cupidon ont salué Timon comme leur protecteur, a épuisé les dernières ressources du patricien. Les coffres, où s'engouffrait le Pactole, sont à sec ; l'hypothèque et l'usure ont dévoré ce domaine, vaste comme un État, qui s'étendait d'Athènes à Lacédémone. La dette criarde hurle aux portes. Le Mécène magnifique « qui avait Plutus pour intendant » n'est plus qu'un misérable. Flavius, les sanglots dans la voix, accourt révéler à son seigneur la triste vérité. Mais, en présence de la catastrophe, Timon conserve l'intrépidité sublime de sa candeur. Il reproche à son majordome une douleur qu'il ne s'explique pas. Il rappelle avec le calme d'une conscience pure qu'il n'a pas à se reprocher de honteuse générosité :
— J'ai donné imprudemment, jamais ignoblement. Pourquoi pleures-tu ? manques-tu de confiance au point de croire que je manquerai d'amis ? Rassure-toi, si je voulais puiser aux réservoirs de l'amitié et sonder par des emprunts le dévouement des cœurs, je pourrais disposer des hommes et de leur fortune, comme je t'ordonne de parler.

— Puisse l'évidence bénir votre opinion !

— Et cette nécessité même où je suis est une élection auguste que je regarde comme une bénédiction. Vous verrez combien vous vous méprenez sur ma fortune : je suis riche par mes amis ! Holà ! quelqu'un ! Flaminius ! Servilius !

Et Timon appelle à son aide toute cette Athènes qu'il a entretenue si longtemps. Hélas ! il s'adresse à une cité corrompue que dominent les calculs de l'égoïsme et de l'intérêt sordide, où la noblesse vit d'usure et où la poésie même se prostitue. Cette société qui, durant tant d'années, a fait les yeux doux à Timon, n'est qu'une courtisane sans âme qui lâche son amant dès qu'elle l'a ruiné. — En vain les valets du patricien frappent à toutes les portes; toutes se ferment. Les intimes signifient leurs refus par de cyniques échappatoires. Celui-ci, Lucullus, offre trois piécettes au valet Flaminius pour dire qu'il ne l'a pas rencontré. Celui-là, Lucius, proteste qu'il allait lui-même envoyer à Timon afin de lui demander assistance. Cet autre, Sempronius, couvre son avarice d'une susceptibilité dérisoire et se fâche tout net de ce qu'ayant été le premier à recevoir les bienfaits de Timon, il ait été le dernier sollicité par lui. Ces vilenies privées ont été d'avance sanctionnées par la ladrerie publique. Le Sénat, qui représente la nation entière, a méconnu les éclatants services de Timon en rejetant la requête de Flavius. Désormais plus d'espoir. La désillusion est complète, et la métamorphose du héros commence. — Aucune affection domestique, aucune prédilection intime ne rattache Timon à ce monde pervers. Moins heureux que le malheureux Alceste, Timon n'a pas même une Célimène qui le retienne au milieu des vivants par un sourire équivoque. L'ingratitude de tous provoque et justifie la rancune contre tous. Par une irrésistible logique, l'amour déçu va se résoudre en haine. Timon va détester ce qu'il adorait. La face humaine qui le charmait naguère lui fera désormais l'effet d'un masque repoussant : il ne verra plus qu'imposture, fourberie, lâcheté, corruption, dégradation, dans ce visage à l'effigie divine qui pour lui signifiait loyauté, vertu, honneur, probité, dévouement. Trompé par l'humanité, Timon va lui jeter à jamais cette malédiction fatale dont le vaincu d'Actium frappe la sombre fille d'Égypte.

Le philanthrope n'est plus : place au misanthrope !

Timon est résolu à rompre avec le monde, mais il entend que cette rupture soit scandaleuse comme l'ingratitude qui la cause. Il ne veut pas laisser le dernier mot à la trahison, et il retient sa colère pour la faire éclater, dans une farce terrible, sur toutes ces fourberies humiliées. — Avant de quitter ce toit domestique sous lequel il n'est plus qu'un étranger, Timon convoque la société athénienne à un dernier rendez-vous. Par son ordre, le palais est illuminé de nouveau ; les galeries sont décorées ainsi que pour une fête. Des valets aux livrées étincelantes, circulant des cuisines à la salle du banquet, apportent dans des plats couverts on ne sait quel surprenant souper. Les hérauts, étagés sur les degrés du péristyle, annoncent les nouveaux venus au son de la trompette. Tous les invités ont répondu à l'appel. A l'aspect de ces magnificences, chacun s'imagine que la misère de Timon n'était qu'une feinte et se repent d'avoir été dupe. Chacun voudrait s'être montré plus généreux à son égard et lui demande pardon de n'avoir pu l'assister. Timon répond avec une superbe bienveillance à ces plates excuses et presse ses commensaux de prendre place. Dès que tous se sont rangés autour de cette table immense qui pourrait servir au festin de Balthazar, quand tous ces êtres, ayant l'estomac pour cœur, sont prêts à la bombance, quand tous ces appétits ameutés n'attendent plus qu'un signal pour se jeter sur la curée, l'hôte se transfigure en vengeur. Ces lèvres attiques, qui respiraient la plus suave courtoisie, laissent échapper pour la première fois l'ironie et le sarcasme. Dans des actions de grâces dérisoires, Timon appelle sur ses convives stupéfaits la colère d'en haut ; il conjure le ciel de châtier tous ces amis qu'il convie au néant : « Chiens ! leur crie-t-il, enlevez les couvercles et lapez ! » Et les couvercles tombent, et partout de ces soupières somptueuses s'élève en brumes épaisses la vapeur insipide de l'eau chaude. Et le maître reprend d'une voix tonnante : « Puissiez-vous ne jamais assister à un meilleur festin, vous tous, amis de bouche ! Fumée et eau tiède, voilà toute votre valeur. Ceci est l'adieu de Timon ! Englué et souillé par vous de flatteries, il s'en lave en vous éclaboussant le visage de votre infamie fumante. » Ce disant, de sa droite frémissante trempée dans la cuve, il lance l'eau injurieuse sur toutes ces faces hypocrites. Les sycophantes s'enfuient, en s'essuyant le visage, mais le misanthrope s'acharne à leur poursuite. Formidable raillerie ! c'est au banquet même qu'il emprunte ses dernières armes contre ces convives éhontés ! Il se sert, pour les chasser, des éclatants ustensiles dont ils se sont servis pour le dévorer. Les outils de l'orgie deviennent dans ses mains vengeresses les projectiles du châtiment. Il vide sur les épaules des infâmes la nappe sur laquelle ils ont mangé sa fortune. Il jette sa vaisselle aux trousses de ces parasites. C'est sous une grêle de plats qu'il disperse les pique-assiettes [1] !

Tel est l'adieu tragiquement bouffon que Timon adresse à la société.. Après cette scène critique, la transformation est achevée. L'homme n'a plus rien d'humain, pas même le vêtement. Une peau de bête remplace sur ses épaules la magnifique simarre du patricien. Timon quitte son palais et se retire dans les bois. L'horreur des hommes le voue au désert. Il les fuit dans la solitude, en attendant qu'il les fuie dans la tombe. Une sombre caverne est la cellule où se retire ce reclus du désespoir. Perdu sous les broussailles, hérissé, échevelé, fauve, hagard, effaré, il apparaît sur le seuil comme l'anachorète du chaos. Il

---

[1] Paul de Saint-Victor a dit admirablement : « Ulysse, rejetant ses haillons, saisissant son arc et tuant à coups de flèches les prétendants qui pillent son palais, n'est pas plus formidable que Timon, découvrant les plats vides de son banquet symbolique. » *Presse* du 23 décembre 1861.

murmure la malédiction comme une litanie. Son hypocondrie stylite s'exhale en un incessant monologue d'imprécations. A l'entendre vociférer dans ce sauvage Pathmos, on croirait ouïr un apôtre de malheur entonnant contre la Babylone humaine l'apocalypse de la destruction :.. « Piété, scrupule, dévotion aux dieux, paix, justice, vérité, déférence domestique, repos des nuits, bon voisinage, instruction, mœurs, métiers et professions, hiérarchies, rites, coutumes et lois, perdez-vous dans le désordre de vos contraires, et vive le chaos !... O soleil bienfaisant, dégage de la terre une vapeur pestilentielle et infecte l'air qu'on respire sous l'orbe de ta sœur ! honnies soient toutes les fêtes, toutes les cohues humaines ! Timon méprise son semblable comme lui-même ! que la destruction enserre l'humanité !... O toi, notre mère commune, qui de la même substance dont tu enfles ton orgueilleux enfant, l'homme arrogant, engendres le noir crapaud, la couleuvre bleue, le lézard doré, le reptile aveugle et venimeux et tout ce qui naît d'horrible sous la coupole céleste qu'illumine le feu vivifiant d'Hypérion, stérilise ta féconde matrice, qu'elle ne produise plus l'homme ingrat ! sois grosse de tigres, de dragons, de loups et d'ours ; enfante des monstres nouveaux que ta surface ne présenta jamais à la voûte de marbre du firmament ! »

Cependant, tout en creusant le sol pour en arracher une racine, Timon a fait jaillir avec sa bêche quelque chose qui brille... O stupeur ! Le misérable a trouvé la fortune dans sa misère même. La faim lui a révélé une mine inépuisable qui expose à ses pieds toutes les splendeurs de la terre. Il n'a qu'à se baisser et il se relèvera plus opulent que jamais. Il n'a qu'à se courber, et il rachètera de l'usure tous ses domaines, et ses parcs, ses châteaux, ses palais lui seront rendus, et il reparaîtra dans Athènes, honoré, choyé, fêté, adulé, déifié. Il possède à discrétion ce métal magique qui transmute ici-bas le bien en mal et qui « rend blanc le noir, beau le laid, juste l'injuste, jeune le vieux, vaillant le lâche ». Que va-t-il faire de ce talisman ?

Justement un bruit de pas humains se fait entendre : c'est le fracas d'une marche militaire. Voici Alcibiade qui entre dans la forêt au son du tambour et du fifre. Le jeune capitaine, révolté contre sa patrie, apparaît à la tête de ses troupes, entre deux courtisanes d'une éclatante beauté, Phryné et Timandra. Il s'approche avec compassion de son ancien hôte, et offre de soulager, dans la limite de ses moyens, une infortune qu'il déplore et qu'il n'a pas causée. Mais Timon lui réplique plus brutalement que Diogène à Alexandre : « Je t'en prie, bats le tambour et va-t'en. » Désespérant de le fléchir, Alcibiade se retire, annonçant qu'il va attaquer Athènes. A cette nouvelle, Timon manifeste une joyeuse surprise : « Tu fais la guerre aux Athéniens ! » s'écrie-t-il avec un ricanement sinistre. Alors le misanthrope retient le rebelle par le bras et remplit d'or ses poches. Avec les ressources que lui fournit la nature, il soudoie la révolte qui menace sa ville natale. Quel bonheur pour lui de subvenir aux représailles qui vont anéantir la Sodome athénienne ! Ces richesses qu'il gaspillait naguère en bienfaits, il les dissipe désormais en forfaits ! Il les prodigue au carnage, à l'incendie, à l'extermination. Il veut que la guerre soit sans quartier. Personne ne doit survivre au massacre. Le chaos réclame cette société maudite d'où la vertu est bannie. Ici l'âge, le sexe, la faiblesse, l'infirmité, ne sont plus des sauvegardes. A mort le vieillard ! c'est un usurier. A mort la matrone ! c'est une entremetteuse. A mort la vierge ! « Les mamelles de lait qui, entre les barreaux de sa gorgerette, provoquent le regard de l'homme, ne sont pas inscrites sur la page de la pitié ! » A mort l'enfant ! c'est un bâtard. « En avant,

Alcibiade ! Voici de l'or ! en avant ! sois comme un fléau planétaire, alors que Jupiter suspend ses poisons dans l'air vicié au-dessus d'une ville corrompue ! Abjure toute émotion ! Couvre tes oreilles et tes yeux d'une cuirasse impénétrable, que le cri des mères ne saurait entamer. Voici de l'or pour payer tes soldats ! Sois l'exterminateur de tous, et, ta fureur assouvie, sois toi-même exterminé ! »

Mais la terrible scène n'est pas finie. A l'aspect de l'or étincelant, les deux courtisanes se sont approchées complaisamment du misérable qu'elles insultaient tout à l'heure. Leur cupidité est plus forte que leur dégoût. Elles flattent de leur voix la plus tendre ce prodigue monstrueux qui les fascine de son opulence inouïe. Elles offrent à ses largesses leurs charmes enivrants : « Donne-nous de l'or, Timon, sache que nous ferons tout pour de l'or. » Mais la beauté humaine, dans sa forme la plus splendide, ne saurait tenter l'ascète misanthrope. Il dédaigne ces hétaïres. Néanmoins il leur offre de l'or, à cette condition atroce qu'elles ne renonceront jamais à leur métier et qu'elles inoculeront à tous le virus mortel de leurs baisers empoisonnés : « Drôlesses, tendez vos tabliers. A vous autres on ne demande pas de serments, quoique vous soyez prêtes à jurer au risque de faire frissonner d'un tremblement céleste les dieux qui vous écoutent ! Épargnez-vous les serments. Je me fie à vos instincts. Prostituez-vous toujours. Avec celui dont la voix pieuse cherche à vous convertir, redoublez de dévergondage, séduisez-le, embrasez-le ! Que votre flamme impure domine sa fumée !... Semez les germes de la consomption jusque dans les os de l'homme, frappez ses jarrets alertes, et émoussez son énergie. Cassez la voix du légiste, qu'il ne puisse plus plaider le faux et glapir ses arguties. Infectez le flamine qui récrimine contre la chair et ne se croit pas lui-même. Rendez chauves les rufians aux boucles frisées, et que les fanfarons épargnés par la guerre vous doivent de souffrir. Infectez tous les hommes. Voici encore de l'or! Damnez les autres et que cet or vous damne et que les fossés vous servent à tous de tombeaux! » Hélas! loin de repousser ces épouvantables libéralités, les courtisanes les provoquent avec une cynique complaisance, que dis-je? Elles les justifient par des actions de grâces; elles ramassent avidement l'or et l'ignominie; elles tendent leur giron à la souillure lucrative; et quand leur généreux insulteur est enfin à bout de largesses et d'outrages, elles s'en vont emportant sans vergogne cet or atroce dont il a payé d'avance leurs amours pestilentielles.

Dans son horreur de l'humanité, Timon s'est fait le pourvoyeur de tous les fléaux. Après avoir stipendié la guerre et la prostitution, il ne lui reste plus qu'à soudoyer le vol. A peine Phryné et Timandra ont-elles disparu, entraînées par Alcibiade, que des bandits paraissent. Ces bandits ont appris que Timon possède un immense trésor et sont venus, armés jusqu'aux dents, en réclamer leur part. Pourtant, avant de jouer du couteau, ils consentent à parlementer. Timon reçoit ses nouveaux hôtes avec une hautaine affabilité. Chose étrange! ceux-ci croyaient l'intimider et c'est lui qui leur impose. Le contempteur titanique de la société parle d'un ton dédaigneusement protecteur à ces chétifs exploiteurs de la société. Il leur reproche d'avoir besoin de superflu et ne pas savoir, comme lui, vivre de racines et de ronces. N'importe, il leur tient compte de la franchise avec laquelle ils exercent leur état; il leur sait gré de professer le vol ouvertement tandis que, « sous des apparences plus édifiantes, le vol le plus effréné se pratique dans les professions régulières. » Il les approuve de cette loyauté dans le crime et les engage à persévérer. D'avance il met leur conscience à l'aise en leur démontrant qu'on peut spolier sans scrupule une société établie sur la spoliation. Pourquoi hésiteraient-ils à voler quand la justice elle-même vole ? « Voleurs éhontés, voici de l'or. Allez, prenez à la fois la bourse et la vie. Les lois qui vous refrènent et vous flagellent exercent un brigandage impuni. Tous ceux que vous rencontrez sont des voleurs. Allez à Athènes, enfoncez les boutiques ; tout ce que vous déroberez, des voleurs le perdront ! Quoi que je vous donne, n'en volez pas moins, et puisse en tout cas cet or vous confondre ! Amen ! » Et Timon rentre dans sa caverne en jetant aux bandits des poignées d'or. Et ces hommes farouches se retirent, effarouchés eux-mêmes de cet involontaire butin, et emportant avec une sorte d'épouvante la solde formidable de leurs forfaits futurs.

Certes, dans de telles scènes, les extravagances de Timon semblent bien hideuses et bien atroces. Mais rappelons-nous toujours, pour ne pas méconnaître la pensée du poëte, que ces extravagances sont les conséquences nécessaires d'une fureur que Timon ne peut maîtriser. Si féroce que paraisse Timon, il n'est pas coupable, car il n'est plus responsable. Un emportement fatal a jeté dans les aberrations de la perversité le meilleur des hommes, mais cet emportement, ne l'oublions pas, c'est la société qui l'a provoqué. C'est donc à la société qu'il faut en demander compte. Timon est l'organe effrayant d'un irrésistible délire. Son hypocondrie fébrile, causée par un généreux désespoir, n'a rien de commun avec la froide malignité qu'inspirent à Apémantus les plus vils sentiments. Plutarque, parlant d'Apémantus, dit expressément qu'il « était semblable à Timon de nature et de mœurs. » Shakespeare, lui, s'est bien gardé de confondre deux âmes si diverses, et il a montré la distance qui les sépare dans un colloque frappant. — Apémantus est venu dans la retraite de Timon pour triompher de sa conversion. Aveuglé par la vanité, il s'imagine que Timon a voulu le copier, et il ose lui reprocher comme un plagiat sa récente métamorphose. Il faut voir avec quel accablant dédain Timon repousse cette injurieuse assimilation. Lui, le disciple d'Apémantus ! Fi donc ! Depuis quand le chat qui jure apprend-il au lion à rugir

— Apémantus, tu es un maraud que la fortune n'a jamais pressé dans ses bras caressants; elle t'a traité comme un chien. Si tu avais, comme nous, dès nos premiers langes, passé par les douces transitions que ce monde éphémère réserve à ceux dont une obéissance passive exécute tous les ordres, tu te serais plongé dans une vulgaire débauche, tu aurais épuisé ta jeunesse sur tous les lits de la luxure... Mais moi, j'étais confit dans la complaisance universelle, j'avais à mon service les bouches, les langues, les yeux, les cœurs de gens sans nombre qui m'étaient attachés comme les feuilles au chêne ! Une rafale d'hiver les a fait tomber de leur rameau, et je suis resté nu à la merci de toute tempête qui souffle. Pour moi, qui n'ai jamais connu que le bonheur, la chose est un peu dure à supporter... Mais toi, pourquoi haïrais-tu les hommes ? Ils ne t'ont jamais flatté ! Que leur as-tu donné ? Arrière, va-t'en ! si tu n'avais été le pire des hommes, tu aurais été un intrigant et un flatteur !

Au siècle dernier, le célèbre orateur Burke, commentant cette éloquente apostrophe devant le publiciste Johnson, admirait « avec quel fin discernement Shakespeare a su diversifier ici le caractère de Timon et le caractère d'Apémantus qui se ressemblent en ce moment pour les yeux vulgaires. » Burke avait raison. Une critique vulgaire pourrait seule se méprendre à une ressemblance aussi spécieuse. Timon et Apémantus n'ont de commun qu'un trait extérieur, — la haine des hommes. Mais cette haine procède chez chacun d'eux d'une cause bien distincte. Ce qui exaspère le misanthrope contre l'humanité, c'est l'amour déçu. Ce qui envenime le cynique, c'est l'amour-propre froissé. L'un succombe à une noble jalousie; l'autre cède à une basse envie. Timon a contre l'humanité l'ardente colère d'Othello; Apémantus, la froide malveillance d'Iago.

Aussi, dans ses accès les plus farouches, Timon conserve et mérite encore notre compassion. En écoutant ce désespéré qui voue l'humanité à la destruction, nous éprouvons pour lui cette pitié mêlée d'effroi que nous inspire le More de Venise égorgeant Desdémone. Le poëte n'a pas voulu laisser prescrire cette sympathie, si nécessaire à l'effet même du drame, et voilà pourquoi il l'a ravivée au dernier moment par une scène profondément touchante. — William Shakespeare était né et avait grandi à côté du peuple. Il connaissait le peuple et l'aimait. Il savait par expérience personnelle tout ce que le peuple cache de délicate bonté et d'exquise tendresse sous cette rudesse extérieure dont la servitude lui a fait une livrée. L'expérience de l'homme n'a pas été perdue pour l'écrivain. Shakespeare a maintes fois dans son théâtre rendu hommage à ces vertus ignorées qu'il avait rencontrées et éprouvées dans la vie. Il a saisi toutes les occasions de mettre en lumière ces générosités obscures. Ses drames abondent en belles actions accomplies par d'infimes agents. Ce sont de simples bergers qui nourrissent et élèvent la petite Perdita abandonnée par son royal père. C'est un homme sans nom qui, au péril de sa vie, avertit lady Macduff du guet-apens qui la menace. C'est le vieux domestique Adam qui offre son sang à Orlando mourant de faim. C'est un vassal inconnu qui succombe en voulant sauver le malheureux Glocester du bourreau Albany. Aux moments les plus sombres, c'est presque toujours dans les rangs subalternes qu'éclate le noble exemple. La magnanimité, repoussée d'en haut, se réfugie en bas : reniée par le patriciat, elle se fait plébéienne. — Ici encore la royauté, qu'avait proscrite une égoïste aristocratie, reparaît à nos yeux ravis sous les traits d'un pauvre serviteur. Après de longues recherches, Flavius est enfin parvenu à découvrir la retraite de Timon. Il s'approche, tremblant d'émotion, de la tanière où gronde l'homme fauve. Enfin il l'aperçoit : « O dieux! Est-ce bien là mon seigneur, cet homme méprisé, ruiné, en proie à la dégradation et au délabrement! O monument prodigieux de bonnes actions mal distribuées! quelle déchéance a causée une détresse désespérée! Quoi de plus vil sur la terre que des amis qui peuvent entraîner les plus nobles âmes à la fin la plus honteuse! » A la voix du nouveau venu, le misanthrope se détourne furieux : Arrière! hurle-t-il. Mais le dévouement ne recule pas. Flavius est résolu à servir encore son vieux maître : le croyant toujours misérable, il lui apporte un petit pécule, fruit laborieux de ses économies, et le conjure d'en accepter l'offrande. Timon refuse de croire à la sincérité d'un tel dévouement; et il a été tellement habitué à l'ingratitude qu'il ne sait plus ajouter foi à la reconnaissance : mais Flavius insiste en sanglotant. A la vue de ces vraies larmes, — les premières larmes humaines qu'ait fait verser sa détresse, — Timon reçoit comme une secousse extraordinaire. Il semble qu'en ce moment le vieil amour de l'humanité livre un assaut suprême à son âme pour en chasser la haine. Bouleversé par l'émotion salutaire, Timon va-t-il être guéri de la noire passion qui le mine? « Quoi! j'avais un intendant si fidèle, si probe et aujourd'hui si bienfaisant! Il y a là de quoi égarer ma farouche nature. Laisse-moi regarder ton visage... Sûrement cet homme est né d'une femme. Pardonnez-moi mon emportement sans réserve contre l'humanité, dieux à jamais équitables! je proclame un honnête homme! » Hélas! ce n'est là qu'une fugitive lueur. La misanthropie est trop invétérée chez Timon pour céder même au plus actif remède. A peine a-t-il eu ce retour de tendresse pendant lequel il souhaite le bonheur à Flavius qu'il est de nouveau envahi par la fureur. Sentant la crise qui approche, il supplie le cher serviteur de s'enfuir au plus vite pour échapper à ses imprécations enragées.

—Honnête homme unique, tiens, prends cet or. Va, sois riche et sois heureux, mais à cette condition, c'est que tu iras bâtir loin des hommes. Exècre-les tous, maudis-les tous; n'aie de charité pour aucun. Donne aux chiens ce que tu refuses aux hommes! que les passions les dévorent et qu'ils soient comme des forêts désolées!

— Oh! laissez-moi vous consoler, mon maître!

— Si tu redoutes les malédictions, ne reste pas, fuis, tandis que tu es béni et sauf. Ne revois jamais l'homme et que je ne te revoie jamais.

Après l'expulsion de Flavius, le patient est désespéré. Et qui pourrait le sauver en effet? Ce ne sont pas ces artistes infâmes qu'attire uniquement auprès de lui l'espoir du lucre et qu'il a bien raison de bâtonner. Ce ne sont pas ces sénateurs égoïstes et lâches qui, effrayés des progrès de l'insurrection vengeresse, tentent auprès de lui une démarche de conciliation uniquement conseillée par la peur. Les envoyés d'Athènes perdent leurs paroles. En réponse à leurs propositions intéressées, ils n'obtiennent du misanthrope que des invectives frénétiques. Timon les honnit en leur annonçant sa fin imminente : « Tenez, j'étais en train d'écrire mon épitaphe; on la verra demain. La longue maladie de ma vie et de ma santé commence à céder, et le néant va me donner tout. Allez, vivez, qu'Alcibiade soit votre fléau, soyez le sien, et que cela dure longtemps! » Le moribond considère ceux qui l'entourent avec les yeux hagards du dernier délire. L'outrage lui monte aux lèvres comme une écume suprême. L'imprécation est le râle sinistre de l'hypocondre. Et, quand il expire enfin, c'est dans un anathème :

— Ne revenez plus près de moi; mais dites aux Athéniens que Timon a construit son éternelle demeure sur une plage voisine du flot salé, qu'une fois par jour, de son écume soulevée, couvrira la vague turbulente. Venez là et que la pierre de mon tombeau soit votre oracle... Lèvres, laissez expirer les paroles amères et s'éteindre ma voix ! que la peste et la contagion corrigent ce qui est mal. Que le tombeau soit le travail unique de l'homme, et la mort son salaire ! Soleil, cache tes rayons ! Timon a cessé de régner.

De tous les reproches adressés aux hommes par Timon, le plus accablant, c'est sa mort. Cette tombe, creusée sur une plage déserte, accusera éternellement l'ingratitude sociale. Frappé par les vivants, Timon n'a pas voulu mourir parmi les vivants. Il n'a pas jugé que des générations égoïstes fussent dignes de mener son deuil, et il a convié la nature seule à ses obsèques. C'est par le désert qu'il s'est fait ensevelir. Il n'a admis autour de son cercueil que les pompes funèbres de la solitude. L'onde amère est l'unique pleureuse qui ait droit de sangloter sur cette fosse farouche. Dédaignant à jamais les regrets éphémères de l'humanité qui l'avait trahi, le misanthrope a offert son martyre aux larmes intarissables de l'Océan.

III

Lorsque Dante et Virgile, après avoir traversé les huit premiers cercles de l'Enfer, parviennent au fond de l'abîme désespéré, à l'entrée du gouffre de Caïn, ils avancent sur un lac de glace qui retient dans ses vagues rigides les plus maudits des damnés. Là frissonnent éternellement les parricides et les fratricides. — Ces deux pécheurs, serrés l'un contre l'autre, dont le froid a figé les larmes en les confondant, ce sont les deux frères Alexandre et Napoléon des Alberti qui s'entre-égorgèrent. Près d'eux frémit Focaccia des Cancellieri de Pistoie qui assassina son oncle. Plus loin grelotte Mordrec, qui fut tué par son père en essayant de le tuer. Cet autre, c'est Sassol Mascheroni de

Florence qui égorgea son neveu pour lui voler ses biens. Ce spectre, couché sur le dos dans le flot cristallisé, c'est le moine Albéric de Manfredi qui massacra tous ses parents dans un banquet de réconciliation. Ce fantôme gelé, c'est le Génois Branca d'Oria qui assassina Michel Zanche, son beau-père. — Laissant derrière eux ces ombres violettes, les deux poëtes poursuivent leur marche, et, transis, éperdus, tremblants de froid et d'épouvante, aperçoivent enfin, à la lueur mourante du crépuscule souterrain, l'ange devenu démon, le sinistre Lucifer qui domine de son buste colossal l'océan glacé où l'a précipité à jamais la colère divine. Aussi hideux maintenant qu'il fut beau jadis, « l'empereur du royaume des douleurs » a trois visages que dominent six ailes de chauves-souris et dont les trois bouches broient incessamment trois maudits. Le premier de ces trois maudits s'appelle Judas, le second Brutus, le troisième Cassius. « Cette âme là-haut, dit le maître, est Judas Iscariote ; il a la tête dans la bouche de Dité et démène ses jambes en dehors. De ces deux qui ont la tête en bas, celui qui est suspendu au visage noir est Brutus ; vois comme il se tord sans dire un mot ; l'autre, qui paraît si membru, c'est Cassius. Mais la nuit se lève, et il est temps de partir, car nous avons tout vu [1]. »

Ainsi, dans le bagne diabolique rêvé par Dante, ceux qui immolèrent Jules César sont punis du même supplice que celui qui sacrifia Jésus-Christ. Le poëte vouait à la même damnation le déicide et le régicide. Il associait dans un commun anathème les révoltés contre l'homme fait empereur et le traître envers le Dieu fait homme. Et, en prononçant cette sentence, Dante ne faisait qu'exprimer religieusement la pensée de son temps. Dans leur double foi catholique et gibeline, les générations du moyen âge ne distinguaient pas l'attentat contre le fondateur de l'Empire de

[1] *L'Enfer.* Dernier chant.

l'attentat contre le fondateur de l'Église. Le meurtre commis au pied de la statue de Pompée les mettait en deuil autant que le crucifiement du Golgotha. Pour elles, en effet, César représentait sur la terre le même principe d'autorité que le Christ représentait au ciel. César régnait ici-bas comme le Christ là-haut. En vertu du droit divin, l'un et l'autre avaient légué leur autorité imprescriptible à deux dynasties élues qui devaient à jamais régir l'univers. Après tant de siècles écoulés, la majesté de César resplendissait encore sous le diadème du Kœnigsstühl, comme la majesté du Christ sous la tiare du Vatican. Et comment le monde chrétien ne se serait-il pas prosterné devant la toute-puissance de César, quand le Christ lui-même s'était incliné devant cette toute-puissance? En disant : Rendez à César ce qui est à César et à Dieu ce qui est à Dieu, Jésus n'avait-il pas assuré à César la monarchie de ce monde? N'avait-il pas sanctionné pour jamais l'usurpation du conquérant des Gaules, légitimé le passage du Rubicon, absous la violation de la République, donné raison au vainqueur de Pharsale et tort aux vaincus? C'était dans ce sens que les générations du moyen âge interprétaient le Verbe évangélique. Conséquemment, autant la gloire de César leur était sacrée, autant le renom de ses ennemis leur était odieux. Durant plus de mille ans, elles persécutèrent la mémoire de Brutus des mêmes imprécations fanatiques dont elles poursuivaient le souvenir de Judas.

Cependant l'ère de la vérité et de la justice devait venir avec la renaissance des lettres. Le même siècle qui avait vu la pensée humaine se révolter contre l'autorité de l'Église, devait la voir s'élever contre l'autorité de l'Empire. La discussion religieuse entraînait, par une logique inévitable, la contestation politique. Il appartenait à la poésie protestante de donner, dans l'ordre laïque, le même signal d'insurrection que, dans l'ordre ecclésiastique, avait donné la théologie protestante. Pour dénoncer l'usurpation pontificale, la théologie avait invoqué les textes sacrés ; pour dénoncer la tyrannie impériale, la poésie invoqua les textes historiques. La Bible à la main, Luther avait condamné le pape ; Shakespeare condamna César, – Plutarque à la main.

Ce n'était pas assez pour le libre penseur de condamner César. Interprète de la justice future, il voulut réhabiliter Brutus. Ce meurtrier sur qui pesait la malédiction séculaire du moyen âge, Shakespeare le releva de l'infamante damnation. Par une incantation sublime, il évoqua cette ombre méconnue de l'enfer hideux où Dante l'avait reléguée, et il la replaça, aux acclamations des générations modernes, dans le lumineux Panthéon des héros.

Le critique qui examine *Jules César* est tout d'abord frappé d'un contraste entre le titre et la conception de cette œuvre étonnante. Le personnage qui donne son nom au drame n'y tient qu'une place secondaire. Cette individualité, plus glorieuse que la gloire, qui couvre nos annales de son nom et domine la chronique terrestre de sa légende despotique, est réduite ici à un rôle subalterne ! — Comme pour rectifier dans son monde idéal l'optique fausse du monde réel, Shakespeare a changé la relation séculaire des faits et des choses ; il a bouleversé, tout en les conservant scrupuleusement, les éléments de l'histoire ; il a interverti la distribution des existences dans la perspective tragique des événements ; par une mise en scène réparatrice, il a placé au premier plan du théâtre ce qui était au second plan de la tradition et relégué au second plan ce qui était au premier. — Arrière, César ! place à Brutus ! — Ici la préséance n'est point au dominateur éclatant qui éclipsa Annibal, Alexandre et Cyrus, recula les bornes de l'univers connu, dompta le premier le Rhin et l'Océan, imposa tribut à la Bretagne et à la Germanie, fit trembler les Scythes dans leur impunité polaire, soumit l'Asie et l'Afrique, conquit les Espagnes et les Gaules, triompha de Vercingétorix devant Alexia, de Pharnacé devant Zéla, de Ptolémée à Alexandrie, de Scipion et de Juba à Thapsaque, de Pompée à Pharsale, et qui, de victoire en victoire, accula Caton au suicide et l'univers à la servitude. La préséance ici est à l'homme juste et bon, au patriote désintéressé et pur, au républicain stoïque qui sacrifia sa vie et sa mémoire même à l'indépendance du genre humain. Sur la scène de Shakespeare, le despote, si grand qu'il soit, cède le pas au libérateur. Ici, l'intérêt se concentre, non sur le capitaine qui « prit d'assaut ou par force huit cens villes, subjugua trois cens nations, et ayant eu devant soi en bataille trois millions d'hommes armez, en occit un million et prit de prisonniers bien autant [1], » mais sur le citoyen « bien voulu du peuple pour sa vertu, aimé des siens, estimé des gens de bien à cause qu'il estoit homme de douce et benigne nature à merveilles, magnanime, qui ne se passionnoit jamais d'ire, de volupté, ny d'avarice, ains avoit tousjours la volonté et l'intention droite, sans jamais fleschir ne varier, pour le droit et la justice [2]. » Ce qui excite notre admiration dans le drame anglais, ce ne sont pas les exploits retentissants de la force brutale, les cités livrés au glaive et à la flamme, les campagnes ravagées, les rivières et les fleuves encombrés de cadavres, les exterminations de peuples, les consommations d'hommes ; c'est la victoire intime d'une grande âme qui triomphe d'elle-même.

Ce magnifique parti pris se manifeste dès le commencement du drame. — Plutarque raconte, d'une part, dans la *Vie de Brutus*, que Cassius « enflamma et précipita Brutus » dans la conspiration contre César, et, d'autre part,

---

[1] Plutarque, traduit par Amyot, *Vie de César*.
[2] *Vie de Brutus*.

dans la *Vie de César*, qu'Antoine offrit la couronne à son général le jour de la fête des Lupercales. — Shakespeare a groupé en un même tableau ces deux scènes que séparait l'historien ; mais admirez comment ! Il a relégué derrière le théâtre la comédie pompeuse et splendide où le dictateur, assis sur une chaise d'or, en habit triomphal, affecte de repousser le diadème souhaité, et il a produit sur le proscénium le drame obscur et mystérieux, le colloque des deux républicains qui épanchent dans un murmure leurs pensées les plus secrètes. L'effet est saisissant. Là-bas, perdues dans une rumeur lointaine, les symphonies de la musique sacrée, la fanfare martiale et joyeuse, les clameurs de la plèbe immense. Ici, tout près de nous, rendus distincts par la plus belle poésie, les chuchotements de deux esprits.

Brutus est triste ; il est obsédé par une insurmontable mélancolie dont nul ne sait la cause. Ses manières, si expansives naguère, ont subi depuis peu une singulière altération. Cassius, qui aime Brutus autant qu'Horatio aime Hamlet, s'afflige d'une réserve qu'il attribue à la froideur. Brutus repousse vivement cette interprétation : s'il a le front voilé, c'est que ses regards sont tournés sur lui-même ; il convient qu'il est préoccupé depuis quelque temps, et que cela a pu modifier sa façon d'être, mais il supplie Cassius de ne voir « dans sa négligence qu'une inadvertance du pauvre Brutus qui, en guerre avec lui-même, oublie d'épancher son affection. » Cassius accueille cette explication d'autant plus volontiers qu'elle l'autorise à révéler à son frère d'armes « des pensées d'une grande importance. » Mais Cassius hésite encore à faire cette confession : pour y préparer Brutus, il lui parle « du joug qui accable les générations » et le conjure d'ouvrir les yeux. « Dans quels dangers voulez-vous m'entraîner ? » demande Brutus qui pressent sous ces vagues paroles quelque redoutable aveu. Cette timide exclamation redouble l'hésitation de Cassius.

L'ami fait un appel suprême à la confiance de l'ami : « Ne vous défiez pas de moi, doux Brutus. Si je suis un farceur, si j'ai coutume de prostituer les sourires d'une affection banale au premier flagorneur venu, si vous me regardez comme un homme qui cajole les gens, les serre dans ses bras, et les déchire ensuite, comme un homme qui dans un banquet fait profession d'aimer toute la table, alors tenez-moi pour dangereux. »

C'est alors qu'un bruit extraordinaire coupe la parole à Cassius. La foule, entassée dans le forum au fond du théâtre, a jeté un cri d'enthousiasme. Les deux amis se considèrent avec inquiétude, prêtant l'oreille à ce million de voix.

— Que signifie cette exclamation, murmure Brutus ? Je crains que le peuple ne choisisse César pour son roi.

— Ah ! vous le craignez. Je dois donc croire que vous ne le voudriez pas.

— Je ne le voudrais pas, Cassius, et pourtant j'aime César.

Provoqué par un incident imprévu, Brutus a laissé échapper le secret de son cœur. Le peuple romain lui a arraché un aveu que Cassius n'avait pu obtenir de lui. Nous savons maintenant la cause de cette anxiété qui depuis quelque temps le tourmente : Brutus ne voudrait pas que César fût roi, et pourtant il aime César ! Le républicain est partagé entre son aversion pour la monarchie et son affection pour César. Mais de quelle nature est donc cette affection ? — Ici il faut noter une différence capitale entre le drame et l'histoire. — Plutarque a exposé longuement les raisons qui devaient attacher Brutus à César : César s'était de tout temps montré généreux pour Brutus ; avant la bataille de Pharsale, il avait commandé spécialement à ses troupes de l'épargner ; après la bataille, il lui avait pardonné, lui avait restitué sa faveur, et, en le désignant pour la préture urbaine, avait fait de son protégé le premier magistrat de la cité romaine. Enfin ce n'étaient pas seulement les liens de la reconnaissance qui devaient unir Brutus à César, c'étaient les liens mêmes du sang. Suivant une tradition à laquelle Plutarque ajoute foi, César croyait pouvoir exiger de Brutus un dévouement tout filial : « Pour autant que Brutus estoit né environ le temps que son amour avec Servilia estoit en sa plus grande ardeur, il se persuadoit qu'elle l'avoit conçu de lui. » — Shakespeare a délibérément passé sous silence tous ces faits, par lesquels l'histoire explique la mystérieuse sympathie qui existait entre les deux illustres Romains. Les motifs de cette omission se devinent. En rappelant un pareil passé, le poëte aurait craint d'exposer son héros au reproche d'ingratitude. Il n'a pas voulu affaiblir d'avance la portée morale de l'œuvre que Brutus devait accomplir ; il n'a pas voulu mêler un remords à l'admiration publique ; il n'a pas voulu qu'il fût dit qu'en débarrassant la société d'un despote, Brutus avait égorgé son bienfaiteur, avait assassiné son père [1]. Il n'a pas permis que l'ombre d'un crime se projetât sur l'exploit de la délivrance ; il a écarté du haut fait l'alliage du forfait ; il a refusé de confondre le régicide avec le parricide. Voilà pourquoi le Brutus dramatique n'est pas, comme le Brutus historique, lié d'une manière éclatante par la double obligation de la reconnaissance et de la parenté. Il aime César, mais d'une affection qui n'implique aucun engagement, aucune infériorité, d'une affection que la nature n'a pas rendue impérative et dont le devoir, une fois proclamé, le dégagera.

Toutefois, si cette affection ne suffit pas à enchaîner Brutus, elle est assez forte, au moment où nous sommes, pour l'embarrasser et le troubler. Il faudra que Cassius déploie

---

[1] Voltaire a, dans la *Mort de César*, développé cette situation que Shakespeare a si judicieusement évitée. Il a placé Brutus entre l'amour filial et l'amour de la liberté. De là une impression trouble et équivoque dans l'esprit du spectateur. Quand César tombe, la conscience ne sait au juste si Brutus a eu tort ou raison de sauver la société en violant la nature.

toutes les ressources de son éloquence tribunitiennne pour avoir raison des scrupules de Brutus. Cassius, lui, est à son aise pour parler de César ; il n'est pas gêné, ainsi que Brutus, par les réticences de la sympathie. Il déteste cordialement ce maître dont il est cordialement détesté. Brutus ne hait que la tyrannie ; Cassius hait également le tyran. Aussi avec quelle véhémence il dénonce cette arrogante ambition ! Il conteste la supériorité même de César : de quel droit ce César prétend-il commander aux hommes ? N'est-il pas homme comme les autres ? N'est-il pas sujet, comme nous tous, aux défaillances de la créature ? Et Cassius de rappeler qu'un jour il a sauvé la vie au dictateur qui se noyait dans le Tibre : « Et cet homme est aujourd'hui un Dieu ! Et Cassius est une misérable créature qui doit se courber si César lui fait nonchalamment un signe de tête ! Il eut une fièvre quand il était en Espagne ; et, quand l'accès le prenait, j'ai remarqué comme il tremblait. C'est vrai, ce dieu tremblait ! Ses lèvres couardes avaient abandonné leurs couleurs, et cet œil, dont un mouvement intimide l'univers, avait perdu son lustre. Je l'ai entendu gémir, oui ! Et cette langue qui tient les Romains aux écoutes et dicte toutes ses paroles à leurs annales, hélas ! elle criait : *Titinius, donne-moi à boire !* »

A ce moment, une seconde salve d'acclamations éclate dans le forum. « Je crois, dit Brutus, qu'on applaudit à de nouveaux honneurs qui accablent César.. » Cassius profite éloquemment de cette interruption. L'admiration que César a su inspirer aux masses est désormais le péril public. C'est la servile platitude de la foule qui fait la hauteur démesurée de cet homme. César est grand de toute la bassesse du peuple : « Eh ! ami, il enjambe comme un colosse cet étroit univers, et nous autres, chétifs, nous passons entre ses jambes énormes, fouillant le monde à la recherche de tombes déshonorées. » Heureusement, à côté du mal, il y a le remède. Cassius n'est pas de ces fatalistes qui croient la volonté humaine impuissante devant la force des choses. Si violent que soit le flot des événements, il est possible à l'effort individuel de le refouler. « Les hommes à de certains moments sont maîtres de leurs destins. Si nous ne sommes que des subalternes, cher Brutus, la faute en est à nous et non à nos étoiles. » Le passé d'ailleurs fait ici la leçon à l'avenir. A l'appui de ses espérances, Cassius peut citer un illustre exemple : il peut, dans la famille même de celui à qui il s'adresse, nommer un homme qui, de sa propre initiative, changea le cours de l'histoire, ce grand Junius qui, en expulsant les Tarquins, substitua brusquement la république à la royauté : « Oh ! nous avons ouï dire, vous et moi, qu'il fut jadis un Brutus qui eût laissé dominer Rome par l'éternel démon aussi volontiers que par un roi ! »

Noblesse oblige. Adressé à l'héritier du nom de Brutus, certes l'argument est impérieux. Si l'aïeul a réussi, pourquoi le descendant ne réussirait-il pas ? Faut-il donc plus d'énergie pour empêcher une révolution que pour en accomplir une ? Si Junius a pu chasser la monarchie de Rome, pourquoi Marcus ne pourrait-il pas en prévenir le retour ? Si, par un effort, l'ancêtre a pu fonder la République, pourquoi, par un autre effort, le petit-fils ne la sauverait-il pas ? Telles sont les réflexions que suggère le souvenir si victorieusement rappelé ici. Cassius ne peut mieux terminer sa harangue que par cette prosopopée décisive. Il a évoqué le spectre vénérable du fondateur de la République, et c'est cette ombre paternelle qui maintenant indique le devoir à Brutus. Obéissant à une injonction si auguste, Marcus fera désormais céder les considérations privées aux griefs publics. Il sacrifiera sa sympathie pour César à son culte pour les principes. Comment il combattra la tyrannie, il ne le sait pas encore, mais il le déclare hautement, « il aimerait mieux être un rustre que se regarder comme un fils de Rome aux dures conditions que ces temps vont imposer aux hommes. »

Sur ce, les deux amis se rangent pour laisser défiler l'insolent cortége de César qui revient de la place publique. Tout en marchant, le dictateur jette à Cassius un regard oblique et confesse à Antoine les défiances que cet homme lui inspire. — Plutarque raconte qu'un jour quelqu'un accusant de trahison Antoine et Dolabella, César lui répondit : « Je ne me défie pas de ces gras icy, si bien peignez et si en bon point, mais bien plus tost de ces maigres, et pasles là, entendant de Brutus et de Cassius. » Shakespeare a placé ici ce mot historique, mais en le développant d'une manière bien significative : « Je voudrais près de moi des hommes gras, murmure César, des hommes à face luisante et qui dorment les nuits. Ce Cassius là-bas a l'air maigre et famélique ; il pense trop, il lit beaucoup, il est grand observateur et il voit clairement à travers les actions des hommes. Il n'aime pas les jeux, comme toi, Antoine. Rarement il sourit. Des hommes tels que lui n'ont jamais le cœur à l'aise tant qu'ils voient un plus grand qu'eux-mêmes, et voilà pourquoi ils sont dangereux ! » Quelle critique du despotisme dans ces paroles que Shakespeare prête au dictateur ! En écoutant le vainqueur de Pharsale dénoncer ainsi ceux qui *pensent*, ne croirait-on pas entendre le vainqueur d'Austerlitz pestant contre les *idéologues ?* César pressent et redoute dans Cassius la résistance sourde d'une conscience. Le conquérant de la matière s'irrite de cette indépendance factieuse de l'esprit. Pour le césarisme, penser, c'est être suspect ; penser, c'est être rebelle. Édifiant aveu ! Le césarisme ne triomphera qu'à la condition d'étouffer sous toutes ses formes la pensée humaine. Si jamais l'Empire se fonde, ce sera par l'anéantissement de la philosophie, par la dégradation des lettres, par l'abrutissement des générations, par l'extinction des lumières, par l'aveuglement des âmes.

Dès que César a traversé la scène, Casca, ce patricien dont la bonhomie railleuse rappelle la verve bouffonne de Ménénius, raconte en termes satyriques ce qui vient de se passer à la fête des Lupercales. Le complot des prétoriens a avorté : César, après avoir refusé trois fois la couronne qu'Antoine lui a offerte trois fois, est tombé du haut mal sur la place publique. Force a été de remettre au lendemain le coup d'État. C'est demain que César sera proclamé roi par le sénat[1]. C'est demain que l'immense révolution sera accomplie. Crépuscule solennel. Le soleil qui se couche en ce moment sur la République doit se lever demain pour l'Empire.

— Brutus, songez à l'univers ! s'est écrié Cassius en quittant son ami.

Quelle nuit que la nuit qui précède les Ides de Mars ! Jamais le monde n'a traversé une ombre plus sinistre. Il s'emble que la nature soit menacée du même cataclysme que la société. D'étonnants phénomènes signalent un bouleversement dans les éléments : un esclave lève la main, et cette main flamboie comme vingt torches sans être entamée par la flamme. Un lion, échappé de je ne sais quel désert, erre farouche aux abords du Capitole. Les tombeaux s'entr'ouvrent et exhalent leurs morts. Des hommes incandescents errent dans les rues. Le ciel se trouble comme la terre. « Dans les rues se heurtent de farouches guerriers de feu, régulièrement formés en bataille par lignes et par carrés, le sang tombe en bruine sur le Capitole, le fracas du combat agite l'air, les chevaux hennissent et les mourants râlent. » C'est à la clarté de cette mêlée fulgurante que Brutus médite la délivrance du genre humain. — Mais comment

[1] Ici Shakespeare a rapproché les dates historiques. En réalité, c'est un intervalle d'un mois qui sépare la fête des Lupercales des Ides de Mars.

opérer cette délivrance ? Comment soustraire la société à la tyrannie imminente ? César est tout-puissant : il a concentré dans sa dictature toutes les forces publiques ; il dispose du pouvoir législatif par le sénat, du pouvoir exécutif par les consuls. La seule magistrature qui pût lui faire obstacle, cette autorité populaire que nous avons vue naguère briser par son veto l'ambition de Coriolan, le tribunat, a été réduit au silence par la proscription violente des tribuns Marullus et Flavius. César a bâillonné le peuple avec son épée. Il a investi Rome de ses soudards et mis la ville éternelle en état de siége. Les patriotes qui voudraient s'opposer ouvertement à son coup d'État, seraient écrasés dans un duel inégal par les légions des Gaules. César a rendu l'insurrection impossible. L'insurrection étant impossible, reste un dernier moyen, l'attentat. C'est dans la personne seule de l'Empereur que l'Empire est vulnérable. Pour atteindre le despotisme, il faut frapper le despote. Atroce nécessité ! Par les précautions même de l'arbitraire, le tyran a réduit ses adversaires à l'assassinat !

Telles sont les réflexions qui tiennent Brutus en éveil depuis son entretien avec Cassius. Brutus nous signifie dans un sombre monologue cette conclusion terrible à laquelle l'amène une inexorable logique. Le césarisme ne peut être prévenu que par la mort de César : « Oui, murmure le républicain, ce doit être par sa mort !... Pour ma part, je n'ai personnellement aucun motif de le frapper que la cause publique. Mais il veut être couronné... En conséquence, regardons-le comme l'embryon d'un serpent qui, à peine éclos, deviendra malfaisant par nature, et tuons-le dans l'œuf. »

Désormais plus d'hésitation. La raison a indiqué le devoir à Brutus, et Brutus n'élude pas le devoir. Brutus doit agir, — il agit.

Et c'est à ce moment critique qu'il faut remarquer la différence entre Brutus et Hamlet. L'homme du Midi et l'homme du Nord sont placés tous deux dans des circonstances analogues. L'un et l'autre ont été investis par l'événement de cet office formidable : renverser un tout-puissant. L'un et l'autre ont une usurpation à châtier. L'un doit frapper Claudius pour venger son père, comme l'autre doit frapper César pour affranchir l'humanité. Mais l'âme du Danois n'est pas à la hauteur de sa mission. Tout en voyant le but, il n'a pas la force de l'atteindre. De là ses tergiversations et ses lenteurs. Il cherche continuellement des excuses à ses défaillances. Sa volonté s'épuise en velléités. Il ne trouve pas dans son initiative une cause suffisante d'action. Il faut qu'un accident le pousse à bout, et il n'accomplit l'ordre de son père mort que quand il est lui-même au pied du mur de la tombe. — Au contraire, à peine le Romain a-t-il reconnu la nécessité d'agir, qu'il subordonne tout à cette urgence. Ce n'est pas qu'il éprouve moins de répulsion que le Danois pour la chose dont il est chargé. Brutus a l'âme aussi généreuse, aussi délicate, aussi sensible qu'Hamlet ; il a tout autant qu'Hamlet l'horreur du sang versé. N'importe. Dès que le devoir parle, il fait taire tous les scrupules, impose silence à toutes les tendresses. Il sacrifie à la conscience la délicatesse de l'homme, la sympathie de l'ami, le bonheur de l'époux. Ces ineffables étreintes, qui enchaîneraient un Othello dans le plus doux *far niente*, ne sauraient le retenir. Pour courir à l'œuvre, il se jette à bas du lit nuptial. Il traverse en un instant cet intérim immense « qui sépare l'exécution d'une chose terrible de la conception première ». Par l'effort d'une énergie tout exceptionnelle, il secoue ce joug des sentiments qui pèse si puissamment sur toutes les créatures. Il ne lui reste plus au cœur qu'un amour, l'amour du droit. A cet amour abstrait pour l'absolu, Brutus immole toute affection relative. Son âme immortelle, résolue à rester libre, impose le plus impitoyable des actes à la plus tendre des natures. — Sur le théâtre de Shakespeare, Brutus apparaît ainsi comme un personnage à part. Dans une région où la passion règne souveraine, il est le héros de la volonté. Le stoïque récuse la fatalité terrestre. Il ne subit pas sa destinée, il la fait.

Dès que Brutus a donné son assentiment à la conspiration, elle est formée. Les conjurés viennent dans les ténèbres se grouper autour de lui comme autour de leur chef. Tous les caractères se subordonnent à ce grand caractère : « Ce qui, sans lui, aurait paru crime, son prestige, comme la plus riche alchimie, le transforme en vertu et en mérite. » Le complot reçoit de lui sa direction, comme il tient de lui sa moralité. Les décisions qu'il prend sont ratifiées d'avance. Tel est l'empire de sa volonté qu'elle domine toute objection. C'est en dépit du prudent Cassius que, du haut de sa magnanimité, il repousse comme injurieuse la précaution mesquine du serment : « Non, pas de serment ! Si la conscience humaine, si la souffrance de nos amis, si les abus du temps, si ce sont là de faibles motifs, brisons vite, et que chacun s'en retourne à son lit désœuvré, laissons la tyrannie s'avancer tête haute, jusqu'à ce que nos existences soient décimées par le sort. Mais si ces raisons sont assez brûlantes pour enflammer les couards, qu'avons-nous besoin d'autre aiguillon que notre propre cause pour nous stimuler à faire justice ? d'autre lien que ce secret entre Romains qui ont donné leur parole et ne l'éluderont pas ? d'autre serment que l'engagement pris par l'honneur envers l'honneur de faire ceci ou de périr ? laissons jurer les prêtres et les âmes souffreteuses qui caressent l'injure ! Laissons jurer dans de mauvaises causes les créatures dont doutent les hommes, mais ne souillons pas la calme vertu de notre entreprise ou l'indomptable zèle de nos cœurs par cette idée que notre cause ou nos actes exigent un serment. Chaque goutte de sang que porte un Romain dans ses nobles veines est convaincue de bâtardise, s'il enfreint dans le moindre détail une parole échappée à ses lèvres ! »

C'est encore en dépit de Cassius qu'au nom de l'humanité souveraine Brutus épargne la vie d'Antoine : « Notre conduite paraîtra trop sanguinaire, Caïus, si, après avoir tranché la tête, nous hachons les membres : car Antoine n'est qu'un membre de César. Soyons des sacrificateurs, mais non des bouchers ! Nous nous élevons tous contre l'esprit de César, et dans l'esprit des hommes il n'y a pas de sang. Oh ! si nous pouvions atteindre l'esprit de César, sans déchirer César ! Mais, hélas ! pour cela il faut que César saigne ! O doux amis, tuons-le avec fermeté, mais non avec rage ; découpons-le comme un mets digne des dieux, mais ne le mutilons pas comme une carcasse bonne pour les chiens !... Ne pensez plus à Marc-Antoine. » Admirable plaidoyer qui consacre à la fois la plus haute vérité morale et la plus grande erreur politique ! Brutus ne voit pas, comme Cassius, la *faute* de laisser vivre Antoine ; il ne voit qu'un *crime* à le faire mourir. C'est que Cassius est un homme d'État, et que Brutus est un philosophe. L'un a la sagesse relative, l'autre, la sagesse absolue. Le premier a la supériorité politique, le second, la prééminence morale. Pour celui-ci, le souverain, c'est l'utile ; pour celui-là, c'est le juste. Cassius s'asservit au succès ; Brutus ne s'assujettit qu'au devoir. L'un et l'autre représentent deux types impérissables. Cassius, c'est l'homme de l'expédient ; Brutus, c'est l'homme du principe.

Épuré par la pensée de Brutus, dégagé des calculs profanes de la politique, « œuvre de nécessité et non de haine », l'attentat contre César s'élève désormais à la hauteur d'un acte religieux. Brutus exerce ici le pontificat rigoureux de la conscience; c'est un sacrificateur, et non un boucher. Le meurtre du tyran n'est pas un assassinat, c'est un holocauste offert par une volonté sainte à la divine Liberté.

Les conjurés se retirent sous l'empire d'une pieuse émotion. Avant de rejoindre ses collègues au palais de César, Brutus confie à Portia le secret formidable de son entreprise. Il est juste en effet que la femme soit avec l'homme dans cette révolte suprême des esprits contre le despotisme. Et pourquoi serait-elle exclue du complot? N'est-elle pas intéressée, elle aussi, à la fin du tyran? N'a-t-elle pas une âme, elle aussi? n'a-t-elle pas sa dignité, elle aussi? n'a-t-elle pas ses droits, elle aussi? Il n'y a pas de sexe pour la liberté. — La fille de Caton a raison de réclamer ici sa part de responsabilité : elle n'est pas une concubine, mais une compagne légitime. Ce n'est pas physiquement seulement qu'elle est unie à Brutus, c'est moralement. Elle a droit de s'associer à ses inquiétudes comme à ses jouissances, à son insomnie comme à son sommeil, à sa mort comme à sa vie. L'héroïne est la digne affidée du héros. Elle trouvera dans son amour l'énergie de la discrétion. Le même dévouement farouche que lady Macbeth a pour Macbeth dans le complot contre Duncan, Portia l'aura pour Brutus dans la conspiration contre César. Si la noble Écossaise est de moitié dans le forfait de l'ambition, la patriote romaine peut bien être de moitié dans le forfait de la vertu. Brutus a donc bien fait de tout révéler à Portia et de confondre dans une complicité immortelle l'âme de l'épouse et l'âme de l'époux.

Fort du baiser conjugal, Brutus quitte le toit domestique.

Voici le grand jour. L'action fait halte un moment chez César. Le conquérant, que la tragédie classique nous montre toujours majestueusement revêtu de la toge ou de la chlamyde, apparaît en robe de chambre sur la scène shakespearienne. Le négligé du costume met le cœur à nu. Calphurnia veut empêcher son mari de se rendre au sénat. Pâle d'émotion, elle lui raconte les prodiges de la nuit et tâche de l'effrayer d'un mauvais rêve qu'elle a fait. César rit d'abord de tous ces cauchemars. Dans une sublime fanfaronnade, le glorieux se flatte de faire reculer le péril lui-même : « Le danger sait fort bien que je suis plus dangereux que lui : nous sommes deux lions mis bas le même jour : mais moi, je suis l'aîné et le plus terrible. Et César sortira. » Mais César a beau dire : il finit par céder à une inquiétude si suppliante. Pour la première fois peut-être son intrépidité se rétracte ; il défère au vœu de Calphurnia, il ne sortira pas. Cependant voici venir Décius Brutus. Décius, qui est de la conspiration, veut entraîner César au sénat : il se moque des terreurs de Calphurnia, il interprète dans un sens favorable le songe dont elle s'alarme, il menace César de la raillerie publique. Quelles gorges-chaudes ne va-t-on pas faire sur cette pusillanimité d'alcôve ! Entendez-vous quelque mauvais plaisant s'écrier : « Ajournons le sénat jusqu'à ce que la femme de César ait fait de meilleurs rêves ! » Ici Décius a touché juste : il a mis en jeu l'amour-propre du maître. César tient trop à son autorité pour compromettre son prestige. Il se déclare honteux d'avoir cédé aux folles frayeurs de Calphurnia, et retrouve tout son courage dans cette crainte suprême, la peur du ridicule.

Le dictateur est sorti de chez lui, escorté par la conjuration. Il arrive au sénat à travers une multitude immense qui encombre les rues. Au moment où il entre dans la salle fatidique, un inconnu fend la foule et lui présente un papier. César n'a qu'à lire ce qui est écrit sur ce papier, et il est sauvé. Mais César, aveuglé par la destinée, rejette avec hauteur l'avis tutélaire : « Ce compagnon est-il fou ! » s'écrie-t-il en repoussant le trop sage Artémidore. Bientôt la séance est ouverte. Tous les conjurés entourent la chaise curule où trône le maître. Au moment convenu, Métellus Cimber se jette à ses genoux en demandant la grâce de Publius banni. Mais César a perdu sa générosité première : l'empire imminent l'endurcit déjà. Si jamais supplique mérita d'être entendue, c'est celle d'un frère intercédant pour son frère. Pourtant à peine Métellus a-t-il dit quelques mots que César lui coupe insolemment la parole : « Ton frère est banni par décret. Tu auras beau te confondre pour lui en prières et en bassesses, je te repousse de mon chemin comme un chien. Sache que César n'a jamais tort et que sans raison il ne se laissera pas fléchir. » En vain Brutus lui-même appuie humblement la requête de Métellus. César lui impose brusquement silence. Il semble provoquer par sa rigueur superbe les muets ressentiments qui l'environnent. On dirait qu'il prend à tâche de justifier par son insensibilité l'insensibilité de ses adversaires. L'imprudent ! il ne s'aperçoit pas qu'en bannissant la pitié de son cœur, il la proscrit de tous ces cœurs. C'est lui-même qui, par l'excès de son orgueil, se met hors l'humanité.

— Je pourrais être ému, si j'étais comme vous. Si j'étais capable de prier pour émouvoir, je serais ému par des prières. Mais je suis constant comme l'étoile polaire qui pour la fixité n'a pas de pareille dans le firmament. Les cieux sont enluminés d'innombrables étincelles qui toutes sont de flamme et toutes brillent ; mais il n'y en a qu'une seule qui garde sa place. Ainsi du monde : il est peuplé d'hommes, et ces hommes sont tous de chair et de sang, tous intelligents. Mais, dans le nombre, je n'en connais qu'un seul qui demeure à son rang, inébranlable et inaccessible, et cet homme, c'est moi !... Arrière, voulez-vous soulever l'Olympe ?

C'en est trop. En repoussant dans de tels termes la grâce de Cimber, César a lui-même prononcé son arrêt. Il va porter la peine de son arrogance sacrilége. Il prétendait être au-dessus des hommes ; vingt-trois coups de couteau lui prouvent qu'il est mortel. Il s'exaltait jusqu'à l'Olympe ; vingt-trois coups de couteau le prosternent contre terre.

A peine le sacrifice est-il consommé que Brutus se hâte de lui donner sa véritable signification : « Penchez-vous, Romains, penchez-vous ; baignons nos bras jusqu'au coude dans le sang de César, et teignons-en nos épées, puis, marchons jusqu'à la place publique, et, brandissant nos lames rouges au-dessus de nos têtes, crions tous : *Paix ! Indépendance ! Liberté !* »

Paix ! Indépendance ! Liberté ! telle est la devise sublime que Brutus écrit avec la pointe de son glaive dans le sang du tyran. Il veut que la chute du despote soit la chute du despotisme. La délivrance du monde peut seule justifier un tel forfait. Maître de la dictature, Brutus l'abdique aux mains du peuple. Il entend restituer le genre humain à lui-même. Un seul homme accaparait les droits de tous, s'arrogeait par un monopole monstrueux les priviléges et les franchises de tous, absorbait dans son omnipotence les volontés de tous : cet homme n'existe plus. Désormais, grâce à Brutus, la société est maîtresse de ses destinées ; elle rentre en possession de son autonomie ; elle reprend cette souveraineté que lui avait enlevée César ; elle recouvre son libre arbitre. Quel usage en va-t-elle faire ?

Ici se place cette incomparable scène du forum que la muse de l'histoire enviera à jamais à la muse tragique. — Plutarque raconte qu'après le meurtre de César, Brutus se réfugia immédiatement au Capitole et ne consentit à se rendre sur la place publique qu'après s'être assuré des dispositions du peuple à son égard. Le héros de Shakespeare dédaigne toutes ces précautions. Sa sûreté personnelle ne le préoccupe pas un moment. Il est tellement fort de sa conscience qu'il affronte sur-le-champ les conséquences de son acte. Il va tout droit au forum et, pour qu'il ne soit pas dit qu'il a redouté le débat contradictoire, il autorise Antoine à lui répliquer. Les habiles, comme Cassius, lui reprochent comme une faute de laisser ainsi la parole au panégyriste du despote. Mais Brutus est avant tout l'homme des principes. La liberté est sa foi. Il a pour la liberté une telle dévotion qu'il la respecte même chez ses adversaires. Le droit de s'exprimer appartient à tous : libre à Antoine d'exercer ce droit. La vérité ne peut que gagner à la discussion.

C'est avec cette magnanime confiance que Brutus monte à la tribune. Pour se justifier, il ne croit pas avoir besoin d'artifices oratoires. Son langage a la précision stricte d'un raisonnement : il est laconique, rigoureux et concluant. C'est le principe devenu verbe : « Romains, eussiez-vous préféré voir César vivant et mourir tous esclaves, plutôt que de voir César mort et de vivre tous libres? César m'aimait, et je le pleure; il était fortuné, et je m'en réjouis; il était vaillant, et je l'en admire; mais il était ambitieux, et je l'ai tué. Ainsi, pour son amitié, des larmes, pour sa fortune, de la joie, pour sa vaillance, de l'admiration, et pour son ambition, la mort! Quel est ici l'homme assez bas pour vouloir être serf? S'il en est un, qu'il parle, car c'est lui que j'ai offensé. Quel est ici l'homme assez grossier pour ne vouloir pas être Romain? S'il en est un, qu'il parle, car c'est lui que j'ai offensé. Quel est ici l'homme assez vil pour ne pas vouloir aimer sa patrie? S'il en est un, qu'il parle, car c'est lui que j'ai offensé... »

Cette parole, qui défie la contradiction, semble avoir convaincu tous les esprits. Les acclamations retentissent de toutes parts : « Vive, vive Brutus ! » Et les uns veulent qu'on lui élève une statue; les autres demandent qu'on le ramène en triomphe. « Ce César était un tyran, » crie celui-là. « Nous sommes bien heureux d'en être débarrassés, » exclame celui-ci. L'enthousiasme est tel que la modestie du républicain a peine à se dérober à l'ovation populaire. Ainsi, la liberté triomphe. Le peuple a fait plus que justifier Brutus, il l'a acclamé; il a sanctionné par sa bruyante adhésion le meurtre de César.

Cependant Antoine succède à Brutus. Moment dramatique. Le soldat parviendra-t-il à réfuter le tribun? Jamais intérêts plus grands ne furent laissés à la merci d'une parole. Les destinées du genre humain sont attachées à un souffle. Antoine tient suspendue à ses lèvres la fortune du monde. L'oraison funèbre n'est ici que le prétexte. Ce n'est pas la gloire de César qu'il s'agit de défendre en réalité, c'est la cause même du césarisme. La société sera-t-elle libre ou esclave? Sera-t-elle gouvernée par les principes ou maîtrisée par la force? Sera-t-elle République ou sera-t-elle Empire? Voilà la question. Que le peuple donne raison à Brutus, et la République est sauvée. Qu'il donne gain de cause à Antoine, et l'Empire est fait. Le manteau sanglant de César doit être le linceul sinistre de la liberté.

C'est avec un singulier talent que le futur amant de Cléopâtre a composé son rôle. D'avance il a réglé chaque geste, pesé chaque parole, disposé chaque sanglot. Jamais tragédien ne fut plus admirablement grimé. Comment reconnaître à cette face échevelée et blême le débauché « qui fait ripaille toutes les nuits? » Ces yeux rougis, ces traits décomposés, ce sein gonflé de soupirs n'attestent-ils pas l'ennui le plus sincère? Antoine sait combien impose à la foule le spectacle de la douleur. La compassion, est de toutes les émotions, la plus contagieuse. Antoine sait cela, et par un merveilleux artifice il va surexciter la pitié du peuple pour l'asservissement du peuple. — Son exorde est un modèle de précaution oratoire. Antoine est venu pour ensevelir César, non pour le louer. Aux dieux ne plaise qu'il fasse l'apologie d'un homme que Brutus a condamné comme un ambitieux ! Mais il cherche où sont les preuves de cette ambition. César faisait-il acte d'ambition en versant dans les caisses publiques les rançons de tant de captifs, en tendant la main au pauvre, en refusant par trois fois la couronne? Cependant Brutus affirme qu'il était ambitieux, et Antoine ne prétend pas contredire un homme si *honorable*. Il demande seulement la permission de pleurer le mort. Ici l'orateur s'arrête, comme absorbé par sa douleur, dans une attitude théâtrale. Mais cette interruption savante n'a d'autre but que de sonder la foule.

— Il y a beaucoup de raison dans ce qu'il dit là, chuchote un citoyen.

— Si tu considères bien la chose, murmure le voisin, César a été traité fort injustement.

— Je crains qu'il n'en vienne un pire, hasarde un troisième.

Ainsi l'émotion gagne peu à peu le flot populaire. Antoine le sent déjà onduler et s'agiter sous son souffle fatal. Mais la tâche n'est pas finie encore. Il ne suffit pas d'apitoyer le peuple en faveur du tyran mort, il faut le soulever contre ses défenseurs. Ce n'est pas assez que le peuple pleure l'homme qui a voulu l'asservir, il faut qu'il maudisse les hommes qui l'ont voulu délivrer. Pour accomplir ce chef-d'œuvre de perfidie politique, Antoine est obligé de mettre en jeu la plus infime des passions, la cupidité. Le testament de César est le pot-de-vin qu'il va offrir à la palinodie du peuple. Il faut voir avec quelle précaution machiavélique le suborneur déploie devant ces masses besogneuses l'instrument funèbre de leur corruption. A peine leur a-t-il montré le parchemin que de toutes parts la lecture est réclamée : « Le testament ! le testament ! Nous voulons entendre le testament de César. »

Mais Antoine prolonge savamment la tentation : « Ayez patience, chers amis ; je ne dois pas le lire : il n'est pas à propos que vous sachiez combien César vous aimait... Il n'est pas bon que vous sachiez que vous êtes ses héritiers ; car si vous le saviez, oh ! qu'en arriverait-il !... Je me suis laissé aller trop loin en vous parlant. Je crains de faire tort aux hommes honorables dont les poignards ont frappé César, je le crains.

— C'étaient des traîtres ! hurlent des milliers de voix, c'étaient des scélérats, des meurtriers ! Le testament ! le testament !

Vous le voyez, l'artifice a réussi. En faisant de son prétendu respect pour les conspirateurs l'obstacle suprême qui s'oppose à la satisfaction du peuple, Antoine a forcé le peuple à briser cet obstacle. Dès que la foule a traité de scélérats « les hommes honorables qui ont poignardé César », Antoine est libre de s'exprimer ouvertement sur leur compte, il n'est plus tenu à aucune réticence, à aucun ménagement, il peut qualifier ses adversaires au gré de sa passion politique. Alors, — nouveau jeu de scène, — il descend de la tribune, se précipite vers le cercueil où est étendu le corps de César, et, soulevant aux yeux de tous la toge ensanglantée, montre successivement tous les trous faits par les lames régicides : « Regardez ! A cette place a pénétré le poignard de Cassius. Voyez quelle lésion a faite l'envieux Casca. C'est par là que Brutus a frappé, et quand il a arraché la lame maudite, voyez comme de sang le César l'a suivie. On eût dit que le sang s'élançait au dehors pour s'assurer si c'était bien Brutus qui avait frappé ce coup cruel. » Cette exhibition funèbre produit l'effet attendu. Surexcitée par la vue du sang, la foule éclate en imprécations contre ces meurtriers qu'elle acclamait tout à l'heure : elle a hâte de venger ce despote dont elle va hériter. C'est alors qu'Antoine lui jette le prix de ses fureurs ; il donne lecture du testament liberticide. César lègue au peuple « ses jardins, ses bosquets réservés, ses vergers récemment plantés en deçà du Tibre ». En outre, il lègue à chaque citoyen soixante-quinze drachmes : « C'était là un César! Quand en viendra-t-il un pareil? »

— Jamais, jamais! Allons, en marche, en marche! Nous allons brûler son corps à la place consacrée et avec les tisons incendier les maisons des traîtres! En avant!

O déchéance! voilà donc où est tombé le peuple qui a banni Coriolan! Pour soixante-quinze drachmes par tête, ce peuple va aliéner à jamais ses libertés, ses franchises, son indépendance! Pour soixante-quinze drachmes, ce peuple va vendre sa vertu, sa noblesse, sa fierté, sa grandeur passée, sa grandeur à venir, l'honneur de ses ancêtres, l'honneur de ses enfants! Pour soixante-quinze drachmes, ce peuple va commettre une série de crimes hideux, promener partout l'incendie et le meurtre, porter la torche dans le sanctuaire des patriotes, courir sus à ses défenseurs et se faire le sbire des tyrans! Pour soixante-quinze drachmes, le peuple de la grande République va devenir la canaille du Bas-Empire!

Certes, après un tel succès, Antoine peut bien s'écrier avec la joie sauvage de la perversité triomphante :

<blockquote>Mischief, thou art afoot!</blockquote>
« Mal, te voilà déchaîné! »

En effet, le mal est bientôt à l'œuvre. Voici les maisons des conjurés qui brûlent. Voici le poëte Cinna qu'on assassine dans la rue. Voici les triumvirs attablés qui dressent en riant la liste funèbre des proscriptions. Lépide fait le sacrifice de son frère, Antoine livre son neveu, Octave abandonne Cicéron. Et bientôt la tête du grand orateur sera clouée à la tribune aux harangues! Et bientôt Portia désespérée avalera des charbons ardents!

L'heure de l'adversité a sonné. Mais, loin d'abattre les grandes âmes, le malheur ne fait que les grandir. Les plus accablantes calamités qu'un homme puisse subir, la ruine du toit domestique, l'anéantissement de la famille, la perte de la patrie, le veuvage, l'exil ne sauraient dompter le courage de Brutus. L'énergie du stoïque est inflexible comme le principe qu'il sert. Cette volonté unique ne se courbe pas même devant la volonté nationale ; elle ne reconnaît d'autre souveraineté que la souveraineté du droit. Or, pour Brutus, la République, c'est le droit, — droit supérieur à toutes les lois, à toutes les constitutions, à tous les décrets, à tous les sénatus-consultes, — droit imprescriptible contre lequel aucun complot de caserne, aucun caprice de faubourg, aucun suffrage, — pas même le suffrage de tous, — ne saurait prévaloir. C'est au nom de ce droit que Brutus a frappé César. C'est au nom de ce droit qu'il combat Octave. C'est au nom de ce droit qu'il appelle le monde à la rébellion, qu'il soulève la Macédoine, l'Achaïe et l'Asie, et qu'il dresse devant l'Occident la barricade titanique de l'Orient. — Qu'importe à Brutus cet arrêt d'ostracisme que lui jette la cité vendue au coup d'État ! Bien différent de ce Coriolan qui ne s'insurge contre la ville éternelle que pour la perdre, Brutus ne se révolte contre Rome que pour la sauver.

C'est ce désintéressement qui fait la grandeur singulière de Brutus. Pas un sentiment personnel, pas une pensée égoïste ne souille cette ambition sublime. L'exquise pureté de cette conscience éclate bientôt dans une scène illustre. Brutus, nous l'avons déjà vu, ne reconnaît pas la raison d'État ; il n'admet pas que la fin justifie les moyens ; il n'accepte pas ce sophisme en vertu duquel on peut servir les principes en les violant : voilà pourquoi il condamne avec tant de sévérité la conduite trop peu scrupuleuse de Cassius. Quelque dur qu'il lui paraisse de blâmer un ami, il n'hésite pas à lui parler ouvertement. Avec l'éloquence inexorable de la vertu, il lui reproche de n'avoir pas les mains assez pures pour porter le drapeau de la République :

— Souvenez-vous des Ides de Mars ! N'est-ce pas au nom de la justice qu'a coulé le sang du grand Jules ? Parmi ceux qui l'ont poignardé, quel est le scélérat qui a attenté à sa personne autrement que pour la justice ? Quoi ! nous qui avons frappé le premier homme de l'univers pour avoir seulement protégé des brigands, nous irions souiller nos doigts de concussions infâmes et vendre le champ superbe de notre immense gloire pour tout le clinquant qui peut tenir dans cette main crispée. J'aimerais mieux être un chien et aboyer à la lune que d'être un pareil Romain !

La nature fougueuse de Cassius se cabre sous cette réprimande acérée comme une provocation. Le respect qu'il a pour son ami l'empêche seul de s'emporter. C'est à grand'peine qu'il retient sa fureur frémissante : « Ne présumez pas trop de mon affection, je pourrais faire ce que je serais fâché d'avoir fait. » Mais Brutus, pour qui la loyauté est un devoir, ne s'inquiète pas de cette menace ; il répète impassible la cruelle vérité : « Par le ciel, j'aimerais mieux monnayer mon cœur et couler mon sang en drachmes que d'arracher de la main calleuse des paysans leur misérable obole par des voies iniques. » Cette intrépide franchise maîtrise enfin l'orgueil de Cassius. Dominé par l'évidence, il avoue ses « faiblesses, » mais, répondant au reproche par un reproche, il blâme l'amitié de Brutus de n'avoir pas su les voiler.

— Les yeux d'un ami ne devraient pas voir ces fautes-là.

— Les yeux d'un flatteur ne les verraient pas, rétorque Brutus.

Que répliquer à cette réponse accablante ? Cassius est au désespoir : il croit avoir perdu l'estime de son Brutus, et cette pensée le navre. Ah ! mieux vaut être tué que méprisé par Brutus. Quelle torture qu'un tel dédain ! Cassius souffre tant qu'il implore comme une faveur le sort de César.

— Voici mon poignard, et voici ma poitrine nue, et dedans un cœur plus précieux que les mines de Plutus, plus riche que l'or. Si tu es un Romain, prends-le. Je te le donne. Frappe, comme tu frappas César.

— Rengaînez votre poignard... O Cassius ! vous avez pour camarade un agneau. La colère est en lui comme le feu dans le caillou qui, sous un effort violent, jette une étincelle hâtive et se refroidit aussitôt....

Et Brutus, les larmes aux yeux, se jette dans les bras de Cassius [1].

Qui n'a retrouvé dans la vie cette scène ravissante? Deux amis, deux frères, deux amoureux ont une discussion ; ils se passionnent et s'échauffent; la discussion dégénère en contestation; la contradiction cesse d'être parlementaire et devient injurieuse; les insultes remplacent les arguments; les menaces succèdent aux insultes. La dispute s'exaspère et devient conflit. Une collision est imminente; elle éclate en effet... Les deux amis s'élancent l'un vers l'autre; ils s'étreignent, mais, rassurez-vous, c'est pour s'embrasser. Le choc final est un baiser ! — Cette scène immortelle forme dans le théâtre anglais un épisode justement célèbre. Mais l'on se tromperait fort, si l'on n'y voyait, comme certains critiques, qu'un délicieux hors-d'œuvre. Cette scène est essentielle, non à la construction du drame, j'en conviens, mais à son ensemble. Elle marque une halte nécessaire dans la marche rapide de l'action ; elle repose le spectateur en introduisant, au milieu d'une tragédie terrible, le magistral entr'acte d'un incident attendrissant. Nécessaire à l'effet de l'œuvre, elle ne l'est pas moins au développement du caractère principal. Elle retire à la figure de Brutus l'aspect farouche que lui donne-

---

[1] Dryden admirait tellement cette scène qu'il ne put s'empêcher de la copier dans une de ses tragédies (*All for love*), et cette imitation le rendait plus fier qu'aucune de ses œuvres originales.

rait une impassibilité absolue. Elle décèle sous cette âpre volonté la plus suave tendresse, et elle ajoute à sa vertu ce complément qui l'achève, la bonté. Si Brutus n'avait pas pardonné à Cassius, sa probité aurait cessé d'être humaine. Nous aurions pu l'admirer davantage, mais il nous eût été moins sympathique. Car il aurait manqué à cet héroïsme sublime ce trait qui fait aimer, — la grâce !

Cependant le moment décisif approche. L'armée des triumvirs, poussée par une brise complice, a traversé l'Adriatique, débarqué en Illyrie et envahi la Macédoine. Brutus, impatient de combattre, veut aller au-devant d'elle et dit adieu à Cassius en lui donnant rendez-vous pour le lendemain : dès le point du jour, les légions républicaines doivent s'ébranler. Déjà la nuit est avancée. Tout dort dans le camp de cette léthargie solennelle qui précède une action suprême. Les aides de camp de Brutus, accablés de fatigue, gisent endormis sur des coussins dans la tente. Un flambeau éclaire de sa clarté vacillante toutes ces formes immobiles. Le général, que la responsabilité du lendemain tient en éveil, cause avec son serviteur favori, Lucius, qui lui répond d'une voix assoupie. Il croit trouver dans la mélodie le délassement de son insomnie, et prie « le cher enfant » de jouer un accord ou deux sur son luth, tout en lui demandant pardon de ce caprice. Lucius veut obéir au désir de son maître et essaye de chanter en s'accompagnant. Mais l'épuisement trahit son zèle ; c'est à peine s'il peut articuler les paroles et faire vibrer les cordes ; sa tête penche, sa voix n'exhale plus qu'un vague murmure ; il s'endort. « Doux être, bonne nuit ! Je ne serai pas assez cruel pour t'éveiller. Mais pour peu que tu chancelles, tu vas briser ton instrument, je vais te l'ôter. » Et le grand patriote, s'empressant de servir son petit serviteur, va retirer avec précaution des mains de l'enfant endormi le luth menacé. Après cet acte touchant qui manque à la biographie de Plutarque et que Shakespeare montre ici comme l'adorable haut fait de la grâce, — Brutus se rasseoit, prend un livre et se dispose à lire : « Comme ce flambeau brûle mal, s'écrie-t-il ! » A peine a-t-il jeté cette exclamation qu'il distingue au fond de la pénombre une forme étrange qui s'avance vers lui. L'effarement de Macbeth apercevant le fantôme de Banquo n'est pas plus grand que l'étonnement de Brutus à l'aspect de cette vision mystérieuse. Mais, plus heureux que le thane écossais, le général romain peut sans remords interroger les ombres :

— Es-tu quelque chose ? Est-tu un dieu, un ange ou un démon, toi qui glaces mon sang et fais dresser mes cheveux ? Dis-moi qui tu es !

— Ton mauvais génie, Brutus.

— Pourquoi viens-tu ?

— Pour te dire que tu me verras à Philippes.

— Eh bien, je te reverrai !

— Oui, à Philippes.

— Eh bien, je te verrai à Philippes... Maintenant que j'ai repris courage, tu t'évanouis... Mauvais génie, je voudrais m'entretenir avec toi !...

Malheur ! malheur ! Ce spectre qui vient de disparaître en menaçant Brutus, c'est le spectre de César. Les conjurés des Ides de Mars n'ont frappé que le corps du tyran, ils n'ont pas atteint son génie. Car ce génie est impérissable ; c'est le génie de l'oppression, de la violence et de la guerre ; c'est le génie qui étend son ombre sur l'humanité et qui maintient le monde dans les ténèbres. Ce génie est sorti furieux de la tombe, il réclame vengeance et il ne s'apaisera que dans le triomphe du despotisme. C'est lui qui va combattre avec l'épée des triumvirs les derniers défenseurs de la République.

Voici la journée suprême. Les armées ennemies se sont

enfin rencontrées sur la plage fameuse que longe la route d'Amphipolis en Thrace, entre l'Hellespont et le mont Pangée. Brutus, qui commande l'aile droite de l'armée républicaine, fait face à Octave. Cassius, qui commande l'aile gauche, tient tête à Antoine. Cependant un signe néfaste avertit les patriotes. Cassius montre à Messala un nuage noir qui s'amasse dans le ciel : c'est un essaim de corbeaux, « dais fatal sous lequel s'étend l'armée républicaine, prête à rendre l'âme ». N'importe, Brutus l'a voulu : en dépit des pressentiments de Cassius, le combat sera livré. — Chacun connaît les détails de cette mémorable mêlée qui s'appelle la bataille de Philippes. Jamais la destinée, amoureuse du despotisme, ne s'est montrée plus partiale que dans cette lutte décisive ; jamais elle n'a accumulé contre ses adversaires de tels accidents ; jamais elle ne les a égarés dans une plus funeste erreur. — La journée s'annonce bien. La jeunesse romaine, qui fait légion autour de Brutus, attaque les prétoriens avec un irrésistible élan ; elle balaye devant elle ces vétérans qui, sous les ordres du grand Jules, ont conquis les Gaules, l'Espagne, l'Égypte et la Libye, et ne s'arrête qu'après avoir pris d'assaut le camp d'Octave. Mais ! hélas ! ce succès est le piége atroce où s'est embusqué le désastre.

Dans l'impétuosité de l'attaque, l'aile droite s'est séparée de l'aile gauche. Funeste lacune. Le génie de César montre à Antoine l'espace vide : Antoine y jette des forces supérieures, enveloppe Cassius et l'accable. Cassius cerné croit Brutus vaincu et la bataille perdue sur toute la ligne ; il dépêche un de ses lieutenants pour s'assurer de la vérité ; le lieutenant tarde à revenir ; un faux rapport le signale comme prisonnier. Nouvelle erreur, qui confirme la première. Égaré par cette double méprise, Cassius renonce à tout espoir et se jette sur son épée. Brutus, averti par Titinius, revient au secours de son frère d'armes ; mais, si vite qu'il accoure, il arrive trop tard, il n'a délivré qu'un cadavre :

— O Jules César, tu es encore puissant ! Ton esprit erre par le monde et tourne nos épées contre nos propres entrailles... Amis, je dois plus de larmes à ce mort que vous ne m'en verrez verser... Je trouverai le moment, Cassius, je trouverai le moment... Lucilius, venez, venez aussi, jeune Caton ! au champ de bataille ! Il est trois heures ; et, avant la nuit, Romains, il faut que nous tentions la fortune dans un second combat [1].

Et Brutus retourne à la charge. Mais vainement fait-il des prodiges pour ressaisir dans la mêlée la victoire qu'il tenait naguère. La victoire a déserté et passé aux tyrans. Le second combat est décisif : la bataille de Philippes est perdue. — Resté seul avec une poignée de braves, Brutus a fait retraite sur un rocher qui domine le champ funèbre, et considère cette vaste plaine jonchée de patriotes. Alors une inexprimable mélancolie envahit son âme : « Le chagrin remplit ce noble vase au point qu'il déborde de ses yeux mêmes. » Brutus pleure. Il pleure, ce Brutus qui a pu ne pas pleurer, même après la mort de Portia ! Ces yeux, que la plus grande douleur privée avait laissés secs, ont des larmes pour le grand deuil public. Larmes ineffables arrachées au stoïque par les angoisses du désintéressement ! Adieu l'illusion à laquelle il avait dévoué sa vie ! Adieu la suave vision d'une humanité d'hommes libres et frères ! Adieu la douce utopie d'une société heureuse, indépendante, n'ayant d'autres lois que les lois immuables de la nature et de la raison, exerçant dans la plénitude de ses jouissances la plénitude de ses droits ! Adieu le songe splendide de la République universelle ! Une charge de cavalerie a emporté ce beau rêve.

---

[1] Ici encore le drame raccourcit l'histoire. Ce second combat n'eut lieu en réalité que vingt jours après le premier.

Un monde voué à l'esclavage a cessé d'être habitable pour une âme libre. Brutus voulait affranchir le genre humain ; le genre humain s'est tourné contre Brutus et s'est prostitué au despotisme par une servitude volontaire. Soit ! mais Brutus ne veut pas subir, lui, ce joug avilissant qui va peser désormais sur les générations. S'il n'a pu soustraire l'univers à la tyrannie, il prétend du moins y soustraire son âme. Les vainqueurs ont beau cerner la retraite du stoïque : ils ne pourront le faire prisonnier. Insensés qui croient traîner un tel captif en triomphe ! Oublient-ils qu'il reste à Brutus l'issue suprême ? Brutus va chercher dans la mort cette indépendance nécessaire qu'il ne peut plus trouver dans la vie.

— Adieu à vous, et à vous, et à vous !... Compatriotes, je gagnerai à cette désastreuse journée plus de gloire qu'Octave et Marc-Antoine n'en obtiendront par leur infâme triomphe ! Sur ce, adieu à tous ! Car la bouche de Brutus a presque achevé le récit de sa vie. La nuit s'étend sur mes yeux ; mes os veulent reposer... Straton, tu es un digne compagnon : un reflet d'honneur est sur ta vie. Tiens donc mon épée et détourne la face, tandis que je me jetterai dessus. Veux-tu, Straton ?

— Donnez-moi d'abord votre main. Adieu, mon seigneur.

— Adieu, bon Straton... César, apaise-toi ; certes, je ne t'ai pas tué avec autant d'ardeur !

Et l'affranchi tend le glaive qui va affranchir son maître... A peine Brutus a-t-il expiré que retentit la fanfare joyeuse de l'ennemi. Le rocher a été forcé, et Antoine et Octave viennent chercher leur captif.

— Straton, où est ton maître ? demande Messala qui vient d'être pris.

— Il est délivré de la servitude où vous êtes, Messala. Les vainqueurs ne peuvent faire de lui que des cendres.

Car Brutus n'a été vaincu que par lui-même, et nul autre que lui n'a eu la gloire de sa mort.

Devant ce grand suicide qui frustre leur triomphe, les victorieux s'inclinent. Tel est le prestige de cette probité déchue qu'elle force le succès même à fléchir. En présence des restes sacrés du patriote, les triumvirs sont saisis de respect. Ils se penchent avec une religieuse émotion sur ce corps vénérable d'où vient de s'échapper par une issue désespérée l'âme la plus héroïque qui ait encore animé l'argile terrestre.

— De tous les Romains, s'écrie Antoine, ce fut là le plus noble. Tous les conjurés, excepté lui, n'agirent que par envie contre le grand César. Lui seul pensait loyalement à l'intérêt général et au bien public. Sa vie était paisible, et les éléments si bien combinés en lui que la nature pouvait se lever et dire au monde entier : Voilà un homme !

Oui, voilà un homme! Jamais plus mâle figure ne traversa notre scène. Jamais caractère ne réunit dans un plus admirable ensemble les vertus humaines et les vertus viriles, — douceur et énergie, tendresse et fermeté, bonté et courage. Jamais mortel n'exalta plus haut le moi de l'être, ne réclama d'une manière plus éclatante cette initiative qui distingue la volonté de l'instinct, ne revendiqua plus obstinément la possession de l'individu par lui-même, la supériorité de l'esprit sur la matière, la souveraineté de la créature sur la création. — La révolte fabuleuse des Titans contre Jupiter n'offre rien de plus grand que cette insurrection d'un homme contre la destinée. Champion de la République, ce n'est pas seulement le génie de César qu'affronte Brutus, c'est la nécessité elle-même. Il a contre lui, non-seulement les forces supérieures d'une puissance matérielle, mais cette force suprême d'une puissance invisible, la force des choses. La fatalité pousse le genre humain vers le despotisme ; elle l'entraîne par une série de causes séculaires dans les ténèbres du Bas-Empire ; elle oppose aux efforts de la délivrance la coalition des événements, la lassitude des peuples, le relâchement des mœurs, la complicité des âges et la conjuration même de l'histoire. N'importe ! En dépit de tous ces obstacles, Brutus n'hésite pas : il engage la lutte. Il jette à la tyrannie le défi de la liberté, à la force le défi du droit, à la fatalité le défi d'une volonté. Duel prodigieux où Brutus combat tour à tour avec la dague et avec l'épée, avec le poignard des Ides de Mars et avec le glaive de Philippes ! Il succombe enfin, mais il succombe en héros, sans demander grâce au despotisme triomphant, — impénitent comme Prométhée, et frappé, comme lui, pour avoir voulu dérober au ciel le feu sacré de l'idéal.

Hauteville House, 10 avril 1862.

MESURE POUR MESURE

PERSONNAGES (1)

VINCENTIO, duc de Vienne.
ANGELO, lieutenant-gouverneur en l'absence du duc.
ESCALUS, vieux seigneur, collègue d'Angelo dans le gouvernement.
CLAUDIO, jeune gentilhomme.
LUCIO, personnage fantasque.
DEUX AUTRES GENTILSHOMMES.
LE PRÉVOT.
THOMAS, } moines.
PIERRE,
COUDE, constable niais.
ÉCUME, bourgeois imbécile.
LE CLOWN.
ABHORSON, exécuteur public.
BERNARDIN, prisonnier dissolu.
UN JUGE.

ISABELLE, sœur de Claudio.
MARIANNE, fiancée à Angelo.
JULIETTE, bien-aimée de Claudio.
FRANCISCA, nonne.
DAME SURMENÉE, maquerelle.
SEIGNEURS, GENTILSHOMMES, GARDES ET GENS DE SERVICE.

La scène est à Vienne.

SCÈNE I.

[Dans le palais ducal.]

Entrent le DUC, ESCALUS, des SEIGNEURS et des GENS DE SERVICE.

LE DUC.

Escalus !

ESCALUS.

Monseigneur ?

LE DUC.

Vous expliquer les principes du gouvernement, — ce serait de ma part faire étalage de phrases et de discours,— puisque je suis à même de savoir que votre propre science — dépasse, sur cette matière, la portée de toutes les instructions — que mon expérience peut vous donner. Il ne me reste donc — qu'à adjoindre le pouvoir à votre capacité — et à les laisser agir. La nature de nos peuples, — les institutions de notre cité, les termes — du droit commun vous sont aussi familiers — qu'au juriste le plus riche de théorie et de pratique — dont nous ayons souvenance. Voici votre commission.

Il lui donne un parchemin.

— Nous désirons que vous ne vous en départiez pas.

Aux gens de sa suite.

Holà ! qu'on mande — Angelo et qu'on lui dise de venir devant nous.

Un valet sort.

A Escalus.

Quelle figure pensez-vous qu'il fera à notre place? — Car vous devez savoir que, par une inspiration spéciale, nous l'avons — choisi pour nous remplacer dans notre absence; — nous lui avons prêté notre terreur et nous l'avons revêtu de notre amour, — donnant à sa lieutenance tous les organes — de notre propre autorité. Qu'en pensez-vous?

ESCALUS.

Si quelqu'un dans Vienne est digne — d'être investi d'une faveur et d'un honneur si grands, — c'est le seigneur Angelo.

Entre ANGELO.

LE DUC.

Tenez, le voici.

ANGELO.

— Toujours obéissant à la volonté de Votre Grâce, — je viens connaître votre bon plaisir.

LE DUC.

Angelo, — ton existence a un certain caractère — qui à l'observateur révèle — pleinement ton histoire. Ton être et tes attributs — ne t'appartiennent pas tellement en propre que tu puisses consumer — ton être en tes vertus, et tes vertus en toi. — Le ciel fait de nous ce que nous faisons des torches; — nous ne les allumons pas pour elles-mêmes: de même, si nos vertus — ne rayonnent pas hors de nous, autant vaut — que nous ne les ayons pas. Les esprits n'ont la touche du beau — que pour produire le beau. La nature ne prête jamais — le moindre scrupule de ses perfections, — sans exiger pour elle-même, l'usurière déesse, — toutes les gloires d'un créancier, — remercîments et intérêts. Mais j'adresse mes paroles — à un homme qui est par lui-même capable de me suppléer... Tiens, Angelo, — pendant notre absence, sois pleinement comme nous-même. Qu'à Vienne la mort et la clémence — respirent sur tes lèvres et dans ton cœur. Le vieil Escalus, — quoique le premier nommé, n'est que ton second. — Prends ta commission.

Il lui remet un parchemin.

ANGELO.

Attendez, mon bon seigneur, — que mon métal ait été un peu mieux éprouvé — pour y frapper une si noble et si auguste figure.

LE DUC.

Plus d'excuses. — C'est par un choix mûr et réfléchi que nous avons — eu recours à vous. Acceptez donc vos dignités. — Notre hâte de partir est si vive — qu'elle n'écoute qu'elle-même et laisse indécises — des questions d'une haute importance. Nous comptons, — quand nous y serons conviés par les circonstances et par nos intérêts, — vous écrire de nos nouvelles; et nous nous attendons à apprendre — ce qui vous arrivera ici. Sur ce, adieu. — Je vous laisse à l'exécution fructueuse — de vos devoirs.

ANGELO.

Au moins, monseigneur, accordez-nous la permission — de vous accompagner une partie du chemin.

LE DUC.

Ma hâte ne l'admet pas. — Sur les honneurs à me rendre — n'ayez aucun scrupule. Votre liberté d'action est aussi grande que la mienne : — vous pouvez aggraver ou mitiger les lois — au gré de votre conscience. Donnez-moi votre main : — je veux partir secrètement. J'aime le peuple, — mais il ne me plaît pas de parader sous ses yeux. — Si flatteurs qu'ils soient, je n'ai pas grand goût — pour ses bruyants applaudissements et pour ses véhéments vivats, — et je ne crois pas d'une sage discrétion l'homme — qui les recherche. Encore une fois, adieu.

ANGELO.

— Que les cieux protégent vos desseins !

ESCALUS.

— Qu'ils vous conduisent, et vous ramènent en plein bonheur !

LE DUC.

— Je vous remercie : adieu.

Il sort.

ESCALUS, à Angelo.

Veuillez, je vous prie, monsieur, me permettre — d'avoir avec vous un libre entretien. Il m'importe — d'examiner mes devoirs à fond : — j'ai des pouvoirs, mais de quelle étendue ? de quelle nature ? — Je ne le sais pas encore.

ANGELO.

— Il en est de même de moi... Retirons-nous ensemble, — et nous aurons bientôt la satisfaction qu'il nous faut — sur ce point.

ESCALUS.

Je suis aux ordres de Votre Excellence.

Ils sortent.

SCÈNE II.

[Une place.]

Entrent Lucio et deux GENTILSHOMMES.

LUCIO.

Si le duc, ainsi que les autres ducs, n'entre pas en composition avec le roi de Hongrie, eh bien, alors les ducs tomberont tous sur le roi.

PREMIER GENTILHOMME.

Que le ciel nous accorde sa paix, mais non celle du roi de Hongrie !

DEUXIÈME GENTILHOMME.

Amen !

LUCIO.

Tu conclus comme ce pirate bigot qui se mit en mer avec les dix commandements, mais qui en avait rayé un de la table.

DEUXIÈME GENTILHOMME.

Tu ne voleras point ?

LUCIO.

Oui, c'est celui-là qu'il avait raturé.

PREMIER GENTILHOMME.

En effet, c'était un commandement qui commandait au capitaine et à tous ses hommes l'abandon de leurs fonctions : ils appareillaient pour voler ! Il n'y a pas un soldat parmi nous qui, dans la prière avant le repas, goûte beaucoup la formule qui implore la paix (2).

DEUXIÈME GENTILHOMME.

Je n'ai jamais entendu un soldat la désapprouver.

LUCIO.

Je te crois, car je pense que tu n'as jamais été là où se disaient les grâces.

DEUXIÈME GENTILHOMME.

Bah ! au moins une douzaine de fois.

PREMIER GENTILHOMME.

Dans quelle mesure ?

LUCIO.

Dans n'importe quel rhythme et dans n'importe quelle langue.

PREMIER GENTILHOMME.

Je le crois, et dans n'importe quelle religion.

LUCIO.

Et pourquoi pas ? La grâce est toujours la grâce, en dépit de toute controverse. Par exemple, toi-même, tu es un méchant vaurien, en dépit de toute grâce.

PREMIER GENTILHOMME.

Soit, toute la différence entre nous est dans la coupe.

LUCIO.

D'accord, comme entre la lisière et le velours. Tu es la lisière.

PREMIER GENTILHOMME.

Et toi, le velours. Tu es un excellent velours, ma foi, un velours à trois poils ! Pour moi, je te le garantis, j'aime mieux être une lisière de serge anglaise que d'être un velours tondu, comme tu l'es, à la française (3). Je parle par expérience, entends-tu ?

LUCIO.

Je le crois : et l'expérience a dû être fort pénible pour toi. Je vois, d'après ton propre aveu, que je ferai bien de proposer ta santé ; mais, tant que je vivrai, je m'abstiendrai de boire dans ton verre.

PREMIER GENTILHOMME.

Je crois que je me suis fait tort, n'est-ce pas ?

DEUXIÈME GENTILHOMME.

Oui, sans doute : que tu sois pincé ou non.

LUCIO, apercevant la maquerelle.

Tenez, tenez : voici dame Complaisance qui arrive. Sous son toit, j'ai acheté des maladies qui m'ont coûté...

DEUXIÈME GENTILHOMME.

Combien, je te prie ?

LUCIO.

Devine.

DEUXIÈME GENTILHOMME.

Trois mille dollars, je veux dire trois mille douleurs, par an.

PREMIER GENTILHOMME.

Et plus encore.

LUCIO.

Plus, une couronne ! une couronne de Vénus !

####### PREMIER GENTILHOMME, à Lucio.

Tu es toujours à te figurer que je suis malade : mais tu es plein d'erreur : je suis sain.

####### LUCIO.

Oui, autant que tu es saint. Ta santé est aussi creuse que ta sainteté. L'impiété a fait de toi sa proie.

Entre la MAQUERELLE.

####### PREMIER GENTILHOMME.

Comment va? Quelle est celle de vos hanches qui a la sciatique la plus profonde ?

####### LA MAQUERELLE.

C'est bon, c'est bon ! On vient d'arrêter là-bas et d'emmener en prison quelqu'un qui en valait cinq mille comme vous tous.

####### DEUXIÈME GENTILHOMME.

Qui cela, je te prie ?

####### LA MAQUERELLE.

Eh ! morbleu, monsieur, c'est Claudio, le signor Claudio.

####### PREMIER GENTILHOMME.

Claudio en prison! Cela n'est pas !

####### LA MAQUERELLE.

Mais je sais bien, moi, que cela est : je l'ai vu arrêter ; je l'ai vu emmener : et, qui plus est, sa tête doit être tranchée dans les trois jours.

####### LUCIO.

Après tout ce badinage, j'ai peine à croire ça. En es-tu bien sûre?

####### LA MAQUERELLE.

Je n'en suis que trop sûre : c'est pour avoir fait un enfant à madame Juliette.

LUCIO, aux deux gentilshommes.

Croyez-moi, la chose est possible. Il m'avait promis de venir me rejoindre, il y a deux heures : et il a toujours été exact à tenir ses promesses.

DEUXIÈME GENTILHOMME.

De plus, vous savez, cela coïncide assez avec ce dont nous causions tantôt.

PREMIER GENTILHOMME.

Cela s'accorde surtout avec la proclamation.

LUCIO.

Partons : allons apprendre ce qu'il y a de vrai.

Lucio et les deux gentilshommes sortent.

LA MAQUERELLE.

Ainsi, grâce à la guerre, grâce à la suette, grâce à la potence, grâce à la misère, me voici sans pratique.

Entre le clown.

Eh bien ! quelles nouvelles apportez-vous ?

LE CLOWN.

Il y a un homme qu'on emmène en prison, là-bas.

LA MAQUERELLE.

Eh bien, qu'a-t-il fait ?

LE CLOWN.

Une femme.

LA MAQUERELLE.

Mais quel est son crime ?

LE CLOWN.

Il a pêché... la truite dans une rivière réservée.

LA MAQUERELLE.

Comment ! est-ce qu'il a fait un enfant à une fille ?

LE CLOWN.

Non ; mais il a fait d'une fille une femme. Ah çà ! vous n'avez donc pas ouï parler de la proclamation ?

SCÈNE II.

LA MAQUERELLE.

Quelle proclamation, mon cher?

LE CLOWN.

Toutes les maisons des faubourgs de Vienne doivent être abattues.

LA MAQUERELLE.

Et que deviendront celles de la cité?

LE CLOWN.

Elles resteront pour graine : on les aurait jetées bas aussi, sans un sage bourgeois qui a intercédé pour elles.

LA MAQUERELE.

Comment! toutes nos maisons de réunion seront démolies dans les faubourgs?

LE CLOWN.

Jusqu'à terre, mistress.

LA MAQUERELLE.

Voilà, pardieu, un changement dans la chose publique! Que deviendrai-je?

LE CLOWN.

Allons! ne craignez rien. Les bons conseillers ne manquent pas de clients : quoique vous changiez de résidence, vous n'avez pas besoin de changer de métier. Je serai toujours votre garçon de comptoir. Courage : on aura pitié de vous! Vous qui avez presque perdu les yeux au service, vous serez considérée.

LA MAQUERELLE.

Que pouvons-nous faire ici, Thomas, mon garçon? Allons-nous-en.

LE CLOWN.

Voici le signor Claudio que le prévôt mène en prison : et voilà madame Juliette.

Ils sortent.

Entrent le PRÉVÔT, CLAUDIO, JULIETTE et des exempts ; puis LUCIO et les DEUX GENTILSHOMMES.

CLAUDIO, au prévôt.

L'ami, pourquoi me montres-tu ainsi au monde entier ? — Emmène-moi en prison, où je dois être enfermé.

LE PRÉVÔT.

— Si j'agis ainsi, ce n'est pas par mauvaise intention, — c'est par l'ordre spécial du seigneur Angelo.

CLAUDIO.

— Ainsi le pouvoir, ce demi-dieu, — nous fait payer nos offenses à son poids arbitraire. — Glaive du ciel, il frappe qui il veut, — ne frappe pas qui il ne veut pas : n'importe ! il s'appelle toujours la justice ! —

LUCIO, s'avançant.

Eh bien, Claudio ? D'où vient cette contrainte que tu subis ?

CLAUDIO.

— De trop de liberté, mon Lucio, de trop de liberté. — De même que l'indigestion est la mère du jeûne, — de même toute licence dont on use immodérément — aboutit à une servitude. Nos natures, — comme des rats qui se jettent sur leur poison, — poursuivent le mal dont elles ont soif ; et quand nous buvons, nous sommes morts. —

LUCIO.

Si j'étais sûr, une fois arrêté, de parler si sagement, j'enverrais chercher quelques-uns de mes créanciers... Et pourtant, à vrai dire, j'aime mieux extravaguer en liberté que moraliser en prison... Quelle est ton offense, Claudio ?

CLAUDIO.

Rien que d'en parler serait une offense nouvelle.

LUCIO.

Quoi donc ! s'agit-il de meurtre ?

SCÈNE II.

CLAUDIO.

Non.

LUCIO.

De paillardise ?

CLAUDIO.

Appelle la chose ainsi.

LE PRÉVOT, à Claudio.

En marche, monsieur. Il faut partir.

CLAUDIO, au prévôt.

Rien qu'un mot, ami... Un mot à toi, Lucio.

Il prend Lucio à part.

LUCIO.

— Cent, s'ils peuvent t'être bons à quelque chose. — Est-ce qu'on poursuit ainsi la paillardise ?

CLAUDIO.

Voici ma situation. En vertu d'un contrat véritable, — j'ai pris possession du lit de Juliette. — Tu la connais ; elle est parfaitement ma femme ; il ne manque à notre union que la formalité — d'une célébration publique ; si nous n'en sommes pas venus là, — c'est seulement afin d'obtenir la dot — retenue encore dans le coffre-fort de ses parents, — à qui nous avons trouvé bon de cacher notre amour — jusqu'à ce que le temps nous les ait rendus favorables. Mais il arrive — que le mystère de nos relations fort intimes — est écrit, en trop gros caractère, sur la personne de Juliette.

LUCIO.

— Un enfant, peut-être?

CLAUDIO.

Malheureusement oui ! — Maintenant le nouveau lieutenant du duc... — Est-ce la nouveauté du pouvoir qui l'éblouit et l'aveugle ? — L'État est-il pour lui — un cheval de course, — auquel, à peine en selle, il fait sentir l'éperon — pour lui apprendre qu'il est le maître ? — La tyrannie est-elle dans la fonction, — ou bien dans l'Excellence qui l'occupe! — Je m'y perds... Toujours est-il que le nouveau gouverneur — va me réveiller toutes nos vieilles lois pénales, — armures rouillées, pendues à la muraille — depuis si longtemps que dix-neuf zodiaques ont fait leur révolution — sans qu'elles aient été portées; et, pour se faire un nom, — le voilà qui m'applique fraîchement ce code assoupi — et abandonné : sûrement, c'est pour se faire un nom! —

LUCIO.

Je te le garantis; et ta tête tient si délicatement à tes épaules qu'une laitière amoureuse te l'enlèverait d'un soupir. Envoie à la recherche du duc, et porte appel devant lui.

CLAUDIO.

— C'est ce que j'ai fait, mais il est introuvable. — Je t'en prie, Lucio, rends-moi un service : — c'est aujourd'hui que ma sœur doit entrer au cloître, — et y commencer sa probation. — Informe-la du danger de ma situation, — supplie-la, en mon nom, de se faire des amis — auprès du rigide lieutenant; dis-lui de le presser elle-même. — J'ai là un grand espoir : car dans sa jeunesse — il y a un éloquent et muet langage — fait pour émouvoir les hommes; en outre, elle possède l'art heureux, — quand elle veut mettre en jeu le raisonnement et la parole, — de savoir persuader. —

LUCIO.

Je prie Dieu qu'elle y réussisse : aussi bien pour l'encouragement de tes pareils qui, sans cela, resteraient sous le coup d'une rigoureuse pénalité, que pour la sauvegarde de ta vie que je serais fâché de voir si follement perdue sur un coup de trictrac. Je vais la trouver.

CLAUDIO.

Merci, bon ami Lucio.

LUCIO.

Avant deux heures.

SCÈNE III.

CLAUDIO, au prévôt.

Allons, l'officier ! en marche.

Ils sortent.

SCÈNE III.

[Un monastère à Vienne.]

Entrent le DUC et FRÈRE THOMAS.

LE DUC.

Non, saint père, rejette cette pensée ; — ne crois pas que le trait baveux de l'amour — puisse percer un cœur bien cuirassé ! Si je te demande — un secret asile, c'es pour un dessein — plus grave et plus chenu que les projets et les plans — d'une brûlante jeunesse.

FRÈRE THOMAS.

Votre Grâce peut-elle s'expliquer ?

LE DUC.

— Saint homme, nul ne sait mieux que vous — que j'ai toujours aimé la vie retirée, — et attaché peu de prix à hanter des réunions — où règnent la jeunesse, le luxe et une braverie insensée. — J'ai délégué au seigneur Angelo, — homme rigide et d'une ferme austérité, — mon pouvoir absolu et ma dignité dans Vienne. — Il me suppose parti pour la Pologne, — car c'est le bruit que j'ai répandu dans le public, — et qui est partout accepté. Maintenant, mon pieux sire, — voulez-vous savoir pourquoi je fais cela ?

FRÈRE THOMAS.

Avec plaisir, monseigneur.

LE DUC.

Nous avons des statuts stricts et des lois fort âpres, — freins et brides nécessaires pour des coursiers rétifs, —

que j'ai laissés tomber depuis quatorze ans, — me résignant, comme un lion suranné dans sa caverne, — à ne plus aller en chasse. Qu'un père faible, — ayant lié en faisceau les menaçantes baguettes de bouleau, — se contente de les ficher sous les yeux de ses enfants, — comme un épouvantail hors d'usage, la verge sera vite — un objet de risée plutôt que d'effroi. De même, si nos lois — sont mortes à l'application, elles sont mortes à elles-mêmes : — la licence tire la justice par le nez ; — le bambin bat sa nourrice, et c'en est fait — de tout décorum.

FRÈRE THOMAS.

Il dépendait de Votre Grâce — de démuseler cette justice enchaînée, dès qu'elle le voulait : — chez vous elle eût paru plus redoutable que chez le seigneur Angelo.

LE DUC.

Trop redoutable, je l'ai craint. — Puisque ç'a été ma faute de donner au peuple ses coudées franches, — il y eût eu tyrannie de ma part à le frapper et à le châtier — pour ce que je l'avais autorisé à faire : car nous autorisons — le mal quand nous lui laissons un libre cours, — au lieu de le punir. Voilà vraiment, mon père, pourquoi — j'ai imposé cette fonction à Angelo ; — embusqué sous mon nom, il pourra frapper au but, — sans que ma personne, restée invisible, — soit exposée à la censure. Pour voir de près son administration, — je veux, étant censé un moine de votre ordre, — visiter et le maître et le peuple. Je vous en prie donc, — fournissez-moi l'habit, et enseignez-moi — comment je dois me comporter pour avoir l'air — d'un véritable religieux. Les autres motifs de ma résolution, — je vous les expliquerai plus tard à loisir. — Écoutez seulement celui-ci : le seigneur Angelo est scrupuleux, — il se tient en garde contre l'envie, il avoue à peine — que son sang coule, ou que son appétit — est plus porté sur le pain que sur la pierre. Eh bien, nous verrons, — s'il est vrai que le pouvoir change les idées, ce que valent ces apparences.

Ils sortent.

SCÈNE IV.

[Un couvent.]

Entrent ISABELLE et FRANCISCA.

ISABELLE.

— Et vous, nonnes, vous n'avez pas d'autres priviléges?

FRANCISCA.

Ceux-là ne sont-ils pas assez grands ?

ISABELLE.

— Oui, vraiment : je n'en souhaite pas davantage ; — je désirerais au contraire une discipline plus stricte — pour la communauté des sœurs de Sainte-Claire.

LUCIO, appelant, derrière le théâtre.

— Holà ! paix en ce lieu !

ISABELLE.

Qui appelle ?

FRANCISCA.

— C'est la voix d'un homme. Chère Isabelle, — tournez la clef et sachez ce qu'il veut ; — cela vous est permis, à moi non : vous êtes encore libre ; — quand vous aurez prononcé vos vœux, vous ne pourrez plus parler aux hommes — qu'en présence de la supérieure. — Alors même, si vous parlez, vous ne devrez pas montrer votre visage ; — ou, si vous montrez votre visage : — vous ne devrez pas parler. — Il appelle encore ; répondez-lui, je vous prie.

Francisca sort.

ISABELLE, ouvrant la porte.

Paix et prospérité ! Qui est-ce qui appelle ?

LUCIO, *entrant.*

Salut, vierge, si vous l'êtes, comme les roses de ces joues — le proclament. Pourriez-vous me rendre le service — de me conduire en présence d'Isabelle, — une novice de ce couvent, la charmante sœur — de son malheureux frère Claudio ?

ISABELLE.

— Pourquoi son malheureux frère ? Excusez cette question, — d'autant plus, je dois maintenant vous le faire savoir, — que je suis cette Isabelle, sa sœur.

LUCIO.

— Gentille beauté, votre frère vous salue affectueusement. — Pour vous dire la chose en deux mots, il est en prison.

ISABELLE.

— Malheureuse que je suis ! et pourquoi ?

LUCIO.

Pour ce dont, si j'avais pu être son juge, — il eût été puni par des remercîments : — il a fait un enfant à sa mie.

ISABELLE.

Monsieur, ne me contez pas de vos histoires.

LUCIO.

— C'est la vérité ! Quoique ce soit mon péché familier — d'agir en étourneau et de badiner avec les filles, — ayant la langue fort loin du cœur, je ne voudrais pas jouer ce jeu avec toutes les vierges. — Je vous tiens pour une créature céleste et sacrée, — pour une âme immortalisée par le renoncement, — à qui l'on ne doit parler qu'avec sincérité, — comme à une sainte.

ISABELLE.

— Vous blasphémez le bien en vous moquant de moi.

LUCIO.

— Ne le croyez pas. Bref, voici la vérité : votre frère et son amante se sont embrassés : — par la raison que ce qui se nourrit se remplit et que la jachère nue — passe par la floraison des semailles à la récolte, — la matrice féconde de la donzelle — atteste un plein labourage et une parfaite culture...

ISABELLE.

— Quelque fille grosse de lui ?... Ma cousine Juliette ?

LUCIO.

Est-ce qu'elle est votre cousine ?

ISABELLE.

— Adoptive : vous savez, les écolières se donnent des noms de fantaisie, — enfantillages d'une affection sérieuse !

LUCIO.

Eh bien ! c'est elle-même.

ISABELLE.

Oh ! qu'il l'épouse !

LUCIO.

Voilà la question. — Le duc est parti d'ici d'une manière très-étrange ; — il avait tenu plusieurs gentilshommes, et moi entre autres, — dans l'attente et dans l'espérance d'un emploi : mais nous apprenons, — par ceux qui connaissent les plus secrets ressorts de l'Etat, — que ses insinuations étaient à une distance infinie — de ses intentions véritables. A sa place, — dans le plein exercice de son autorité, — gouverne le seigneur Angelo, un homme dont le sang — n'est que de la neige fondue, qui ne sent jamais — le voluptueux stimulant et l'impulsion des sens, — mais qui amortit et émousse son instinct naturel, — au profit de son âme, par l'étude et par le jeûne. — C'est lui qui, pour effrayer les mœurs et la liberté, — habituées, depuis longtemps, à s'ébattre près de la hideuse loi — comme des souris près d'un lion, a ramassé l'édit — dont la teneur accablante condamne votre frère — à perdre la vie. Il fait arrêter Claudio en conséquence, — et lui applique le statut dans toute sa rigueur, — pour faire de lui un exemple. Tout espoir est perdu, — à moins que par vos belles prières vous n'ayez la grâce — d'attendrir Angelo. Et voilà en substance la raison — de mon entremise entre vous et votre pauvre frère.

ISABELLE.

En veut-il — donc à sa vie ?

LUCIO.

Il l'a déjà condamné ; — et, à ce que j'apprends, le prévôt a ordre — de le faire exécuter.

ISABELLE.

Hélas ! quel pauvre — moyen ai-je donc de lui être utile ?

LUCIO.

Essayez le pouvoir que vous avez.

ISABELLE.

Mon pouvoir ! — Hélas ! je doute...

LUCIO.

Nos doutes sont des traîtres — qui nous font perdre une victoire que nous pourrions souvent gagner, — par la crainte d'une tentative. Allez trouver le seigneur Angelo, — et qu'il apprenne par vous que, quand les filles sollicitent, — les hommes sont aussi généreux que des dieux, et que, quand elles pleurent et s'agenouillent, — elles obtiennent toutes leurs requêtes — au gré de leurs propres désirs.

ISABELLE.

— Je verrai ce que je puis faire.

LUCIO.

Mais promptement.

ISABELLE.

Je vais m'en occuper sur-le-champ, — ne prenant que le temps de donner à la supérieure — connaissance de l'affaire. Je vous rends grâces humblement. — Recommandez-moi à mon frère : ce soir, de bonne heure, — je lui ferai savoir certainement le succès de ma démarche.

LUCIO.

— Je prends congé de vous.

ISABELLE.

Cher monsieur, adieu.

Ils sortent.

SCÈNE V.

[Une salle d'assises.]

Entrent ANGELO et ESCALUS, puis un JUGE ASSESSEUR, le PRÉVÔT, des officiers de justice et des gens de service. Angelo et Escalus causent entre eux.

ANGELO.

Ne faisons pas de la loi un épouvantail — qui, dressé pour faire peur aux oiseaux de proie, — finit, gardant toujours la même forme, — par être leur perchoir, et non plus leur terreur.

ESCALUS.

D'accord. Aiguisons — notre glaive, mais plutôt pour inciser légèrement, — que pour abattre et frapper à mort. Hélas ! ce gentilhomme, — que je voudrais sauver, avait un bien noble père. — J'en appelle même à Votre Excellence, — que je crois de la plus droite vertu : — si, dans l'effervescence de vos propres passions, — vous aviez trouvé l'heure d'accord avec le lieu, le lieu d'accord avec votre désir, — si l'énergique action de vos sens — avait pu aisément atteindre l'objet de vos pensées, — n'auriez-vous pas une fois dans votre vie — commis l'erreur même pour laquelle vous le censurez aujourd'hui — et attiré la loi sur votre tête ?

ANGELO.

— Autre chose est d'être tenté, Escalus, — autre chose de faillir. Je ne nie pas — que le jury qui prononce sur la vie d'un prisonnier — puisse, sur ses douze membres assermentés, compter un ou deux voleurs — plus coupables que l'accusé. Ce qui est révélé à la justice — est ce que la justice poursuit. Qu'importe aux lois — que ce soient des voleurs qui condamnent les voleurs! Il est tout simple — que, si nous trouvons un joyau, nous nous baissions et nous le ramassions — où nous le voyons, mais que, si nous ne le voyons pas, — nous marchions dessus sans y penser. — Vous ne pouvez pas excuser le coupable — par la raison que j'aurais commis la même faute. Mais dites-moi plutôt que, — si jamais je la commets; moi qui le condamne, — mon propre jugement devra servir de précédent à ma mort, — sans que la partialité intervienne. Messire, il faut qu'il meure.

ESCALUS.

— Qu'il en soit comme le voudra votre sagesse.

ANGELO, haussant la voix.

Où est le prévôt?

LE PRÉVOT.

— Ici, aux ordres de Votre Excellence.

ANGELO.

Veillez à ce que Claudio — soit exécuté demain matin à neuf heures; — amenez-lui un confesseur, qu'il se prépare! Car il est au terme de son pèlerinage.

Le prévôt sort.

ESCALUS.

— Allons, que le ciel lui pardonne, et nous pardonne à tous! — Les uns s'élèvent par le péché, les autres tombent par la vertu. — Les uns s'échappent d'un fourré de crimes, sans répondre d'aucun; — les autres sont condamnés pour une seule faute.

Entrent COUDE, ÉCUME, le CLOWN, des exempts.

COUDE, aux exempts.

Allons, amenez-les; si ce sont des gens de bien dans la

république que ceux qui usent de continuels abus dans les maisons publiques, je ne connais plus de loi... Amenez-les.

ANGELO, à Coude.

Eh bien, monsieur, quel est votre nom? Et de quoi s'agit-il?

COUDE.

S'il plaît à Votre Honneur, je suis le pauvre constable du duc, et j'ai nom Coude; je m'appuie sur la justice, monsieur, et j'amène ici devant Votre bonne Seigneurie deux bienfaiteurs notoires.

Il montre Écume et le clown.

ANGELO.

Des bienfaiteurs? Bon! Des bienfaiteurs de quelle espèce? Ne seraient-ce pas des malfaiteurs?

COUDE.

S'il plaît à Votre Honneur, je ne sais pas bien ce qu'ils sont; mais ce sont des coquins avérés, pour ça, j'en suis sûr, et exempts de toutes les profanations que doivent avoir de bons chrétiens.

ESCALUS.

Excellent exposé! voilà un officier capable!

ANGELO.

Allons, quelles sont leurs qualités? Vous vous appelez Coude?... Pourquoi ne parles-tu pas, Coude?

LE CLOWN.

Il ne peut pas, monsieur, il y a un trou à ce coude-là.

ANGELO, au clown.

Et qui êtes-vous, monsieur?

COUDE.

Lui, monsieur? un cabaretier, monsieur, à moitié maquereau, un gaillard qui sert une mauvaise femme dont la maison, monsieur, a été abattue dans le faubourg, à ce qu'on dit, et maintenant elle fait profession de tenir une étuve qui, je crois, est une fort vilaine maison également.

ESCALUS.

Comment le savez-vous?

COUDE.

Mon épouse, monsieur, que je déteste à la face du ciel et de Votre Honneur...

ESCALUS.

Comment! ton épouse?

COUDE.

Oui, monsieur, laquelle, Dieu soit loué! est une honnête femme...

ESCALUS.

Et c'est pour ça que tu la détestes?

COUDE.

Oui, monsieur, je déteste et mon épouse et moi-même que, si cette maison-là n'est pas une maison de prostitution, tant pis pour elle, car c'est une méchante maison.

ESCALUS.

Comment le sais-tu, constable?

COUDE.

Eh, monsieur, je le sais par mon épouse qui, si elle avait été femme de goût cardinal, aurait pu se rendre coupable là de fornication, d'adultère et d'impuretés de toutes sortes.

ESCALUS.

Par l'entremise de cette femme?

COUDE.

Oui, monsieur, par l'entremise de Dame Surmenée, mais elle a craché à la face de l'insolent et lui a tenu tête.

LE CLOWN.

Monsieur, n'en déplaise à Votre Honneur, cela n'est pas.

SCÈNE V.

COUDE, montrant Angelo et Escalus au clown.

Prouve-le devant ces marauds-là, homme d'honneur, prouve-le.

ESCALUS, à Angelo.

Entendez-vous comme il transpose les mots!

LE CLOWN.

Monsieur, son épouse était grosse quand elle est entrée, et elle avait envie, sauf votre respect, de pruneaux cùits. Or, monsieur, nous n'en avions que deux dans la maison qui à cette époque lointaine étaient dressés, pour ainsi dire, sur un plat à dessert, un plat d'environ six sous. Vos seigneuries ont vu de ces plats-là, ce ne sont pas des plats de Chine, mais ce sont de fort bons plats.

ESCALUS.

Allez, allez, le plat n'importe pas, l'ami.

LE CLOWN.

Non, effectivement, monsieur, pas une épingle! vous êtes dans le vrai. Mais au fait! Comme je disais, cette Dame Coude, étant, comme je disais, grosse et fort ventrue, avait, comme je disais, grande envie de pruneaux; or, comme je disais, il n'en restait que deux dans le plat, maître Écume ici présent, le même homme que voici, ayant mangé le reste, comme je disais, et ayant payé, comme je disais, fort honnêtement; en effet, comme vous savez, maître Écume, je n'ai pas pu vous rendre six sous.

ÉCUME.

Non, effectivement.

LE CLOWN.

Fort bien. Vous étiez alors, si vous vous souvenez, à rompre les noyaux des pruneaux susdits.

ÉCUME.

Oui, effectivement.

LE CLOWN.

Fort bien donc. Je vous disais alors, si vous vous souvenez, qu'un tel et un tel ne guériraient jamais de la chose que vous savez, à moins de suivre un bien bon régime, comme je vous disais.

ÉCUME.

Tout cela est vrai.

LE CLOWN.

Ah! fort bien donc.

ESCALUS.

Allons, vous êtes un fastidieux imbécile! à la question! Qu'a-t-on fait à la femme de Coude, dont il ait cause de se plaindre? Venons-en à ce qui lui a été fait.

LE CLOWN.

Monsieur, Votre Honneur ne peut pas encore en venir à ça.

ESCALUS.

Non, monsieur, et ce n'est pas non plus mon intention.

LE CLOWN.

Pourtant, monsieur, vous y viendrez, s'il plaît à Votre Honneur. Eh! je vous en conjure, considérez maître Écume ici présent, monsieur; un homme de quatre-vingts livres par an, dont le père est mort à la Toussaint... Était-ce pas à la Toussaint, maître Écume?

ÉCUME.

La veille de la fête de tout l'essaim.

LE CLOWN.

Ah! fort bien. J'espère que voilà des vérités. Lui, monsieur, il était assis, comme je disais, sur une chaise basse, monsieur. C'était dans la salle de *la Grappe* où, en effet, vous aimez à vous asseoir.

Se tournant vers Écume.

N'est-ce pas?

ÉCUME.

Oui, je l'aime parce que c'est une chambre ouverte et bonne pour l'hiver.

SCÈNE V.

LE CLOWN.

Ah! fort bien donc... J'espère que voilà des vérités.

ANGELO, à Escalus.

Cela va durer autant qu'une nuit de Russie, — au temps où les nuits y sont le plus longues. Je vais prendre congé de vous — et vous laisser entendre la cause, — espérant que vous y trouverez bonne cause pour les fustiger tous.

ESCALUS.

— Je m'y attends. Le bonjour à Votre Seigneurie. —

Angelo sort.

Maintenant, monsieur, poursuivez : qu'a-t-on fait à la femme de Coude, encore une fois?

LE CLOWN.

Une fois, monsieur? Il n'est rien qu'on lui ait fait une fois.

COUDE, à Escalus.

Je vous en conjure, monsieur, demandez-lui ce que cet homme a fait à ma femme.

LE CLOWN.

J'en conjure Votre Honneur, demandez-le-moi.

ESCALUS.

Eh bien, qu'est-ce que monsieur a fait à sa femme?

LE CLOWN, montrant Écume.

Je vous en conjure, seigneur, considérez la figure de ce gentilhomme... Cher maître Écume, regardez Sa Seigneurie : c'est pour votre bien... Votre Honneur observe-t-il sa figure?

ESCALUS.

Oui, monsieur, fort bien.

LE CLOWN.

Ah! je vous en conjure, observez-la bien.

ESCALUS.

Eh bien, c'est ce que je fais.

LE CLOWN.

Votre Seigneurie aperçoit-elle rien de mauvais dans sa figure?

ESCALUS.

Mais non.

LE CLOWN.

Je suis prêt à supposer, la main sur le livre saint, que sa figure est ce qu'il y a de pire en lui. Or donc, si sa figure est ce qu'il y a de pire en lui, comment maître Écume aurait-il pu faire le moindre mal à l'épouse du constable? Je le demande à Votre Honneur.

ESCALUS.

Il a raison. Constable, que dites-vous à cela?

COUDE.

D'abord, ne vous déplaise, la maison est une maison respectée; ensuite, ce gaillard est un gaillard respecté; enfin, sa maîtresse est une femme respectée.

LE CLOWN.

Sur ma parole, seigneur, son épouse est une personne plus respectée qu'aucun de nous.

COUDE.

Maraud, tu mens; tu mens, méchant maraud! Le temps est encore à venir où elle ait jamais été respectée avec homme, femme ou enfant.

LE CLOWN.

Monsieur, elle a été respectée avec lui-même avant qu'il l'épousât.

ESCALUS, regardant Coude, puis le clown.

Quel est le plus sensé, ici? Le magistrat ou le délinquant?

A Coude.

Est-ce vrai?

COUDE, au clown.

Ah! misérable! ah! maraud! ah! cynique Annibal!

Moi, respecté avec elle ! avant que je l'épousasse ! Si jamais j'ai été respecté avec elle ou elle avec moi, que Votre Excellence ne me considère plus comme le pauvre officier du duc ! Prouve cela, cynique Annibal, ou je vais t'intenter une action en voies de fait.

ESCALUS.

S'il vous appliquait un soufflet, vous pourriez aussi lui intenter une action en calomnie.

COUDE.

Morguienne, je remercie Votre bonne Excellence du conseil. Qu'est-ce que Votre Excellence veut que je fasse de ce mauvais gueux ?

ESCALUS.

Ma foi, l'officier, puisqu'il a en lui des vilenies que tu révélerais volontiers, si tu pouvais, qu'il continue ses déportements jusqu'à ce que tu saches en quoi elles consistent.

COUDE.

Morguienne, je remercie Votre Excellence. Tu vois à présent, mauvais gueux, ce qui va t'arriver : il faut que tu continues, maraud, il faut que tu continues !

ESCALUS, à Écume.

Où êtes-vous né, l'ami ?

ÉCUME.

Ici, à Vienne, monsieur.

ESCALUS.

Vous avez un revenu de quatre-vingt livres par an ?

ÉCUME.

Oui, monsieur, ne vous déplaise.

ESCALUS.

Il suffit.

Au clown.

Quelle est votre profession, monsieur ?

LE CLOWN.

Garçon cabaretier, garçon d'une pauvre veuve.

ESCALUS.

Le nom de votre maîtresse?

LE CLOWN.

Dame Surmenée.

ESCALUS.

A-t-elle eu plus d'un mari?

LE CLOWN.

Neuf, monsieur ; le dernier l'a Surmenée.

ESCALUS.

Neuf!... Ici, maître Écume, approchez. Je ne vous conseille pas de vous accointer avec des cabaretiers ; ils vous écorcheront, maître Écume, et vous les ferez pendre. Détalez, et que je n'entende plus parler de vous.

ÉCUME.

Je remercie Votre Excellence : pour ma part, je n'entre jamais dans une chambre de taverne, que je n'y sois écorché.

ESCALUS.

Bon. En voilà assez, maître Écume. Adieu.

Écume sort.

Au clown.

Ici, maître cabaretier, approchez. Comment vous nommez-vous, maître cabaretier?

LE CLOWN.

Pompée.

ESCALUS.

Et encore?

LE CLOWN.

Fessier, monsieur.

ESCALUS.

Oui-dà, votre fessier est ce qu'il y a en vous de plus grand; en sorte que, dans le sens le plus bestial, vous êtes le grand Pompée. Pompée, vous êtes tant soit peu maquereau, Pompée, quelque couleur que vous donniez à la chose en vous disant cabaretier. N'est-ce pas? Allons, dites-moi la vérité: cela vaudra mieux pour vous.

LE CLOWN.

Ma foi, monsieur, je suis un pauvre hère qui désire vivre.

ESCALUS.

Comment désirez-vous vivre, Pompée? En vous faisant maquereau! Que pensez-vous de ce métier-là, Pompée? Est-ce un métier légitime?

LE CLOWN.

Oui, monsieur, si la loi voulait le permettre.

ESCALUS.

Mais la loi ne veut pas le permettre, Pompée, et il ne sera pas permis à Vienne.

LE CLOWN.

Est-ce que Votre Excellence entend mutiler et châtrer toute la jeunesse de la cité?

ESCALUS.

Non, Pompée.

LE CLOWN.

En ce cas, monsieur, dans mon humble opinion, ils iront toujours à la chose. Si Votre Excellence veut prendre des mesures à l'égard des gaupes et des ribauds, elle n'aura plus à redouter les maquereaux.

ESCALUS.

De jolies mesures viennent d'être inaugurées, je puis vous le dire. Il ne s'agit que d'être décapité ou pendu.

LE CLOWN.

Si vous décapitez et pendez, seulement pendant dix ans, ceux qui commettent ce délit-là, vous ferez bien de donner commission pour avoir de nouvelles têtes. Si cette loi-là tient à Vienne dix ans, je veux louer la plus belle maison de la ville, à raison de six sous par travée. Si vous vivez assez pour voir ça, rappelez-vous la prédiction de Pompée.

ESCALUS.

Merci, brave Pompée ; en retour de votre prophétie, écoutez, que je vous donne un avis. Ne vous faites ramener devant moi pour quelque délit que ce soit, non, pas même pour celui de loger où vous logez. Autrement, Pompée, je vous traquerai jusque dans votre tente, et je deviendrai pour vous un terrible César : pour parler net, Pompée, je vous ferai fouetter. Passe pour cette fois, Pompée. Adieu.

LE CLOWN.

Je remercie Votre Seigneurie de son bon conseil: mais dans quelle mesure je le suivrai, c'est ce que détermineront la chair et la fortune.

Me fouetter ! Non, non. Que le charretier fouette sa rosse !
Le fouet ne saurait chasser cœur vaillant de son métier.

Il sort.

ESCALUS.

Ici, maître Coude ; approchez, maître constable. Combien de temps avez-vous été dans cette place de constable ?

COUDE.

Sept ans et demi, monsieur.

ESCALUS.

Je jugeais bien, à votre aisance dans ces fonctions, que vous les aviez remplies quelque temps : vous dites sept ans de suite !

COUDE.

Et demi, monsieur !

ESCALUS.

Hélas ! que de peines cela vous a données ! On a tort de vous imposer si souvent cette charge : n'y a-t-il pas d'autres hommes dans votre quartier, capables de l'exercer ?

SCÈNE V.

COUDE.

Ma foi, monsieur, il en est peu qui aient l'esprit nécessaire en pareille matière ; ceux qui sont choisis sont bien aises de me choisir à leur tour pour les remplacer ; je le fais pour quelques pièces de monnaie, et je suffis à tout.

ESCALUS.

Écoutez, apportez-moi les noms des six ou sept plus capables de votre paroisse.

COUDE.

Chez Votre Grandeur, monsieur?

ESCALUS.

Chez moi. Adieu.

Coude sort.

Au juge.

Quelle heure peut-il être?

LE JUGE.

Onze heures, monsieur.

ESCALUS.

Je vous prie à dîner chez moi.

LE JUGE.

Je vous remercie humblement.

ESCALUS.

La mort de Claudio me désole ; mais il n'y a pas de remède.

LE JUGE.

— Le seigneur Angelo est sévère.

ESCALUS.

C'est nécessaire. — La clémence n'est pas clémence, qui souvent paraît telle : — le pardon est toujours le père de la récidive. — Mais pourtant... pauvre Claudio!... Il n'y a pas de remède. — Allons, monsieur.

Ils sortent.

SCÈNE VI.

[Le palais d'Angelo.]

Entrent le PRÉVOT et un VALET.

LE VALET.

— Il est à entendre une cause ; il va venir sur-le-champ. — Je vais vous annoncer.

LE PRÉVOT.

— Faites, je vous prie.

Le valet sort.

Je veux savoir — sa décision : peut-être se laissera-t-il fléchir. Hélas ! — il n'a commis, lui, qu'une faute chimérique. — Toutes les classes, tous les âges ont un levain de ce vice, et qu'il — meure pour cela !

Entre ANGELO.

ANGELO.

Eh bien, qu'y a-t-il, prévôt ?

LE PRÉVOT.

— Est-ce votre volonté que Claudio meure demain ?

ANGELO.

— Ne t'ai-je pas dit que oui ? N'as-tu pas l'ordre ? — Pourquoi cette nouvelle demande ?

LE PRÉVOT.

J'ai craint de trop me presser. — J'ai vu, ne vous déplaise, — après l'exécution, la justice — se repentir de son arrêt.

ANGELO.

Allez ; je prends tout sur moi. — Faites votre office, ou résignez votre emploi et l'on se passera bien de vous.

LE PRÉVOT.

J'implore le pardon de Votre Honneur. — Que fera-t-on,

monsieur, de la gémissante Juliette ? — Elle est bien près de son terme.

ANGELO.

Conduisez-la — dans quelque endroit plus convenable, et cela sans délai.

Le VALET revient.

LE VALET.

— La sœur du condamné est ici, — et demande accès près de vous.

ANGELO.

Est-ce qu'il a une sœur ?

LE PRÉVOT.

— Oui, mon bon seigneur, une toute vertueuse jeune fille, — qui doit entrer bientôt au couvent, — si elle n'y est déjà.

ANGELO.

Eh bien, qu'on la fasse entrer.

Le valet sort.

— Veillez, vous, à ce que la fornicatrice soit emmenée ; — qu'elle ait tout ce qu'il lui faut, mais sans profusion ; — des ordres seront donnés pour cela.

Entrent Lucio et Isabelle.

LE PRÉVOT, saluant pour se retirer.

Dieu garde Votre Honneur !

ANGELO.

— Restez un moment.

A Isabelle.

Vous êtes la bienvenue ; que voulez-vous ?...

ISABELLE.

—C'est en triste solliciteuse que je m'adresse à Votre Seigneurie. — Votre Seigneurie daignera-t-elle m'entendre ?

ANGELO.

Soit; quelle est votre requête?

ISABELLE.

— Il est un vice qu'entre tous j'abhorre — et désire voir tomber sous le coup de la justice, — pour lequel je n'intercéderais pas, si je n'avais pas à le faire, — pour lequel je n'aurais pas à intercéder, si chez moi — la bienveillance ne combattait la répugnance.

ANGELO.

Eh bien, au fait.

ISABELLE.

— J'ai un frère qui est condamné à mort. — Je vous en conjure, que condamné soit le crime, — et non mon frère.

LE PRÉVOT, à part.

Le ciel t'accorde la grâce d'émouvoir!

ANGELO.

— Condamner le crime et non l'auteur du crime! — Mais tout crime est condamné avant d'être commis: — ma fonction serait réduite au néant, — si je flétrissais les crimes que répriment nos codes — en laissant libres leurs auteurs.

ISABELLE.

O juste mais rigoureuse loi! — J'ai donc eu un frère... Le ciel garde Votre Honneur!

Elle va pour se retirer.

LUCIO, bas à Isabelle.

— Ne renoncez pas ainsi : revenez à la charge, suppliez-le, — agenouillez-vous devant lui, pendez-vous à sa robe; — vous êtes trop froide; vous auriez besoin d'une épingle, — que vous ne pourriez pas la demander plus mollement. — Revenez à lui, vous dis-je.

ISABELLE.

— Faut-il donc qu'il meure?

SCÈNE VI.

ANGELO.

Jeune fille, pas de remède.

ISABELLE.

— Si fait; je pense que vous pourriez lui pardonner, — sans que votre merci affligeât le ciel ni les hommes.

ANGELO.

— Je ne le veux pas.

ISABELLE.

Mais le pourriez-vous, si vous vouliez?

ANGELO.

— Sachez-le : ce que je ne veux pas, je ne le puis pas.

ISABELLE.

— Mais ne pourriez-vous le faire, sans faire tort au monde, — si votre cœur ressentait pour lui la même pitié — que le mien?

ANGELO.

Il est jugé; c'est trop tard.

LUCIO, bas à Isabelle.

— Vous êtes trop froide.

ISABELLE.

—Trop tard? Mais non! Moi, si je dis une parole, —je puis la rétracter. Croyez-le bien, — aucun des insignes réservés aux grands, —ni la couronne du roi, ni le glaive du lieutenant, — ni le bâton du maréchal, ni la robe du juge, — ne leur ajoute autant de prestige — que la clémence. S'il avait été à votre place, et vous à la sienne, — vous auriez failli comme lui, mais lui, — il n'eût pas été inflexible comme vous.

ANGELO.

Retirez-vous, je vous prie.

ISABELLE.

—Plût au ciel que j'eusse votre puissance—et que vous fussiez Isabelle! En serait-il ainsi alors? — Non; je montrerais ce que c'est qu'être juge — et qu'être prisonnier.

LUCIO, à part.

— Oui, touchez-le là : vous tenez la veine.

ANGELO.

— Votre frère est le condamné de la loi, — et vous perdez vos paroles.

ISABELLE.

Hélas! hélas! — Mais jadis toutes les âmes étaient condamnées, — et Celui qui aurait pu si bien se prévaloir de cette déchéance — y trouva le remède. Où en seriez-vous, — si Celui dont émane toute justice — vous jugeait seulement d'après ce que vous êtes? Oh! pensez à cela, — et alors vous sentirez le souffle de la pitié sur vos lèvres, — comme un homme nouveau !

ANGELO.

Résignez-vous, belle enfant; — c'est la loi, et non moi, qui condamne votre frère : — fût-il mon parent, mon frère ou mon fils, — il en serait de même pour lui; il doit mourir demain.

ISABELLE.

—Demain! oh! si brusquement! épargnez-le, épargnez-le! — il n'est pas préparé à la mort! Même pour nos cuisines,— nous ne tuons un oiseau qu'en sa saison; aurons-nous pour servir le ciel — moins de scrupule que pour soigner — nos grossières personnes? Mon bon, mon bon seigneur, réfléchissez : — qui donc jusqu'ici a été mis à mort pour cette offense?—Et il y en a tant qui l'ont commise!

LUCIO, à part.

C'est cela : bien dit.

ANGELO.

—Quoiqu'elle ait sommeillé, la loi n'était pas morte : — tant de coupables n'eussent pas osé commettre ce crime — si le premier qui enfreignit l'édit — avait répondu devant elle de son action. Désormais elle veille,—elle prend note de ce qui se passe, et fixe — un regard de prophétesse sur le cristal qui lui montre les crimes futurs.—Ces crimes, qui, grâce à la tolérance, sont déjà conçus ou vont l'être — et que l'avenir doit couver et faire éclore,—elle ne leur permettra pas d'avoir une postérité — et de se survivre.

ISABELLE.

Pourtant faites acte de pitié.

ANGELO.

— Je fais acte de pitié surtout quand je fais acte de justice. — Car alors j'ai pitié de ceux que je ne connais pas, — et qu'un crime absous corromprait plus tard ; — et je fais le bien de celui qui, expiant un crime odieux, — ne peut plus vivre pour en commettre un second. Prenez-en votre parti ; — votre frère mourra demain ; résignez-vous.

ISABELLE.

— Ainsi, il faut que vous soyez le premier à appliquer cette sentence — et lui, le premier à la subir ! Oh ! il est beau — d'avoir la force d'un géant, mais il est tyrannique — d'en user comme un géant !

LUCIO, à part.

Voilà qui est bien dit.

ISABELLE.

— Si les grands de ce monde pouvaient tonner — comme Jéhovah lui-même, Jéhovah n'aurait jamais de repos, — car le plus chétif, le plus mince ministre — lui remplirait son ciel de tonnerres, — rien que de tonnerres. Ciel miséricordieux ! — quand tu lances tes éclairs sulfureux, — c'est pour fendre le chêne noueux et rebelle, plutôt que — l'humble myrte ! Mais l'homme, l'homme vaniteux ! — drapé dans sa petite et brève autorité,— connaissant le moins ce dont il est le plus assuré, — sa fragile essence, il s'évertue, comme un singe en colère, — à faire à la face du ciel des farces grotesques — qui font pleurer les anges, et qui, s'ils avaient nos ironies, — leur donneraient le fou rire des mortels !

LUCIO, à part.

— O ferme ! ferme, fillette ! il fléchira ; je le vois déjà venir.

LE PRÉVOT.

— Fasse le ciel qu'elle le captive !

ISABELLE.

— Nous ne savons pas peser les actes de notre frère comme les nôtres. — Les grands peuvent se moquer des saints : c'est preuve d'esprit chez eux, — mais, chez leurs inférieurs, c'est une odieuse profanation.

LUCIO, à part.

— Tu es dans le vrai, jeune fille : insiste là-dessus.

ISABELLE.

— Ce qui chez le capitaine n'est qu'un mot de colère — est chez le soldat franc blasphème.

LUCIO, à part.

— Comment sais-tu cela ? insiste encore.

ANGELO.

— Pourquoi me poursuivez-vous de ces maximes ?

ISABELLE.

— Parce que l'autorité, bien que faillible comme nous tous, — porte en elle-même une sorte de remède — qui cicatrise le vice de la grandeur. Rentrez en vous-même ; — frappez votre cœur et demandez-lui s'il n'a conscience de rien — qui ressemble à la faute de mon frère : s'il confesse — une faiblesse de nature analogue à la sienne, — qu'il ne lance pas sur vos lèvres une sentence — contre la vie de mon frère !

ANGELO, à part.

Elle parle, et avec tant de raison — qu'elle agit sur ma raison.

Haut, à Isabelle.

SCÈNE VI.

Adieu.
Il va pour se retirer.

ISABELLE.

— Mon généreux seigneur, retournez-vous.

ANGELO.

— Je réfléchirai... Revenez demain.

ISABELLE.

— Écoutez comment je veux vous corrompre. Mon bon seigneur, retournez-vous.

ANGELO.

— Comment! me corrompre?

ISABELLE.

— Oui, en vous offrant des dons que vous partagerez avec le ciel.

LUCIO, à part.

— Ah! vous gâtiez tout sans cela.

ISABELLE.

— En vous offrant, non de futiles sicles d'or monnayé, — non des pierres plus ou moins précieuses, — selon qu'un caprice les évalue, mais de vraies prières — qui monteront vers le ciel et y entreront — avant le soleil levant, des prières d'âmes immaculées, — des vierges vouées au jeûne dont la pensée ne s'attache — à rien de temporel

ANGELO.

Bien, venez me voir — demain.

LUCIO, bas à Isabelle.

Allons, c'est bien; partons.

ISABELLE.

— Dieu protége Votre Honneur!

ANGELO, à part.

Ainsi soit-il! car déjà — je suis sur cette voie de la tentation — que me barre la prière.

ISABELLE.

A quelle heure demain — me présenterai-je à Votre Seigneurie ?

ANGELO.

A n'importe quel moment, avant midi.

ISABELLE.

— Dieu garde Votre Honneur !

Elle sort avec Lucio et le prévôt.

ANGELO.

—Oui, de toi et de ta vertu même ! — Qu'est-ce donc ? qu'est-ce donc ? Est-ce sa faute ou la mienne ? — De la tentatrice ou du tenté, qui est le plus coupable ? Ah ! — ce n'est pas elle : elle ne veut pas me tenter ; c'est moi — qui, exposé au soleil près de la violette, — exhale, non l'odeur de la fleur, mais les miasmes de la charogne, — sous le rayon bienfaisant ! Se peut-il — que la chasteté séduise plus nos sens — que la légèreté de la femme ? Quand nous avons tant de terrains déblayés, — désirerons-nous donc raser le sanctuaire — pour y installer nos latrines ? Oh ! fi, fi, fi donc ! — Que fais-tu ? ou qu'es-tu, Angelo ? — La désirerais-tu criminellement pour les choses mêmes — qui la font vertueuse ? Oh ! que son frère vive ! — Les larrons sont autorisés au brigandage — quand les juges eux-mêmes volent. Quoi ! l'aimerais-je donc, — que je désire l'entendre encore, — et me rassasier de sa vue ? Est-ce que je rêve ? — O ennemi rusé qui, pour attraper un saint, — prends une sainte pour amorce ! Dangereuse entre toutes — est la tentation qui nous excite — à faillir par amour pour la vertu. Jamais la prostituée, — avec sa double séduction, l'art et la nature, — n'a pu une seule fois émouvoir mes sens ; mais cette vertueuse vierge — me domine tout entier, et jusqu'ici, — en voyant les hommes s'éprendre, je n'ai fait que sourire et m'étonner !

Il sort (4).

SCÈNE VII.

[Une prison.]

Entrent le DUC, en costume de religieux, et le PRÉVOT.

LE DUC.

— Salut, prévôt ! car tel est, je crois, votre titre.

LE PRÉVOT.

— Je suis le prévôt. Que voulez-vous, bon frère ?

LE DUC.

— Engagé par ma charité et par le vœu sacré de mon ordre, — je viens visiter les âmes affligées — ici dans cette prison : accordez-moi le privilége d'usage, — en me les laissant voir et me faisant connaître — la nature de leur crime, pour que je leur donne — en conséquence les soins de mon ministère.

LE PRÉVOT.

— Je voudrais faire plus encore, s'il en était besoin.

Entre JULIETTE.

— Tenez, voici une de mes pensionnaires, une damoiselle — qui, en tombant dans les flammes de sa propre jeunesse, — a fait une ampoule à sa réputation. Elle est grosse ; — et son complice est condamné, un jeune homme, — plus en état de commettre une seconde faute du même genre — que de mourir pour celle-ci !

LE DUC.

— Quand doit-il mourir ?

LE PRÉVOT.

Demain, je crois.

A Juliette.

— J'ai tout préparé pour vous, attendez un peu, — et l'on va vous emmener.

LE DUC.

— Vous repentez-vous, belle enfant, du péché que vous portez ?

JULIETTE.

— Oui, et j'en subis la honte avec une entière résignation.

LE DUC.

— Je vous enseignerai à faire votre examen de conscience — et à reconnaître si votre repentir est solide — ou creux.

JULIETTE.

Je l'apprendrai volontiers.

LE DUC.

— Aimez-vous l'homme qui a fait votre malheur ?

JULIETTE.

— Oui, comme j'aime la femme qui a fait le sien.

LE DUC.

— Ainsi donc, il paraît que votre acte si blâmable — a été commis d'un mutuel accord ?

JULIETTE.

D'un mutuel accord.

LE DUC.

— Alors votre péché a été plus grave que le sien.

JULIETTE.

— Je le confesse et m'en repens, mon père.

LE DUC.

— C'est bien, ma fille ; mais prenez garde que la cause de votre repentir — ne soit la honte que vous a attirée le péché ; — ce remords-là a pour objet nous-même et non le ciel : — il prouve que, si nous ménageons le ciel, ce n'est pas par amour pour lui, — mais par crainte...

JULIETTE.

— Je me repens du péché, parce que c'est un mal, — et j'en recueille la honte avec joie.

LE DUC.

Persévérez. — Votre compagnon, à ce que j'apprends, doit mourir demain, — et je vais lui porter mes conseils... — La grâce soit avec vous ! *Benedicite !*

Il sort.

JULIETTE.

—Il doit mourir demain... O loi cruelle — qui me laisse une vie dont la jouissance même — n'est qu'une horrible agonie !

LE PRÉVOT.

Que je le plains !

Ils sortent.

SCÈNE VIII.

[Dans le palais d'Angelo.]

ANGELO.

— Quand je veux prier et penser, mes pensées et mes prières — errent d'objet en objet ! Le ciel a de moi de creuses paroles, — tandis que mon imagination, n'écoutant pas ma langue, — est ancrée à Isabelle... Sur ma bouche le ciel — dont je ne fais que mâcher le nom, — et dans mon cœur le mal tenace et croissant — de ma passion ! Le gouvernement, qui faisait toute mon étude, est pour moi comme un bon livre qui, à force d'être relu, est devenu aride et fastidieux. Oui, ma gravité, — qui faisait mon orgueil (que personne ne m'entende !) — je pourrais l'échanger avec profit pour la plume futile — que l'air chasse comme un jouet. O dignité ! ô apparence ! — que de fois, grâce à ton enveloppe, à ton vêtement, — tu extorques la crainte des fous et enchaînes les sages — à tes faux semblants ! Chair, tu es toujours la chair. — Mais écrivez le mot ange sur la corne du diable, — et elle n'est plus pour personne le cimier du démon !

Entre un VALET.

— Eh bien, qui est là ?

LE VALET.

Une nommée Isabelle, une religieuse, — demande accès près de vous.

ANGELO.

Montrez-lui le chemin.

Sort le valet.

— O ciel ! pourquoi mon sang afflue-t-il vers mon cœur — de manière à le paralyser lui-même, — et à priver tous mes autres organes — du ressort nécessaire ! — Ainsi la foule stupide joue avec un homme évanoui : — elle arrive en masse pour le secourir, et intercepte ainsi l'air — qui le ferait revivre. Ainsi encore, — les sujets d'un roi bien-aimé, — quittant leurs occupations, dans l'élan d'une obséquieuse tendresse, — se pressent tous autour de lui, tellement que leur amour malappris — fait l'effet d'une offense (5).

Entre ISABELLE.

— Eh bien, jolie fille ?

ISABELLE.

Je suis venue pour connaître votre décision.

ANGELO.

— J'eusse préféré que vous pussiez la connaître — sans me la demander. Votre frère ne peut vivre.

ISABELLE.

— C'est ainsi... Le ciel garde Votre Honneur !

Elle va pour se retirer.

ANGELO.

— Et pourtant il pourrait vivre quelque temps encore, — aussi longtemps même que vous ou moi... Et pourtant il doit mourir.

SCÈNE VIII.

ISABELLE.

— Par votre arrêt?

ANGELO.

Oui.

ISABELLE.

Quand? je vous conjure de me le dire, afin que, pendant le répit, — quel qu'il soit, qui lui est accordé, il puisse prémunir — son âme contre la perdition.

ANGELO.

— Ah! fi de ces vices immondes! autant vaudrait — pardonner à celui qui ravit à la nature — un homme déjà créé qu'épargner — ces impudents voluptueux qui frappent l'image divine — en espèces prohibées. Il est tout aussi aisé — de détruire illégitimement une existence légitime — que de verser le métal dans des creusets défendus — pour en faire une illégitime.

ISABELLE.

— Cela est écrit dans le ciel, mais non sur la terre.

ANGELO.

— C'est votre avis? Alors je vais vite vous embarrasser. — Qu'aimeriez-vous mieux, voir la plus juste loi — ôter la vie à votre frère, ou, pour le racheter, — livrer votre corps à d'impures voluptés, — comme la femme qu'il a souillée?

ISABELLE.

Monsieur, croyez-le, — j'aimerais mieux sacrifier mon corps que mon âme.

ANGELO.

— Je ne parle pas de votre âme... Les péchés obligés — font nombre sans nous être comptés.

ISABELLE.

Comment dites-vous?

ANGELO.

— Non, je ne garantirais pas cela; car je puis réfuter — ce que je viens de dire. Répondez à ceci : — moi, aujourd'hui l'organe de la loi écrite, — je prononce une sentence contre la vie de votre frère : — ne pourrait-il y avoir charité à pécher — pour sauver la vie de ce frère?

ISABELLE.

Consentez à le faire, — et j'en prends le risque sur mon âme — : ce ne sera point péché, mais charité.

ANGELO.

— Si vous consentiez à le faire aux risques de votre âme, — la charité compenserait le péché.

ISABELLE.

— Si je fais un péché en demandant qu'il vive, — ciel, que j'en porte la peine ! Si vous en faites un — en m'accordant ma requête, je prierai tous les matins — pour qu'il soit ajouté à mes fautes — et ne vous soit pas imputé.

ANGELO.

Non, mais écoutez-moi. — Votre pensée ne suit pas la mienne: ou vous êtes ignorante, — ou vous affectez de l'être, et cela n'est pas bien.

ISABELLE.

— Que je sois ignorante et incapable de bien faire, — pourvu que j'aie la grâce de reconnaître mon insuffisance!

ANGELO.

— Ainsi la sagesse cherche à paraître plus brillante — en s'accusant elle-même! Ainsi le masque noir — fait rêver une beauté dix fois plus éclatante — que la beauté sans voile... Mais écoutez-moi. — Pour être compris nettement, je vais parler plus clairement : — votre frère doit mourir.

ISABELLE.

Oui.

ANGELO.

— Et son offense est telle qu'elle paraît — passible de cette peine devant la loi.

SCÈNE VIII.

ISABELLE.

— C'est vrai.

ANGELO.

— Supposez qu'il n'y ait qu'un moyen de sauver sa vie... — Je ne suggère pas cet expédient plutôt qu'un autre, — je parle par hypothèse... Supposez que vous, sa sœur, — vous vous sachiez désirée par quelque personnage — qui, par son crédit auprès du juge ou par son éminente position, — puisse retirer à votre frère les menottes — de la loi répressive, et que, n'ayant — aucun autre moyen terrestre de le sauver, il vous faille livrer les trésors de votre corps — à cet homme ou laisser exécuter votre frère : — que feriez-vous?

ISABELLE.

— Je ferais pour mon pauvre frère ce que je ferais pour moi-même. — Or, si j'étais sous le coup de la mort, — je me parerais, comme de rubis, des marques du fouet déchirant, — et je me dépouillerais pour la tombe, comme pour un lit — ardemment convoité, plutôt que de prostituer — mon corps à la honte.

ANGELO.

Il faut donc que votre frère meure.

ISABELLE.

Ce serait le parti le moins désastreux. — Mieux vaudrait pour le frère une mort d'un moment — que pour la sœur qui le rachèterait — une mort éternelle.

ANGELO.

— Ne seriez-vous pas alors aussi cruelle que la sentence — que vous réprouviez si fort?

ISABELLE.

— Une rançon ignominieuse et un pardon spontané — ne sont pas de la même famille : une légitime merci n'a — point de parenté avec une infâme rédemption.

ANGELO.

— Vous sembliez tout à l'heure faire de la loi un tyran, — et présenter l'infraction de votre frère comme une — fredaine plutôt que comme un vice.

ISABELLE.

— Oh! pardonnez-moi, monseigneur. Il arrive souvent — que, pour avoir ce que nous désirons, nous ne disons pas ce que nous pensons. — J'excuse quelque peu ce que je hais — en faveur de ce que j'aime chèrement.

ANGELO.

Nous sommes tous fragiles.

ISABELLE.

Eh bien, que mon frère meure, — s'il subit seul le vasselage du mal, — s'il est l'unique héritier de la faiblesse !

ANGELO.

Certes, les femmes sont fragiles aussi.

ISABELLE.

— Oui, comme les glaces où elles se mirent, — et qui se brisent aussi facilement qu'elles reflètent les formes... — Les femmes!... le ciel les protège ! Ce sont les hommes qui corrompent leur nature, — en abusant d'elles. Certes, appelez-nous dix fois fragiles, — car nous sommes délicates comme nos complexions, — et crédules aux impressions fausses.

ANGELO.

Je le crois. — Et puisque tel est votre propre sexe, d'après votre témoignage, — puisque nous-mêmes, je suppose, nous ne sommes pas plus fortement — constitués pour résister aux erreurs, parlons hardiment. — Je vous prends au mot : soyez ce que vous êtes, — c'est-à-dire, une femme ; si vous êtes plus, vous n'êtes plus femme ; — si vous l'êtes, comme l'indique bien — tout votre extérieur, prouvez-le, — en revêtant la livrée prédestinée.

SCÈNE VIII.

ISABELLE.

— Je n'ai qu'un seul langage : mon généreux seigneur, — je vous en conjure, reprenez avec moi votre premier ton.

ANGELO.

Comprenez bien, je vous aime !

ISABELLE.

— Mon frère a aimé Juliette, — et vous me dites qu'il mourra pour cela.

ANGELO.

— Il ne mourra pas, Isabelle, si vous m'accordez votre amour.

ISABELLE.

— Je sais que votre vertu s'arroge le privilége — d'assumer l'apparence du vice — pour éprouver autrui.

ANGELO.

Croyez-moi, sur mon honneur, — mes paroles expriment ma pensée.

ISABELLE.

— Ah ! pour donner pareille chose à croire, il faut avoir peu d'honneur — et une bien mauvaise pensée !... Hypocrisie ! hypocrisie ! — Je te dénoncerai, Angelo, prends-y garde. — Signe-moi immédiatement la grâce de mon frère, — ou à gorge déployée je crierai au monde — quel homme tu es.

ANGELO.

Qui te croira, Isabelle ? — Mon nom immaculé, l'austérité de ma vie, — mon témoignage opposé au vôtre et mon rang dans l'état, — prévaudront sur votre accusation, — au point que votre propre rapport sera étouffé, — comme sentant la calomnie. J'ai commencé, — et maintenant je lâche les rênes à mes sens effrénés ! — Accorde ton consentement à mon ardent désir ; — réprime toute pruderie et toutes ces fâcheuses rougeurs — qui repoussent ce qu'elles réclament. Rachète ton frère — en livrant ton corps à ma fantaisie : — autrement, non-seulement il subira la mort, — mais ton inflexibilité prolongera son agonie — par une lente torture. Réponds-moi demain, — ou, par la passion qui désormais me guide souverainement, — je serai pour lui un tyran !... Quant à vous, — dites ce que vous voudrez, mes faussetés prévaudront sur vos vérités.

Il sort.

ISABELLE.

— A qui me plaindre ? Si je racontais ceci, — qui me croirait ? O bouches redoutables — qui portent sur les mêmes lèvres — ou la condamnation ou l'acquittement, — qui forcent la loi à s'incliner devant leur caprice, qui — accrochent le juste et l'injuste à leur appétit — comme une servile amorce ! Je vais trouver mon frère ; — bien qu'il ait failli par l'instigation des sens, — il n'en a pas moins l'âme pleine d'honneur. — Eût-il vingt têtes à poser — sur vingt billots sanglants, il les livrerait toutes, — plutôt que de laisser sa sœur soumettre sa personne — à une si horrible pollution. — Donc vis chaste, Isabelle, et toi, frère, meurs !... — Notre chasteté est plus que notre frère. — Je vais lui dire la proposition d'Angelo, — et préparer sa pensée à la mort, pour le repos de son âme.

Elle sort (6).

SCÈNE IX.

[Un cachot.]

Entrent LE DUC, CLAUDIO, et LE PRÉVOT.

LE DUC.

— Ainsi, vous espérez votre pardon du seigneur Angelo ?

CLAUDIO.

— Les misérables n'ont d'autre cordial — que l'espoir. — J'ai l'espoir de vivre et suis préparé à mourir.

LE DUC.

— Soyez résigné à la mort ; et la mort et la vie — vous en seront plus douces. Raisonnez ainsi avec la vie : — Si je te perds, je perds une chose — à laquelle des fous peuvent seuls tenir ; tu es un souffle, — asservi à toutes les influences climatériques, — et qui, dans la demeure où tu résides, — entretiens l'affliction. Tu n'es que le jouet de la mort : — car tu t'évertues à l'éviter dans ta fuite, — et tu ne fais que courir à elle. Tu n'es pas noble : — car toutes les jouissances que tu enfantes — ont pour nourrice la bassesse. Tu n'es point vaillante : — car tu crains le mol et grêle aiguillon — d'un pauvre reptile. Ton meilleur repos est le sommeil, — et tu le provoques souvent : pourtant tu as une peur grossière — de ta mort qui n'est rien de plus. Tu n'es pas toi-même : — car tu n'es qu'un composé de milliers d'atomes — issus de la poussière. Heureuse ! tu ne l'es pas ; — car ce que tu n'as pas, tu tâches toujours de l'acquérir, — et tu dédaignes ce que tu as. Tu n'es pas stable ; — car ta nature suit les étranges errements — de la lune. Si tu es riche, tu es pauvre : car, pareil à l'âne dont l'échine ploie sous les lingots, — tu ne portes que pour une étape ton fardeau de richesses, — et la mort te décharge. Tu n'as pas d'amis : — car tes propres entrailles qui t'appellent père, — les êtres même émanés de tes reins, — maudissent la goutte, la lèpre et le catarrhe — de ne pas t'achever plus tôt. Tu n'as ni la jeunesse ni la vieillesse, — mais, comme en une sieste d'après-dîner, — la vision de toutes deux ; car toute ta bienheureuse jeunesse — prend l'âge de ta vieillesse et mendie l'aumône — de la caducité paralytique ; et quand tu es vieille et riche, — tu n'as plus ni chaleur, ni affection, ni énergie, ni beauté, — pour jouir de tes richesses. Qu'y a-t-il donc — dans ce qu'on appelle la vie ? Ah ! cette vie — recèle en elle-même des milliers d'autres morts, et pourtant nous craignons la mort — qui ne fait que régler le compte !

CLAUDIO.

Je vous remercie humblement. — Je vois qu'en demandant à vivre, je cherche à mourir, — et qu'en cherchant la mort, je trouve la vie : qu'elle vienne !

ISABELLE, du dehors.

— Holà ! que la paix soit ici avec la grâce, sa bonne compagne !

LE PRÉVOT.

— Qui est là ? Entrez. Le souhait mérite un bon accueil.

Entre ISABELLE.

LE DUC, à Claudio.

— Cher seigneur, avant peu je reviendrai vous voir.

CLAUDIO.

— Très-sacré seigneur, je vous remercie.

ISABELLE.

— J'ai un mot ou deux à dire à Claudio.

LE PRÉVOT.

— Soyez la très-bien venue. Voyez, seigneur, voici votre sœur.

LE DUC.

— Un mot, prévôt.

LE PRÉVOT.

Autant qu'il vous plaira.

LE DUC, bas au prévôt.

— Mettez-moi à portée de les entendre sans être vu.

Sortent le duc et le prévôt.

CLAUDIO.

— Eh bien, ma sœur, quelle consolation m'apportez-vous ?

ISABELLE.

— Une consolation excellente, excellente entre toutes. — Le seigneur Angelo, ayant affaire au ciel, — vous choisit pour son ambassadeur là-haut, — et vous y accrédite à jamais. — Ainsi faites vite vos préparatifs suprêmes ; — vous partez demain.

CLAUDIO.

Est-ce qu'il n'y a pas de remède?

ISABELLE.

Aucun, si ce n'est un remède qui, pour sauver une tête, — briserait un cœur.

CLAUDIO.

En existe-t-il un?

ISABELLE.

— Oui, frère, vous pouvez vivre. — Il y a dans votre juge une diabolique clémence — qui, si vous l'implorez, vous laissera la vie, — mais vous enchaînera jusqu'à la mort!

CLAUDIO.

Une prison perpétuelle!

ISABELLE.

— Oui, justement, une prison perpétuelle, une réclusion — qui, eussiez-vous le monde entier pour vous mouvoir, — vous retiendra à la chaîne.

CLAUDIO.

Mais par quel moyen?

ISABELLE.

— Par un moyen qui, si vous l'acceptez, — vous enlèvera l'écorce de l'honneur — et vous laissera nu.

CLAUDIO.

Explique-toi.

ISABELLE.

— Oh! je me défie de toi, Claudio, et je tremble — que l'amour d'une existence fébrile — ne te fasse préférer six ou sept hivers — à un perpétuel honneur. As-tu le courage de mourir? — La douleur de la mort est surtout dans l'appréhension; — et le pauvre scarabée, sur lequel nous marchons, — subit, en souffrance corporelle, des angoisses aussi grandes — que le géant qui meurt!

CLAUDIO.

Pourquoi me fais-tu cet affront? — Crois-tu que j'emprunte ma résolution — aux fleurs d'une tendre rhétorique? Si je dois mourir, — je suis prêt à accueillir la nuit funèbre comme une fiancée, — et à l'étreindre dans mes bras !

ISABELLE.

— C'est bien mon frère qui a parlé ! c'est bien la tombe de mon père — qui a proféré ce cri ! Oui, tu dois mourir : — tu es trop noble pour conserver une vie — par de vils expédients. Ce ministre aux saints dehors, dont le visage impassible et la parole mesurée — glacent les jeunes têtes et font rentrer en cage les folies, — comme un faucon les poules, ce ministre est un démon. — Si l'on retirait de lui toute la fange, on découvrirait — un abîme aussi profond que l'enfer.

CLAUDIO.

Le majestueux Angelo.

ISABELLE.

— Oh ! livrée menteuse de l'enfer — qui revêt et couvre le corps le plus damné — de majestueux galons ! Croiras-tu, Claudio, — que, si je voulais lui céder ma virginité, — tu pourrais être libre !

CLAUDIO.

O ciel ! cela ne se peut pas.

ISABELLE.

— Oui, au prix de cette immonde offense, il te permettrait — de l'offenser encore. Cette nuit même — je dois faire ce que j'ai horreur de dire ; — sinon, tu meurs demain.

CLAUDIO.

Tu n'en feras rien.

ISABELLE.

— Oh ! s'il ne s'agissait que de ma vie, — je la jetterais pour vous sauver — aussi volontiers qu'une épingle.

SCÈNE IX.

CLAUDIO.

Merci, chère Isabelle.

ISABELLE.

— Préparez-vous, Claudio, à mourir demain.

CLAUDIO.

— Oui... Il a donc en lui des passions — qui l'obligent à mordre ainsi la face de la loi — au moment même où il en impose le respect !... Assurément ce n'est pas un péché, — ou des sept péchés mortels c'est le moindre.

ISABELLE.

Quel est le moindre ?

CLAUDIO.

— Si c'était une faute damnable, lui qui est si sage, — voudrait-il pour la farce d'un moment — encourir une peine éternelle ?... O Isabelle !

ISABELLE.

— Que dit mon frère ?

CLAUDIO.

La mort est une terrible chose.

ISABELLE.

— Et une vie déshonorée une chose odieuse.

CLAUDIO.

— Oui, mais mourir et aller nous ne savons où ! — Être gisant dans de froides cloisons et pourrir ; — ce corps sensible, plein de chaleur et de mouvement, devenant — une argile malléable, tandis que l'esprit, privé de lumière, — est plongé dans des flots brûlants, ou retenu — dans les frissonnantes régions des impénétrables glaces, — ou emprisonné dans les vents invisibles — et lancé avec une implacable violence autour — de l'univers en suspens ; plus misérable encore que le plus misérable — de ces damnés qui conçoivent dans des hurlements — des pensées illégitimes et informes !... Ah ! c'est trop horrible ! — La vie terrestre la plus pénible et la plus répulsive —

que l'âge, la maladie, le dénûment et la prison — puissent infliger à la créature, est un paradis, — comparée à ce que nous craignons de la mort.

ISABELLE.

— Hélas ! hélas !

CLAUDIO.

Chère sœur, faites-moi vivre ! — Le péché que vous commettez pour sauver la vie d'un frère, — est autorisé par la nature au point — de devenir vertu.

ISABELLE.

O brute ! — O lâche sans foi ! ô malheureux sans honneur ! — Veux-tu donc te faire une existence de ma faute ? — N'est-ce pas une sorte d'inceste que de vivre — du déshonneur de ta propre sœur ? Que dois-je penser ? — Dieu me pardonne ! Ma mère aurait-elle triché mon père ? — Une engeance aussi dégradée et aussi perverse — ne saurait être issue de son sang. Reçois mon refus ! — Meurs, péris ! Quand je n'aurais qu'à me baisser — pour te soustraire à ton sort, je le laisserais s'accomplir. — Je dirai mille prières pour ta mort, — mais pas un mot pour te sauver !

CLAUDIO.

— Mais écoutez-moi, Isabelle !

ISABELLE.

Oh ! fi, fi, fi ! — Le vice chez toi n'est pas un accident, c'est un trafic ! — Tu ferais de la clémence même une entremetteuse ! — Il vaut mieux que tu meures promptement.

Elle va pour se retirer (7).

CLAUDIO.

Oh ! écoutez-moi, Isabelle. —

Rentre LE DUC.

LE DUC.

Un mot, de grâce, jeune sœur, un mot seulement.

SCÈNE IX.

ISABELLE.

Que me voulez-vous ?

LE DUC.

Si vous pouviez disposer de quelque loisir, je voudrais avoir tout à l'heure un entretien avec vous. La satisfaction que j'ai à vous demander est dans votre intérêt même.

ISABELLE.

Je n'ai pas de loisir superflu. Le temps que je resterai doit être volé à d'autres affaires ; mais je veux bien vous écouter un moment.

LE DUC, bas à Claudio.

Mon fils, j'ai entendu ce qui s'est passé entre vous et votre sœur. Angelo n'a jamais eu l'intention de la corrompre ; il n'a voulu que mettre sa vertu à l'épreuve, pour exercer son jugement à l'étude de la nature humaine. Ayant le vrai sentiment de l'honneur, elle lui a signifié ce gracieux refus qu'il a été fort aise de recevoir. Je suis le confesseur d'Angelo, et je sais que telle est la vérité. Préparez-vous donc à la mort. Ne leurrez pas votre résolution d'espérances décevantes. Demain vous devez mourir ; mettez-vous à genoux et tenez-vous prêt.

CLAUDIO.

Que ma sœur me pardonne ! Je suis tellement désenchanté de la vie que je veux faire des vœux pour en être débarrassé.

LE DUC.

Persévérez dans ces sentiments. Adieu.

Claudio sort.

Rentre LE PRÉVOT.

Prévôt, un mot !

LE PRÉVOT.

Que voulez-vous, mon père ?

LE DUC.

Qu'à peine arrivé, vous vous retiriez. Laissez-moi un moment avec cette vierge... Mon caractère vous garantit, comme mon habit, qu'aucun préjudice ne peut l'atteindre dans ma compagnie.

LE PRÉVOT.

A la bonne heure.

Il sort.

LE DUC.

La main qui vous fit belle vous fit vertueuse. La vertu qui fait bon marché de ses charmes rend éphémères les charmes de la beauté ; mais la grâce, étant l'âme de votre personne, en parera le corps à jamais. La fortune a porté à ma connaissance l'assaut qu'Angelo vous a livré ; et, si la fragilité humaine n'offrait pas maints exemples d'une pareille chute, Angelo m'étonnerait. Comment ferez-vous pour contenter ce ministre et sauver votre frère ?

ISABELLE.

Je vais l'édifier sur-le-champ. J'aime mieux pour mon frère une mort légale que pour mon fils une naissance illégitime. Mais, oh ! combien notre duc se trompe sur Angelo ! Si jamais il revient et que je puisse lui parler, ou j'ouvrirai la bouche en vain ou je démasquerai ce gouvernant.

LE DUC.

Ce ne sera pas un mal. Pourtant, au point où en sont les choses, il échappera à votre accusation ; il prétendra n'avoir voulu que vous sonder. Aussi, rivez votre oreille à mes avis. A mon zèle pour faire le bien un remède se présente. J'ai tout lieu de croire que vous pouvez fort honnêtement rendre à une pauvre femme outragée un service mérité, soustraire votre frère à la colère de la loi, conserver sans tache votre gracieuse personne, et faire grand plaisir au duc absent, si, par aventure, il revient jamais pour être instruit de cette affaire.

SCÈNE IX.

ISABELLE.

Expliquez-vous ; je me sens le courage de faire tout ce qui ne paraîtra pas noir à la pureté de mon âme.

LE DUC.

La vertu est hardie, et l'honnêteté intrépide... Est-ce que vous n'avez pas ouï parler de Marianne, la sœur de Frédéric, le grand capitaine qui a péri sur mer ?

ISABELLE.

J'ai ouï parler de cette dame, et en fort bons termes.

LE DUC.

Angelo devait l'épouser ; il lui était fiancé par serment, et le jour même des noces était fixé. Dans l'intervalle du contrat à la solennité, Frédéric fit naufrage, et la dot de sa sœur qu'il apportait disparut avec le vaisseau. Voyez que de malheurs s'ensuivirent pour la pauvre damoiselle ! Elle perdit là un noble et illustre frère qui toujours avait eu pour elle la plus tendre et la plus sincère affection ; avec lui, sa dot, l'élément et le nerf de sa fortune ; et enfin, le mari qui lui était engagé, cet hypocrite Angelo.

ISABELLE.

Est-il possible ! Est-ce qu'Angelo l'a abandonnée ?

LE DUC.

Il l'a abandonnée à ses larmes, sans en sécher une seule par un mot consolant, et a dévoré ses serments sous prétexte de découvertes déshonorantes pour elle. Bref, il l'a vouée au deuil qu'elle porte encore dans son amour pour lui, et, de marbre à ses pleurs, il en est inondé, sans en être attendri.

ISABELLE.

Qu'elle serait charitable, la mort qui enlèverait de ce monde cette pauvre fille ! Qu'elle est corrompue, la vie qui permet de vivre à cet homme !... Mais quel avantage peut-elle retirer de tout ceci ?

LE DUC.

C'est une rupture à laquelle vous pouvez aisément remédier : et cette cure sauve votre frère, tout en vous préservant du déshonneur.

ISABELLE.

Montrez-moi comment, bon père.

LE DUC.

La jeune fille dont je parle a conservé dans son cœur sa première affection : cet injuste et cruel procédé, qui, selon toute raison, devait tarir son amour, n'a fait, comme l'obstacle dans le torrent, que le rendre plus violent et plus éperdu. Allez trouver Angelo ; répondez à ses sollicitations par une spécieuse soumission ; acquiescez à ses demandes jusqu'au bout ; et, pour votre garantie, posez seulement ces conditions, que votre tête-à-tête ne sera pas long, que l'heure sera celle de l'ombre et du silence, et que le lieu conviendra à tous égards. Cela étant dûment arrêté, tout le reste s'ensuit. Nous conseillerons à cette jeune fille outragée de prendre pour elle votre rendez-vous et d'y aller à votre place. Si le secret de cette rencontre se découvre plus tard, Angelo peut être obligé à lui faire réparation ; et, par ce moyen, votre frère est sauvé, votre honneur intact, la pauvre Marianne satisfaite, et le ministre corrompu enfin démasqué. Je vais instruire la jeune fille et la préparer à cette entreprise. Si vous savez bien la mener à fin, un double bienfait absout la supercherie. Qu'en pensez-vous ?

ISABELLE.

La seule idée m'en charme déjà, et je ne doute pas qu'elle n'aboutisse au plus heureux succès.

LE DUC.

La chose est en grande partie dans vos mains. Courez vite auprès d'Angelo. S'il vous implore pour son lit cette nuit, promettez-lui satisfaction. Je vais de ce pas à Saint-Luc : c'est là, dans un pavillon retiré, que demeure la désolée Marianne. Venez m'y rejoindre, et soyez expéditive avec Angelo, que nous en finissions vite.

ISABELLE.

Je vous remercie de ce plan sauveur. Adieu, bon père.

Ils sortent de différents côtés.

SCÈNE X.

[Devant la prison.]

Le DUC se croise avec COUDE, le CLOWN et des exempts.

COUDE.

Ah! s'il n'y a pas de remède pour vous empêcher d'acheter et de vendre les hommes et les femmes comme des bêtes, tout le monde finira par s'abreuver de bâtard rouge et blanc (8).

LE DUC.

O ciel! quel charabias!

LE CLOWN.

Le monde a cessé d'être amusant, depuis que de deux usuriers, le plus aimable a été ruiné, et le plus nuisible autorisé par la loi à porter une robe fourrée, pour se tenir chaudement, et fourrée de peau de renard et d'agneau encore! Comme pour signifier que la fraude, étant plus riche que l'innocence, a droit, elle, à des insignes!

COUDE.

Avancez, monsieur... Dieu vous bénisse, mon père le frère!

LE DUC.

Et vous pareillement, mon frère le père!... Quelle offense cet homme vous a-t-il faite, monsieur?

COUDE.

Morbleu, monsieur, il a offensé la loi, et nous le soupçonnons aussi, monsieur, d'être un voleur, monsieur. Car nous avons trouvé sur lui, monsieur, une fausse clé étrange que nous avons envoyée au lieutenant.

LE DUC.

— Fi, drôle ! ruffian, ignoble ruffian ! — Le mal que tu fais faire — est donc ta ressource pour vivre ? Songes-tu à ce que c'est — que de bourrer une panse et de vêtir une échine — du produit de ce vice immonde ? Dis-toi : — de leur abominable et bestial attouchement, — je bois, je mange, je m'habille et je vis ! — Crois-tu que ce soit vivre que de devoir le vivre — à une chose si infecte ? Va, réforme-toi, réforme-toi. —

LE CLOWN.

En effet, monsieur, elle infecte quelque peu ; mais pourtant, monsieur, je vous prouverai...

LE DUC.

— Ah ! si le diable te fournit des preuves pour excuser le péché, — c'est bien la preuve que tu seras des siens... Officier, menez-le en prison ; — la correction et l'instruction devront être mises en œuvre, — avant que cette brute s'amende.

COUDE.

Il doit comparoir devant le lieutenant, monsieur : il lui a déjà donné une semonce. Le lieutenant ne saurait tolérer un putassier. S'il est souteneur de putains et qu'il comparaisse devant lui, autant vaudrait pour lui faire une commission à un mille de céans.

LE DUC.

— Plût au ciel que nous fussions tous ce que quelques-uns veulent paraître, — exempts de vices, ou du moins dans le vice exempts d'hypocrisie !

Entre Lucio.

COUDE.

Il aura une corde au cou, comme vous à la taille, messire.

LE CLOWN, reconnaissant Lucio.

J'aperçois du secours!... J'implore caution... Voici un gentilhomme, un ami à moi.

LUCIO.

Eh bien, noble Pompée! Quoi, à la suite de César! Est-ce qu'on te traîne en triomphe? Quoi! n'y a-t-il plus de statues de Pygmalion, récemment devenues femmes, qu'on puisse obtenir en mettant la main à la poche et en la retirant crispée? Que réponds-tu, hein? Que dis-tu de cet air, de cette chanson, de cette mesure? As-tu noyé ta voix dans la dernière pluie, hein? Que dis-tu, coureur? Le monde est-il comme devant, l'ami? Quelle est la mode? Est-ce d'être mélancolique et laconique? Comment? dis-moi le goût régnant.

LE DUC.

Toujours, toujours le même, empirant toujours!

LUCIO.

Comment va mon cher trésor, ta maîtresse? Procure-t-elle toujours, hein?

LE CLOWN.

Ma foi, monsieur, elle a dévoré tout son rosbif, et maintenant elle est au régime.

LUCIO.

Dame, c'est juste; c'est dans l'ordre; il en doit être ainsi. Toujours la putain fraîche et la maquerelle poivrée : la conséquence est inévitable. Il en doit être ainsi... Tu vas donc en prison, Pompée?

LE CLOWN.

Oui da, monsieur.

LUCIO.

Eh! il n'y a pas de mal, Pompée. Adieu. Va, dis que c'est moi qui t'ai envoyé là... Est-ce pour dettes, Pompée? pourquoi?

COUDE.

Pour maquerellage, pour maquerellage.

LUCIO.

Ah! en ce cas, emprisonnez-le. Si l'emprisonnement est la rétribution du maquereau, il lui est bien dû. Maquereau il est, sans nul doute, et de toute antiquité encore! Maquereau de naissance!... Adieu, bon Pompée. Mes compliments à la prison, Pompée. A présent vous allez devenir bon époux, Pompée; vous garderez la maison.

LE CLOWN.

J'espère, monsieur, que votre respectable seigneurie sera ma caution.

LUCIO.

Non vraiment, Pompée. Ce n'est pas l'usage. Je prierai, Pompée, qu'on prolonge votre captivité; si vous ne la prenez pas en patience, dame, c'est que vous êtes bien vif. Adieu, officieux Pompée.

Au duc.

Dieu vous bénisse, mon frère!

LE DUC.

Et vous aussi.

LUCIO.

Brigitte se peint-elle toujours, Pompée, hein?

COUDE, au clown.

Marchez, monsieur, marchez.

LE CLOWN, à Lucio.

Alors, monsieur, vous ne voulez pas être ma caution?

LUCIO.

Alors, Pompée? Maintenant non plus.

SCÈNE X.

Au duc.

Quoi de nouveau dans le monde, frère? Quoi de nouveau?

COUDE, au clown.

Marchez, monsieur, marchez.

LUCIO.

Va!... Au chenil, Pompée! va!

Coude, le clown et les exempts sortent.

Quelles nouvelles du duc; frère?

LE DUC.

Je n'en sais pas : pouvez-vous m'en donner?

LUCIO.

Les uns disent qu'il est chez l'empereur de Russie; d'autres, qu'il est à Rome. Mais où croyez-vous qu'il soit?

LE DUC.

Je ne sais pas. Mais où qu'il soit, je lui souhaite prospérité.

LUCIO.

Quelle folle et fantasque lubie l'a pris de s'esquiver ainsi de ses états, et d'usurper aux vagabonds un métier pour lequel il n'était pas né! Le seigneur Angelo s'est parfaitement enducaillé pendant son absence; il passe quelque peu les bornes.

LE DUC.

Il gouverne bien.

LUCIO.

Un peu plus d'indulgence envers la paillardise ne lui ferait pas de tort... Il est un peu trop farouche sur cet article, mon frère.

LE DUC.

C'est un vice trop général, et la sévérité doit y remédier.

LUCIO.

Oui, ma foi, c'est un vice qui a de nombreuses alliances; il est bien apparenté; mais il est impossible de l'extirper tout à fait, frère, sans interdire le boire et le manger. On dit que cet Angelo n'est pas né de l'homme et de la femme, suivant les voies normales de la création. Est-ce vrai, croyez-vous?

LE DUC.

Comment serait-il né alors?

LUCIO.

D'aucuns rapportent qu'une sirène l'a eu pour frai; d'autres, qu'il a été engendré entre deux morues sèches. Mais il est certain que, quand il lâche de l'eau, son urine est de la glace fondante ; ça, je le sais. Et puis, c'est un être stérile ; ça, c'est indubitable.

LE DUC.

Vous êtes plaisant, monsieur, et vous avez la parole vive.

LUCIO.

Aussi, quelle cruauté à lui, pour la rébellion d'une braguette, d'enlever la vie à un homme! Est-ce que le duc absent aurait agi ainsi? Plutôt que de pendre un homme pour avoir fait cent bâtards, il aurait payé les mois de nourrice de mille. Il avait quelque expérience de la besogne; il connaissait le service, et c'est ce qui le portait à l'indulgence.

LE DUC.

Je n'ai jamais ouï dire que le duc absent fût fort suspect sur l'article des femmes : ce n'est pas là que l'entraînaient ses goûts.

LUCIO.

Ah! monsieur, vous vous trompez.

LE DUC.

Ce n'est pas possible.

LUCIO.

Qui? Le duc?... Jusqu'à une mendiante de cinquante ans!... Même il avait l'habitude de lui mettre un ducat dans sa sébile criarde. Le duc avait ses faiblesses... Il

SCÈNE X.

se soûlait volontiers aussi ; permettez-moi de vous l'apprendre.

LE DUC.

Vous lui faites injure, sûrement.

LUCIO.

Monsieur, j'étais de ses intimes. C'était un gaillard sournois que le duc, et je crois savoir la cause de sa disparition.

LE DUC.

Et quelle peut en être la cause, je vous prie ?

LUCIO.

Non, pardon. C'est un secret qui doit être renfermé entre les dents et les lèvres ; mais, je puis vous confier ceci... Le plus grand nombre de ses sujets tenait le duc pour sage.

LE DUC.

Sage ? Eh ! sans nul doute, il l'était.

LUCIO.

C'est un gaillard très-superficiel, très-ignare et très-léger.

LE DUC.

Il y a de votre part envie, sottise ou méprise. Le cours même de son existence et la manière dont il a gouverné devraient, au besoin, lui assurer un meilleur renom. Que seulement on le juge sur ses propres actes, et l'envieux reconnaîtra en lui un savant, un homme d'état, un soldat ! Ainsi, vous parlez en ignorant ; ou, si vous êtes bien informé, la malveillance vous aveugle fort.

LUCIO.

Monsieur, je connais le duc et je l'aime.

LE DUC.

L'amitié s'exprimerait avec plus intime connaissance, et la connaissance avec une plus sympathique amitié.

LUCIO.

Allons, monsieur, je sais ce que je sais.

LE DUC.

J'ai peine à le croire, puisque vous ne savez pas ce que vous dites. Mais si jamais le duc revient (comme nous le demandons dans nos prières), c'est devant lui, je vous préviens, que vous me répondrez de vos paroles. Si c'est la vérité que vous avez dite, vous aurez le courage de la soutenir. Je serai obligé de vous faire sommation : votre nom, je vous prie?

LUCIO.

Monsieur, mon nom est Lucio; je suis bien connu du duc.

LE DUC.

Il vous connaîtra mieux encore, monsieur, s'il m'est donné de vivre pour vous exposer.

LUCIO.

Je ne vous crains pas.

LE DUC.

Oh! vous espérez que le duc ne reviendra plus, ou vous me croyez un trop impuissant adversaire. Le fait est que je ne puis pas vous faire grand mal; vous jurerez n'avoir rien dit.

LUCIO.

Je veux être pendu si je le jure : tu te trompes sur mon compte, moine. Mais ne parlons plus de ça. Peux-tu me dire si Claudio meurt demain, oui ou non?

LE DUC.

Pourquoi mourrait-il, monsieur?

LUCIO.

Pourquoi? pour avoir rempli une bouteille au moyen d'un entonnoir. Je voudrais que le duc dont nous parlons fût de retour. Ce ministre impuissant dépeuplera la province à force de continence; les moineaux ne doivent plus se nicher dans son pignon, sous prétexte qu'ils sont trop paillards. Au moins, le duc poursuivrait dans l'ombre les méfaits de l'ombre; jamais il ne les produirait à la lumière; je voudrais qu'il fût de retour; morbleu, ce pauvre Claudio est condamné pour s'être délacé. Adieu, bon moine : prie pour moi, je te prie. Le duc, je te le répète, mangeait du mouton les vendredis. Son temps est passé maintenant; pourtant, je te le déclare, il s'aboucherait encore avec une gueuse, sentît-elle l'ail et le pain bis. Dis que je t'ai dit ça. Adieu.

Il sort.

LE DUC.

— Pas de puissance ni de grandeur, en ce monde de mortalité, — qui échappe à la censure! la calomnie qui blesse par derrière — frappe la plus blanche vertu. Quel roi est assez puissant — pour retenir le fiel sur les lèvres de la médisance?... — Mais qui vient ici?

Entrent ESCALUS, le PRÉVOT, la MAQUERELLE et les exempts.

ESCALUS.

Allez, emmenez-la en prison.

LA MAQUERELLE.

Mon bon seigneur, soyez bon pour moi. Votre excellence passe pour un homme miséricordieux... Mon bon seigneur!

ESCALUS.

Après une double et triple admonition, toujours coupable du même méfait! C'en serait assez pour que la pitié blasphémât et devînt tyrannique.

LE PRÉVOT.

Une maquerelle en exercice depuis onze ans, n'en déplaise à Votre Honneur!

LA MAQUERELLE.

Monseigneur, c'est une calomnie d'un certain Lucio contre moi. Et dame Cateau Portebas était grosse de lui du temps du duc; il lui avait promis mariage. Son enfant aura quinze mois, viennent la Saint-Philippe et la Saint-Jacques; je l'ai gardé moi-même, et voyez quelles injures il colporte contre moi.

ESCALUS.

Ce garçon-là est un garçon fort dissipé: qu'il soit mandé devant nous... En prison, cette femme!... Allez, plus un mot.

Les exempts emmènent la maquerelle.

Prévôt, mon confrère Angelo est inflexible : il faut que Claudio meure demain. Qu'on lui procure des théologiens, et qu'il ait tous les secours de la charité. Si mon confrère prenait conseil de ma pitié, il n'en serait pas ainsi de Claudio.

LE PRÉVÔT, montrant le duc.

Voici, ne vous déplaise, un moine qui l'a visité et préparé à recevoir la mort.

ESCALUS, au duc.

Bon soir, bon père.

LE DUC.

Que la bénédiction et la bonté suprême vous assistent!

ESCALUS.

D'où êtes-vous ?

LE DUC.

— Je ne suis pas de ce pays, bien que ma destinée m'ait appelé — à l'habiter pour un temps. Membre d'une pieuse confrérie, je suis arrivé récemment du Saint-Siége, — avec une mission spéciale de Sa Sainteté.

ESCALUS.

Quoi de nouveau dans le monde ?

LE DUC.

Rien, si ce n'est que la vertu est en proie à une fièvre violente que la dissolution seule peut guérir. La nouveauté est la seule préoccupation, et il y a autant de danger à vieillir dans un mode d'existence que de mérite à être inconstant dans une entreprise. La probité est trop rare pour que la société soit sûre ; mais les sûretés sont assez multipliées pour rendre intolérable la solidarité : c'est sur ce problème principalement que pivote la science du monde. Cette nouvelle est assez vieille, et pourtant c'est la nouvelle de tous les jours. Dites-moi, monsieur, de quelle nature était le duc?

ESCALUS.

C'était un homme qui, avant toute autre chose, s'appliquait spécialement à se connaître lui-même.

LE DUC.

A quels plaisirs s'adonnait-il?

ESCALUS.

Le spectacle de la gaieté d'autrui le réjouissait plus que ne l'égayaient les prétendus divertissements imaginés pour le réjouir : c'était un gentilhomme d'une parfaite tempérance. Mais laissons-le à sa destinée, en priant pour qu'elle lui soit prospère, et permettez-moi de vous demander en quelles dispositions vous avez trouvé Claudio. On m'a fait entendre que vous lui avez accordé une visite.

LE DUC.

Il déclare que la sentence de son juge n'a rien d'inique, et s'humilie fort volontiers devant la détermination de la justice ; pourtant, sous l'inspiration de sa fragilité, il s'était forgé maintes illusions qui lui faisaient espérer de vivre ; j'ai pu l'en désabuser, par ma salutaire insistance, et, maintenant, il est résigné à mourir.

ESCALUS.

Vous vous êtes acquitté de vos devoirs envers le ciel et

de la dette de votre ministère envers le prisonnier. J'ai intercédé pour le pauvre gentilhomme jusqu'à la limite extrême de ma modération ; mais j'ai trouvé si sévère le juge mon confrère, qu'il m'a forcé à lui dire qu'il était en effet la justice même.

LE DUC.

Si sa propre existence répond à la rigueur de sa procédure, il lui sied bien d'être rigoureux ; mais, s'il lui arrive de faillir, il s'est condamné lui-même.

ESCALUS.

Je vais visiter le prisonnier... Adieu.

LE DUC.

La paix soit avec vous !

<small>Sortent Escalus et le prévôt.</small>

— Celui qui veut porter le glaive du ciel — doit être aussi saint que sévère. — Il doit trouver dans sa conscience un modèle — de grâce pour résister, de vertu pour agir. — Il doit peser la rétribution des autres — à l'exacte balance de ses propres faiblesses. — Honte à celui dont les coups cruels — tuent pour des fautes auxquelles il est enclin !... — Triple honte à cet Angelo, — qui sarcle mes vices et laisse croître les siens ! — Oh ! que ne peut recéler un homme — sous les dehors même d'un ange ! — Comme l'hypocrisie, faite de crimes, — faisant du monde sa dupe — peut attirer dans ses vains fils d'araignée — les choses les plus considérables et les plus substantielles !... — Il faut que, contre le vice, j'aie recours à la ruse. — Angelo couchera ce soir — avec sa fiancée ancienne, mais dédaignée : — grâce à ce déguisement, — une fourberie satisfera l'exigence de la fourberie, — en donnant force à un ancien engagement.

<small>Il sort.</small>

SCÈNE XI.

[Chez Marianne.]

MARIANNE est assise ; un PAGE chante près d'elle.

LE PAGE.

Éloigne, oh ! éloigne ces lèvres
Coupables d'un si doux parjure,
Et ces yeux, aube du jour,
Lumières qui égarent l'aurore !

Mais rends-moi mes baisers,
    Rends-moi
Ces sceaux de notre amour qui l'ont en vain scellé,
Qui l'ont en vain scellé.

MARIANNE.

— Interromps ta chanson, et retire-toi vite. — Voici venir un consolateur dont les avis — ont souvent calmé les sanglots de ma douleur.

Le page sort.

Entre le DUC, toujours déguisé.

MARIANNE.

— J'implore votre pardon, messire. J'aurais volontiers souhaité — que vous ne m'eussiez pas trouvée si occupée de musique. — Laissez-moi m'excuser en vous avouant — que ma gaieté s'en attriste, comme mon chagrin s'en égaie.

LE DUC.

— Il est bon d'aimer la musique, quoiqu'elle ait souvent le don magique — de changer le mal en bien et de provoquer le bien au mal. — Dites-moi, je vous prie, quelqu'un est-il venu me demander aujourd'hui ? Voici à peu près le moment du rendez-vous que j'ai donné.

MARIANNE.

On ne vous a pas demandé ; je suis restée ici tout le jour.

Entre ISABELLE.

LE DUC.

Je vous crois sans hésiter. Voici juste le moment venu. Retirez-vous un instant, je vous conjure ; il se peut que je vous rappelle tout à l'heure pour une chose utile à vos intérêts.

MARIANNE.

Je vous suis pour toujours obligée.

Elle sort.

LE DUC, à Isabelle.

— Nous voici réunis fort à propos : soyez la bienvenue. — Quelles nouvelles avez-vous de ce digne lieutenant ?

ISABELLE, tenant deux clefs à la main.

— Il y a un jardin muré de brique, — dont le côté occidental s'adosse à un vignoble ; — on entre dans ce vignoble par une grille en charpente — qu'ouvre cette grosse clef. — Cette autre clef commande une petite porte — qui du vignoble conduit au jardin ; — c'est là que j'ai promis d'aller le trouver — au milieu de la nuit épaisse.

LE DUC.

— Mais saurez-vous bien trouver le chemin ?

ISABELLE.

— J'en ai fait une étude scrupuleuse et minutieuse. — Lui-même, avec les chuchotements d'un zèle criminel — et des gestes expressifs, m'a montré — par deux fois ce chemin.

LE DUC.

N'y a-t-il pas d'autres conventions — arrêtées entre vous, que Marianne doive observer ?

ISABELLE.

Non, aucune, si ce n'est que le rendez-vous aura lieu

dans les ténèbres, — et que (je l'en ai bien prévenu) notre tête-à-tête doit être fort court ; car je lui ai fait savoir — que je serais accompagnée d'une servante — qui m'attendra, persuadée — que je viens pour mon frère.

LE DUC.

C'est bien arrangé. — Je n'ai pas encore dit à Marianne — un seul mot de ceci.

Appelant.

Holà !... m'entendez-vous? — revenez!

Rentre MARIANNE.

LE DUC, présentant Isabelle à Marianne.

— Veuillez, je vous prie, lier connaissance avec cette jeune fille, — elle vient pour vous être utile.

ISABELLE.

Tel est mon désir.

LE DUC, à Marianne.

— Êtes-vous persuadée que je vous veux du bien?

MARIANNE.

— Oui, bon frère, j'en suis sûre : je le sais par expérience.

LE DUC.

— Prenez donc cette compagne par la main : — elle a une confidence toute prête pour votre oreille. — Je vous attendrai, mais faites vite : — les vapeurs de la nuit approchent.

MARIANNE, à Isabelle.

Voulez-vous faire un tour?

Marianne et Isabelle sortent.

LE DUC.

— O puissance ! ô grandeur ! des millions d'yeux louches — sont fixés sur toi ! des volumes de rapports, — chargés de commentaires faux et contradictoires, roulent — sur tes actions. Mille esprits capricieux — t'attribuent la paternité de leurs vains rêves — et torturent ta pensée à leur fantaisie.

Rentrent Marianne et Isabelle.

Soyez les bienvenues ! Qu'avez-vous décidé ?

ISABELLE.

— Elle se chargera de l'entreprise, mon père, — si vous le lui conseillez.

LE DUC.

Je ne l'autorise pas, — je l'en supplie.

ISABELLE.

Vous avez peu de chose à dire : — seulement, quand vous le quitterez, ces simples mots, tout doucement et tout bas : — *Maintenant, souvenez-vous de mon frère.*

MARIANNE.

Ne craignez rien.

LE DUC.

— Et vous, ma gente fille, ne craignez rien non plus. — Il est votre mari par contrat préalable : — vous rapprocher ainsi n'est point péché ; — la validité de vos droits sur lui — couvre la supercherie. Allons, partons. — Nous avons à récolter, mais d'abord à semer.

Ils sortent.

SCÈNE XII.

[L'intérieur de la prison.]

Il fait nuit. Entrent le PRÉVOT et le CLOWN.

LE PRÉVOT.

Venez ici, maraud. Êtes-vous capable de couper la tête d'un homme ?

SCÈNE XII.

LE CLOWN.

Oui, monsieur, si l'homme est célibataire; mais s'il est marié, il est le chef de sa femme, et je suis incapable de couper un chef de femme.

LE PRÉVOT.

Allons, monsieur, laissez-là vos quolibets, et donnez-moi une réponse directe. Demain matin Claudio et Bernardin doivent mourir. Il y a ici dans notre prison un exécuteur public qui pour son office a besoin d'un aide. Si vous voulez prendre sur vous de l'assister, cela pourra vous délivrer de vos fers; sinon, vous ferez tout votre temps de prison, et vous ne serez élargi qu'après avoir été impitoyablement fouetté. Car vous avez un maquereau notoire.

LE CLOWN.

Monsieur, j'ai été maquereau illégalement de temps immémorial; mais je n'en consentirai pas moins à être bourreau légalement. Je serai bien aise de recevoir quelques instructions de mon collègue.

LE PRÉVOT, appelant.

Holà, Abhorson ! où est Abhorson ? Est-il là ?

Entre ABHORSON.

ABHORSON.

Appelez-vous, monsieur ?

LE PRÉVOT.

Maraud, voici un gaillard qui vous aidera pour votre exécution de demain. Si vous le trouvez convenable, arrangez-vous avec lui à l'année, et logez-le ici avec vous. Sinon, employez-le pour cette fois, et congédiez-le. Il ne peut exciper avec vous de sa considération : il a été maquereau.

ABHORSON.

Maquereau, monsieur ? Fi donc ! il va déshonorer notre art.

LE PRÉVOT.

Allons, monsieur, vous êtes gens de poids égal : une plume ferait pencher la balance.

Il sort.

LE CLOWN.

Monsieur, je m'adresse à votre bonne grâce (car certes vous avez fort bonne grâce, quoique vous ayez une mine patibulaire), est-ce que vous appelez votre profession un art ?

ABHORSON.

Oui, monsieur, un art.

LE CLOWN.

J'ai ouï dire, monsieur, que la peinture est un art ; or, vos putains, monsieur, appartenant à ma profession et faisant usage de peinture, prouvent que ma profession est un art. Mais quel art il peut y avoir à pendre, que je sois pendu si je puis le deviner.

ABHORSON.

Monsieur, c'est un art.

LE CLOWN.

La preuve.

ABHORSON.

Une défroque d'honnête homme va toujours à un voleur...

LE CLOWN.

En effet, elle a beau être trop petite pour le voleur, il lui suffit qu'un honnête homme l'ait trouvée assez ample ; elle a beau être trop ample pour le voleur, le voleur la trouve encore trop petite. Ainsi une défroque d'honnête homme va toujours à un voleur.

Rentre le PRÉVOT.

LE PRÉVOT.

Êtes-vous d'accord ?

SCÈNE XII.

LE CLOWN.

Monsieur, je veux bien entrer à son service ; car je trouve que votre bourreau fait un métier plus pénitent que votre maquereau, il demande plus souvent pardon (9).

LE PRÉVOT.

Vous, maraud, préparez votre billot et votre hache pour demain à quatre heures.

ABHORSON.

Allons, rufian ; je vais t'instruire dans mon métier ; suis-moi.

LE CLOWN.

J'ai le désir d'apprendre, monsieur, et j'espère que, si vous avez occasion de m'employer pour votre compte personnel, vous trouverez la chose lestement exécutée ; car, vraiment, monsieur, pour toutes vos bontés, je vous dois une bonne exécution.

LE PRÉVOT.

Faites venir ici Bernardin et Claudio.

Sortent le Clown et Abhorson.

— L'un a ma pitié ; l'autre ne l'obtiendrait pas — fût-il mon frère : c'est un assassin.

Entre Claudio.

LE PRÉVOT, lui montrant un papier.

— Tiens, Claudio, voici l'ordre pour ta mort. — C'est maintenant l'heure sépulcrale de minuit, et demain à huit heures — tu seras fait immortel. Où est Bernardin ?

CLAUDIO.

— Il est plongé dans un sommeil aussi profond que l'innocent repos — qui détend les membres du voyageur : — il ne veut pas s'éveiller.

LE PRÉVOT.

Quel bien peut-on lui faire ?... — Allez vous préparer.

On entend frapper à la porte.

Mais, chut! quel est ce bruit?

<small>A Claudio.</small>

— Le ciel donne courage à vos esprits!

<small>Sort Claudio. Nouveaux coups.</small>

Tout à l'heure!... — J'espère que c'est une grâce, ou un sursis, pour le très-cher Claudio... Bienvenu, mon père.

<small>Entre le DUC.</small>

LE DUC.

Que les meilleurs et les plus purs esprits de la nuit — vous escortent, bon prévôt!... Est-il venu quelqu'un ici depuis peu?

LE PRÉVOT.

— Personne, depuis que le couvre-feu a sonné.

LE DUC.

Isabelle n'est pas venue?

LE PRÉVOT.

— Non.

LE DUC.

Elles seront ici alors avant qu'il soit longtemps.

LE PRÉVOT.

— Quelles bonnes nouvelles pour Claudio?

LE DUC.

On en espère.

LE PRÉVOT.

— Ce lieutenant est bien dur.

LE DUC.

— Non pas, non pas. Sa vie est parallèle — à la ligne tracée par sa haute justice. — Par une sainte abstinence il réprime — en lui-même ce qu'il s'évertue de tout son pouvoir — à modérer chez les autres. Si lui-même était atteint — de ce qu'il corrige, alors il serait tyrannique; — mais, les choses étant ainsi, il est juste.

<small>On frappe.</small>

SCÈNE XII.

Les voici !

Le prévôt sort.

— Voici un prévôt humain. Il est rare que — le geôlier d'acier soit l'ami des hommes.

Nouveaux coups.

— Eh bien ! quel bruit ! De quelle ardeur il doit avoir l'esprit possédé, l'être qui blesse de pareils coups — là frémissante poterne.

Le PRÉVÔT rentre, parlant à quelqu'un à la porte.

LE PRÉVOT.

— Il faut qu'il reste là, jusqu'à ce que l'officier — se lève pour l'introduire : on vient de l'appeler.

LE DUC.

— N'avez-vous pas encore de contre-ordre pour Claudio ? — Faut-il donc qu'il meure demain ?

LE PRÉVOT.

Aucun contre-ordre, monsieur, aucun.

LE DUC.

— Si proche que soit l'aube, prévôt, — vous aurez des nouvelles avant le matin.

LE PRÉVOT.

Peut-être — en savez-vous quelque chose. Pourtant, je crois qu'il ne viendra pas — de contre-ordre : nous n'en avons pas d'exemple. — D'ailleurs, sur le siége même de la justice, — à l'audience publique, le seigneur Angelo — a déclaré le contraire.

Entre un MESSAGER.

LE PRÉVOT, continuant.

Cet homme est à Sa Seigneurie.

LE DUC.

C'est la grâce de Claudio qui arrive.

LE MESSAGER, remettant un pli au prévôt.

Monseigneur vous envoie ces instructions, et en outre vous recommande par mon organe de ne vous en écarter sur aucun point, soit pour l'heure, soit pour l'objet, soit pour tout autre détail. Sur ce, bonjour ; car la matinée est proche, à ce que je présume.

LE PRÉVOT.

Je lui obéirai.

Sort le messager. Le prévôt parcourt du regard le papier qui lui a été remis.

LE DUC, à part.

C'est le pardon de Claudio, acheté par un crime — où est impliqué celui même qui pardonne : — le mal fait un rapide progrès — quand il s'appuie sur une haute autorité. — Quand le vice produit la clémence, la clémence va — jusqu'à amnistier l'offenseur par sympathie pour la faute. — Eh bien, monsieur, quelles nouvelles ?

LE PRÉVOT, qui vient d'achever sa lecture.

Je vous l'avais bien dit. Le seigneur Angelo, craignant sans doute que je ne me relâche dans mon office, me stimule par cette injonction inusitée. J'en suis tout surpris, car c'est chose qui ne lui est jamais arrivée.

LE DUC.

Veuillez lire. J'écoute.

LE PRÉVOT, lisant.

« Quelque avis contraire que vous receviez, que Claudio soit exécuté à quatre heures, et Bernardin, dans l'après-midi. Pour ma plus grande satisfaction, que la tête de Claudio me soit envoyée à cinq heures. Que ces ordres soient dûment exécutés ; leur accomplissement, songez-y, importe plus que je ne dois le dire encore. N'allez pas faillir à votre mandat ; vous en répondriez sur votre tête. »

Que dites-vous de ceci, monsieur ?

LE DUC.

Qu'est-ce que ce Bernardin qui doit être exécuté dans l'après-midi ?

SCÈNE XII.

LE PRÉVOT.

Un Bohémien de naissance, mais nourri et élevé ici; voilà neuf ans qu'il vieillit en prison.

LE DUC.

Comment se fait-il que le duc absent ne l'ait pas rendu à la liberté ou livré à l'exécuteur? J'ai ouï dire que c'était toujours sa manière de procéder.

LE PRÉVOT.

Ses amis ont obtenu pour lui de continuels sursis. Et, en vérité, ce n'est que récemment, sous le gouvernement du seigneur Angelo, que son fait a été prouvé d'une manière indubitable.

LE DUC.

Est-il avéré, maintenant?

LE PRÉVOT.

Tout à fait évident, et lui-même ne le nie pas.

LE DUC.

A-t-il témoigné du repentir en prison? A quel point semble-t-il touché?

LE PRÉVOT.

C'est un homme qui ne redoute pas plus la mort que le sommeil de l'ivresse; indifférent, indolent et insouciant du passé, du présent et de l'avenir; insensible à sa mortalité et désespérément mortel.

LE DUC.

Il a besoin de conseils.

LE PRÉVOT.

Il n'en veut écouter aucun : il a toujours eu la libre pratique de la prison. On lui donnerait permission de s'échapper d'ici, qu'il ne le voudrait pas : il est ivre plusieurs fois par jour, s'il ne l'est pas plusieurs jours durant. Nous l'avons bien souvent éveillé, comme pour le mener à l'exécution, et nous lui avons montré un mandat simulé : cela ne l'a pas ému du tout.

LE DUC.

Nous en reparlerons tout à l'heure... Prévôt, sur votre front est écrit : *Loyauté et fermeté ;* si je lis mal, il faut que ma vieille sagacité me trompe bien ; je n'hésiterais pas à m'aventurer sur la présomption de mon diagnostic. Claudio, que vous avez reçu mandat d'exécuter, n'a pas plus forfait à la loi qu'Angelo qui l'a condamné. Pour vous faire comprendre cela d'une manière manifeste, je ne vous demande qu'un délai de quatre jours ; et, de votre côté, il faut que vous m'accordiez une faveur immédiate et dangereuse.

LE PRÉVOT.

Laquelle, je vous prie, monsieur ?

LE DUC.

Celle de différer l'exécution.

LE PRÉVOT.

Hélas ! comment le puis-je, puisque j'ai une heure limitée, et l'ordre exprès, sous les peines les plus graves, de déposer la tête sous les yeux d'Angelo ? Si j'y contreviens en quoi que ce soit, je puis me mettre dans le même cas que Claudio.

LE DUC.

Par les vœux de mon ordre, je vous garantis de tout risque, si vous vous laissez guider par mes instructions. Que ce Bernardin soit exécuté ce matin, et sa tête portée à Angelo !

LE PRÉVOT.

Angelo les a vus tous deux : il reconnaîtra le visage.

LE DUC.

Oh ! la mort change tant ! Pour ajouter à l'illusion, rasez la tête et nouez la barbe, et dites que c'est le pénitent qui a désiré être ainsi tonsuré avant sa mort. Vous savez que c'est un cas fréquent. Si, pour tout cela, il tombe sur vous autre chose que des remercîments et des faveurs, par le saint que je révère, je vous défendrai au péril de ma vie.

SCÈNE XII.

LE PRÉVOT.

Pardon, bon père; mais cela est contre mon serment.

LE DUC.

Avez-vous juré fidélité au duc ou à son lieutenant?

LE PRÉVOT.

A lui et à ses délégués.

LE DUC.

Vous serez sûr de n'avoir commis aucune forfaiture, si le duc sanctionne la justice de votre conduite?

LE PRÉVOT.

Quelle probabilité y a-t-il à cela?

LE DUC.

Il y a non-seulement vraisemblance, mais certitude. Mais puisque je vous vois si craintif, puisque ni ma robe, ni mon intrépidité, ni mes raisons ne sauraient vous imposer suffisamment, j'irai plus loin que je ne voulais pour dissiper toutes vos craintes.

Il tire un papier cacheté et le montre au prévôt.

Regardez, monsieur, voici la main et le sceau du duc. Vous connaissez l'écriture, je n'en doute pas, et le cachet ne vous est pas étranger.

LE PRÉVOT, *examinant le papier.*

Je les reconnais tous deux.

LE DUC.

Le contenu annonce le retour du duc; vous le lirez tout à l'heure à loisir, et vous y verrez qu'il sera ici avant deux jours. C'est une chose qu'Angelo ne sait pas; car aujourd'hui même il reçoit une lettre d'une étrange teneur : peut-être le duc est-il mort, peut-être est-il entré dans un monastère, peut-être aussi n'y a-t-il rien de vrai dans tout cela!... Voyez, l'étoile du berger l'invite à déparquer... Ne vous récriez pas à la possibilité de toutes ces choses : tous les problèmes sont aisés, dès qu'ils sont connus. Ap-

pelez votre exécuteur, et que la tête de Bernardin tombe !
Je vais le confesser immédiatement et le préparer pour
un lieu meilleur. Vous êtes encore ébahi, mais voici qui
vous édifiera absolument.

Il lui montre le papier.

Partons ; il fait presque jour.

Ils sortent.

SCÈNE XIII.

[Une autre salle dans la prison.]

Entre le CLOWN.

LE CLOWN.

J'ai ici autant de connaissances que si j'étais dans notre
maison de commerce. On se croirait céans chez dame Surmenée, tant on y rencontre de ses anciennes pratiques (10).
D'abord, il y a le jeune monsieur Écervelé ; il est ici pour
une livraison de papier gris et de vieux gingembre, éva-
luée à cent quatre-vingt-dix-sept livres, dont il a tiré cinq
marcs, argent comptant (1). Dame, c'est que le gingembre
n'a guère été demandé : les vieilles femmes étaient toutes
mortes. Puis, il y a un monsieur Cabriole, à la requête
de monsieur Trois-Poils, le mercier, pour quatre habil-
lements de satin couleur pêche, qu'il est fort empêché de
payer. Puis, nous avons ici le jeune Étourdi, et le jeune
monsieur Beauserment, et monsieur Éperon de Cuivre, et
monsieur de Maigre-Valet, l'homme de la dague et de
l'épée, et le jeune Chute de Cheveux, qui a tué le corpu-
lent Pouding, et maître Dégagé, le spadassin, et le brave
monsieur Cordon de Soulier, le grand voyageur, et cet ex-
travagant Burette, qui a poignardé Despintes, et, je crois,

quarante encore, tous grands faiseurs dans notre état, et qui vivent désormais à la grâce de Dieu.

Entre ABHORSON.

ABHORSON.

Maraud, amenez ici Bernardin.

LE CLOWN, appelant.

Maître Bernardin, il faut vous lever pour être pendu ! Maître Bernardin !

ABHORSON.

Holà, Bernardin !

BERNARDIN, de l'intérieur.

La vérole vous étrangle ! Qui est-ce qui fait ce bruit-là ? Qui êtes-vous ?

LE CLOWN.

Vos amis, monsieur ! le bourreau ! Ayez la bonté de vous lever, monsieur, qu'on vous mette à mort.

BERNARDIN, de l'intérieur.

Au diable, chenapan ! au diable ! j'ai envie de dormir !

ABHORSON, au clown.

Dites-lui qu'il faut qu'il s'éveille, et promptement.

LE CLOWN.

Voyons, maître Bernardin, éveillez-vous, qu'on vous exécute ; vous dormirez après.

ABHORSON.

Entrez et ramenez-le.

LE CLOWN.

Il vient, monsieur, il vient ; j'entends le bruissement de sa paille.

Entre BERNARDIN.

ABHORSON, au clown.

La hache est-elle sur le billot, maroufle ?

LE CLOWN.

Toute prête, monsieur.

BERNARDIN.

Eh bien, Abhorson, qu'y a-t-il de nouveau?

ABHORSON.

Vrai, monsieur, je vous invite à vous flanquer en prière, car, voyez-vous, l'ordre est arrivé.

BERNARDIN.

Coquin, j'ai bu toute la nuit, je ne suis pas préparé pour ça.

LE CLOWN.

Oh! tant mieux, monsieur : celui qui boit toute la nuit et est pendu de bon matin, n'en dort que plus profondément toute la journée.

Entre le duc.

ABHORSON, montrant le duc à Bernardin.

Tenez, monsieur, voici votre père spirituel qui vient. Croyez-vous que nous plaisantions, maintenant?

LE DUC, à Bernardin.

Monsieur, mû par ma charité, à la nouvelle que vous alliez si vite partir, je suis venu vous conseiller, vous consoler et prier avec vous.

BERNARDIN.

Moi? Fi donc, moine! j'ai bu sec toute la nuit, et j'aurai du temps encore pour me préparer, ou il faudra qu'on me fasse sauter la cervelle à coups de bûche. Je ne consentirai pas à mourir aujourd'hui; ça, c'est certain.

LE DUC.

Oh! monsieur, il le faut : ainsi, je vous en conjure, songez au voyage que vous allez faire.

BERNARDIN.

Je jure que personne au monde ne me décidera à mourir aujourd'hui.

SCÈNE XIII.

LE DUC.

Mais écoutez...

BERNARDIN.

Pas un mot; si vous avez quelque chose à me dire, venez à mon cachot, car je n'en sortirai pas aujourd'hui.

Il sort.

LE DUC.

Incapable de vivre ou de mourir! O cœur engravé!... — Suivez-le, compagnons; menez-le à l'échafaud.

Sortent Abhorson et le clown.

Entre le PRÉVOT.

LE PRÉVOT.

Eh bien, monsieur, comment trouvez-vous le prisonnier?

LE DUC.

— Nullement préparé, nullement apte à mourir. — L'expédier dans l'état où il est, — ce serait le damner.

LE PRÉVOT.

Ici, dans la prison, mon père, — est mort ce matin d'une fièvre maligne — un certain Ragozin, pirate notoire, — ayant l'âge de Claudio, la barbe et les cheveux — juste de sa couleur. Si nous laissions de côté — ce réprouvé, jusqu'à ce qu'il soit convenablement disposé, — et si nous offrions au lieutenant la tête — de Ragozin, plus semblable à celle de Claudio?

LE DUC.

— Oh! c'est un accident providentiel! — Agissez sur-le-champ; voici bientôt l'heure — fixée par Angelo. Veillez à ce que la chose soit exécutée — et l'envoi fait conformément à ses ordres, tandis que, moi, — j'exhorterai cet épais misérable à accepter la mort.

LE PRÉVOT.

— Cela va être fait immédiatement, mon bon père. Mais Bernardin est condamné à mourir cette après-midi ; — et que ferons-nous de Claudio — pour me garantir du danger auquel je suis exposé, — s'il est reconnu qu'il est vivant?

LE DUC.

Voici ce qu'il faut faire. — Logez dans des réduits secrets et Bernardin et Claudio. — Avant que le soleil ait fait deux fois son salut journalier — aux générations terrestres, vous verrez — votre sûreté garantie.

LE PRÉVOT.

— Je me mets volontiers sous votre dépendance.

LE DUC.

— Vite, dépêchez, et envoyez la tête à Angelo.

Le prévôt sort.

— Maintenant, je vais écrire à Angelo une lettre — que portera le prévôt. La teneur — lui attestera que je suis sur le point d'arriver — et que, pour de graves considérations, je suis obligé — de faire une entrée publique. Je le prierai — de venir me rencontrer à la fontaine consacrée, — à une lieue en aval de la ville ; et de là, — en procession solennelle et dans un cérémonial dûment réglé, — nous ferons route avec Angelo.

Rentre le PRÉVOT.

LE PRÉVOT.

— Voici la tête : je vais la porter moi-même.

LE DUC.

— C'est fort bien. Revenez vite ; — car j'ai à vous communiquer des choses — qui ne doivent être confiées qu'à votre oreille.

SCÈNE XIII.

LE PRÉVOT.

Je ferai toute diligence.

Il sort.

ISABELLE, de l'intérieur.

La paix céans ! Holà !

LE DUC.

— La voix d'Isabelle?... Elle vient savoir — si la grâce de son frère est arrivée ici : — mais je veux la tenir dans l'ignorance de son bonheur, — pour changer son désespoir en une joie céleste, — au moment où elle s'y attendra le moins.

Entre Isabelle.

ISABELLE.

— Oh! pardon !

LE DUC.

— Le bonjour à vous, ma belle et gracieuse fille !

ISABELLE.

— Il doit m'être d'autant meilleur qu'il m'est souhaité par un si saint homme. — Le lieutenant a-t-il enfin envoyé le pardon de mon frère?

LE DUC.

— Il l'a relâché, Isabelle, de ce monde. — Sa tête est tombée, et envoyée à Angelo.

ISABELLE.

— Non, cela n'est pas !

LE DUC.

Cela est : — montrez votre sagesse, ma fille, par une calme patience.

ISABELLE.

— Oh! je vais le trouver et lui arracher les yeux !

LE DUC.

— Vous ne serez pas admise en sa présence.

ISABELLE.

— Malheureux Claudio! Misérable Isabelle! — Monde inique! Damné Angelo!

Elle pleure.

LE DUC.

— Tout cela ne saurait le blesser ni vous profiter : — abstenez-vous-en donc ; remettez votre cause au ciel. — Ecoutez ce que je dis, et vous en reconnaîtrez — à chaque syllabe l'exacte vérité. — Le duc revient demain... Allons, séchez vos larmes... — Quelqu'un du couvent, son confesseur, — m'a confié ce fait. Déjà il en a porté — l'avis à Escalus et à Angelo, — qui s'apprêtent à le recevoir aux portes — pour lui remettre leurs pouvoirs. Si vous pouvez, mettez votre raison — à la salutaire allure que je désire lui voir prendre, — et vous obtiendrez une satisfaction complète de ce misérable, — la faveur du duc, la vengeance que vous avez à cœur, — et la louange de tous.

ISABELLE.

Je me laisse diriger par vous.

LE DUC, lui remettant un pli.

— Eh bien, portez cette lettre à frère Pierre ; — c'est celle où il me mande le retour du duc. — Dites-lui, sur la foi de ce gage, que je désire sa présence — chez Marianne ce soir. La cause de votre amie, la vôtre, — je lui expliquerai tout parfaitement ; il vous conduira — devant le duc, et il accusera Angelo — face à face. Pour moi, pauvre moine, — je suis lié par un vœu sacré, — et je serai absent. Partez, vous, avec cette lettre ; — contenez ces larmes qui brûlent vos yeux, — avec la force d'un cœur serein. Ne vous fiez plus à mon saint ordre, — si j'égare votre marche... Qui est là?

Entre Lucio.

LUCIO.

— Bonjour! Moine, où est le prévôt?

SCÈNE XIII.

LE DUC.

Il est dehors, monsieur.

LUCIO.

O jolie Isabelle! J'ai le cœur livide de voir tes yeux si rouges : il faut prendre patience !... Je me résigne à dîner et à souper avec de l'eau et du son; dans l'intérêt de ma tête, je n'ose plus m'emplir le ventre; un repas substantiel m'exciterait à la chose. Mais on dit que le duc sera ici demain... Ma foi, Isabelle, j'aimais ton frère; si ce vieux fantasque, le duc des coins noirs, avait été ici, Claudio aurait vécu.

Sort Isabelle.

LE DUC.

Monsieur, le duc vous est merveilleusement peu obligé pour tous vos rapports : heureusement que son caractère n'en dépend pas.

LUCIO.

Moine, tu ne connais pas le duc aussi bien que moi : c'est un meilleur coureur de buissons que tu ne supposes.

LE DUC.

Allez, un jour vous répondrez de ceci. Adieu.

LUCIO.

Non, attends; je vais faire route avec toi. Je puis te dire de jolies histoires du duc.

LE DUC.

Monsieur, vous m'en avez déjà trop dit, si elles sont vraies; si elles ne le sont pas, une seule était superflue.

LUCIO.

J'ai comparu une fois devant lui pour avoir engrossé une donzelle.

LE DUC.

Vous avez fait chose pareille?

LUCIO.

Oui, morbleu ; mais j'ai dû la nier sous serment ; sans quoi, on m'aurait marié à cette vertu blette.

LE DUC.

Monsieur, votre compagnie est plus gaie qu'honnête. Portez-vous bien.

LUCIO.

Ma foi, je veux aller avec toi jusqu'au bout de la ruelle. Si les propos grivois t'offensent, nous en serons sobre. Dame, frère, je suis une espèce de poix ; je m'attache.

Ils sortent.

SCÈNE XIV.

[Chez Angelo.]

Entrent Angelo et Escalus.

ESCALUS.

Chacune des lettres qu'il écrit désavoue l'autre.

ANGELO.

De la manière la plus contradictoire et la plus incohérente. Ses actes ont une grande apparence de folie : prions le ciel que sa raison ne soit pas altérée. Et pourquoi le rencontrer aux portes et lui remettre là notre autorité ?

ESCALUS.

Je ne devine pas.

ANGELO.

Et pourquoi devons-nous proclamer une heure avant son entrée que, s'il y a des gens qui désirent un redressement de griefs, ils devront présenter leur pétition dans la rue ?

ESCALUS.

La raison en est visible, c'est pour en finir avec toutes

les plaintes et pour nous délivrer des récriminations ultérieures qui dès lors seront sans force contre nous.

ANGELO.

Eh bien, chargez-vous de cette proclamation, je vous prie. — J'irai vous voir chez vous de bon matin. — Faites prévenir les grands vassaux — qui doivent le rencontrer.

ESCALUS.

Oui, monsieur. Adieu.

ANGELO.

Bonsoir !

Escalus sort.

— Cette action me bouleverse entièrement, elle me déconcerte — et me rend incapable de rien faire... Une vierge déflorée ! — et par un personnage éminent qui outrait — la loi contre ce crime ! Si une tendre pudeur — ne l'empêchait de proclamer son désastre virginal, — comme elle pourrait m'accuser ! Mais la raison l'oblige au silence : — car mon autorité est forte d'un prestige écrasant — qui, avant qu'un scandale privé pût l'atteindre, — confondrait l'accusateur... Claudio aurait vécu, — si je n'avais craint que sa jeunesse turbulente, mue par un dangereux ressentiment, — ne cherchât, dans les temps à venir, à venger — le déshonneur d'une vie concédée — au prix d'une si honteuse rançon... Plût au ciel pourtant qu'il vécût ! — Hélas ! quand une fois nous avons mis notre vertu en oubli, — rien ne va bien : nous voudrions et nous ne voudrions pas.

Il sort.

SCÈNE XV.

[Aux environs de Vienne.]

Entrent le DUC, dans son costume de prince, et FRÈRE PIERRE.

LE DUC, *remettant des papiers au moine.*

— Remettez-moi ces lettres au moment opportun. —

Le prévôt connaît notre projet et notre plan. — La chose une fois en train, observez bien vos instructions, — et poursuivez toujours notre but suprême, — dussiez-vous dévier parfois d'un expédient à l'autre, — selon que les circonstances l'exigeront. Allez, passez chez Flavius, — et dites-lui où je suis : prévenez pareillement — Valencius, Roland et Crassus, — et dites-leur d'amener les trompettes jusqu'à la porte de la ville ; — mais envoyez-moi d'abord Flavius.

FRÈRE PIERRE.

Vos ordres vont être exécutés au plus vite.

Il sort.

Entre VARRIUS.

LE DUC.

— Je te remercie, Varius ; tu as fait grande diligence. — Viens, nous marcherons ensemble. D'autres de nos amis — vont venir nous saluer ici tout à l'heure, mon gentil Varrius.

Ils sortent.

SCÈNE XVI.

[Un faubourg de Vienne.]

Entrent ISABELLE et MARIANNE.

ISABELLE.

— Je répugne à parler avec tous ces détours ; — je voudrais dire la vérité : mais l'accuser ainsi, — c'est votre rôle à vous. D'ailleurs il me conseille cette façon d'agir — pour mieux voiler nos fins.

MARIANNE.

Laissez-vous guider par lui.

ISABELLE.

— Il me dit en outre que, si par aventure — il parle

contre moi pour la partie adverse, — je ne le trouve pas étrange : car c'est une médecine — dont l'amertume aura un doux arrière-goût.

MARIANNE.

— Je voudrais que frère Pierre…

ISABELLE.

Silence !… le voici qui vient.

Entre FRÈRE PIERRE.

PIERRE.

— Venez, je vous ai trouvé une place très-favorable — où vous serez si bien à la portée du duc — qu'il ne pourra passer sans vous voir. Deux fois les trompettes ont sonné. — Les plus nobles et les plus importants citoyens — ont occupé les portes, et dans un instant — le duc va entrer. Ainsi partons vite.

Ils sortent.

SCÈNE XVII.

[Une place publique devant une porte de Vienne.]

MARIANNE, voilée ; ISABELLE et PIERRE, à distance. Entrent par des côtés opposés, le DUC, VARRIUS et des seigneurs ; ANGELO, ESCALUS, LUCIO, le PRÉVOT, des officiers et des citoyens.

LE DUC, à Angelo.

— Charmé de la rencontre, mon très-digne cousin.

A Escalus.

— Notre vieil et fidèle ami, nous sommes aise de vous voir.

ANGELO ET ESCALUS.

— Heureux soit le retour de votre royale Grâce !

LE DUC.

— Mille remercîments du fond du cœur à vous deux ! — Nous nous sommes enquis de vous ; et nous avons ouï dire — tant de bien de votre justice, que force est à notre âme — de vous désigner à la gratitude publique, — avant-courrière d'autres récompenses.

ANGELO.

Vous augmentez encore mes obligations.

LE DUC.

— Oh! votre mérite parle haut, et je lui ferais injure — en le recélant dans les retranchements secrets de mon cœur, — quand il mérite pour résidence un monument de bronze — inaccessible à la morsure du temps — et à la rature de l'oubli. Donnez-moi votre main, — à la vue de mes sujets, pour que tous sachent bien — que cette courtoisie visible est la proclamation spontanée — de mon intime faveur... Venez, Escalus, — vous marcherez près de nous de l'autre côté... — J'ai en vous deux bons assesseurs.

FRÈRE PIERRE et ISABELLE s'avancent.

FRÈRE PIERRE, à Isabelle.

— Voici le moment pour vous; élevez la voix et agenouillez-vous devant lui.

ISABELLE.

— Justice, ô royal duc! Abaissez votre regard — sur une fille... je voudrais dire une vierge, outragée! — O digne prince, ne déshonorez pas vos yeux — en les détournant sur un autre objet — avant d'avoir entendu ma juste plainte — et de m'avoir fait justice! justice, justice, justice!

LE DUC.

— Exposez vos griefs : outragée en quoi ? par qui ? Soyez brève. — Voici le seigneur Angelo qui vous fera justice :
— révélez-vous à lui.

ISABELLE.

O digne duc! — Vous me dites de réclamer du démon la rédemption. — Écoutez-moi vous-même; car ce que j'ai à dire — doit ou m'attirer un châtiment, si je ne suis pas crue, — ou arracher de vous une réparation. Écoutez-moi, oh ! écoutez-moi ici.

ANGELO.

— Monseigneur, sa raison, je le crains, n'est pas bien affermie : — elle m'a sollicité pour son frère, — frappé par l'arrêt de la justice.

ISABELLE.

Par l'arrêt de la justice !...

ANGELO.

— Et elle va tenir un langage bien amer et bien étrange.

ISABELLE.

— Un langage bien étrange, mais aussi bien vrai. — Qu'Angelo soit un parjure, n'est-ce pas étrange? — Qu'Angelo soit un meurtrier, n'est-ce pas étrange ? — Qu'Angelo soit un larron adultère, — un hypocrite, un suborneur de vierges, — n'est-ce pas étrange et très-étrange ?

LE DUC.

Oui, dix fois étrange !

ISABELLE.

— Autant il est vrai que voici Angelo, — autant il l'est que ces étrangetés sont vraies. — Oui, elles sont dix fois vraies ; car la vérité est la vérité — jusqu'à la fin des nombres.

LE DUC.

Qu'on l'emmène ! Pauvre âme, — l'infirmité de sa raison la fait parler ainsi !

ISABELLE.

— O prince, je t'en conjure, si tu crois — qu'il est ailleurs un monde de consolations, — ne me rebute pas avec cette opinion — que je suis atteinte de folie ! Ne juge pas impossible — ce qui n'est qu'improbable. Il n'est pas impossible — que le plus mauvais gueux de cette terre — ait l'air aussi réservé, aussi grave, aussi scrupuleux, aussi accompli — qu'Angelo; ainsi il se peut qu'Angelo, — avec toutes ses parures, tous ses diplômes, tous ses titres, tous ses insignes, — soit un archi-scélérat. Crois-moi, royal prince, — s'il n'est rien moins que cela, il n'est rien ; mais il est pire encore, — et je manque de mots pour le qualifier.

LE DUC.

Sur mon honneur, — si elle est folle comme je le crois, — sa folie a un singulier caractère de bon sens, — une suite dans l'enchaînement des idées — que je n'ai jamais vue à la folie.

ISABELLE.

O gracieux duc, — éloignez cette pensée ; et ne repoussez pas la raison même — sous prétexte d'incohérence ; mais que votre raison serve — à faire surgir la vérité des ténèbres où elle est reléguée — et à reléguer le mensonge qui n'a du vrai que l'apparence.

LE DUC.

Bien des gens qui ne sont pas fous — ont certainement moins de raison... Qu'avez-vous à dire ?

ISABELLE.

— Je suis la sœur d'un nommé Claudio, — condamné pour acte de fornication — à perdre la tête, condamné par Angelo ; — moi, novice d'un couvent, — j'ai été mandée par mon frère ; un nommé Lucio — servant alors de messager...

LUCIO, interrompant.

C'est moi, s'il plaît à votre grâce ; — je suis venu la voir de la part de Claudio, et lui ai demandé — d'essayer sa gracieuse influence auprès du seigneur Angelo, — afin d'obtenir le pardon de son pauvre frère.

ISABELLE.

C'est lui, en effet.

LE DUC, à Lucio.

— On ne vous a pas dit de parler.

SCÈNE XVII.

LUCIO.

Non, mon bon seigneur ; — on ne m'a pas non plus invité à me taire.

LE DUC.

Eh bien, je vous y invite à présent ; prenez-en note, je vous prie ; et quand vous aurez — à répondre pour vous-même, priez le ciel qu'alors vous — soyez irréprochable.

LUCIO.

Je le garantis — à Votre Seigneurie.

LE DUC.

Tâchez d'être bien garanti vous-même ; vous m'entendez.

ISABELLE, montrant Lucio.

— Ce gentilhomme a dit une partie de mon récit.

LUCIO.

Et fort bien.

LE DUC.

— Fort bien, c'est possible. Mais vous faites fort mal — de parler avant votre tour.

A Isabelle.

Poursuivez.

ISABELLE, montrant Angelo.

J'allai — trouver ce perfide et misérable ministre.

LE DUC.

— Voilà des paroles quelque peu folles.

ISABELLE.

Pardonnez : — ce langage est justifié.

LE DUC.

Pourvu qu'il soit rectifié. Au fait ! poursuivez.

ISABELLE.

J'abrége... Inutile que je raconte — comment j'argumentai, comment je suppliai à genoux,— comment il me réfuta et comment je répliquai ; —car tout cela fut long...

J'arrive vite — à l'infâme conclusion dont le seul aveu m'emplit de douleur et de honte. — Il ne voulait relâcher mon frère que si je livrais ma chaste personne — aux désirs effrénés de sa concupiscence. — Après de longs débats, — la pitié fraternelle fit taire mon honneur, — et je cédai. Mais le lendemain matin, son caprice assouvi, il envoie l'ordre — de décapiter mon pauvre frère.

LE DUC, ironiquement.

La chose est bien vraisemblable!

ISABELLE.

— Oh! que n'est-elle aussi vraisemblable qu'elle est vraie!

LE DUC.

— Par le ciel, misérable folle, tu ne sais ce que tu dis, — ou bien tu es subornée pour attaquer son honneur — par quelque odieuse cabale. D'abord son intégrité — est sans tache; ensuite, il n'est pas admissible — qu'il eût poursuivi avec une telle véhémence — des fautes personnelles à lui-même. S'il avait ainsi failli, — il aurait pesé ton frère à sa propre balance — et ne l'aurait pas frappé à mort. Quelqu'un t'a mise en avant : — confesse la vérité, et dis à quelle suggestion — tu viens ici te plaindre.

ISABELLE.

Est-ce là tout?... — O vous donc, bienheureux ministres d'en haut, — accordez-moi la résignation, et, la saison venue, — dévoilez le crime aujourd'hui drapé — dans l'hypocrisie!... Que le ciel préserve Votre Grâce du malheur, — comme il est vrai que je m'éloigne d'ici, victime incomprise!

LE DUC.

— Je sais que vous voudriez bien vous éloigner... Un exempt! — En prison cette femme! Permettrons-nous qu'ainsi — le souffle flétrissant de la calomnie tombe — sur qui nous est si proche? Ceci doit être une machina-

SCÈNE XVII.

tion... — Qui était instruit de vos intentions et de votre démarche?

ISABELLE.

— Quelqu'un que je voudrais ici, frère Ludovic.

LE DUC.

— Un saint confesseur, sans doute!... Qui connaît ce Ludovic?

LUCIO.

— Monseigneur, je le connais ; c'est un moine intrigant. —Je n'aime pas l'homme : si c'eût été un laïque, monseigneur, — pour certaines paroles qu'il a dites contre Votre Grâce, —pendant votre retraite, je l'aurais étrillé d'importance.

LE DUC.

— Des paroles contre moi! C'est un digne moine apparemment! — Et animer cette misérable femme que voici — contre notre lieutenant! Qu'on me trouve ce moine.

LUCIO.

— Pas plus tard qu'hier soir, monseigneur, je les ai vus, elle et ce moine, à la prison, un moine impudent, — un misérable drôle!

FRÈRE PIERRE, s'avançant.

Bénie soit votre royale Grâce! — J'étais là, monseigneur, et j'ai entendu — abuser votre oreille royale. Et d'abord, cette femme — accuse bien à tort votre lieutenant — qui est aussi pur de tout contact coupable avec elle — qu'un enfant encore à naître.

LE DUC.

C'est ce que nous croyions. — Connaissez-vous ce frère Ludovic dont elle parle?

FRÈRE PIERRE.

— Je le connais pour un saint religieux, — non pour

un misérable ni pour un mondain intrigant, — comme le représente ce gentilhomme.

Il montre Lucio.

— C'est un homme, je le garantis, qui n'a jamais — diffamé Votre Grâce, comme l'affirme celui-ci.

LUCIO.

— Il l'a fait, monseigneur, et bien outrageusement, croyez-le.

FRÈRE PIERRE.

— Soit! un jour peut-être il pourra se justifier lui-même; — mais pour le moment, monseigneur, il est malade — d'une étrange fièvre. C'est lui qui, — ayant su qu'une plainte devait être — portée contre le seigneur Angelo, m'a requis de venir ici — pour faire en son nom la déclaration de ce qu'il sait — être vrai ou faux, déclaration qu'il s'engage — à appuyer de toutes les preuves sous la foi du serment, — dès qu'il sera mis en demeure. Et d'abord, — pour justifier ce digne seigneur, — si publiquement et si personnellement accusé, vous allez entendre le démenti direct qui va confondre cette femme, — de son propre aveu.

LE DUC.

Bon frère, nous écoutons.

Des gardes emmènent Isabelle, et Marianne, voilée, s'avance.

— Est-ce que tout cela ne vous fait pas sourire, seigneur Angelo? — O ciel! l'outrecuidance de ces misérables insensés! — Qu'on nous donne des siéges... Venez, cousin Angelo; — en ceci je veux être partial; soyez juge — dans votre propre cause...

Montrant Marianne au moine.

Est-ce là le témoin, frère? — que d'abord elle montre son visage, et ensuite qu'elle parle.

MARIANNE.

— Pardon, monseigneur, je ne veux pas montrer mon visage, — que mon mari ne me le commande.

SCÈNE XVII.

LE DUC.

Quoi! Êtes-vous mariée?

MARIANNE.

— Non, monseigneur.

LE DUC.

Êtes-vous demoiselle?

MARIANNE.

Non, monseigneur.

LE DUC.

— Veuve alors?

MARIANNE.

Non plus, monseigneur.

LE DUC.

Eh! vous — n'êtes donc rien. Ni demoiselle, ni veuve, ni épouse!

LUCIO.

Monseigneur, c'est peut-être une gourgandine, car bon nombre de celles-là ne sont ni demoiselles, ni veuves, n épouses.

LE DUC.

— Faites taire ce gaillard, je voudrais qu'il eût quelque cause — de pérorer pour lui-même.

LUCIO.

Bien, monseigneur.

MARIANNE.

— Monseigneur, je confesse que je n'ai jamais été mariée; — et je confesse en outre que je ne suis pas demoiselle. — J'ai connu mon mari, et pourtant mon mari ne sait pas — qu'il m'a connue.

LUCIO.

C'est qu'alors il était ivre, monseigneur : pas de meilleure explication.

LE DUC.

— Que ne l'es-tu toi-même, dans l'intérêt du silence!

LUCIO.

Bien, monseigneur.

LE DUC, désignant Marianne.

— Ce n'est pas là un témoin pour le seigneur Angelo.

MARIANNE.

J'y arrive, monseigneur. — Celle qui accuse Angelo de fornication, — accuse mon mari de ce crime, — et au moment même où elle prétend qu'il l'a commis, monseigneur, — je suis prête à déposer qu'il était entre mes bras, — dans tous les épanchements de l'amour.

ANGELO.

Elle accuse donc un autre que moi?

MARIANNE.

— Nul autre que je sache.

LE DUC.

Nul autre? vous venez de dire, votre mari.

MARIANNE.

— Eh! justement, monseigneur, ce mari est Angelo — qui croit être sûr de ne m'avoir jamais possédée, — et qui est sûr, à ce qu'il croit, d'avoir possédé Isabelle.

ANGELO.

— Voilà une étrange aberration... Voyons ton visage.

MARIANNE.

— Mon mari me l'ordonne, je vais me démasquer.

Elle se dévoile.

— Voici ce visage, cruel Angelo, — que tu juras jadis être digne d'un regard; — voici cette main qui, par un contrat sacré, — fut rivée à la tienne; voici la personne — qui s'est chargée de l'engagement d'Isabelle — et qui, dans ton pavillon, a rempli près de toi — son rôle.

LE DUC, à Angelo.

Connaissez-vous cette femme?

LUCIO.

— Charnellement, comme elle le dit.

SCÈNE XVII.

LE DUC.

Assez, drôle !

LUCIO.

Suffit, monseigneur.

ANGELO.

— Monseigneur, je dois l'avouer, je connais cette femme ; — il y a cinq ans, il fut question d'un mariage — entre moi et elle. La chose fut rompue, — en partie, parce que la dot — se trouva au-dessous de nos conventions, mais principalement — parce que sa réputation était entachée — de légèreté. Depuis cette époque, depuis cinq ans, — je ne lui ai jamais parlé, je ne l'ai jamais vue, je n'ai jamais entendu parler d'elle, — j'en jure sur ma foi, sur mon honneur.

MARIANNE, se jetant aux genoux du duc.

Noble prince, — comme il est vrai que la lumière vient du ciel et la parole du souffle, — que la raison est dans la la vérité et la vérité dans la vertu, — je suis fiancée à cet homme aussi étroitement — que peuvent engager des paroles sacrées. Oui, mon bon seigneur, — pas plus tard que la nuit de mardi dernier, dans le pavillon de son jardin, — il m'a connue comme sa femme. Si je dis vrai, — que je me relève saine et sauve ! — Sinon, que je sois pour toujours fixée ici, — statue de marbre !

Elle se relève.

ANGELO.

Je n'ai fait que sourire jusqu'ici. — Maintenant, mon bon seigneur, accordez-moi les pleins pouvoirs de la justice. — Ma patience est mise à bout ici : je vois — que ces pauvres insensées ne sont — que les instruments de quelque personnage plus puissant — qui les pousse. Autorisez-moi, monseigneur, — à éclaircir cette intrigue.

LE DUC.

Oui, de tout mon cœur, — et punissez-les dans toute la rigueur de votre bon plaisir. — Moine stupide ! femme perfide, complice — de celle qu'on vient d'emmener ! crois-tu donc que tes serments, — quand ils invoqueraient tous les saints, — seraient des témoignages suffisants contre un mérite et une loyauté, — marqués au sceau de l'épreuve ? Vous, Seigneur Escalus, — siégez avec mon cousin : prêtez-lui votre obligeante assistance — pour découvrir l'origine de cette diffamation. — Il y a un autre moine qui les a poussés ; — qu'on l'envoie chercher.

FRÈRE PIERRE.

Je voudrais qu'il fût ici, monseigneur ; car c'est lui effectivement — qui a poussé ces femmes à se plaindre ainsi. — Votre prévôt sait où il demeure, — et il peut l'amener.

LE DUC, au prévôt.

Allez, faites vite.

Le prévôt sort.

— Et vous, mon noble et inattaquable cousin, — vous à qui il importe de poursuivre cette affaire, — redressez vos griefs par le châtiment, quel qu'il soit, — qui vous conviendra. Moi, pour un moment, — je vais vous quitter ; mais ne bougez pas que vous n'ayez dûment — achevé l'instruction sur ces calomniateurs.

ESCALUS.

Monseigneur, nous allons la faire à fond.

Le duc sort.

Signor Lucio, ne disiez-vous pas que vous connaissiez ce frère Ludovic pour un malhonnête homme ?

LUCIO.

Cucullus non facit monachum. Il n'est honnête que par l'habit ; et puis, il a tenu les plus infâmes propos sur le duc.

ESCALUS.

Nous vous prierons de rester ici jusqu'à ce qu'il vienne, et d'en témoigner contre lui Nous allons trouver dans ce moine un fameux drôle.

LUCIO.

Comme il n'en est pas à Vienne sûr ma parole.

SCÈNE XVII.

ESCALUS, à un huissier.

Ramenez ici cette même Isabelle.

A Angelo.

Je voudrais lui parler. De grâce, monseigneur, permettez que je la questionne ; vous allez voir comme je vais la serrer de près.

LUCIO, désignant Angelo.

Pas de plus près que lui, s'il faut croire ce qu'elle rapporte.

ESCALUS, à Lucio.

Vous dites ?

LUCIO.

Ma foi, monsieur, je pense que, si vous la serriez de près en particulier, elle se rendrait plutôt ; peut-être qu'en public elle aura honte.

Rentrent ISABELLE, *escortée par des exempts, puis le* DUC *en costume de moine, et le* PRÉVÔT.

ESCALUS.

Je vais procéder ténébreusement avec elle.

LUCIO.

C'est le moyen ; car les femmes sont légères vers la minuit.

ESCALUS, à Isabelle, montrant Marianne.

Avancez, donzelle : voici une dame qui dément tout ce que vous avez dit.

LUCIO.

Monseigneur, voici le coquin dont je parlais, il vient avec le prévôt.

ESCALUS.

Et fort à propos... Ne lui parlez pas, que nous ne vous fassions appeler.

LUCIO.

Chut !

ESCALUS, au duc.

Approchez, monsieur : est-ce vous qui avez poussé ces

femmes à calomnier le seigneur Angelo ? Elles l'ont avoué.
LE DUC.
C'est faux.
ESCALUS.
Comment ! savez-vous où vous êtes ?
LE DUC.
—Respect à votre haute magistrature ! qu'il soit dit que le démon — est parfois honoré sur son trône brûlant ! — Où est le duc ? C'est lui qui devrait m'entendre.
ESCALUS.
—Le duc est en nous, et nous voulons vous entendre : —songez à parler sincèrement.
LE DUC.
Hardiment, au moins !... O pauvres créatures, — vous venez donc ici réclamer l'agneau du renard ? — Adieu alors la réparation !... Le duc est parti. — Alors c'en est fait de votre cause !... Le duc est injuste — de se dérober ainsi à votre appel éclatant — et de remettre votre procès à la décision du scélérat — que vous venez ici accuser.
LUCIO.
—C'est le coquin ; c'est celui dont je parlais.
ESCALUS.
—Quoi ! moine irrévérend et impie, — n'est-ce pas assez que tu aies suborné ces femmes — pour accuser ce digne homme ? Oses-tu encore de ta bouche immonde — lui jeter à l'oreille — le nom de scélérat, puis, t'en prenant — au duc lui-même, le taxer d'injustice ?... — Qu'on l'emmène ! Au chevalet cet homme ! Nous te romprons — toutes les jointures, mais nous connaîtrons cette intrigue... Comment ? le duc injuste !
LE DUC.
—Ne vous échauffez pas tant. Le duc — n'oserait pas plus disloquer un de mes doigts qu'il — n'oserait torturer un des siens ; je ne suis pas son sujet, — ni de cette

province. Mes affaires en cet État — m'ont mis à même de vivre à Vienne en observateur; j'y ai vu la corruption fermenter et bouillonner — jusqu'à déborder la cuve; des lois pour toutes les fautes, — mais les fautes si bien tolérées que les plus sévères statuts — y sont comme les prohibitions dans une échoppe de barbier, — un objet de moqueuse remarque (12).

ESCALUS.

— Calomnier l'État! qu'on le mène en prison.

ANGELO.

— Qu'avez-vous à déposer contre lui, signor Lucio? — Est-ce là l'homme dont vous nous avez parlé?

LUCIO.

C'est lui, monseigneur. Venez ici, bonhomme à caboche chauve. Me remettez-vous?

LE DUC.

Monsieur, je vous reconnais au son de votre voix. Je vous ai rencontré à la prison, pendant l'absence du duc.

LUCIO.

Ah! vraiment? Et vous rappelez-vous ce que vous avez dit du duc?

LE DUC.

Très-nettement, monsieur.

LUCIO.

Vraiment, monsieur? Et le duc est-il en effet un paillard, un fou et un couard, comme vous le prétendiez alors?

LE DUC.

Il faut, monsieur, que vous changiez de personnage avec moi, avant de mettre ce propos sur mon compte; c'est vous-même qui avez dit cela de lui; et bien pis, bien pis.

LUCIO.

O damnable drôle! Est-ce que je ne t'ai pas tiré par le nez pour ces propos-là?

LE DUC.

Je proteste que j'aime le duc comme moi-même.

ANGELO.

Entendez-vous comme le scélérat voudrait clore la chose, après ses outrageantes félonies?

ESCALUS.

Il ne faut pas discuter avec un pareil coquin. Emmenez-le en prison!... Où est le prévôt?... Emmenez-le en prison; tirez sur lui force verroux; qu'on ne l'écoute plus... Emmenez aussi ces drôlesses avec leur autre complice.

Le prévôt met la main sur le duc.

LE DUC.

Arrêtez, monsieur; arrêtez un moment.

ANGELO.

Quoi! il résiste! Prêtez main forte, Lucio.

LUCIO.

Allons, monsieur; allons, monsieur; allons, monsieur! Ah ça, monsieur!... Comment, caboche chauve, misérable menteur! Il faut que vous soyez encapuchonné, n'est-ce pas? Montrez votre visage de chenapan, et que la vérole vous étouffe! Montrez votre face de loup, et qu'on vous étrangle une heure durant! Ça tient donc bien?

Il arrache le capuchon du moine et le duc paraît.

LE DUC.

— Tu es le premier maraud qui ait jamais fait un duc...
— Et d'abord, prévôt, permettez que je sois la caution de ces trois nobles créatures.

Il montre frère Pierre, Isabelle et Marianne.

A Lucio qui cherche à se sauver.

— Ne vous esquivez pas, monsieur; car entre le moine et vous — il doit y avoir une explication tout à l'heure... Qu'on se saisisse de lui.

LUCIO.

— Ceci peut aboutir à pis que la potence.

SCÈNE XVII.

LE DUC, à Escalus.

— Je vous pardonne ce que vous avez dit ; asseyez-vous.

Montrant Angelo.

— Nous allons lui emprunter sa place.

A Angelo.

Monsieur, avec votre permission.

Il s'assied à la place d'Angelo.

— As-tu encore une parole, une idée, une imposture — qui puisse t'être utile ? En ce cas, — aies-y recours avant d'avoir entendu ce que j'ai à dire, — car alors il ne sera plus temps.

ANGELO.

O mon redouté seigneur, — je serais plus criminel encore que mon crime, — si je prétendais rester impénétrable, — quand je m'aperçois que Votre Grâce, comme une puissance divine, — a eu l'œil sur toutes mes menées. Aussi, bon prince, — ne retenez pas plus longtemps ma honte à votre barre, — mais que mon procès s'achève avec ma confession. — Une sentence immédiate, et ensuite la mort, — voilà toute la grâce que j'implore.

LE DUC.

Approchez, Marianne... — As-tu jamais été fiancé à cette femme, dis ?

ANGELO.

Oui, monseigneur.

LE DUC.

— Retire-toi avec elle et épouse-la sur-le-champ.

A frère Pierre.

— Vous, mon père, officiez ; et la cérémonie achevée, — revenez ici... Allez avec lui, prévôt.

Sortent Angelo, Marianne, frère Pierre et le prévôt.

ESCALUS.

— Monseigneur, je suis plus étonné de son déshonneur — que du scandale étrange qui le révèle.

LE DUC.

Approchez, Isabelle. — Votre confesseur est maintenant votre prince. L'homme qui était naguère — si zélé et si fervent pour vos intérêts, — n'a pas changé de cœur comme d'habit; je suis toujours — votre défenseur dévoué.

ISABELLE.

Oh! pardonnez-moi, — à moi, votre vassale, d'avoir usé et abusé — de votre auguste incognito.

LE DUC.

Vous êtes pardonnée, Isabelle; — et maintenant, chère fille, soyez aussi indulgente pour nous. — La mort de votre frère, je le sais, pèse à votre cœur; — et vous vous demandez peut-être avec surprise pourquoi je suis resté dans mon obscurité, — moi qui travaillais à lui sauver la vie, et pourquoi — je n'ai pas fait un brusque déploiement de ma puissance cachée, — plutôt que de le laisser périr ainsi. O généreuse fille, — c'est la rapidité de son exécution, — que je croyais moins imminente, — qui a paralysé mon projet. Mais la paix soit avec lui ! — La vie qui n'a plus à s'effrayer de la mort est une vie meilleure — que celle qui se passe à s'en effrayer. Consolez-vous à l'idée — que votre frère est heureux.

ISABELLE.

Oui, monseigneur.

Rentrent ANGELO, MARIANNE, FRÈRE PIERRE *et le* PRÉVOT.

LE DUC.

— Quant à ce nouveau marié qui s'approche, — et dont l'impudique caprice a outragé — votre honneur si bien défendu, vous devez lui pardonner — en faveur de Marianne. Mais puisqu'il a condamné votre frère, — puisque, doublement criminel, il a violé — la chasteté sacrée et rompu la promesse — qu'il avait faite de sauver votre frère, — la clémence même de la loi nous crie — de la manière la plus éclatante, par la propre bouche du coupable : — *Angelo pour Claudio! Mort pour mort!* — Que la hâte réponde à la hâte, le délai au délai! Justice pour justice, et *Mesure pour Mesure.* — Donc, Angelo, ton crime est manifeste : — tu voudrais le nier, que cela ne t'avancerait à rien ; — nous te condamnons à périr sur le même billot — où Claudio s'est incliné pour la mort... Que l'exécution soit aussi prompte! — Emmenez-le.

MARIANNE.

Oh! mon gracieux seigneur, — j'espère que vous ne ferez pas de mon mariage une moquerie!

LE DUC.

— C'est votre mari qui en a fait une moquerie... — Pour la sauvegarde de votre honneur, — j'ai cru votre union nécessaire; autrement on vous aurait imputé à crime — de l'avoir connu, et ce reproche aurait pesé sur votre vie et étouffé votre bonheur à venir. Quant à ses biens, — quoiqu'ils nous reviennent par droit de confiscation, — nous vous les concédons à titre de douaire, — pour vous acheter un meilleur mari.

MARIANNE.

O mon cher seigneur, — je n'en veux pas d'autre ni de meilleur.

LE DUC.

N'implorez plus pour lui ; nous sommes inflexible.

MARIANNE, s'agenouillant.

Mon doux suzerain!

LE DUC.

Vous perdez votre peine... — A mort cet homme!

A Lucio.

Maintenant, monsieur, à vous.

MARIANNE.

— O mon bon seigneur... Chère Isabelle, prenez mon

parti ; — prêtez-moi vos genoux et je vous prêterai — toute ma vie à venir, oui, toute ma vie pour vous servir.

LE DUC.

— Tu la sollicites contre toute raison. — Si elle s'agenouillait par pitié pour ce forfait, — le spectre de son frère s'arracherait à son lit de pierre et l'enlèverait d'ici dans un élan d'horreur,

MARIANNE.

Isabelle, — chère Isabelle, agenouillez-vous seulement près de moi ; — élevez les mains sans rien dire ; je parlerai seule... — On dit que les hommes les meilleurs sont pétris de défauts, — et que le plus souvent, après avoir eu quelque faiblesse, — ils n'en valent que mieux : il en peut être ainsi de mon mari ! — O Isabelle, ne me prêterez-vous pas un genou ?

LE DUC.

— Il meurt pour la mort de Claudio.

ISABELLE, s'agenouillant.

Magnanime seigneur, — veuillez agir envers ce condamné, — comme si mon frère vivait. Je crois presque — qu'une stricte sincérité a gouverné ses actions — jusqu'au jour où il m'a vue. Si cela est, — ne le faites pas mourir. Mon frère a été légalement frappé, — puisqu'il avait fait la chose pour laquelle il est mort. — Pour Angelo, — l'action n'a pas suivi la mauvaise intention, — elle doit donc être ensevelie dans l'oubli comme une intention — morte en route. Les pensées ne sont pas justiciables : — les intentions ne sont que des pensées.

MARIANNE.

Que des pensées, monseigneur !

LE DUC.

— Votre prière est stérile... Debout, vous dis-je... — Mais je me souviens d'une autre faute. — Prévôt, comment se fait-il que Claudio ait été décapité — à une heure inusitée?

LE PRÉVOT.

C'est par commandement exprès.

LE DUC.

— Avez-vous reçu un mandat spécial pour l'exécution?

LE PRÉVOT.

— Non, mon bon seigneur; c'est en vertu d'un message privé.

LE DUC.

— Pour ce fait, je vous destitue de votre charge; — rendez vos clefs.

LE PRÉVOT.

Pardonnez-moi, noble seigneur. — Je me doutais bien que c'était une faute, mais je n'en étais pas sûr; — pourtant je me suis repenti après mûre réflexion; — et la preuve, c'est qu'il y a dans la prison un homme — qui devait mourir en vertu d'un ordre privé — et que j'ai laissé vivre.

LE DUC.

Quel est cet homme?

LE PRÉVOT.

Son nom est Bernardin.

LE DUC.

— Que n'as-tu agi de même à l'égard de Claudio!... — Va, amène-moi ce prisonnier, que je le voie.

Le Prévôt sort.

ESCALUS, à Angelo.

— Je regrette qu'un homme qui, comme vous, Angelo, — a toujours paru si éclairé et si sage, — ait failli si grossièrement d'abord par l'ardeur des sens, — et ensuite par le manque de modération dans le jugement.

ANGELO.

— Je regrette de causer un pareil regret; — et j'en ai le

cœur si profondément navré — que j'invoque la mort plutôt que le pardon ; — je l'ai méritée et je l'implore.

Rentre le PRÉVOT, amenant BERNARDIN, CLAUDIO, qui a la tête enveloppée dans son manteau, et JULIETTE.

LE DUC.

— Lequel est Bernardin ?

LE PRÉVOT.

Celui-ci, monseigneur.

LE DUC.

— Il y a un moine qui m'a parlé de cet homme... — L'ami, on dit que tu as une âme endurcie — qui ne conçoit rien au delà de ce monde, — et que tu arranges ta vie en conséquence. Tu es condamné ; — mais, pour ta peine terrestre, je te la remets toute ; — profite de cette grâce, je t'en prie, pour te préparer — un meilleur avenir... Mon père, conseillez-le ; — je le laisse entre vos mains. Quel est ce gaillard si bien emmitouflé ?

LE PRÉVOT.

— C'est un autre prisonnier que j'ai sauvé, — et qui devait mourir décapité en même temps que Claudio ; — il ressemble à Claudio, à croire que c'est lui même.

Il découvre le visage de Claudio.

LE DUC, à Isabelle.

— S'il ressemble à votre frère, en souvenir de lui — je lui pardonne. Pour vous, aimable beauté, — accordez-moi votre main, — dites que vous voulez bien être à moi, — et le voici mon frère.

Il montre Claudio.

Tout cela s'expliquera en temps opportun. — A présent, le seigneur Angelo devine qu'il est sauvé ; — il me semble voir une lueur dans son regard. — Allons, Angelo, vous recueillez le bien pour le mal : — songez à aimer votre femme ; elle ne vaut pas moins que vous. — Je me sens une disposition à l'indulgence, — et pourtant il y a quelqu'un céans que je ne puis pardonner.

A Lucio.

— Vous, l'ami, qui me teniez pour un niais, un couard, — un luxurieux fieffé, un âne, un fou, — en quoi donc ai-je mérité de — vous un pareil panégyrique ? —

LUCIO.

Ma foi, monseigneur, je n'ai fait que plaisanter suivant la mode du jour. Si vous voulez me pendre pour ça, vous le pouvez, mais j'aimerais mieux, ne vous en déplaise, être fouetté.

LE DUC.

— Fouetté d'abord, monsieur, et pendu ensuite. — Prévôt, faites proclamer par toute la ville — que, s'il existe une femme outragée par ce libertin, — (et je lui ai entendu jurer à lui-même qu'il en est une — qu'il a rendue mère), elle n'a qu'à paraître, — et il l'épousera : la noce finie, — qu'il soit fouetté et pendu.

LUCIO.

Je conjure Votre Altesse de ne pas me marier à une putain. Votre Altesse disait à l'instant que j'avais fait d'elle un duc : mon bon seigneur, ne m'en récompensez pas en faisant de moi un cocu.

LE DUC.

Sur mon honneur, tu l'épouseras. — A cette condition je te pardonne tes calomnies et — te remets tes autres offenses... Emmenez-le en prison, — et veillez à ce que nos volontés soient exécutées. —

LUCIO.

Me marier à une drôlesse, monseigneur, c'est m'infliger la mort, le fouet et la hart.

LE DUC.

— C'est ce que mérite le calomniateur d'un prince.

Montrant Juliette à Claudio.

—Songez, Claudio, à faire réparation à celle que vous avez lésée. — Joie à vous, Marianne !... Aimez-la, Angelo, — je l'ai confessée et je connais sa vertu... — Merci, bon ami Escalus, de ta grande bonté ; — l'avenir t'en réserve une récompense plus éclatante. — Merci, prévôt, de ton zèle et de ta discrétion ; — nous t'emploierons dans un poste plus digne... — Pardonnez-lui, Angelo, de vous avoir apporté — la tête de Ragozin au lieu de celle de Claudio ; — la faute s'excuse d'elle-même... Chère Isabelle, — j'ai à faire une proposition qui intéresse fort votre bonheur : — si vous y prêtez une oreille favorable, — ce qui est mien est vôtre, et ce qui est vôtre est mien. — Sur ce, qu'on nous conduise à notre palais, et nous y révélerons — ce qui nous reste à dire, ce qu'il convient que vous sachiez tous.

Ils sortent.

FIN DE MESURE POUR MESURE.

TIMON D'ATHÈNES

PERSONNAGES (13)

TIMON D'ATHÈNES.
ALCIBIADE, capitaine athénien.
FLAVIUS, intendant de Timon.
APEMANTUS, philosophe acariâtre.
LUCIUS,
LUCULLUS, } nobles, flatteurs de Timon.
SEMPRONIUS,
VENTIDIUS, un des faux amis de Timon.
UN POÊTE.
UN PEINTRE.
UN JOAILLIER.
UN MARCHAND.
FLAMINIUS,
LUCILIUS, } serviteurs de Timon.
SERVILIUS,

CAPHIS,
PHILOTUS,
TITUS, } serviteurs des créanciers de Timon.
LUCIUS,
HORTENSIUS,
DEUX SERVITEURS DE VARRON.
LE SERVITEUR D'ISIDORE.
DEUX DES CRÉANCIERS DE TIMON.
UN VIEIL ATHÉNIEN.
TROIS ÉTRANGERS.
DES BANDITS.
UN PAGE.
UN FOU.
CUPIDON.
DES MASQUES.
PHRYNÉ,
TIMANDRA, } maîtresses d'Alcibiade.
OFFICIERS, SOLDATS, SÉNATEURS ET VALETS.

La scène est à Athènes et dans un bois aux environs de la ville.

SCÈNE 1.

[Le palais de Timon à Athènes.]

Entrent un PEINTRE et un POÈTE.

LE POÈTE.

— Bonjour, monsieur.

LE PEINTRE.

Je suis charmé que vous soyez bien portant.

LE POÈTE.

— Il y a longtemps que je ne vous ai vu. Comment va le monde?

LE PEINTRE.

— Il s'use, monsieur, à mesure qu'il croît en âge.

LE POÈTE.

Oui, c'est chose bien connue. — Mais y a-t-il quelque rareté particulière, quelque étrangeté — qui ne compte encore que peu d'exemples?... Voyez donc.

Entrent par des portes différentes, un JOAILLIER, un MARCHAND, et autres fournisseurs.

— O magie de la générosité! tous ces esprits, c'est ton pouvoir — qui les a évoqués... Je connais ce marchand.

LE PEINTRE.

— Je les connais tous deux; l'autre est un joaillier.

LE MARCHAND, au joaillier.

— Oh ! c'est un digne seigneur.

LE JOAILLIER.

Oui, cela est bien certain.

LE MARCHAND.

— Un homme incomparable, tenu, pour ainsi dire, en haleine — par une infatigable et continuelle bonté ; — un homme hors ligne.

LE JOAILLIER.

J'ai ici un bijou.

LE MARCHAND.

— Oh ! de grâce, faites-le voir... C'est pour le seigneur Timon, monsieur ?

LE JOAILLIER.

— S'il veut en donner le prix. Mais pour ça...

LE POÈTE, déclamant.
> Quand pour un salaire nous vantons le mal,
> Cela ternit la gloire des plus heureux vers,
> Consacrés justement à célébrer le bien...

LE MARCHAND, examinant le bijou.

Il est d'une bonne forme.

LE JOAILLIER.

Et riche : voyez quelle eau !

LE PEINTRE, au poète.

— Vous êtes absorbé, monsieur, par quelque ouvrage, quelque dédicace — à notre grand patron.

LE POÈTE.

Une chose échappée à ma rêverie ! — Notre poésie est comme la gomme qui dégoutte — du tronc nourricier. L'étincelle ne jaillit — du caillou que quand on le frappe ; mais notre noble flamme — naît d'elle-même et déborde comme le torrent, — emportant chaque obstacle... Qu'avez-vous-là ?

SCÈNE I.

LE PEINTRE.

— Un tableau, monsieur... Et quand paraît votre livre?

LE POÈTE.

— Aussitôt ma présentation faite, monsieur. — Voyons votre travail.

LE PEINTRE, montrant un tableau.

C'est un bon travail.

LE POÈTE.

— En effet: voici qui s'enlève parfaitement.

LE PEINTRE.

— C'est passable.

LE POÈTE.

Admirable! Que cette gracieuse figure — a une attitude parlante! Quelle puissance mentale — rayonne dans ce regard! Quelle vaste imagination — fait mouvoir cette lèvre! Tout muet qu'est ce geste, — on pourrait l'interpréter.

LE PEINTRE.

— C'est une parodie assez heureuse de la vie. — Voyez cette touche; est-elle bonne?

LE POÈTE.

J'ose dire — qu'elle en remontre à la nature : le souffle de l'art — qui anime ces traits est plus vivant que la vie.

On voit passer quelques sénateurs.

LE PEINTRE.

— Comme le seigneur Timon est recherché!

LE POÈTE.

— Les sénateurs d'Athènes!... Heureux homme!

D'autres personnages passent.

LE PEINTRE.

— Regardez, encore!

LE POÈTE.

— Vous voyez cette affluence, ce flot immense de

visiteurs. — Dans l'ouvrage que je viens d'ébaucher, j'ai représenté un homme — à qui ce bas monde prodigue les embrassades et les caresses — avec le plus généreux empressement... Mon libre style — ne se fixe à aucun objet particulier, mais se laisse dériver — sur une vaste mer de cire. Nul trait méchant — n'envenime une seule virgule dans l'essor que prend ma poésie ; — mais elle vole, hardie et impétueuse comme l'aigle, — sans laisser de ravage derrière elle.

LE PEINTRE.

— Que voulez-vous dire ?

LE POÈTE.

Je vais vous l'expliquer. — Vous voyez comme toutes les classes, tous les esprits — les plus superficiels et les plus légers, comme — les plus graves et les austères, offrent — leurs services au seigneur Timon : la grande fortune, — dont dispose sa bonne et gracieuse nature, — lui gagne, lui attache, lui asservit — tous les cœurs, depuis le flatteur à la face miroitante — jusqu'à cet Apemantus qui n'aime rien autant — que s'abhorrer lui-même : il n'est pas jusqu'à celui-là qui ne plie — le genou devant Timon, heureux s'il s'en retourne — enrichi d'un sourire.

LE PEINTRE.

Je les ai vus causer ensemble.

LE POÈTE.

— Monsieur, j'ai représenté la fortune trônant — sur une haute et riante colline. A la base de la montagne — sont rangés tous les mérites, les êtres de tous genres — qui, au sein de cette sphère, s'évertuent — à relever leur condition. Dans cette foule — dont les regards sont fixés sur cette souveraine, — je montre un personnage ayant les traits de Timon ; — d'un signe de sa main d'ivoire la Fortune l'appelle à elle, — et par cette faveur subite change en serviteurs et en esclaves — tous ses rivaux.

SCÈNE I.

LE PEINTRE.

C'est conçu grandement. — Ce trône, cette fortune, cette hauteur, — puis cet homme choisi d'un signe dans cette tourbe infime, — s'élançant, tête baissée, sur la côte escarpée — à l'escalade de son bonheur, il me semble que tout cela serait parfaitement rendu — dans notre art.

LE POÈTE.

Mais, monsieur, écoutez-moi jusqu'au bout. — Tous ceux qui naguère étaient ses égaux, — voire même ses supérieurs, aussitôt — s'attachent à ses pas, encombrent ses antichambres, — versent à son oreille l'encens de leurs murmures, — sanctifient jusqu'à son étrier et n'aspirent que par lui — l'air libre.

LE PEINTRE.

Soit! eh bien, après?

LE POÈTE.

— Lorsque la fortune, par un capricieux changement d'humeur, rejette à bas son favori d'hier, tous ces clients — qui s'évertuaient derrière lui à gravir la montagne — sur les genoux et sur les mains, le laissent rouler en bas, — sans qu'aucun l'accompagne dans son déclin.

LE PEINTRE.

C'est chose commune. — Je puis exposer mille peintures allégoriques — qui représenteront ces brusques revers de fortune — plus puissamment que des paroles. N'importe, vous faites bien — de montrer au seigneur Timon que les petits ont vu déjà — culbuter les grands.

Les trompettes sonnent. Entre TIMON, accompagné de sa suite et causant avec le SERVITEUR DE VENTIDIUS.

TIMON.

Il est emprisonné, dites-vous?

LE SERVITEUR.

— Oui, mon bon seigneur. Il doit cinq talents. — Ses

ressources sont à bout, ses créanciers fort rigoureux. — Il demande que vous daigniez écrire — à ceux qui l'ont enfermé ; sinon, — pour lui plus d'espoir.

TIMON.

Noble Ventidius! allons, — je ne suis pas d'un acabit à abandonner — mon ami dans le besoin. Je le tiens — pour un gentilhomme fort digne d'être secouru : — il le sera. Je paierai la dette et le délivrerai.

LE SERVITEUR.

— Il est pour toujours obligé à Votre Seigneurie.

TIMON.

— Recommandez-moi à lui ; je vais envoyer sa rançon ; — et, dès qu'il sera élargi, dites-lui de venir me voir. — Ce n'est pas assez de relever le faible, — il faut le soutenir ensuite... Adieu.

LE SERVITEUR.

Toute prospérité à Votre Honneur !

Il sort.

Entre un VIEILLARD.

LE VIEILLARD.

— Seigneur Timon, daigne m'entendre.

TIMON.

Volontiers, bon père.

LE VIEILLARD.

— Tu as un serviteur nommé Lucilius ?

TIMON.

Oui, après ?

LE VIEILLARD.

— Très-noble Timon, fais venir cet homme devant toi :

TIMON.

— Est-il ici, ici ?... Lucilius !

SCÈNE I.

Entre Lucilius.

LUCILIUS.

— Me voici aux ordres de Votre Seigneurie.

LE VIEILLARD.

— Cet homme, ta créature, seigneur Timon, — fréquente ma maison nuitamment. Je suis un mortel — ayant eu de tout temps du goût pour le profit ; — et ma fortune mérite un héritier plus opulent — qu'une espèce qui tient un tranchoir.

TIMON.

Bien ; où veux-tu en venir ?

LE VIEILLARD.

— J'ai pour toute famille une fille unique — à qui je puis transmettre tout ce que j'ai. — L'enfant est jolie, jeune autant que peut l'être une fiancée, — et je lui ai donné à grands frais — la meilleure éducation. Cet homme qui t'appartient — ose prétendre à son amour : veuille donc, noble seigneur, — te joindre à moi pour lui défendre de la visiter ; — moi, j'ai parlé en vain.

TIMON.

C'est un honnête homme.

LE VIEILLARD.

— Qu'il le soit tant qu'il voudra, Timon. — Il trouve dans son honnêteté même une récompense suffisante, — sans que ma fille en soit l'appoint.

TIMON.

L'aime-t-elle ?

LE VIEILLARD.

Elle est jeune et tendre. — L'expérience de nos propres passions nous apprend — de quelle légèreté est la jeunesse.

TIMON, à Lucilius.

Aimez-vous la jeune fille ?

LUCILIUS.

— Oui, mon bon seigneur, et elle m'agrée.

LE VIEILLARD.

— Si elle se marie sans mon consentement, — j'en prends les dieux à témoin, je choisirai — pour héritier un des mendiants de ce monde, — et je la déposséderai.

TIMON.

Quelle doit être sa dot, — si elle épouse un mari sortable?

LE VIEILLARD.

— Trois talents, pour le présent; et plus tard tout ce que j'ai.

TIMON, désignant Lucilius.

— Ce gentilhomme m'a servi longtemps; — pour fonder sa fortune, je veux faire un petit sacrifice, — car c'est un devoir d'humanité... Accordez-lui votre fille : — la dotation qu'il aura de moi fera contre-poids à la dot qu'elle aura de vous, — et je rétablirai l'équilibre entre lui et elle.

LE VIEILLARD.

Très-noble seigneur, — engagez-vous à cela sur l'honneur, et elle est à lui.

TIMON, tendant la main au vieillard.

— A toi ma main; c'est une promesse d'honneur!

LUCILIUS.

— Je remercie humblement Votre Seigneurie. — Désormais, je le déclare, — tout ce que je puis avoir de richesse et de fortune, je vous le dois.

Sortent Lucilius et le Vieillard.

LE POÈTE, présentant un manuscrit à Timon.

— Daignez agréer mon travail, et vive Votre Seigneurie!

TIMON.

— Je vous remercie; vous aurez de mes nouvelles tout à l'heure : — ne partez pas.

Au peintre.

Qu'avez-vous là, mon ami?

SCÈNE I.

LE PEINTRE.

— Une peinture que je supplie — Votre Seigneurie d'accepter.

TIMON.

La peinture est la bienvenue. — Le portrait, c'est presque l'homme réel ; car depuis que l'infamie trafique de la nature de l'homme, — l'homme est tout extérieur. Ces figures tracées au pinceau sont — effectivement ce qu'elles représentent. J'aime votre œuvre — et vous reconnaîtrez que je l'aime : attendez ici — que je vous donne de mes nouvelles.

LE PEINTRE.

Les dieux vous préservent !

TIMON.

— Salut, messieurs ! donnez-moi votre main. — Nous dînerons ensemble, il le faut.

Au joaillier.

Monsieur, votre bijou — a été accablé par les appréciateurs.

LE JOAILLIER.

Quoi, monseigneur ? aurait-il été déprécié ?

TIMON.

— Il a été écrasé d'éloges. — Si je le payais au prix que fixe l'enthousiasme, — je me ruinerais entièrement.

LE JOAILLIER.

Monseigneur, il n'est estimé — que selon sa valeur commerciale. Mais vous savez bien — que des objets de même prix, en changeant de possesseurs, — changent de valeur. Croyez-le bien, cher seigneur, — vous rehaussez le bijou que vous portez.

TIMON.

La bonne plaisanterie !

LE MARCHAND.

— Non, monseigneur ; il exprime le sentiment général — en disant ce que tous disent.

TIMON.

— Voyez qui vient ici...

Entre APEMANTUS.

TIMON.

Voulez-vous être morigénés?

LE JOAILLIER.

— Nous supporterons ce que supporte Votre Seigneurie.

LE MARCHAND.

Il n'épargnera personne.

TIMON.

— Bonjour, aimable Apemantus.

APEMANTUS.

— Je te rendrai ton bonjour, alors que je serai aimable. — Ce qui arrivera quand tu seras le chien de Timon et que ces coquins seront honnêtes.

TIMON.

— Pourquoi les traites-tu de coquins? Tu ne les connais pas.

APEMANTUS.

— Sont-ils pas Athéniens?

TIMON.

Oui.

APEMANTUS.

Alors je ne me rétracte pas.

LE JOAILLIER.

Vous me reconnaissez, Apemantus.

APEMANTUS.

Tu reconnais que je te reconnais : je t'ai appelé par ton nom.

TIMON.

Tu es bien fier, Apemantus.

APEMANTUS.
Fier avant tout de ne pas ressembler à Timon.
TIMON.
Où vas-tu ?
APEMANTUS.
Rompre la cervelle d'un honnête Athénien.
TIMON.
C'est un acte pour lequel tu mourras.
APEMANTUS.
Oui, si on encourt la mort à frapper le néant.
TIMON.
Comment trouves-tu ce tableau, Apemantus?
APEMANTUS.
Son plus grand mérite est d'être innocent.
TIMON.
Celui qui l'a peint, n'est-il pas habile ?
APEMANTUS.
Plus habile encore est celui qui a fait le peintre; et pourtant il a fait là un sale ouvrage.
LE PEINTRE.
Vous êtes un chien.
APEMANTUS.
Ta mère est de mon espèce : qu'est-elle, si je suis un chien ?
TIMON.
Veux-tu dîner avec moi, Apemantus?
APEMANTUS.
Non : je ne dévore pas les seigneurs.
TIMON.
Si tu les dévorais, tu fâcherais ces dames.
APEMANTUS.
Oh! elles les dévorent elles-mêmes : c'est ce qui leur donne de gros ventres.

TIMON.

Voilà une remarque graveleuse.

APEMANTUS.

C'est ainsi que tu la prends! Garde-la pour ta peine.

TIMON.

Aimes-tu ce joyau, Apemantus?

APEMANTUS.

Moins que la sincérité qui ne coûte pas une obole à l'homme.

TIMON.

Que penses-tu qu'il vaille?

APEMANTUS.

Pas même la peine que j'y pense... Que dis-tu, poète?

LE POÈTE.

Que dis-tu, philosophe?

APEMANTUS.

Tu mens.

LE POÈTE.

Es-tu pas philosophe?

APEMANTUS.

Oui.

LE POÈTE.

Je ne mens donc pas.

APEMANTUS.

Es-tu pas poëte?

LE POÈTE.

Oui.

APEMANTUS.

Alors tu mens. Vois ton dernier ouvrage, où dans une fiction tu le représentes comme un digne homme.

Il montre Timon.

LE POÈTE.

Ce n'est pas une fiction, Timon est ainsi.

SCÈNE I.

APEMANTUS.

Oui, il est digne de toi, et digne de te payer pour ta peine. Qui aime être flatté, est digne du flatteur. Cieux! si j'étais un seigneur!

TIMON.

Eh bien, que ferais-tu, Apemantus?

APEMANTUS.

Ce qu'Apemantus fait aujourd'hui : je haïrais de toute mon âme un seigneur.

TIMON.

Quoi! tu te haïrais toi-même!

APEMANTUS.

Oui.

TIMON.

Pourquoi?

APEMANTUS.

Pour avoir dans une folle boutade souhaité d'être seigneur! Es-tu pas marchand?

LE MARCHAND.

Oui, Apemantus.

APEMANTUS.

Que le négoce fasse ta ruine, si les dieux ne la veulent pas.

LE MARCHAND.

Si le négoce la fait, c'est que les dieux la veulent.

APEMANTUS.

Le négoce est ton dieu : que ton dieu te ruine!

Les trompettes sonnent.

Entre un SERVITEUR.

TIMON.

— Qu'annonce cette trompette?

LE SERVITEUR.

Alcibiade et une vingtaine de cavaliers — de sa société.

TIMON, à quelques-uns de ses gens.

—Allez les recevoir, je vous prie, et guidez-les jusqu'à nous.

Des gens de la suite sortent.

— Vous dînerez avec moi, il le faut... Vous, ne partez pas — que je ne vous aie remercié, et, le dîner fini, — montrez-moi cette pièce... Je suis heureux de vous voir tous.

Entrent ALCIBIADE et ses compagnons.

TIMON, à Alcibiade.

— Vous êtes le très-bien venu, messire !

Ils se saluent.

APEMANTUS, les observant.

Oui, oui, c'est cela ! — Puisse la courbature contracter et épuiser vos souples jarrets ! — Quoi ! si peu de sympathie entre ces faquins doucereux, — et tant de courtoisie !... L'homme dégénère — en babouin et en singe.

ALCIBIADE, à Timon.

—Messire, vous m'aviez affamé de votre vue, et je m'en rassasie — avidement.

TIMON.

Vous êtes le très-bien venu, messire. — Avant de nous séparer, nous passerons un temps généreux — en plaisirs variés... Entrons, je vous prie.

Tous sortent, excepté Apemantus.

Passent deux SEIGNEURS.

PREMIER SEIGNEUR.

Quelle heure est-il, Apemantus ?

APEMANTUS.

L'heure d'être honnête.

PREMIER SEIGNEUR.

Il est toujours cette heure-là.

SCÈNE I.

APEMANTUS.

Tu n'en es que plus réprouvé de la manquer toujours.

DEUXIÈME SEIGNEUR.

Tu vas au banquet du seigneur Timon?

APEMANTUS.

Oui, pour voir la viande remplir des coquins et le vin échauffer des sots.

DEUXIÈME SEIGNEUR.

Salut! salut!

APEMANTUS.

Tu es un sot de m'envoyer deux saluts.

DEUXIÈME SEIGNEUR.

Pourquoi, Apemantus?

APEMANTUS.

Tu aurais dû en garder un pour toi-même, car tu n'en obtiendras pas un seul de moi.

PREMIER SEIGNEUR.

Va te faire pendre.

APEMANTUS.

Non, je ne veux rien faire sur ton injonction : adresse tes requêtes à ton ami.

DEUXIÈME SEIGNEUR.

Va-t'en, chien incorrigible, ou je te chasse d'ici.

APEMANTUS.

Je vais fuir, comme un chien, la ruade de l'âne.

Il sort.

PREMIER SEIGNEUR.

—Il est l'ennemi de l'humanité... Eh bien, entrerons-nous—pour savourer les magnificences de Timon? Il dépasse — en magnanimité la bienfaisance même.

DEUXIÈME SEIGNEUR.

—Il la répand à flots. Plutus, le dieu de l'or,—n'est que son intendant. Pas de service qu'il ne récompense—sept fois pour une. Pas de don qu'il reçoive—sans offrir en retour un présent qui excède — toutes les mesures de la gratitude.

PREMIER SEIGNEUR.

Il porte l'âme la plus noble — qui ait jamais gouverné un homme.

DEUXIÈME SEIGNEUR.

— Puisse-t-il vivre longtemps prospère ! Entrerons-nous ?

PREMIER SEIGNEUR.

— Je vous accompagne.

Ils sortent.

SCÈNE II.

[La salle du festin dans le palais de Timon.]

Les hautbois retentissent. Un grand banquet est préparé. FLAVIUS *et d'autres font le service. Puis entrent* TIMON, ALCIBIADE, LUCIUS, LUCULLUS, SEMPRONIUS *et autres sénateurs athéniens, suivis de* VENTIDIUS *et d'autres. Enfin, derrière eux, survient* APEMANTUS, *l'air mécontent.*

VENTIDIUS.

— Très honoré Timon, il a plu aux dieux de se souvenir de l'âge de mon père — et de l'appeler au long repos. — Il est parti heureux et m'a laissé riche. — Aussi, comme votre générosité en fait un devoir — à ma reconnaissance, je viens vous rendre, — doublés de mes actions de grâces et de mon dévouement, les talents dont le prêt — m'a rendu la liberté.

TIMON.

Oh ! n'en faites rien, — honnête Ventidius : vous méconnaissez mon affection. — Je vous ai remis cette somme en don absolu ; et celui-là — ne peut pas dire avoir donné qui permet qu'on lui rende.—Si de plus grands que nous jouent ce jeu, n'ayons pas la présomption—de les imiter : les fautes des puissants sont toujours plausibles.

VENTIDIUS.

Noble esprit !

Tous les convives restent debout, regardant Timon d'un air cérémonieux.

TIMON.

Ah ! messeigneurs, la cérémonie — n'a été inventée — que pour jeter un lustre sur des actes superficiels, sur une creuse hospitalité, — sur une bienveillance hypocrite qui se repent avant de s'être manifestée. — Mais là où est l'amitié véritable, à quoi bon ? — Asseyez-vous, je vous prie. Vous êtes plus chers à ma fortune — qu'elle ne m'est chère elle-même.

Tous prennent place à table.

PREMIER SEIGNEUR.

— Monseigneur, c'est ce que nous avons toujours confessé.

APEMANTUS.

— Ho ! ho ! vous avez donc fait votre confession, pendards !

TIMON.

— Ah ! Apemantus !... vous êtes le bienvenu.

APEMANTUS.

Non, — je n'entends pas être le bienvenu ici : — je viens pour que tu me jettes à la porte.

TIMON.

—Fi ! tu es un rustre ; tu as contracté là une humeur— qui ne sied pas à un homme, et c'est fort blâmable. — On dit, messeigneurs, *ira furor brevis est*, — mais cet homme-là est toujours en colère. — Allons, qu'on lui donne une table à part ; — car il n'aime pas la compagnie, — et il n'est vraiment pas fait pour elle.

APEMANTUS.

Soit! je resterai à tes risques et périls, Timon; je viens pour observer, je t'en avertis.

TIMON.

Je ne fais pas attention à toi. Tu es Athénien, donc le bienvenu. Moi-même je ne veux avoir ici aucune autorité; je t'en prie, que mon dîner au moins te ferme la bouche.

APÉMANTUS.

— Je fais fi de ton dîner : il m'étoufferait puisque — je ne voudrais pas te flatter... O dieux! que de gens — dévorent Timon, et il ne les voit pas! — Je souffre de voir tant d'êtres acharnés — à la curée d'un seul homme ; et, pour comble de folie, — c'est lui qui les y anime. — Je m'étonne que les hommes osent se fier aux hommes ; — à mon avis, les invités ne devraient pas avoir de couteaux ; — ce serait une économie pour la table et un surcroît de sécurité pour les existences. — Il y a maint exemple de cela : le camarade qui, — ainsi placé près de son hôte, rompt le pain avec lui, et lui fait raison — en avalant son reste, — sera le premier à le tuer; la chose est prouvée. — Moi, si j'étais un gros personnage, je craindrais de boire à table, — de peur de laisser voir le défaut de mon sifflet. — Les grands ne devraient boire que munis d'un gorgerin.

TIMON, à un invité qui lui propose un toast.

— Monseigneur, bien volontiers; et que cette santé aille à la ronde.

DEUXIÈME SEIGNEUR.

— Faites-la couler par ici, mon bon seigneur!

APEMANTUS.

— Couler par ici! — Voilà un gaillard qui sait diriger le courant. — Timon, ces santés-là te donneront mauvaise mine à toi et à ta fortune. — Voici une boisson trop faible pour ne pas être innocente, — eau honnête qui n'a jamais laissé un homme dans la fange! — Ce breuvage est simple comme ma nourriture. Rien d'étonnant à cela ; — les festins sont trop vains pour rendre grâces aux dieux.

GRACES DITES PAR APEMANTUS.

> Dieux immortels, je n'implore pas la richesse ;
> Je ne prie pour nul autre que pour moi.
> Faites que je ne sois jamais assez fou
> Pour me fier à un homme sur son serment ou sa signature,
> A une courtisane, sur ses larmes,
> A un chien qui semble endormi,
> A un geôlier pour ma délivrance,
> Ou à mes amis dans mon besoin.
> Amen. Bon appétit.
> La richesse est péché, et je mange des racines.
> > *Il boit et mange.*

Bonne chance à ton bon cœur, Apemantus !

TIMON.

Capitaine Alcibiade, votre cœur est sur le champ de bataille à présent.

ALCIBIADE.

Mon cœur est toujours à votre service, monseigneur.

TIMON.

Vous aimeriez mieux être à un déjeuner d'ennemis qu'à un dîner d'amis.

ALCIBIADE.

Quand ils sont tout saignants, monseigneur, il n'est pas de mets comparable à celui-là ; c'est un festin que je souhaiterais à mon meilleur ami.

APEMANTUS.

Aussi voudrais-je que tous ces flatteurs fussent tes ennemis, afin que tu pusses les tuer et m'inviter au régal.

PREMIER SEIGNEUR.

Si nous avions seulement ce bonheur, monseigneur, que vous voulussiez bien une fois éprouver nos cœurs et nous mettre à même de vous manifester en partie notre dévouement, nous nous estimerions à jamais comblés.

TIMON.

Oh! n'en doutez pas, mes bons amis, les dieux eux-mêmes ont décidé que je serais un jour puissamment assisté par vous : autrement pourquoi seriez-vous mes amis? Pourquoi, entre mille, auriez-vous reçu ce titre affectueux, si vous n'apparteniez pas spécialement à mon cœur? Je me suis dit à moi-même plus de bien de vous que vous ne pouvez modestement en dire vous-mêmes; si grande est ma confiance en vous! O dieux, ai-je pensé, qu'aurions-nous besoin d'amis, si nous ne devions jamais avoir besoin d'eux? Ce seraient les créatures du monde les plus inutiles, si jamais nous n'étions dans le cas de recourir à eux : ils ressembleraient fort à ces instruments harmonieux, enveloppés de leurs étuis, qui gardent leurs sons pour eux-mêmes. Même, j'ai souvent souhaité de m'appauvrir pour pouvoir me rattacher plus étroitement à vous. Nous sommes nés pour faire le bien; et quelle chose pouvons-nous appeler nôtre plus justement, plus raisonnablement que la fortune de nos amis? Oh! quelle précieuse garantie c'est pour nous de pouvoir, comme des frères, disposer mutuellement de nos richesses!

Il pleure.

O joie noyée avant même d'être née! Mes yeux ne peuvent retenir leurs larmes : pour faire oublier leur faute, je bois à vous.

APEMANTUS.

Tu pleures pour les faire boire, Timon.

DEUXIÈME SEIGNEUR, les larmes aux yeux.

La joie a eu dans nos yeux une naissance semblable, — et la voilà qui apparaît, comme un enfant, au milieu des larmes.

APEMANTUS.

Ho! ho! je ris à la pensée que cet enfant-là est bâtard.

SCÈNE II.

TROISIÈME SEIGNEUR.

Je vous assure, monseigneur, que vous m'avez beaucoup ému.

APEMANTUS.

Beaucoup !

La trompette sonne.

TIMON.

Que signifie cette fanfare ?... Eh bien?

Entre un Serviteur.

LE SERVITEUR.

Ne vous déplaise, monseigneur, il y a là plusieurs dames qui désirent fort être admises.

TIMON.

Des dames? que veulent-elles?

LE SERVITEUR.

Elles sont devancées par un courrier, monseigneur, qui est chargé de signifier leurs intentions.

TIMON.

Faites-les entrer, je vous prie.

Entre Cupidon.

CUPIDON.

—Salut à toi, digne Timon et à tous ceux — qui savourent tes libéralités... Les cinq sens—te reconnaissent pour leur patron, et sont venus spontanément — rendre grâces à ton cœur généreux. — L'ouïe, le goût, le tact, l'odorat, se lèvent ravis de ta table ; — mes compagnes ne viennent maintenant que pour rassasier tes yeux.

TIMON.

Toutes sont les bienvenues : qu'on leur fasse le plus gracieux accueil. — Que la musique les salue.

Cupidon sort.

PREMIER SEIGNEUR.

Vous voyez, monseigneur, combien vous êtes aimé.

Musique. Rentre CUPIDON, *suivi d'une mascarade de dames, vêtues en amazones, qui dansent en jouant du luth.*

APEMANTUS.

— Hé! quelle irruption de frivolités! — elles dansent! ce sont des femmes folles! — la gloire de cette vie n'est qu'une folie, — de même que toute cette pompe, comparée à un peu d'huile et de racines. — Nous nous faisons insensés, pour nous récréer; — nous prodiguons la flatterie pour qu'un homme nous donne à boire; — et ce qu'il nous donne nous le lui rendons sur ses vieux jours — en mépris et en acrimonie venimeuse. — Quel être vit, qui ne corrompe ou ne soit corrompu? — Quel être meurt, qui n'emporte à sa tombe une rebuffade — de ses amis? — Je craindrais que ceux qui dansent en ce moment devant moi, — ne me missent un jour sous leurs pieds. Cela s'est vu. — Les hommes ferment leur porte au soleil couchant.

Les convives se lèvent de table, en prenant devant TIMON *une attitude d'adoration. Pour lui complaire, chacun d'eux choisit une amazone. Tous, distribués par couples, dansent un pas ou deux, au son du hautbois, puis s'arrêtent.*

TIMON.

— Combien vous avez orné nos plaisirs, belles dames! — En prêtant vos grâces à notre fête, — vous en avez doublé la beauté et l'agrément; — en l'exécutant avec tant de talent et d'éclat, — vous m'avez enchanté de ma propre idée. — J'ai à vous remercier.

PREMIÈRE DAME.

Monseigneur, vous nous traitez avec une excessive indulgence.

APEMANTUS.

Dans l'état de corruption excessive où vous êtes, je

doute fort que vous puissiez supporter un traitement plus rude.

TIMON.

— Mesdames, une menue collation — vous attend. Daignez y faire honneur.

TOUTES LES DAMES.

— En vous rendant grâces, monseigneur.

Cupidon et les amazones sortent.

TIMON.

Flavius !

FLAVIUS.

—Monseigneur !

TIMON.

Apporte-moi le petit coffret.

FLAVIUS.

— Oui, monseigneur.

A part.

Encore des bijoux ! — Pas moyen de le contredire en cette humeur-là : — sans quoi, je lui déclarerais... Oui, ma foi, je le devrais. — Quand tout sera dépensé, il regrettera alors de n'avoir pas été contredit.— Quel dommage que la générosité n'ait pas d'yeux par derrière ! — l'homme ne serait jamais victime de son cœur.

Il sort et revient avec le coffret.

PREMIER SEIGNEUR, *se retirant.*

Où sont nos gens ?

UN SERVITEUR.

Ici, monseigneur, à vos ordres.

DEUXIÈME SEIGNEUR, *se retirant.*

— Nos chevaux !

TIMON, *retenant les deux convives.*

Oh ! mes amis, j'ai un mot — à vous dire... Tenez, monseigneur, — j'ai une prière à vous faire : faites-moi l'honneur — d'ennoblir ce bijou : acceptez-le et portez-le, mon cher seigneur.

PREMIER SEIGNEUR, prenant le bijou.

— Je suis déjà tellement comblé par vous.

TOUS.

Nous le sommes tous.

Entre un SERVITEUR.

LE SERVITEUR.

— Monseigneur, plusieurs nobles du sénat — viennent de mettre pied à terre pour vous faire visite.

TIMON.

— Ils sont les très-bien venus.

FLAVIUS.

Je conjure Votre Seigneurie — de daigner m'entendre, sur un sujet qui la touche de près.

TIMON.

— De près ? Alors je t'écouterai dans un autre moment. — Je t'en prie, prépare tout pour fêter les nouveaux venus.

FLAVIUS, à part.

Je ne sais guère comment.

Entre un SECOND SERVITEUR.

SECOND SERVITEUR.

— Sous le bon plaisir de Votre Honneur, le seigneur Lucius — vous offre, comme un hommage spontané de son amitié, — quatre chevaux blancs comme le lait, harnachés d'argent.

TIMON.

— Je les accepte volontiers : que ce présent — soit dignement reconnu.

Entre un TROISIÈME SERVITEUR.

TROISIÈME SERVITEUR.

Ne vous déplaise, monseigneur, ce noble gentilhomme,

messire Lucullus, vous prie à chasser demain avec lui et envoie à Votre Honneur deux couples de lévriers.

TIMON.

— Je chasserai avec lui. Qu'on reçoive ce cadeau, — mais non sans une convenable réciprocité.

FLAVIUS, à part.

Comment cela finira-t-il ? — Il nous ordonne de faire des préparatifs et de donner de somptueux présents, — le tout avec un coffre vide. — Il ne veut pas savoir l'état de sa bourse, ni me permettre — de lui démontrer à quelle pénurie est réduite sa générosité, — désormais impuissante à satisfaire ses désirs. — Ses promesses dépassent tellement ses ressources, — que tout ce qu'il dit l'endette ; il doit davantage — à chaque mot ; il est si bon que maintenant il paie les intérêts de sa bonté ; — ses terres sont toutes hypothéquées. Ah ! je voudrais — être doucement congédié de mon office, avant d'en être chassé par la force des choses. — Mieux vaut n'avoir pas d'amis à fêter — qu'avoir ainsi des amis pires que des ennemis ! — Le cœur me saigne pour mon maître.

Il sort.

TIMON, causant avec plusieurs convives.

Vous vous faites — injure à vous-mêmes, en ravalant à ce point votre mérite.

Offrant un bijou à l'un d'eux.

Voici, monseigneur, un menu souvenir de notre amitié.

DEUXIÈME SEIGNEUR.

— Je le reçois avec une reconnaissance qui n'est certes pas banale.

TROISIÈME SEIGNEUR.

— Oh ! il est l'âme même de la générosité.

TIMON, au deuxième seigneur.

Eh ! je me souviens, monseigneur, vous avez fait — l'autre jour l'éloge d'un cheval bai — que je montais ; il est à vous, puisque vous l'aimez.

DEUXIÈME SEIGNEUR.

— Pour cela, monseigneur, excusez-moi, je vous en conjure.

TIMON.

— Vous pouvez me prendre au mot, monseigneur. Je sais que nul ne peut louer sincèrement que ce qu'il goûte. — Or; le goût de mon ami m'est aussi sacré que le mien même ; — je vous le dis franchement... J'irai vous voir.

TOUS LES SEIGNEURS.

Nul ne sera aussi bienvenu.

TIMON, continuant ses distributions.

— Toutes vos visites sont si particulièrement — agréables à mon cœur que je ne saurais jamais vous donner assez : — il me semble que je pourrais distribuer des royaumes à mes amis, — sans jamais me lasser.

Offrant un joyau splendide à Alcibiade.

Alcibiade, — tu es soldat, par conséquent peu riche ; — c'est donc charité que te donner : car tu ne vis — que sur des morts ; et toutes tes terres — sont des champs de bataille.

ALCIBIADE.

Oui, des terres en friche, monseigneur.

PREMIER SEIGNEUR, à Timon.

— Nous vous sommes si loyalement attachés.

TIMON.

Et moi — à vous !

DEUXIÈME SEIGNEUR.

Si infiniment dévoués.

TIMON.

— Tout à vous !... Des lumières ! des lumières encore !

PREMIER SERVITEUR.

— Que le bonheur le plus pur, l'honneur et la fortune — soient sans cesse avec vous, seigneur Timon.

TIMON.

Toujours au service de mes amis !

Tous sortent, excepté Timon et Apemantus.

APEMANTUS.

Quel remue-ménage céans ! — Que de têtes courbées, que de derrières en saillie ! — Je doute que ces jarrets inclinées vaillent les sommes — dont on les paie. Que de lie dans ces amitiés ! — Il me semble qu'un cœur faux ne devrait pas avoir le jarret ferme. — Voilà donc comment d'honnêtes imbéciles dépensent tout leur bien pour des révérences.

TIMON.

— Ah ! Apemantus, si tu n'étais pas si maussade, — je serais généreux envers toi.

APEMANTUS.

Non, je ne veux rien. Car — si, moi aussi, je me laissais corrompre, il ne resterait plus personne — pour récriminer contre toi, et tu n'en pécherais que plus vite. — Tu donnes depuis si longtemps, Timon, que, j'en ai peur, — — tu finiras par te donner toi-même sur papier ! — A quoi bon ces fêtes, ces pompes et ces vaines magnificences ?

TIMON.

Ah ! — si tu commences à déblatérer contre la société, — je jure de ne pas te prêter attention... — Adieu, reviens avec une musique meilleure.

Il sort.

APEMANTUS.

Soit ! — tu ne veux plus m'entendre à présent ; — eh bien, tu ne m'entendras plus ; je te fermerai — le ciel. Oh ! pourquoi faut-il que les oreilles des hommes — soient sourdes au conseil, et non à la flatterie !

Il sort.

SCÈNE III.

[La maison d'un sénateur à Athènes.]

Entre UN SÉNATEUR, des papiers à la main.

LE SÉNATEUR.

Et dernièrement cinq mille à Varron; à Isidore, — il en doit neuf mille ; ce qui, joint aux sommes déjà prêtées par moi, — fait vingt-cinq mille... Et toujours sa fièvre — de prodigalité furieuse ! Cela ne peut durer; cela ne durera pas. — Si j'ai besoin d'or, je n'ai qu'à voler le chien d'un mendiant, — et à le donner à Timon ; vite ce chien bat monnaie. — Si je veux vendre mon cheval et en acheter vingt autres — meilleurs, eh bien, je donne mon cheval à Timon, — sans rien demander : aussitôt donné, il me met bas sur-le-champ — un tas de chevaux excellents. Pas de portier sur le seuil, — mais un homme qui sourit et invite sans cesse — tous ceux qui passent. Cela ne peut durer. La raison — ne saurait croire solide une telle situation... Caphis ! holà ! — Caphis ! allons !

Entre CAPHIS.

CAPHIS.

Voici, monsieur ! quel est votre bon plaisir ?

LE SÉNATEUR.

— Mettez votre manteau, et courez chez le seigneur Timon. — Réclamez-lui mon argent; ne vous laissez pas arrêter — par un refus évasif, ni réduire au silence par un — *Recommandez-moi à votre maître* débité, le chapeau — tournant dans la main droite, comme ceci... Mais dites-lui morbleu, — que mes besoins sont criants, que je suis forcé d'avoir recours — à ce qui m'appartient, que ses échéances sont — passées, — et que ma folle confiance dans son exactitude — a ruiné mon crédit. Je l'aime et l'honore, — mais je ne puis me casser les reins pour lui guérir le doigt. — Mes nécessités sont immédiates : — je ne dois plus être berné ni éconduit par des paroles, — il me faut un ravitaillement immédiat. Partez : — prenez un air très-impératif, une mine pressante, car, j'en ai peur, — dès que chaque plume aura été rendue à son aile, il ne sera plus qu'une bécasse plumée, ce seigneur Timon, — qui maintenant resplendit comme un phénix. Partez.

CAPHIS.

J'y vais, monsieur.

LE SÉNATEUR.

J'y vais, monsieur!... Eh! emportez les billets — et tenez compte des dates.

CAPHIS.

Oui, monsieur.

LE SÉNATEUR.

Partez.

Ils sortent.

SCÈNE IV.

[Dans le palais de Timon.]

Entre FLAVIUS, une liasse de notes à la main.

FLAVIUS.

— Aucun soin, aucun frein! Si insensé dans ses dépenses — qu'il ne veut pas s'occuper d'y faire face, — ni arrêter le cours de ses extravagances. Peu lui importe — comment les choses lui échappent; il ne s'inquiète pas davantage — de ce qui doit lui rester. Jamais âme — ne fut si déraisonnable à force d'être bonne. — Que faire? Il n'écoutera que quand il sera frappé. — Il faut que je lui parle ouvertement, dès son retour de la chasse. — Hélas! hélas! hélas! hélas!

Entrent CAPHIS *et les* SERVITEURS *d'*ISIDORE *et de* VARRON.

CAPHIS.

Bonsoir, Varron. Ah çà, — venez-vous pour de l'argent?

LE SERVITEUR DE VARRON.

N'est-ce pas aussi ce qui vous amène?

CAPHIS.

Oui... Et vous aussi, Isidore?

LE SERVITEUR D'ISIDORE.

En effet.

CAPHIS.

— Puissions-nous être tous payés!

LE SERVITEUR DE VARRON.

J'en doute.

CAPHIS.

Voici le seigneur du lieu.

Entrent TIMON, ALCIBIADE, *des* SEIGNEURS, *etc.*

TIMON.

— Aussitôt le dîner fini, nous nous remettrons en campagne, — mon Alcibiade.

A Caphis, qui s'avance un papier à la main.

Pour moi! Que me voulez-vous?

CAPHIS.

— Monseigneur, voici une note de certains arrérages.

TIMON.

— Des arrérages! d'où êtes-vous?

CAPHIS.

D'ici, d'Athènes, monseigneur.

TIMON.

— Adressez-vous à mon intendant.

CAPHIS.

— N'en déplaise à Votre Seigneurie, il m'a remis — de jour en jour tout ce mois. — Mon maître est poussé par de graves circonstances — à réclamer son bien, et vous prie humblement — de faire honneur à votre noble caractère — en lui restituant son dû.

TIMON.

Mon honnête ami, — reviens me voir demain matin, je te prie.

CAPHIS.

— Mais, mon bon seigneur...

TIMON.

Contiens-toi, mon bon ami.

LE SERVITEUR DE VARRON, s'avançant.

— Le serviteur d'un certain Varron, mon bon seigneur.

LE SERVITEUR D'ISIDORE, s'avançant.

De la part d'Isidore : — il vous prie humblement de payer sans délai...

CAPHIS.

— Si vous saviez, monseigneur, les besoins de mon maître...

LE SERVITEUR DE VARRON.

— Ceci est dû sous peine de saisie, monseigneur, depuis six semaines et au delà.

LE SERVITEUR D'ISIDORE.

— Votre intendant m'ajourne sans cesse, monseigneur, — et je suis envoyé expressément à Votre Seigneurie.

TIMON.

Laissez-moi respirer... — Je vous en conjure, mes bons seigneurs, allez devant ; — je vous rejoins à l'instant.

Alcibiade et les seigneurs sortent.

A Flavius.

Approchez, je vous prie. — Que se passe-t-il donc? Pourquoi suis-je assailli — par toutes ces réclamations de billets en souffrance — et de dettes arriérées, — au préjudice de mon bonheur?

FLAVIUS, aux serviteurs des créanciers.

Excusez, messieurs, — le moment est inopportun pour cette affaire; — ajournez vos exigences jusque après-dîner, — que je puisse faire comprendre à Sa Seigneurie — pourquoi vous n'êtes pas payés.

TIMON.

Faites cela, mes amis.

A Flavius.

— Veille à ce qu'ils soient bien traités.

Sort Timon.

FLAVIUS, aux valets.

Suivez-moi, je vous prie.

Sort Flavius.

Entrent APEMANTUS et un FOU (14).

CAPHIS, à ses camarades.

Arrêtez, arrêtez, voici le fou qui vient avec Apemantus; amusons-nous un peu avec eux.

LE SERVITEUR DE VARRON.

A la potence! il va nous injurier.

LE SERVITEUR D'ISIDORE.

Peste soit de lui, le chien!

LE SERVITEUR DE VARRON, au fou.

Comment vas-tu, fou?

APEMANTUS, au serviteur de Varron.

Est-ce que tu tiens dialogue avec ton ombre?

LE SERVITEUR DE VARRON.

Ce n'est pas à toi que je parle.

SCÈNE IV.

APEMANTUS.

Non, c'est à toi-même.

Au fou.

Partons.

LE SERVITEUR D'ISIDORE, *montrant Apemantus au serviteur de Varron.*

Voilà déjà le fou sur ton dos.

APEMANTUS, *au serviteur d'Isidore.*

Non; tu es sur tes jambes, tu n'es pas sur lui, que je sache.

CAPHIS.

Qui est le fou, à présent?

APEMANTUS.

Celui qui le demande... Pauvres gueux, valets d'usuriers, entremetteurs entre l'or et le besoin !

TOUS LES VALETS.

Que sommes-nous, Apemantus?

APEMANTUS.

Des ânes.

TOUS LES VALETS.

Pourquoi?

APEMANTUS.

Parce que vous me demandez ce que vous êtes, et que vous ne vous connaissez pas vous-même.... Parle-leur, fou.

LE FOU.

Comment allez-vous, messieurs?

TOUS LES VALETS.

Grand merci, bon fou. Comment va votre maîtresse?

LE FOU.

Elle a toujours de l'eau bouillante pour échauder des poulets comme vous... Ah! si nous pouvions vous voir à Corinthe (15) !

APEMANTUS.

Bon ! Grand merci !

Entre un PAGE.

LE FOU.

Tenez, voici venir le page de ma maîtresse.

LE PAGE, au fou.

Eh bien, capitaine? que faites-vous dans cette sage compagnie? Comment vas-tu, Apemantus?

APEMANTUS.

Que n'ai-je une férule dans la bouche pour pouvoir te répondre utilement!

LE PAGE, tendant des papiers à Apemantus.

Je t'en prie, Apemantus, lis-moi l'adresse de ces lettres; je ne les distingue pas.

APEMANTUS.

Tu ne sais pas lire?

LE PAGE.

Non.

APEMANTUS.

Alors la science ne perdra pas grand'chose le jour où tu seras pendu. Ceci est pour le seigneur Timon; ceci pour Alcibiade. Va, tu es né bâtard et tu mourras maquereau.

LE PAGE.

Toi, une chienne t'a mis bas et tu mourras de faim, comme un chien. Ne réplique pas, je me sauve.

Le page sort en courant.

APEMANTUS.

Comme tu te sauves de la vertu, à toutes jambes... Fou, j'irai avec vous chez le seigneur Timon.

LE FOU.

Me laisserez-vous là?

APEMANTUS.

Si Timon est chez lui... Vous trois, vous servez trois usuriers.

SCÈNE IV.

TOUS LES VALETS.

Oui. Que ne sommes-nous servis par eux!

APEMANTUS.

Ou par moi!... Vous seriez servis aussi bien que des voleurs... par le bourreau.

LE FOU.

Êtes-vous, tous les trois, gens d'usuriers?

TOUS LES VALETS.

Oui, fou.

LE FOU.

Il n'y a pas, je crois, d'usurier qui n'ait un fou pour serviteur. Ma maîtresse est une usurière, et moi je suis son fou. Quand les gens viennent emprunter à vos maîtres, ils arrivent tristes et s'en vont gais; mais, chez ma maîtresse, ils entrent gais et s'en vont tristes. En savez-vous la raison?

LE VALET DE VARRON.

Je pourrais en donner une.

APEMANTUS.

Donne-la donc, que nous puissions te déclarer un putassier et un drôle; nonobstant quoi, tu n'en seras pas moins estimé.

LE SERVITEUR DE VARRON.

Qu'est-ce donc qu'un putassier, fou?

LE FOU.

Un fou bien vêtu, et qui te ressemble un peu. C'est un esprit : parfois, il prend les traits d'un seigneur, parfois ceux d'un légiste, parfois ceux d'un philosophe, cherchant, bourses déliées, un bijou autre que la pierre philosophale. Il a très-souvent la figure d'un chevalier. C'est un esprit qui erre généralement sous toutes les formes que l'humanité promène, de treize à quatre-vingts ans.

LE SERVITEUR DE VARRON.

Tu n'es pas tout à fait un fou.

LE FOU.

Ni toi tout à fait un sage; autant j'ai de folie, autant tu manques de sagesse.

APEMANTUS.

Cette réponse-là est digne d'Apemantus.

TOUS LES VALETS.

Place, place! voici le seigneur Timon.

Entrent TIMON *et* FLAVIUS.

APEMANTUS.

Viens avec moi, fou, viens.

LE FOU.

Je ne m'attache pas toujours à l'amant, au frère aîné, ou à la femme; je sais parfois suivre le philosophe.

Il sort avec Apemantus.

FLAVIUS, aux valets.

Passez à côté, je vous prie; je vous parlerai tout à l'heure.

Les valets sortent.

TIMON, à Flavius.

— Vous me surprenez. Pourquoi — ne m'avez-vous plus tôt exposé pleinement ma situation? — j'aurais pu restreindre ma dépense — dans la mesure de mes ressources.

FLAVIUS.

Vous avez refusé de m'entendre, — toutes les fois que je vous l'ai proposé.

TIMON.

Allons donc! — peut-être choisissiez-vous quelques moments — inopportuns où je ne pouvais vous écouter; — et vous faisiez de cette impuissance un argument — pour vous excuser.

FLAVIUS.

O mon bon seigneur, — bien des fois j'ai apporté mes comptes, — et les ai mis devant vous; vous les jetiez de côté, — en disant que vous les aviez vérifiés dans mon honnêteté. — Quand en retour de quelque futile présent vous me disiez — de donner tant, je secouais la tête et je pleurais ; — en dépit même de la déférence, je vous priais — de tenir votre main plus serrée. J'ai enduré — souvent d'assez rudes réprimandes, pour — vous avoir signalé la baisse de votre fortune — et la marée toujours montante de vos dettes. Mon bien-aimé seigneur, — quoiqu'il soit trop tard, il faut enfin que vous l'appreniez : — le maximum de votre avoir ne suffirait pas — à payer la moitié de vos dettes.

TIMON.

Qu'on vende toutes mes terres.

FLAVIUS.

— Elles sont toutes engagées ; une partie est aliénée et perdue ; — et ce qui reste pourrait à peine fermer la bouche — aux créances immédiates : les créances à venir se présenteront vite. — Comment ferons-nous face à l'intérim ? et en fin — de compte que deviendrons-nous ?

TIMON.

— Mon domaine s'étendait jusqu'à Lacédémone.

FLAVIUS.

— O mon bon seigneur, le monde n'est qu'un mot ! — S'il dépendait de vous de le donner d'un souffle, — que vite vous l'auriez perdu !

TIMON.

Vous dites vrai.

FLAVIUS.

Si vous suspectez ma gestion, ma loyauté, — citez-moi devant les arbitres les plus rigoureux — et soumettez-moi à une enquête. J'en atteste les dieux, — quand tous nos offices étaient encombrés — de pique-assiettes avinés, quand les libations de l'ivresse — faisaient pleurer nos caves, quand toutes les salles — flamboyaient de lumière et retentissaient de musique, — je me retirais dans quelque réduit où, prodigue moi-même, — je lâchais la bonde à mes larmes.

TIMON.

Je t'en prie, assez!

FLAVIUS.

— Ciel! disais-je, que ce seigneur est bon! — Que de superflu des esclaves et des rustres — ont englouti cette nuit!... Qui n'est pas tout dévoué à Timon? — qui n'offre pas son cœur, sa tête, son épée, sa force, son avoir au seigneur Timon, — à ce grand Timon, à ce noble, digne et royal Timon?... Ah! quand seront épuisés les fonds qui paient ces flatteries, — le souffle dont elles sont faites sera épuisé aussi. — Gagné à table, perdu à jeun! Un nuage d'hiver amène la pluie, — et tous ces moustiques s'évanouissent.

TIMON.

Allons, ne me sermonne plus. — Mon cœur n'a jamais eu de honteuse générosité; — j'ai donné imprudemment, jamais ignoblement. — Pourquoi pleures-tu? manques-tu de confiance — au point de croire que je manquerai d'amis? Rassure ton cœur; — si je voulais puiser aux réservoirs de l'amitié, — et sonder par des emprunts le dévouement des cœurs, — je pourrais disposer des hommes et de leurs fortunes — comme je puis t'ordonner de parler.

FLAVIUS.

Puisse l'évidence bénir votre opinion!

TIMON.

— Et cette nécessité même où je suis est une élection auguste — que je regarde comme une bénédiction; car, grâce à elle, — j'éprouverai mes amis. Vous verrez combien — vous vous méprenez sur ma fortune: je suis riche par mes amis... — Holà, quelqu'un! Flaminius! Servilius!

SCÈNE IV.

Entrent FLAMINIUS, SERVILIUS et AUTRES SERVITEURS.

LES SERVITEURS.

Monseigneur! monseigneur!

TIMON.

— Je vais vous expédier séparément... Vous, chez le seigneur Lucius... — Vous, chez le seigneur Lucullus; j'ai chassé avec Son Honneur aujourd'hui même... Vous, chez Sempronius... — Recommandez-moi à leurs sympathies, je suis fier, dites-le-leur, — que l'occasion me permette de recourir à eux — pour un subside; demandez-leur cinquante talents.

FLAMINIUS.

Vous serez obéi, monseigneur.

FLAVIUS, à part.

— Le seigneur Lucius et le seigneur Lucullus! Humph!

TIMON, à un autre serviteur.

— Vous, monsieur, allez trouver les sénateurs; — j'ai, par mes services envers l'État, — mérité qu'ils m'écoutent; — dites-leur de m'envoyer à l'instant — mille talents.

FLAVIUS.

J'ai pris la liberté, — sachant que c'était la voie la plus expéditive, — de leur offrir votre seing et votre nom; — mais tous ont secoué la tête, et je ne suis pas — revenu plus riche.

TIMON.

Est-ce vrai? Est-ce possible?

FLAVIUS.

— Tous répondent, à l'unisson et d'une voix unanime, — qu'ils sont maintenant au plus bas, qu'ils manquent d'argent, qu'ils ne peuvent — faire ce qu'ils voudraient...
« Ils sont désolés... Vous êtes un homme honorable, —
« mais pourtant ils auraient souhaité... Ils ne savent,
« mais — il y a eu des torts... Une noble nature — peut

« avoir un travers... Qu'ils voudraient que tout fût bien !..
« C'est dommage ! » Et sur ce, prétextant des affaires sérieuses, — après avoir accompagné de regards malveillants ces phrases hachées, — avec des demi-saluts et de froids hochements de tête, — ils ont glacé la parole sur mes lèvres.

TIMON.

O dieux, récompensez-les ! — Je t'en prie, rassure-toi, mon cher ; chez ces vieux compères — l'ingratitude est héréditaire : — leur sang est figé, froid, il coule à peine. — S'ils ne sont pas bons, c'est faute de la bonne chaleur ; — la créature, comme elle retourne vers la terre, — s'accommode pour le voyage en devenant apathique et inerte.

A un serviteur.

— Allez chez Ventidius.

A Flavius.

Ne sois pas triste, je t'en prie, — tu es loyal et honnête, je parle franchement, — tu ne mérites aucun blâme.

Aux serviteurs.

Ventidius a dernièrement — enterré son père ; et cette mort l'a mis en possession — d'une grande fortune : quand il était pauvre, — emprisonné et à court d'amis, — je l'ai tiré d'affaire avec cinq talents. Va le saluer de ma part ; — donne-lui à entendre qu'une grave nécessité — oblige son ami à implorer la restitution — de ces cinq talents.

A Flavius.

Dès qu'on les aura, remets-les à ces gens — qui réclament leur dû. Garde-toi de dire ou de croire — que la fortune de Timon peut sombrer au milieu de ses amis.

FLAVIUS.

— Je voudrais pouvoir ne pas le croire. Cette pensée est répulsive à un bon cœur ; — généreux lui-même, il croit tous les autres généreux.

Ils sortent.

SCÈNE V.

[Athènes. Chez Lucullus.]

FLAMINIUS attend. Un SERVITEUR va à lui.

LE SERVITEUR.

Je vous ai annoncé à mon maître ; il descend.

FLAMINIUS.

Je vous remercie, monsieur.

Entre LUCULLUS.

LE SERVITEUR.

Voici, monseigneur.

LUCULLUS, à part.

Un des hommes du seigneur Timon !... Un cadeau, je gage. Oui cela tombe bien ; j'ai rêvé cette nuit de bassin et d'aiguière d'argent.

Haut.

Flaminius, honnête Flaminius ! Votre visite m'est fort précieuse, monsieur.

Au serviteur.

Verse-nous du vin.

Le serviteur sort.

Et comment va ce respectable, cet accompli, ce magnanime gentilhomme d'Athènes, ton très-généreux seigneur et maître ?

FLAMINIUS.

Sa santé est bonne, monsieur.

LUCULLUS.

Je suis bien aise que sa santé soit bonne, mon cher. Et qu'as-tu là sous ton manteau, mignon Flaminius ?

FLAMINIUS.

Ma foi, monsieur, c'est tout simplement une cassette vide qu'au nom de mon maître je viens supplier Votre Honneur de remplir. Ayant un besoin urgent de cinquante talents, il m'a envoyé les demander à Votre Seigneurie; il ne doute point de votre empressement à l'assister.

LUCULLUS.

La, la, la, la! Il ne doute point, dit-il. Hélas! ce bon seigneur! Quel noble gentilhomme, s'il ne tenait pas une si bonne maison! Bien des fois j'ai dîné chez lui, et je l'ai averti; je suis même revenu souper avec lui, tout exprès pour l'amener à dépenser moins; mais il n'a voulu accepter aucun conseil, ni recueillir aucun avertissement de mes visites. Chaque homme a son défaut, et la libéralité est le sien; je le lui ai dit, mais je n'ai jamais pu l'en corriger.

Le serviteur revient, apportant du vin.

LE SERVITEUR.

Selon le bon plaisir de Votre Seigneurie, voici le vin.

LUCULLUS, remplissant deux coupes.

Flaminius, je t'ai toujours reconnu pour un sage... A ta santé!

Il vide une des deux coupes.

FLAMINIUS, vidant l'autre coupe.

Votre Seigneurie se plaît à dire cela.

LUCULLUS.

J'ai toujours remarqué en toi (c'est une justice que je te rends) un esprit souple et prompt, qui sait entendre raison et se servir de l'occasion quand l'occasion le sert : ce sont d'excellentes qualités.

Au serviteur.

Va-t'en, maraud.

Le serviteur sort.

Approche, honnête Flaminius. Ton maître est un généreux gentilhomme; mais toi, tu es raisonnable; et, tu as beau venir à moi, tu sais fort bien que ce n'est pas le moment de prêter de l'argent, spécialement sur la simple amitié, sans aucune garantie. Voici trois solidaires pour toi; ferme les yeux, mon cher garçon, et dis que tu ne m'as pas vu. Adieu.

FLAMINIUS.

—Est-il possible que l'humanité change à ce point — sans que nous cessions d'être nous-mêmes! Maudit rebut, vole — vers qui t'adore. —

Il jette l'argent que Lucullus lui a offert.

LUCULLUS.

Ah! je vois maintenant que tu es un sot bien digne de ton maître.

Lucullus sort.

FLAMINIUS, montrant les pièces de monnaie tombées à terre.

—Puissent-elles faire nombre dans la cuve où tu dois bouillir! —Puisses-tu être à jamais supplicié dans le métal en fusion, — ami corrompu qui n'as rien d'un ami! — L'amitié n'a-t-elle donc au cœur qu'un lait débile — qui tourne en moins de deux nuits! O Dieux, — je ressens déjà l'indignation de mon maître. Ce misérable — a encore sur l'estomac les mets de monseigneur : — devraient-ils être pour lui une nourriture succulente,—quand lui-même n'est plus que poison!—Oh! puissent-ils le rendre malade! — Et quand il souffrira à mourir, puisse la part de force vitale—dont il est redevable à mon maître, servir,— non à vaincre son mal, mais à prolonger son agonie!

Il sort.

SCÈNE VI.

[Athènes. Une place publique.]

Entre Lucius, accompagné de trois ÉTRANGERS.

LUCIUS.

Qui? le seigneur Timon? C'est mon excellent ami et un honorable gentilhomme.

PREMIER ÉTRANGER.

Nous le savons bien, quoique nous lui soyons étrangers. Mais je puis vous dire une chose, monseigneur, que j'apprends par la rumeur publique : les belles heures du seigneur Timon sont désormais passées, et sa fortune croule sous lui.

LUCIUS.

Bah ! n'en croyez rien ; il est impossible que l'argent lui manque.

DEUXIÈME ÉTRANGER.

Pourtant, vous pouvez m'en croire, monseigneur, il n'y a pas longtemps qu'un de ses gens est allé chez le seigneur Lucullus pour lui emprunter un certain nombre de talents ; il a même insisté extrêmement, en expliquant la nécessité où se trouvait son maître, et néanmoins il a été refusé.

LUCIUS.

Comment ?

DEUXIÈME SEIGNEUR.

Refusé, vous dis-je, monseigneur.

LUCIUS.

Quelle étrange chose ! Ah ! par les dieux, j'en suis tout honteux. Refuser un homme si honorable ! c'est là un acte qui l'est bien peu. Pour ma part, je dois l'avouer, j'ai reçu de lui quelques menues gracieusetés, de l'argent, de la vaisselle, des bijoux et autres bagatelles qui ne sont rien auprès de ce qu'a reçu Lucullus ; eh bien, si, au lieu de s'adresser à lui, il avait envoyé vers moi, je n'aurais jamais refusé les talents qu'il lui fallait.

Entre Servilius.

SERVILIUS, apercevant Lucius.

Par bonheur, voilà monseigneur ; je me suis mis en sueur pour trouver Son Excellence... Mon honoré seigneur...

SCÈNE VI.

LUCIUS.

Servilius! Enchanté de t'avoir rencontré, mon cher... Salut!... Recommande-moi à ton honorable et vertueux maître, mon ami très-exquis.

SERVILIUS.

N'en déplaise à Votre Honneur, monseigneur vous envoie...

LUCIUS.

Ah! que m'envoie-t-il? Je suis tellement attaché à ce seigneur! il envoie toujours. Comment puis-je le remercier, dis-moi?... Et que m'envoie-t-il à présent?

SERVILIUS.

Il vous envoie seulement une supplique urgente, monseigneur; il conjure Votre Seigneurie de lui avancer immédiatement un certain nombre de talents...

LUCIUS.

— Je vois que ce seigneur veut badiner avec moi; — eût-il besoin de cinq mille talents, il les trouverait sans peine.

SERVILIUS.

— En attendant, il a besoin d'une somme bien moindre, monseigneur. — Si sa situation n'était pas grave, — je n'insisterais certes pas si chaleureusement.

LUCIUS.

— Est-ce que tu parles sérieusement, Servilius?

SERVILIUS.

Sur mon âme, rien n'est plus vrai, monsieur.

LUCIUS.

Quelle maudite bête je suis de m'être dégarni à l'heureux moment où je pouvais me montrer honorable! Quel malheur que j'aie acquis hier un chétif coin de terre pour perdre un tel honneur!... Servilius, par les dieux qui m'écoutent, je ne puis faire la chose: bête que je suis! J'allais moi-même envoyer demander assistance au seigneur Timon, ces messieurs en sont témoins ; mais maintenant, pour toutes les richesses d'Athènes, je ne voudrais pas l'avoir fait. Recommandez-moi généreusement à Sa Seigneurie : j'espère que Son Honneur n'interprétera pas à mal mon impuissance à l'obliger. Dites-lui de ma part que je considère comme une de mes plus grandes afflictions, vous entendez, de ne pouvoir satisfaire un si honorable gentilhomme. Mon bon Servilius, rendez-moi le service de lui répéter mes propres paroles.

SERVILIUS.

Oui, monsieur.

LUCIUS.

— Je vous en saurai bon gré, Servilius.

Servilius sort.

— Vous disiez vrai, Timon croule effectivement. — Quand une fois on a été refusé, on ne va pas loin.

Lucius sort.

PREMIER ÉTRANGER.

— Observez-vous ceci, Hostillius?

DEUXIÈME ÉTRANGER.

— Oui, trop bien.

PREMIER ÉTRANGER.

Voilà bien — le cœur du monde : tous les flatteurs — sont justes de cet acabit. Appelez donc votre ami — celui qui mange au même plat que vous! A ma connaissance, — Timon a été un père pour ce seigneur. — Il a de sa bourse maintenu le crédit, — soutenu le train de Lucius : les gages mêmes de ses gens — ont été payés des deniers de Timon. Lucius ne boit jamais — sans avoir sur ses lèvres l'argent de Timon. — Et pourtant (Oh! que l'homme est monstrueux — quand il apparaît sous la forme de l'ingrat!) — il refuse un secours moins coûteux à sa bourse — qu'une aumône à la bourse d'un homme charitable.

TROISIÈME ÉTRANGER.

— La religion en gémit.

PREMIER ÉTRANGER.

Pour ma part, — je n'ai jamais goûté les bienfaits de Timon ; — jamais il ne m'a accablé de ses bontés — pour faire de moi son ami. Eh bien, je déclare, — par déférence pour un si noble cœur, pour une vertu si illustre, — pour une conduite si honorable, — s'il s'était adressé à moi dans ses nécessités, — je me serais considéré comme tenant de lui tout mon bien, — et je lui en aurais restitué la plus belle moitié, — tant j'aime son caractère. Mais, je le vois, — les hommes doivent apprendre désormais à se passer de pitié ; — car l'égoïsme prévaut sur la conscience.

Ils sortent.

SCÈNE VII.

[Une place publique.]

Entrent SEMPRONIUS et un SERVITEUR de Timon.

SEMPRONIUS.

— Humph ! doit-il m'importuner moi, plutôt que tous les autres ! — Il aurait pu recourir à Lucius ou à Lucullus ; — et puis il y a Ventidius qui est riche, lui aussi, — et qu'il a libéré de prison. Tous trois — lui doivent leur fortune.

LE SERVITEUR.

O mon seigneur, — tous trois ont été éprouvés et reconnus de mauvais aloi ; car — tous trois l'ont refusé.

SEMPRONIUS.

Comment ! ils l'ont refusé ! — Ventidius et Lucullus l'ont refusé, — et il s'adresse à moi. Tous trois !... Humph !...
— Voilà qui dénote en lui bien peu d'amitié ou de jugement ! — Devrais-je être son pis-aller ? Ses amis, comme

des médecins, — l'abandonnent successivement, et il faut que je me charge de la cure. — Il m'a fait là une grave offense et j'en suis fâché; — il aurait pu savoir ce qui m'est dû; je ne vois pas pourquoi — sa détresse ne m'a pas sollicité le premier; — car, en conscience, je suis le premier — qui ait reçu de lui des présents; — il me place donc assez bas dans son estime — pour ne compter qu'en dernier sur ma gratitude! Fi! — c'en serait assez pour m'exposer à la risée générale, et me faire traiter d'imbécile parmi les seigneurs. — J'aurais voulu, pour trois fois cette somme, — qu'il eût rendu justice à mon cœur en s'adressant d'abord à moi, — si grande était mon ardeur à l'obliger. Mais maintenant retourne près de lui, — et à la froide réplique des autres ajoute cette réponse : — « Qui ravale mon honneur ne verra point mon argent ! »

Il sort.

LE SERVITEUR.

Excellent! Votre Seigneurie est d'une édifiante scélératesse!... Le diable ne s'est guère douté de ce qu'il faisait en rendant l'homme fourbe; il s'est réhabilité; et je suis convaincu qu'à la fin les vilenies humaines le feront paraître innocent! Comme ce seigneur s'évertue à blanchir sa noirceur! Il prend exemple de la vertu pour faire le mal, comme ces hommes qui, sous le voile d'un zèle ardent, mettraient en feu des royaumes entiers! — Son dévouement tout politique est de la même nature. — C'est en lui que mon maître espérait le plus; maintenant tous l'ont abandonné, — tous, excepté les dieux. Maintenant ses amis sont morts, — ses portes qui ne connurent jamais les verroux, — durant tant d'années prospères, doivent servir maintenant — à sauvegarder la liberté de leur maître. — Et voilà à quoi l'a réduit toute sa libéralité! — Qui n'a pu garder l'argent doit garder la maison.

Il sort.

SCÈNE VIII.

[Dans le palais de Timon.]

Entrent deux SERVITEURS DE VARRON et le SERVITEUR DE LUCIUS ; ils rencontrent TITUS, HORTENSIUS et autres valets de créanciers qui attendent l'arrivée de Timon.

UN SERVITEUR DE VARRON.

— Heureuse rencontre ! Bonjour, Titus et Hortensius.

TITUS.

— Bonjour, aimable Varron.

HORTENSIUS.

Lucius ! — Quoi ! nous nous rencontrons ici !

LE SERVITEUR DE LUCIUS.

Oui-dà, et je crois — que le même objet nous y appelle tous ; car le mien, — c'est de l'argent.

TITUS.

C'est aussi le leur et le nôtre.

Entre PHILOTUS.

UN SERVITEUR DE VARRON.

Et messire — Philotus aussi !

PHILOTUS.

Le bonjour à tous !

LE SERVITEUR DE LUCIUS.

Bienvenu, cher confrère. — Quelle heure croyez-vous qu'il soit ?

PHILOTUS.

Environ neuf heures.

LE SERVITEUR DE LUCIUS.

— Déjà !

PHILOTUS.

Monseigneur ne s'est pas encore montré ?

LE SERVITEUR DE LUCIUS.

Pas encore.

PHILOTUS.

— Cela m'étonne ; il avait coutume de briller dès sept heures.

LE SERVITEUR DE LUCIUS.

—Oui, mais les jours sont devenus plus courts avec lui. — Vous devez considérer que la carrière du prodige — ressemble à celle du soleil, sauf qu'elle ne se recommence pas. — Je crains bien — que la bourse du seigneur Timon ne soit au plus fort de l'hiver ; — je veux dire qu'on pourrait y plonger bien avant sans — en tirer grand'chose.

PHILOTUS.

J'ai la même crainte que vous.

TITUS.

— Je vais vous faire observer un fait étrange.

A Hortensius.

— Votre maître vous envoie chercher de l'argent.

HORTENSIUS.

Oui, rien de plus vrai.

TITUS.

— Eh bien, il porte encore les bijoux que lui a donnés Timon, — et dont je viens réclamer le payement.

HORTENSIUS.

— J'obéis à contre-cœur.

LE SERVITEUR DE LUCIUS.

Remarquez, chose étrange, — que Timon dans ce cas paie plus qu'il ne doit : — c'est juste comme si votre maître lui faisait demander le paiement — des riches joyaux qu'il porte lui-même.

HORTENSIUS.

—Ce message me répugne, les dieux m'en sont témoins.

—Je sais que mon maître a dépensé l'argent de Timon, — et l'ingratitude aujourd'hui rend cet acte pire qu'un vol.

PREMIER SERVITEUR DE VARRON.

— Oui. Ma créance est de trois mille couronnes, et la vôtre?

LE SERVITEUR DE LUCIUS.

De cinq mille.

PREMIER SERVITEUR DE VARRON.

— C'est une grosse somme : à en juger par les chiffres, — votre maître avait plus de confiance en Timon que le mien;—autrement leurs créances eussent certes été égales.

Entre FLAMINIUS.

TITUS.

Un des hommes du seigneur Timon!

LE SERVITEUR DE LUCIUS.

Flaminius!... Monsieur, un mot! Dites-moi, monseigneur est-il prêt à paraître?

FLAMINIUS.

Non, vraiment, il n'est pas prêt.

TITUS.

Nous attendons Sa Seigneurie; veuillez le lui signifier.

FLAMINIUS.

Je n'ai pas besoin de le lui dire : il sait que vous n'êtes que trop exacts.

Flaminius sort.

Passe FLAVIUS, le visage enveloppé dans son manteau.

LE SERVITEUR DE LUCIUS.

— Hé! n'est-ce pas son intendant qui passe ainsi emmitouflé?—Il disparaît dans un nuage : appelez-le, appelez-le.

TITUS, élevant la voix.

— Écoutez donc, monsieur!

PREMIER SERVITEUR DE VARRON.

Permettez, monsieur.

FLAVIUS.

— Que me voulez-vous, mon ami?

TITUS.

— Monsieur, nous attendons ici certaine somme.

FLAVIUS.

Oui-dà, — si cette somme était aussi certaine que votre attente, — on pourrait compter dessus. — Que ne présentiez-vous vos mémoires et vos comptes, quand vos perfides maîtres mangeaient à la table du mien? — Alors ils pouvaient sourire et s'accommoder à ses dettes : — ils en prélevaient l'intérêt — de leurs dents gloutonnes. Vous perdez vos peines à me presser ainsi; — laissez-moi passer tranquillement. — Sachez que mon maître et moi nous en avons fini : — nous n'avons plus rien, moi à compter, lui à dépenser.

LE SERVITEUR.

— Soit, mais cette réponse-là ne peut pas servir.

FLAVIUS.

— Si elle ne le peut, elle est moins vile que vous; — car vous servez des coquins.

Il sort.

PREMIER SERVITEUR DE VARRON.

Comment? que marmonne-là monsieur le congédié?

DEUXIÈME SERVITEUR DE VARRON.

Qu'importe! il est pauvre, et c'est un châtiment suffisant. Qui a plus droit de parler ouvertement que celui qui n'a pas de maison où reposer sa tête? Libre à eux de déblatérer contre les palais.

SCÈNE VIII.

Entre SERVILIUS.

TITUS.

Oh! voici Servilius; enfin nous allons avoir une réponse.

SERVILIUS.

Si vous pouviez consentir, messieurs, à revenir dans un autre moment, je vous serais grandement obligé; car, sur mon âme, monseigneur est prodigieusement enclin à la mauvaise humeur. La sérénité de son caractère l'a abandonné; il est gravement indisposé et il garde la chambre.

LE SERVITEUR DE LUCIUS.

— Beaucoup gardent la chambre qui ne sont pas malades; — et, s'il est aussi sérieusement indisposé, — raison de plus, à mon avis, pour qu'il paie ses dettes : — il n'en ira que plus allégé vers les dieux.

SERVILIUS.

Dieux bons!

TITUS.

— Nous ne pouvons nous contenter de cette réponse, monsieur.

FLAMINIUS, *de l'intérieur.*

— Servilius! au secours!... Monseigneur! monseigneur!

Entre TIMON, *dans un accès de rage :* FLAMINIUS *le suit.*

TIMON.

— Quoi! mes portes s'opposent à mon passage! — J'ai toujours été libre et il faut que ma maison — soit pour moi une entrave ennemie, une geôle! Le lieu que j'ai tant fêté doit maintenant, comme toute l'humanité, me montrer un cœur de fer!

LE SERVITEUR DE LUCIUS.

Maintenant, aborde-le, Titus.

TITUS, *présentant un papier à Timon.*

Monseigneur, voici ma note.

LE SERVITEUR DE LUCIUS.

Voici la mienne !

LE SERVITEUR D'HORTENSIUS.

Et la mienne, monseigneur !

LES DEUX SERVITEURS DE VARRON.

Et les nôtres, monseigneur.

PHILOTUS.

Toutes nos notes !

TIMON.

Assommez-moi en m'en rompant la tête.

LE SERVITEUR DE LUCIUS.

Hélas ! monseigneur.

TIMON.

Monnoyez mon cœur.

TITUS.

La mienne est de cinquante talents.

TIMON.

Partagez-vous mon sang.

LE SERVITEUR DE LUCIUS.

Cinq mille écus, monseigneur.

TIMON.

Cinq mille gouttes paieront cela... Et la vôtre ? Et la vôtre ?

PREMIER SERVITEUR DE VARRON.

Monseigneur...

DEUXIÈME SERVITEUR DE VARRON.

Monseigneur...

TIMON.

Déchirez-moi, prenez-moi, et que les dieux vous confondent !

Il sort.

HORTENSIUS.

Ma foi, je vois que nos maîtres peuvent souhaiter le bonsoir à leur argent; ces dettes-là peuvent bien être regardées comme désespérées, car le débiteur est un forcené.

Ils sortent.

Rentrent TIMON et FLAVIUS.

TIMON.

Ils m'ont mis hors d'haleine, les misérables! — Créanciers! démons!

FLAVIUS.

Mon cher seigneur...

TIMON, après une pause.

Si je faisais cela?

FLAVIUS.

Monseigneur...

TIMON.

Oui, faisons-le... Mon intendant!

FLAVIUS.

Me voici, monseigneur.

TIMON.

A merveille! Va convier de nouveau tous nos amis, — Lucius, Lucullus et Sempronius: tous! — Je veux encore une fois festoyer ces drôles.

FLAVIUS.

O monseigneur, — c'est l'égarement qui vous fait parler; — il ne reste pas de quoi garnir — une table modeste.

TIMON.

Ne t'en inquiète pas; va, — je te le commande. Invite-les tous; fais entrer — ce flot de coquins une fois de plus; mon cuisinier et moi, nous pourvoirons à tout.

Ils sortent.

SCÈNE IX.

[La salle du sénat à Athènes.]

Le sénat est assemblé. Entrent ALCIBIADE et sa suite.

PREMIER SÉNATEUR.

Monseigneur, vous avez ma voix; le forfait est sanglant; — il est nécessaire qu'il meure. — Rien n'enhardit le crime autant que la pitié.

DEUXIÈME SEIGNEUR.

— C'est très-vrai. La loi doit l'écraser.

ALCIBIADE.

— Je souhaite au sénat l'honneur, la santé et la compassion !

PREMIER SÉNATEUR.

— Qu'y a-t-il, capitaine?

ALCIBIADE.

— J'invoque vos vertus en humble suppliant; — car la pitié est la vertu de la justice, — que les tyrans seuls exercent cruellement. — Il a plu au temps et à la fortune d'accabler, — un mien ami qui, dans un moment d'effeurescence, — a transgressé la loi, abîme sans fond — pour l'imprudent qui s'y plonge. A part cette fatalité, c'est un homme — doué des plus belles vertus. — Son action n'est entachée d'aucune lâcheté : — circonstance honorable qui rachète sa faute. — C'est avec une noble furie et une légitime ardeur — que voyant sa réputation mortellement atteinte, — il s'est retourné contre son ennemi ; — avant de déchaîner sa colère, il l'avait contenue, avec la froide et impassible modération — d'un homme qui soutient un argument.

PREMIER SÉNATEUR.

— Vous avancez un paradoxe par trop hasardeux, — en

essayant d'embellir une si laide action : — votre éloquence
laborieuse semble s'évertuer — à dignifier le meurtre, en élevant à la hauteur de la valeur — une humeur querelleuse qui,
en réalité, — n'est qu'une valeur bâtarde, venue au monde
— au moment où sont nées les factions et les sectes. — Le
véritable vaillant est celui qui sait supporter sagement —
ce que la bouche humaine peut exhaler de pire, — qui fait de
l'outrage — comme un vêtement extérieur et le porte avec
indifférence, — qui jamais ne sacrifie son cœur à ses injures — au point de le compromettre. — Si l'outrage est
un mal qui nous entraîne au meurtre, — quelle folie de
hasarder sa vie pour un mal !

ALCIBIADE.

— Monseigneur...

PREMIER SÉNATEUR.

Vous ne parviendrez pas à atténuer ces grands crimes.
— Le courage n'est pas de se venger, mais de souffrir.

ALCIBIADE.

— Alors, messeigneurs, veuillez me pardonner — si je
parle en capitaine. — Pourquoi les hommes s'exposent-ils
follement dans les batailles, — et n'endurent-ils pas toutes
les menaces? Que ne s'endorment-ils sur le danger — et ne
se laissent-ils couper la gorge par l'ennemi — sans riposter?
S'il y a — tant de courage à souffrir, qu'allons-nous faire
— en campagne? Eh! nous sommes moins braves que les
femmes — qui restent au logis, si le mérite est de souffrir;
— l'âne est un meilleur capitaine que le lion ; — le félon,
chargé de fers, est plus sage que le juge, — si la sagesse est
dans la patience. O messeigneurs, — soyez aussi miséricordieux, aussi bons que vous êtes puissants. — Qui pourrait
ne pas condamner une violence commise de sang-froid? —
Tuer est, j'en conviens, le suprême excès du crime ; — mais
tuer pour se défendre est un acte légitime absous par l'indulgence. — Se mettre en colère est une impiété, — mais

quel est l'homme qui n'est jamais en colère? — Pesez son crime avec cette pensée.

SECOND SÉNATEUR.

— Vous murmurez en vain.

ALCIBIADE.

En vain? Les services qu'il a rendus — à Lacédémone et à Byzance — suffiraient à suborner ceux qui veulent sa mort.

PREMIER SÉNATEUR.

Comment cela?

ALCIBIADE.

—Eh bien, je dis, messeigneurs, qu'il a rendu de brillants services — et qu'il a tué sur le champ de bataille nombre de vos ennemis. — Avec quelle valeur il s'est conduit — dans le dernier combat! Que de coups il a portés!

DEUXIÈME SÉNATEUR.

— Et que de dépouilles aussi il a emportées! — C'est un suppôt d'orgie; il a un vice — qui trop souvent noie sa raison et fait sa valeur prisonnière. — A défaut d'autres ennemis, celui-là seul suffirait — pour l'accabler. Dans cette fureur bestiale, — on l'a vu commettre maint outrage — et provoquer les querelles. Nous en sommes convaincus, — son existence est un opprobre et son ivrognerie un danger.

PREMIER SÉNATEUR.

—Il mourra.

ALCIBIADE.

Sort cruel! il aurait pu mourir à la guerre! — Messeigneurs, si vous êtes indifférents aux qualités de cet homme — qui avec son bras droit pourrait racheter son existence — sans devoir rien à personne, eh bien, pour vous décider, — prenez mes services et joignez-les aux siens. — Et puisque votre âge vénérable, je le sais, aime les garanties,—je fais de mes victoires, de ma gloire tout entière, le gage de sa rédemption. — Si, pour ce crime, il doit sa vie à la loi,

— eh bien, qu'il la donne à la guerre avec son sang généreux. — Car si la loi est rigoureuse, rigoureuse aussi est la guerre.

PREMIER SÉNATEUR.

— Nous sommes pour la loi : il mourra. N'insistez plus — sous peine de notre déplaisir. Ami ou frère, — qui répand le sang d'autrui forfait le sien.

ALCIBIADE.

— Faut-il donc qu'il en soit ainsi ! Non, cela ne se peut pas. Messeigneurs, — je vous en conjure, reconnaissez-moi.

DEUXIÈME SÉNATEUR.

Comment?

ALCIBIADE.

— Rappelez-vous qui je suis.

TROISIÈME SÉNATEUR.

Qu'est-ce à dire?

ALCIBIADE.

— Je dois croire que l'âge m'a fait oublier de vous ; — autrement, je ne serais pas réduit à la honte — d'implorer vainement une grâce aussi simple. — Vous rouvrez mes blessures.

PREMIER SÉNATEUR.

Osez-vous braver notre colère? — Elle a le parler bref, mais le bras long : — nous te bannissons à jamais.

ALCIBIADE.

Me bannir! — Bannissez donc votre imbécillité; bannissez donc l'usure — qui rend le sénat hideux.

PREMIER SÉNATEUR.

— Si, après deux soleils, Athènes te possède encore, — attends de nous un jugement plus accablant. Quant à lui, pour ne pas irriter notre humeur, — il sera exécuté sur-le-champ.

Sortent les sénateurs.

ALCIBIADE.

— Puissent les dieux vous laisser vieillir assez pour que vous deveniez — de vivants squelettes, horribles à tous les regards ! — Je suis éperdu de rage. J'ai tenu à distance leurs ennemis, — tandis qu'eux comptaient leur monnaie et prêtaient leur argent à gros intérêts ; moi, — je ne me suis enrichi que de larges blessures... Et voilà pour moi le résultat ! — Voilà le baume que ce sénat usurier — verse sur les blessures d'un capitaine ! Oui, le bannissement ! — Eh bien, je n'en suis pas mécontent ; je ne hais point d'être banni ; — ce sera pour mon ressentiment et ma fureur un digne motif — de frapper Athènes. Je vais soulever — mes troupes mécontentes et gagner les cœurs. — Il y a honneur à lutter contre des forces supérieures. — Les soldats ne doivent pas plus que les dieux endurer les offenses.

Il sort.

SCÈNE X.

[Une salle magnifique dans le palais de Timon.]

Musique. Tables préparées. Gens de service allant et venant.

Entrent plusieurs SEIGNEURS par des portes différentes.

PREMIER SEIGNEUR.

Je vous souhaite le bonjour, monsieur.

DEUXIÈME SEIGNEUR.

Je vous le souhaite également. Je pense que ce noble seigneur n'a fait que nous éprouver l'autre jour.

PREMIER SEIGNEUR.

Cette réflexion occupait mes pensées, quand nous nous sommes rencontrés. J'espère qu'il n'est point aussi bas que pouvait le faire supposer cette tentative auprès de ses différents amis.

DEUXIÈME SEIGNEUR.

Certes, il ne l'est point, à en juger par cette nouvelle fête.

PREMIER SEIGNEUR.

Je devrais le croire. Il m'a envoyé une invitation pressante que des motifs graves m'ont forcé de décliner; mais il m'a si impérieusement conjuré qu'il m'a fallu paraître.

DEUXIÈME SEIGNEUR.

Je me devais pareillement à une importante affaire, mais il n'a pas voulu entendre mes excuses. Je suis bien fâché de m'être trouvé à court d'argent, quand il a envoyé m'en emprunter.

PREMIER SEIGNEUR.

Moi, je suis affligé du même regret, en voyant comment tournent les choses.

DEUXIÈME SEIGNEUR.

Chacun ici est comme vous. Combien désirait-il vous emprunter?

PREMIER SEIGNEUR.

Mille pièces d'or.

DEUXIÈME SEIGNEUR.

Mille pièces d'or!

PREMIER SEIGNEUR, au troisième seigneur.

Et combien à vous?

TROISIÈME SEIGNEUR.

— Monsieur, il m'a envoyé... Le voici qui vient.

Entrent TIMON et sa suite.

TIMON, aux deux premiers seigneurs.

A vous de tout cœur, mes deux gentilshommes... Et comment vous portez-vous?

PREMIER SEIGNEUR.

Le mieux du monde, quand nous savons que vous allez bien, seigneur.

DEUXIÈME SEIGNEUR.

L'hirondelle ne suit pas l'été plus volontiers que nous ne suivons Votre Seigneurie.

TIMON, à part.

Et ne fuit pas l'hiver plus volontiers. Les hommes sont des oiseaux de passage.

Haut.

Messieurs, notre dîner ne vous dédommagera pas de cette longue attente. Pour le moment, rassasiez vos oreilles de musique, si le son de la trompette n'est pas pour elles un menu trop rude. Nous nous mettrons à table tout à l'heure.

PREMIER SÉNATEUR.

J'espère que Votre Seigneurie ne me garde pas rancune pour lui avoir renvoyé son messager les mains vides.

TIMON.

Oh! messire, que cela ne vous tourmente pas.

DEUXIÈME SEIGNEUR.

Mon noble seigneur!

TIMON.

Ah! comment va, mon digne ami?

On apporte le banquet.

DEUXIÈME SEIGNEUR.

Mon très-honorable seigneur, c'est une honte qui me navre de m'être trouvé si pauvre et si gueux, le jour où Votre Seigneurie a envoyé chez moi.

TIMON.

N'y pensez plus, messire.

DEUXIÈME SEIGNEUR.

Si vous aviez envoyé seulement deux heures plus tôt!

TIMON.

Ne troublez pas de ce regret la sérénité de votre mémoire.

A ses gens.

Allons, servez tout à la fois.

SCÈNE X.

DEUXIÈME SEIGNEUR.

Tous les plats couverts?

PREMIER SEIGNEUR.

Chère de roi, je vous le garantis!

TROISIÈME SEIGNEUR.

Sans doute, tout ce que peuvent fournir l'argent et la saison.

PREMIER SEIGNEUR, au troisième.

Comment allez-vous? Quelles nouvelles?

TROISIÈME SEIGNEUR.

Alcibiade est banni : l'avez-vous ouï dire?

PREMIER ET DEUXIÈME SEIGNEURS.

Alcibiade banni?

TROISIÈME SEIGNEUR.

Oui, la chose est sûre.

PREMIER SEIGNEUR.

Comment? comment?

DEUXIÈME SEIGNEUR.

Pourquoi, je vous prie?

TIMON.

Mes dignes amis, voulez-vous approcher?

TROISIÈME SEIGNEUR.

Je vous en dirai bientôt davantage. Voici devant nous un noble festin.

DEUXIÈME SEIGNEUR.

C'est toujours l'ancien homme.

TROISIÈME SEIGNEUR.

Cela durera-t-il? cela durera-t-il?

DEUXIÈME SEIGNEUR.

Cela dure encore ; mais avec le temps il se peut...

TROISIÈME SEIGNEUR.

Je conçois.

TIMON.

Que chacun aille à son tabouret avec l'ardeur dont il

courrait aux lèvres de sa maîtresse : le menu sera le même à toutes les places. Ne faites pas de ceci un banquet officiel, où les plats refroidissent en attendant qu'on soit d'accord sur la préséance... Asseyez-vous, asseyez-vous. Les dieux réclament nos actions de grâces :

« O vous, augustes bienfaiteurs, semez la reconnaissance dans notre société. Faites-vous prôner pour vos dons ; mais gardez-en toujours en réserve, si vous voulez ne pas voir vos divinités méprisées. Prêtez assez à chacun pour que nul n'ait besoin de prêter à autrui ; car, si vos déités étaient réduites à emprunter aux hommes, les hommes renieraient les dieux... Faites que le repas soit plus aimé que l'homme qui le donne ! Que toujours dans une assemblée de vingt hommes il y ait une vingtaine de scélérats ! Que, sur douze femmes qui s'asseoient à table, une douzaine soient... ce qu'elles sont ! Tirez vengeance de tous, ô dieux ! Frappez les sénateurs d'Athènes, ainsi que la lie du peuple, en faisant servir leurs vices mêmes à leur destruction. Quant à mes amis ici présents, comme ils ne me sont rien, ne les bénissez en rien : je les convie au néant. »

Enlevez les couvercles, chiens, et lapez.

Les convives découvrent les plats qui sont pleins d'eau chaude.

QUELQUES CONVIVES.

Que veut dire Sa Seigneurie ?

D'AUTRES CONVIVES.

Je ne sais pas.

TIMON.

— Puissiez-vous ne jamais assister à un meilleur festin, — vous tous amis de bouche !... Fumée et eau tiède, — voilà toute votre valeur. Ceci est l'adieu de Timon : — englué et souillé par vous de flatteries, — il s'en lave en vous éclaboussant le visage — de votre infamie fumante !

Il leur jette de l'eau chaude à la figure.

Vivez longtemps abhorrés, — parasites souriants, caressants, détestables! — destructeurs courtois, loups affables, ours doucereux, — bouffons de la fortune, amis de l'assiette, mouches de la saison, — complaisants du chapeau et du genou, dévouements vaporeux, automates de la minute! — Que les maladies innombrables de l'homme et de la bête — vous couvrent de leur lèpre!... Quoi! tu t'en vas, toi! — Doucement!... prends ta potion d'abord!... Toi aussi! toi aussi!...

Il jette les plats à la tête des convives et les chasse l'un après l'autre.

— Arrête, je veux te prêter de l'argent, non t'en emprunter. — Quoi! tous en fuite! Que désormais il n'y ait plus de fête — où un scélérat ne soit le bienvenu. — Maison, brûle; Athènes, croule. Que désormais soient voués à la haine — de Timon l'homme et l'humanité!

Il sort.

Rentrent plusieurs des SEIGNEURS et des SÉNATEURS.

PREMIER SEIGNEUR.
Eh bien, messeigneurs?

DEUXIÈME SEIGNEUR.
Comment qualifiez-vous cette fureur du seigneur Timon?

TROISIÈME SEIGNEUR.
Morbleu! avez-vous vu ma toque?

QUATRIÈME SEIGNEUR.
J'ai perdu ma robe.

TROISIÈME SEIGNEUR.
Ce seigneur n'est qu'un fou que le caprice seul gouverne. L'autre jour il m'a donné un joyau, et aujourd'hui il le fait sauter de mon chapeau... Avez-vous vu mon joyau?

QUATRIÈME SEIGNEUR.
Avez-vous vu ma toque?

DEUXIÈME SEIGNEUR.

La voici.

Il ramasse sa toque.

QUATRIÈME SEIGNEUR.

Ci-gît ma robe.

Il ramasse sa robe.

PREMIER SEIGNEUR.

Ne restons pas céans.

DEUXIÈME SEIGNEUR.

— Le seigneur Timon est fou.

TROISIÈME SEIGNEUR.

Je le sens à mes os.

QUATRIÈME SEIGNEUR.

— Un jour il nous envoie des diamants, un autre jour des pierres.

Ils sortent (16).

SCÈNE XI.

[Sous les murs d'Athènes.]

Entre TIMON.

TIMON.

— Que je te jette un dernier regard, ô muraille — qui renfermes ces loups ! Abîme-toi dans la terre, — et ne défends plus Athènes. Matrones, devenez impudiques ! — Enfants, perdez l'obéissance ! Esclaves et fous, — arrachez de leur banc les sénateurs, graves et ridés, — et administrez à leur place ! Offrez-vous à l'instant — aux cloaques publics, virginités adolescentes ! — Faites la chose sous les yeux de vos parents ! Banqueroutiers, tenez bon ; — et plutôt que de rendre, tirez le couteau — et coupez la gorge à vos créanciers! Serviteurs forcés, volez! — Vos graves maîtres sont des filous en grand — qui pillent de par la loi. Servante, au lit de ton maître! — Ta maîtresse est du bordel. Fils de seize ans, — arrache à ton vieux père impotent sa béquille rembourrée — pour lui faire sauter la cervelle! Piété, scrupule, — dévotion aux dieux, paix, justice, vérité, — déférence domestique, repos des nuits, bon voisinage, — instruction, mœurs, métiers et professions, — hiérarchies, rites, coutumes et lois, — perdez-vous dans le désordre de vos contraires; — et vive le chaos! Fléaux contagieux à l'homme, — accumulez vos plus terribles fièvres pestilentielles — sur Athènes, mûre pour la ruine! Toi, froide sciatique, — estropie nos sénateurs; que leurs membres perclus — clochent comme leurs mœurs! Luxure et libertinage, — infiltrez-vous dans l'esprit et jusque dans la moelle de notre jeunesse, — en sorte qu'elle puisse nager contre le courant de la vertu — et se noyer dans la débauche! Gales et pustules, — semez vos germes au cœur de tous les Athéniens pour qu'ils en récoltent — une lèpre universelle! Puisse l'haleine infecter l'haleine, — afin que leur société, comme leur amitié, — ne soit plus que poison! Je n'emporterai de toi — que ce dénûment, ô ville détestable! — Garde-le aussi pour toi, avec mes malédictions multipliées!... — Timon s'en va dans les bois; il y trouvera — la bête malfaisante plus bienfaisante que l'humanité. — Puissent les dieux (vous m'entendez tous, dieux bons!) confondre — les Athéniens au dedans comme au dehors de ces murs! — Puissent-ils permettre que Timon voie croître avec ses années sa haine — pour toute la race des hommes grands et petits!. — Amen!

Il sort.

SCÈNE XII.

[Athènes. Dans le palais de Timon.]

Entre FLAVIUS, avec deux ou trois serviteurs.

PREMIER SERVITEUR.

Savez-vous, maître intendant, où est notre maître? — Sommes-nous perdus? congédiés? ne reste-t-il rien?

FLAVIUS.

— Hélas! mes amis, que puis-je vous dire? — J'en atteste les dieux justes, — je suis aussi pauvre que vous.

PREMIER SERVITEUR.

Une telle maison ruinée! — un si noble maître tombé! Tout disparu! et pas — un ami pour prendre sa fortune par le bras et — l'accompagner!

SECOND SERVITEUR.

De même que nous tournons le dos — à notre camarade à peine jeté dans sa fosse, — de même ses familiers s'éloignent tous de sa fortune ensevelie, — en lui jetant leurs protestations creuses — comme des bourses vides; et lui, ce pauvre être, — exposé misérablement à l'air, — abandonné par tous à sa pauvreté pestiférée, — erre isolé comme l'opprobre... Voici encore de nos camarades.

Entrent d'autres SERVITEURS.

FLAVIUS.

— Tous ustensiles brisés d'une maison ruinée!

TROISIÈME SERVITEUR.

— Nos cœurs n'en portent pas moins la livrée de Timon, — je le vois à nos visages. Nous sommes encore camarades — au service de la douleur. Notre barque fait eau ; — et nous pauvres matelots, debout sur le pont défaillant, — nous écoutons gronder les vagues, forcés de nous séparer — tous dans l'océan de la vie.

FLAVIUS.

Chers compagnons, — je veux partager avec vous tous le reste de mon avoir. — Où que nous nous retrouvions, au nom de Timon, — soyons toujours camarades, et disons-nous en secouant la tête, — comme pour sonner le glas de la fortune de notre maître : — *Nous avons vu des jours meilleurs.*

Leur distribuant de l'argent.

Que chacun prenne sa part. — Voyons, tendez tous les mains. Plus un mot ! — Nous nous séparons pauvres d'argent, mais riches de douleur.

Les serviteurs sortent.

— Oh ! la terrible détresse que nous apporte la splendeur ! — Qui ne souhaiterait d'être exempt de richesses, — quand l'opulence mène à la misère et au mépris ? — Qui voudrait de cette splendeur dérisoire, de cette existence — ou l'amitié n'est qu'un rêve, — de ce faste et de tout cet apparat — peints du même vernis que tant de faux amis ! — Pauvre honnête homme accablé par son propre cœur, — perdu par sa bonté ! Étrange et rare nature — dont le plus grand crime est d'avoir fait trop de bien ! — Qui osera désormais être à moitié aussi généreux, — puisque la bonté qui fait les dieux ruine les hommes ?... — Maître bien-aimé qui n'as été béni que pour être maudit, — riche que pour être misérable, ta grande fortune — est devenue ta suprême affliction. Hélas ! ce bon seigneur ! — il s'est arraché furieux à cette terre ingrate — de monstrueux amis ; — et il n'a aucun moyen de soutenir — ou de gagner sa vie. — Je vais aller à sa recherche. J'ai toujours servi sa fantaisie de tout mon dévouement. — Tant que j'aurai de l'or, je resterai son intendant.

Il sort (17).

SCÈNE XIII.

[Dans les bois.]

Entre TIMON, une bêche à la main.

TIMON.

— O soleil, générateur bienfaisant, dégage de la terre — une humidité pestilentielle, et infecte l'air qu'on respire — sous l'orbe de ta sœur (18)! Deux jumeaux sortent de la même matrice ; — pour eux la conception, la gestation, la naissance — ont été presque identiques ; eh bien, dotez-les de fortunes diverses : — le plus grand méprisera le plus petit. La créature, — qu'assiégent toutes les calamités, ne peut supporter une grande fortune — sans mépriser la créature. — Élevez-moi ce mendiant, abaissez-moi ce seigneur : — au patricien s'attachera le dédain héréditaire, — au mendiant la dignité native. — La pâture engraisse l'animal — qu'amaigrit la disette. Qui osera, qui osera — se lever dans la loyauté de son âme — et dire : *cet homme est un flatteur?* S'il l'est, — tous le sont : car chaque degré de l'échelle sociale — est exalté par le dégré inférieur : le cuistre savant — se prosterne devant l'imbécile cousu d'or. Tout est oblique : — rien n'est droit dans nos natures maudites, — si ce n'est la franche infamie. Honnies soient donc — toutes les fêtes, les sociétés, les cohues humaines ! — Timon méprise son semblable comme lui-même ! — Que la destruction enserre l'humanité !

Il bêche la terre.

Terre, donne-moi des racines. — Et s'il en est qui réclament de toi davantage, flatte leur goût — avec tes poisons les plus violents... Que vois-je là ? — De l'or ! ce jaune, brillant et précieux métal ! Non, dieux bons ! — je ne fais pas de vœux frivoles : des racines, cieux sereins ! — Ce peu d'or suffirait à rendre blanc, le noir ; beau, le laid ; — juste, l'injuste ; noble, l'infâme ; jeune, le vieux ; vaillant, le lâche. — Ah ! dieux, à quoi bon ceci ? Qu'est-ce ceci, dieux ? Eh bien, — ceci écartera de votre droite vos prêtres et vos serviteurs ; ceci arrachera l'oreiller du chevet des malades (19). Ce jaune agent — tramera et rompra les vœux, bénira le maudit, — fera adorer la lèpre livide, placera les voleurs, — en leur accordant titre, hommage et louange, — sur le banc des sénateurs ; c'est ceci — qui décide la veuve éplorée à se remarier. — Celle qu'un hôpital d'ulcérés hideux — vomirait avec dégoût, ceci l'embaume, la parfume, — et lui fait un nouvel avril... Allons poussière maudite, — prostituée à tout le genre humain, qui mets la discorde — dans la foule des nations, je veux te rendre — ta place dans la nature.

Bruit lointain d'une marche militaire.

Ha ! un tambour !... Si vivace que tu sois, — je vais t'enterrer... Voleuse endurcie, tu iras — dans un lieu inaccessible à tes goutteux recéleurs... — Pourtant laisse-moi des arrhes.

Il prend une poignée d'or et enfouit le reste.

ALCIBIADE entre au son du tambour et des fifres, dans un appareil militaire ; PHRYNÉ et TIMANDRA l'accompagnent.

ALCIBIADE.

Qui es-tu ? Parle.

TIMON.

— Un animal comme toi. Qu'un cancer te ronge le cœur, — pour me faire voir encore le visage de l'homme !

ALCIBIADE.

— Quel est ton nom ? Peux-tu haïr autant l'homme, — étant toi-même un homme ?

TIMON.

— Je suis misanthrope, et je hais le genre humain. — Quant à toi, je voudrais que tu fusses chien — pour pouvoir t'aimer un peu.

ALCIBIADE.

Je te connais bien ; — mais ce qui t'est arrivé est pour moi un mystère étrange.

TIMON.

— Je te connais aussi, mais je ne désire pas te connaître — plus que je ne te connais. Suis ton tambour ; — rougis la terre de sang humain, fais-en un champ de gueules. — Les lois civiles, les canons religieux sont cruels ; — que doit donc être la guerre? Cette atroce putain qui t'accompagne — fait plus de ravages encore que ton épée, — avec tous ses airs de chérubin.

PHRYNÉ.

Que tes lèvres pourrissent !

TIMON.

— Je ne veux pas te baiser ; que la pourriture retombe — donc sur tes lèvres.

ALCIBIADE.

— Comment le noble Timon a-t-il subi un tel changement ?

TIMON.

— Comme la lune, faute de lumière à répandre. — Mais je n'ai pas pu, comme elle, renouveler mon éclat, — n'ayant pas de soleil à qui emprunter.

ALCIBIADE.

— Noble Timon, quel service puis-je te rendre ?

TIMON.

— Aucun, sinon d'adopter mon avis.

ALCIBIADE.

Quel est-il, Timon ?

SCÈNE XIII.

TIMON.

— Promets-moi ton amitié, mais ne tiens pas ta promesse. Si — tu ne veux pas promettre, que les dieux te punissent — d'être un homme ! Si tu tiens ta promesse, qu'ils te confondent — d'être un homme !

ALCIBIADE.

— J'ai ouï parler vaguement de tes malheurs.

TIMON.

— Tu les vis quand j'étais dans la prospérité.

ALCIBIADE.

— Je les vois maintenant ; alors tu étais fortuné.

TIMON.

— Comme tu l'es maintenant, dans l'étreinte de deux gourgandines.

TIMANDRA.

— Est-ce là ce mignon d'Athènes que le monde — prônait si respectueusement ?

TIMON.

Es-tu Timandra ?

TIMANDRA.

Oui.

TIMON.

— Sois toujours une putain ! Ceux qui usent de toi ne t'aiment pas. — Donne-leur des maladies en échange de la souillure qu'ils te laissent. — Utilise tes heures de lubricité : assaisonne ces drôles-là — pour l'étuve et le bain : réduis à l'abstinence et à la diète — la jeunesse aux joues roses.

TIMANDRA.

Au gibet, monstre !

ALCIBIADE.

— Pardonne-lui, charmante Timandra : car sa raison — s'est noyée et perdue dans ses calamités. Il ne me reste que peu d'or, brave Timon, — et cette pénurie cause chaque jour des révoltes — parmi mes bandes besoigneuses. J'ai appris avec douleur — que la maudite Athènes, insoucieuse de ton mérite, — oubliant combien tu fus héroïque à une époque où des États voisins — l'auraient écrasée, sans ton épée et ta fortune...

TIMON.

— Je t'en prie, bats le tambour et va-t'en.

ALCIBIADE.

— Je suis ton ami et je te plains, cher Timon.

TIMON.

Comment peux-tu plaindre celui que tu importunes? — J'aimerais mieux être seul.

ALCIBIADE.

Eh bien, adieu. — Voici de l'or pour toi.

TIMON.

Garde-le; je ne peux pas le manger.

ALCIBIADE.

— Quand j'aurai fait de la fière Athènes un monceau de ruines...

TIMON.

— Tu fais la guerre aux Athéniens!

ALCIBIADE.

Oui, Timon, et pour cause.

TIMON.

— Que les dieux les exterminent tous dans ton triomphe, et toi — ensuite, quand tu auras triomphé!

ALCIBIADE.

— Moi! pourquoi, Timon?

TIMON.

Parce que — tu étais né pour triompher de ma patrie par une tuerie de scélérats. — Garde ton or... En avant...! Voici de l'or... En avant! — Sois comme un fléau planétaire, alors que Jupiter — suspend ses poisons dans l'air vicié — au-dessus d'une ville corrompue. Que ton glaive n'oublie personne! — Sois sans pitié pour la barbe blanche du vieillard honoré: — c'est un usurier! Frappe-moi la matrone hypocrite: — elle n'a d'honnête que son vêtement: — c'est une maquerelle! Que la joue de la vierge — n'attendrisse pas le tranchant de ton épée; car ses seins de lait, — qui entre les barreaux de sa gorgerette provoquent le regard de l'homme, — ne sont pas inscrits sur la page de la pitié (20): — condamne-les comme d'horribles traîtres. N'épargne pas le marmot, — dont le sourire en fossette épuise l'indulgence des imbéciles; — tiens-le pour un bâtard qu'un oracle — équivoque a désigné pour te couper la gorge, — et hache-le sans remords. Abjure toute émotion: — couvre tes oreilles et tes yeux d'une cuirasse — impénétrable que le cri des mères, des vierges et des enfants, — que la vue des prêtres saignant sous leurs vêtements sacrés — ne saurait entamer. Voici de l'or pour payer tes soldats. — Sois l'exterminateur de tous; et, ta fureur assouvie, — sois toi-même exterminé! Plus un mot; pars.

ALCIBIADE.

— As-tu encore de l'or? J'accepte l'or que tu me donnes, — mais non tes conseils.

PHRYNÉ ET TIMANDRA.

— Donne-nous de l'or, bon Timon. En as-tu encore?

TIMON.

— Assez pour faire renoncer une putain à son commerce, — et une maquerelle à faire des putains. Drôlesses, tendez — vos tabliers. A vous autres on ne demande pas de serments; — quoique vous soyez prêtes, je le sais, à jurer, à jurer effroyablement, — au risque de faire frissonner d'un tremblement céleste — les dieux qui vous entendent! Épargnez-vous donc les serments; je me fie à vos instincts. Soyez putains toujours. — Avec celui dont la voix pieuse chercherait à vous convertir, — redoublez de dévergondage, séduisez-le, embrasez-le; que votre flamme impure domine sa fumée, — et ne renonce jamais. Comme diversion à ces peines, puissiez-vous, six mois durant, — en éprouver d'autres. Puis donnez pour chaume à vos pauvres faîtes dénudés — la dépouille des morts (21); eussent-ils été pendus, — n'importe! portez-la pour trahir et vous prostituer encore! — Fardez-vous au point qu'un cheval puisse s'embourber sur votre visage: — peste soit des rides!

PHRYNÉ ET TIMANDRA.

— Bon, encore de l'or!... Après? — Crois bien que nous ferons tout pour l'or.

TIMON.

— Semez les germes de la consomption — jusque dans les os de l'homme; frappez ses tibias alertes, — et énervez sa virilité. Cassez la voix du légiste, — qu'il ne puisse plus plaider le faux, — ni glapir ses arguties. Empestez le flamine — qui récrimine contre la chair, — et ne se croit pas lui-même. Faites tomber, — faites tomber le nez, gangrené jusqu'à l'os, — de celui qui, afin de poursuivre ses intérêts, — quitte la piste du bien public. Rendez chauves les rufians à la tête frisée; — et que les fanfarons épargnés par la guerre — vous doivent de souffrir. Infectez tous les hommes; — que votre activité épuise et tarisse — la source de toute érection!... Voici encore de l'or. — Damnez les autres, et que cet or vous damne, — et que les fossés vous servent à tous de tombeaux!

PHRYNÉ ET TIMANDRA.

— Encore des conseils et encore de l'argent, généreux Timon!

TIMON.

— Commencez par vous prostituer encore, par faire le mal encore: je vous ai donné des arrhes.

ALCIBIADE.

— Battez, tambours! En marche sur Athènes!... Adieu, Timon. — Si je réussis, je viendrai te revoir encore.

SCÈNE XIII.

TIMON.

— Si je ne suis pas déçu, je ne te reverrai jamais.

ALCIBIADE.

Je ne t'ai jamais fait de mal.

TIMON.

— Si fait, tu as dit du bien de moi.

ALCIBIADE.

Et tu appelles cela un mal!

TIMON.

— Un mal dont les hommes sont chaque jour victimes. Va-t'en, — et emmène les lices avec toi.

ALCIBIADE.

Nous ne faisons ici que le blesser... — Battez, tambours!

Le tambour bat. Sortent Alcibiade, Phryné et Timandra.

TIMON.

— Se peut-il qu'une nature, écœurée de l'ingratitude humaine, — ait pourtant faim encore!...

Il se remet à bêcher la terre.

O toi, notre mère commune — dont l'incommensurable matrice procrée tout, dont le sein infini — nourrit tout; toi qui de la même substance — dont tu enfles ton orgueilleux enfant, l'homme arrogant, — engendres le noir crapaud, la couleuvre bleue, — le lézard doré, le reptile aveugle et venimeux, — et tout ce qui naît d'horrible sous la coupole céleste — qu'illumine le feu vivifiant d'Hypérion; — fais surgir, pour celui qui hait tous les humains, tes fils, — une pauvre racine de tes généreuses entrailles —! Stérilise ta fertile et puissante matrice, — qu'elle ne produise plus l'homme ingrat! — Sois grosse de tigres, de dragons, de loups et d'ours; — enfante des monstres nouveaux que ta surface — ne présenta jamais à la voûte de marbre — du firmament!... Oh! une racine!... Merci, merci!... — Dessèche tes artères, tes vignobles et tes champs labourés;

— grâce auxquels l'homme ingrat, gorgé de breuvages — et de mets onctueux, abrutit sa pure intelligence — et lui fait perdre la réflexion !

Entre APEMANTUS.

— Encore un homme ! Horreur ! Horreur !

APEMANTUS.

— On m'a indiqué ta retraite. On rapporte — que tu affectes mes manières, que tu les assumes.

TIMON.

— C'est donc parce que tu n'as pas de chien — que je puisse imiter !... Que la consomption te saisisse !

APEMANTUS.

— Tout cela n'est chez toi qu'affectation, — une misérable et indigne mélancolie, causée — par un changement de fortune ! Pourquoi cette bêche, ce séjour, — cet habit d'esclave et cet air soucieux ? — Tes flatteurs continuent de porter la soie, de boire du vin, de dormir mollement — et d'étreindre leurs belles malades parfumées : ils ne se souviennent plus — que Timon ait jamais existé ! N'outrage pas ces forêts — en affectant l'acrimonie d'un censeur. — Fais-toi flatteur à ton tour et tâche de prospérer — par ce qui t'a ruiné. Mets une charnière à ton genou ; — et que le moindre souffle de celui que tu courtiseras — emporte ton chapeau ! Vante son plus vicieux travers, — et déclare-le excellent. C'est le langage qu'on te tenait ; — et tu écoutais avec une oreille, complaisante comme le bonjour d'un cabaretier, — le premier chenapan venu. Il est bien juste — que tu deviennes un coquin ; si tu redevenais riche, — ce serait encore au profit des coquins. Ne cherche pas à me ressembler.

TIMON.

— Si je te ressemblais, je me détruirais.

SCÈNE XIII.

APEMANTUS.

— Tu t'es perdu, en ne ressemblant qu'à toi-même : — insensé si longtemps, imbécile aujourd'hui ! Crois tu donc — que le vent glacial, impétueux chambellan, — va t'apporter ta chemise chaude ? que ces arbres moussus — qui survivent à l'aigle, vont te suivre comme des pages — et se déplacer sur un signe de toi ! que le froid ruisseau, — figé par la glace, va t'offrir un lait de poule matinal — pour réparer tes excès nocturnes ? Appelle les créatures — que leur nudité soumet à tous les outrages — d'un ciel acharné qui, sans vêtement, sans abri, — exposées au choc des éléments, — vivent au gré de la nature : dis-leur de te flatter ; — oh ! tu reconnaîtras...

TIMON.

Un sot en toi. Va-t'en.

APEMANTUS.

— Je t'aime maintenant plus que je ne t'ai jamais aimé.

TIMON.

— Moi, je te hais davantage.

APEMANTUS.

Pourquoi ?

TIMON.

Tu flattes la misère.

APEMANTUS.

— Je ne te flatte pas ; je dis que tu es un gueux.

TIMON.

— Pourquoi viens-tu me chercher ?

APEMANTUS.

Pour te vexer.

TIMON.

— C'est toujours l'office ou d'un méchant ou d'un niais. — Y prends-tu plaisir ?

APEMANTUS.

Oui.

TIMON.

Tu es donc un coquin !

APEMANTUS.

— Si tu avais adopté cette vie âpre et rigoureuse — pour châtier ton orgueil, ce serait bien ; mais tu — le fais forcément. Tu deviendrais courtisan, — si tu n'étais besoigneux. La misère résignée — vit mieux que l'opulence inquiète ; elle est plutôt exaucée. — L'une absorbe toujours sans jamais être rassasiée ; — l'autre est toujours comblée. La meilleure condition, sans le contentement, — est un état de détresse et de malheur — pire que la pire condition, accompagnée de contentement. — Tu devrais souhaiter de mourir, misérable que tu es.

TIMON.

— Je ne le souhaiterai pas à la suggestion d'un plus misérable que moi. — Tu es un maraud que la fortune n'a jamais pressé — avec faveur dans ses bras caressants ; elle t'a traité comme un chien. — Si tu avais, comme nous dès nos premières langes, passé — par les douces transitions que ce monde éphémère réserve — à ceux dont une obéissance passive — exécute tous les ordres, tu te serais plongé — dans une vulgaire débauche ; tu aurais épuisé ta jeunesse — sur tous les lits de la luxure ; ignorant — les froids préceptes de la modération, tu aurais suivi — la voix mielleuse du plaisir. Mais moi, — j'étais confit dans la complaisance universelle ; — j'avais à mon service les bouches, les langues, les yeux et les cœurs — de gens sans nombre, que je ne pouvais suffire à employer, — et qui m'étaient attachés comme les feuilles — au chêne ! Une rafale d'hiver — les a fait tomber de leurs rameaux, et je suis resté nu, à la merci — de toute tempête qui souffle. Pour moi — qui n'ai jamais connu que le bonheur, la chose est un peu lourde à supporter. — Mais pour toi l'existence a commencé par la souffrance, le temps — t'y a endurci. Pourquoi haïrais-tu les hommes? — Ils ne t'ont jamais flatté. Que leur as-tu donné? — Si tu veux maudire, que ce soit ton père, — ce pauvre déguenillé qui, dans une boutade, s'est adjoint — à quelque mendiante et t'a créé — pauvre diable de naissance. Arrière! va-t'en! — Si tu n'étais né le pire des hommes, — tu aurais été un intrigant et un flatteur.

APEMANTUS.

— Es-tu donc toujours fier?

TIMON.

Je le suis de n'être pas toi.

APEMANTUS.

— Et moi, de n'avoir pas été un prodigue.

TIMON.

Et moi, d'en être un encore. — Quand tout mon avoir serait contenu en toi, — je te permettrais de t'aller pendre. Va-t'en. — Que toute la vie d'Athènes n'est-elle dans ceci! — Voici comme je la dévorerais.

Il mange une racine.

APEMANTUS, lui offrant quelque aliment.

Tiens; je veux améliorer ton repas.

TIMON.

— Commence par améliorer ma société, en t'éloignant.

APEMANTUS.

— C'est la mienne que j'améliorerai, en me privant de la tienne.

TIMON.

— Au lieu de l'améliorer par là, tu l'empireras; — s'il n'en était pas ainsi, je le regretterais.

APEMANTUS.

— Quel message as-tu pour Athènes?

TIMON.

— Qu'un tourbillon t'y emporte! Si tu veux, — dis-leur que j'ai de l'or; tiens, j'en ai.

APEMANTUS.

— Ici l'or ne sert à rien.

TIMON.

Il n'en est que meilleur et plus pur : — car ici il sommeille, et ne soudoie pas le mal.

APEMANTUS.

— Où couches-tu la nuit, Timon?

TIMON.

Sous ce qui est au-dessus de moi. — Où te nourris-tu le jour, Apemantus?

APEMANTUS.

Là où mon estomac trouve ses aliments, ou plutôt là où je les mange.

TIMON.

Que le poison n'est-il obéissant et ne connaît-il mon désir !

APEMANTUS.

Où l'enverrais-tu?

TIMON.

Assaisonner tes plats.

APEMANTUS.

Tu n'as pas connu le juste milieu de la vie, mais les deux extrêmes opposés. Quand tu étais dans tes dorures et tes parfums, tu faisais rire de toi par ton excessive délicatesse; tu l'as perdue sous ta guenille, et tu te fais mépriser par l'excès contraire. Voici un limon pour toi, mange-le.

TIMON.

Je ne me nourris pas de ce que je déteste.

APEMANTUS.

Est-ce que tu détestes le limon?

TIMON.

Oui, le limon que tu offres : c'est de la fange.

APEMANTUS.

Si tu avais détesté davantage le limon de la flatterie, tu

t'aimerais mieux aujourd'hui. As-tu jamais connu un prodigue qui, à bout de moyens, ait été aimé?

TIMON.

As-tu jamais connu un homme qui, sans les moyens dont tu parles, ait été aimé?

APEMANTUS.

Oui, moi-même.

TIMON.

Je te comprends; tu as eu les moyens de nourrir un chien.

APEMANTUS.

Quelle est la créature au monde qui, selon toi, se rapproche le plus du flatteur?

TIMON.

La femme en approche le plus; mais l'homme, l'homme est la flatterie même. Et que ferais-tu du monde, Apemantus, s'il était en ton pouvoir?

APEMANTUS.

Je le livrerais aux bêtes, pour être débarrassé des hommes.

TIMON.

Voudrais-tu toi-même succomber dans la destruction des hommes pour rester bête avec les bêtes?

APEMANTUS.

Oui, Timon.

TIMON.

Ambition bestiale! Puissent les dieux la satisfaire! Si tu étais lion, le renard te duperait; si tu étais agneau, le renard te mangerait; si tu étais renard, le lion te suspecterait, quand, par aventure, tu serais accusé par l'âne; si tu étais âne, ta stupidité ferait ton tourment, et tu ne vivrais que pour servir de déjeuner au loup; si tu étais loup, ta voracité te persécuterait, et souvent tu hasarderais ta vie pour ton dîner; si tu étais licorne, l'orgueil et la colère te perdraient et feraient de toi-même la victime de ta furie(22); ours, tu serais tué par le cheval ; cheval, tu serais saisi par le léopard ; léopard, tu serais proche parent du lion et les marques même de ta parenté conspireraient contre ta vie (23) ; ton unique salut serait la fuite ; ta seule défense, l'absence. Quelle bête pourrais-tu être qui ne fût pas la proie d'une bête ? Et quelle bête tu es déjà de ne pas voir combien tu perdrais à la métamorphose !

APEMANTUS.

Si tu pouvais me plaire en me parlant, pour le coup tu aurais réussi. La république d'Athènes est devenue une forêt de bêtes.

TIMON.

Eh quoi ! l'âne a-t-il franchi la muraille, que te voilà hors de la ville !

APEMANTUS.

Voici venir un peintre et un poëte. Que la peste de leur compagnie fonde sur toi. J'ai peur de l'attraper et je me sauve. Quand je ne saurai que faire, je viendrai te revoir.

TIMON.

Quand il n'y aura plus que toi de vivant, tu seras le bienvenu. J'aimerais mieux être le chien d'un mendiant qu'Apemantus.

APEMANTUS.

Tu es le prince de tous les fous vivants.

TIMON.

— Que n'es-tu assez propre pour qu'on crache sur toi!

APEMANTUS.

— La peste soit de toi! tu es au-dessous des malédictions.

TIMON.

— Tous les coquins sont purs auprès de toi.

APEMANTUS.

— Il n'y a de lèpre que dans ta parole...

SCÈNE XIII.

TIMON.

— Quand je te nomme. — Je te battrais volontiers, mais j'infecterais mes mains.

APEMANTUS.

— Je voudrais sur ma parole les faire tomber en pourriture.

TIMON.

— Arrière, engeance de chien galeux ! — Je me meurs de colère à te voir vivant ; — je me trouve mal à ton aspect.

APEMANTUS.

Puisses-tu crever !

TIMON.

Arrière, — fastidieux coquin ! je regrette de perdre une pierre pour toi.

Il lui jette une pierre.

APEMANTUS.

Brute !

TIMON.

Misérable !

APEMANTUS.

Crapaud !

TIMON.

Coquin, coquin, coquin !

Apemantus fait mine de se retirer et se cache.

— Je suis écœuré de ce monde hypocrite ; et je n'en veux accepter — que les nécessités essentielles. — Donc, Timon, creuse sur le champ ta tombe ; — choisis, pour y reposer, un lieu où la blanche écume de la mer puisse fouetter — chaque jour ta pierre tumulaire ; compose ton épitaphe, — en sorte que ta mort nargue la vie des autres !...

Il regarde de l'or.

— O toi, doux régicide ! cher agent de divorce — entre le fils et le père ! brillant profanateur — du lit le plus pur d'Hymen! vaillant Mars! — séducteur toujours jeune, frais, délicat et aimé — dont la rougeur fait fondre la neige consacrée — qui couvre le giron de Diane! dieu visible — qui rapproches les incompatibles — et les fais se baiser! qui parles par toutes les bouches — dans tous les sens! O pierre de touche des cœurs! — traite en rebelle l'humanité, ton esclave, et par ta vertu — jette-la dans un chaos de discordes, en sorte que les bêtes — puissent avoir l'empire du monde!

APEMANTUS.

Ainsi soit-il, — mais après ma mort!

Il s'avance.

Je dirai que tu as de l'or; — et tu seras bientôt accablé de visites.

TIMON.

Accablé?

APEMANTUS.

Oui.

TIMON.

— Tourne-moi le dos, je t'en prie.

APEMANTUS.

Vis et attache-toi à ta misère.

TIMON.

— Toi, vis longtemps et meurs attaché à la tienne!

Apemantus sort.

J'en suis quitte... — Encore des êtres à face humaine!... Mange, Timon, en les maudissant.

Entrent des BANDITS.

PREMIER BANDIT.

Où peut-il avoir eu cet or? c'est quelque pauvre débris, quelque chétif reste de sa fortune. Le besoin d'argent et la défection de ses amis l'ont jeté dans cette mélancolie.

SCÈNE XIII.

DEUXIÈME BANDIT.

Le bruit court qu'il a un immense trésor.

TROISIÈME BANDIT.

Faisons une tentative sur lui. S'il n'y tient pas, il nous le livrera facilement; s'il le garde en avare, comment l'obtiendrons-nous?

DEUXIÈME BANDIT.

C'est juste; car il ne le porte pas sur lui : son trésor est caché.

PREMIER BANDIT, montrant Timon.

N'est-ce pas lui ?

LES BANDITS.

Où?

DEUXIÈME BANDIT.

C'est bien son signalement.

TROISIÈME BANDIT.

C'est lui; je le reconnais.

LES BANDITS, s'approchant de Timon.

Salut, Timon!

TIMON.

Eh bien, voleurs?

LES BANDITS.

Voleurs? non. Soldats!

TIMON.

Vous êtes voleurs et soldats, et de plus fils de la femme.

LES BANDITS.

— Nous ne sommes pas des voleurs, mais des gens fort besoigneux.

TIMON.

— Votre plus grand besoin est le besoin de mets superflus. — De quoi avez-vous besoin? Voyez, la terre a des racines : — dans l'espace d'un mille jaillissent cent sources : — les chênes portent des châtaignes ; les ronces, des fruits écarlates ; — la généreuse ménagère Nature, à chaque buisson, — met le couvert devant vous. Besoigneux ! de quoi avez-vous besoin ?

PREMIER BANDIT.

— Nous ne pouvons pas vivre d'herbe, de baies et d'eau, — comme les bestiaux, les oiseaux et les poissons.

TIMON.

— Vous ne pouvez même pas vivre de bestiaux, d'oiseaux et de poissons ; — il faut que vous mangiez des hommes. N'importe. Je vous sais gré — de professer le vol ouvertement, et de ne pas faire votre métier — sous des apparences plus édifiantes ; car le vol le plus effréné se pratique — dans les professions régulières. Voleurs éhontés, — voici de l'or. Allez, sucez le sang subtil de la grappe, — si bien que la fièvre chaude fasse fermenter le vôtre jusqu'à l'écume ; — et vous sauve du gibet ! Ne vous fiez pas au médecin : — ses antidotes sont du poison, et il tue — plus que vous ne volez. Prenez à la fois la bourse et la vie ; — exécutez le crime, comme vous faites profession de l'exécuter, — en hommes du métier. Je vous montrerai partout l'exemple du brigandage. — Le soleil est un voleur : par sa puissante attraction, — il dépouille la vaste mer. La lune est une voleuse effrontée : — elle soustrait sa pâle lumière au soleil. — L'Océan est un voleur : sa vague résout — en larmes amères les émanations de la lune. La terre est une voleuse — qui se nourrit et s'alimente du compost furtif — de tous les excréments. Tout vole (24). — Les lois, qui vous refrènent et vous flagellent, dans leur rude toute-puissance — exercent un brigandage impuni. Ne vous aimez pas les uns les autres ; allez, volez-vous réciproquement. Voici encore de l'or. Coupez les gorges : — tous ceux que vous rencontrez sont des voleurs. Allez à Athènes ; — enfoncez les boutiques : tout ce que vous déroberez, — des voleurs le perdront. Quoi que je vous donne, — n'en volez pas moins, et puisse en tout cas cet or vous confondre! — Amen!

Il rentre dans sa caverne.

TROISIÈME BANDIT.

Il m'a presque désenchanté de ma profession, en m'y encourageant.

PREMIER BANDIT.

C'est par haine du genre humain qu'il nous conseille ainsi; ce n'est point pour nous voir prospérer dans notre état.

DEUXIÈME BANDIT.

Je veux le croire comme je croirais un ennemi, et renoncer à mon métier.

PREMIER BANDIT.

Attendons que la paix soit rétablie dans Athènes. Il n'est pas de temps si misérable où l'homme ne puisse devenir honnête.

Les bandits sortent.

Entre FLAVIUS.

FLAVIUS, regardant dans la grotte où Timon s'est retiré.

O dieux! — Est-ce bien là monseigneur, cet homme méprisé, ruiné, — en proie à la dégradation et au délabrement? O monument — prodigieux de bonnes actions mal distribuées! — Quelle déchéance a — causée une détresse désespérée! — Quoi de plus vil sur la terre que des amis — qui peuvent entraîner les plus nobles âmes à la fin la plus honteuse! — Triste nécessité propre à cette époque — que l'homme en soit réduit à aimer ses ennemis! — Oui, puissé-je à jamais aimer et rechercher — les haines qui me veulent du mal, plutôt que les dévouements qui m'en font!... — Il m'a aperçu : je vais lui présenter — ma loyale douleur, et, comme à mon seigneur, — lui consacrer ma vie... Mon très-cher maître!

Timon sort de sa grotte.

TIMON.

— Arrière! qui es-tu ?

FLAVIUS.

M'avez-vous oublié, monsieur?

TIMON.

— Pourquoi demandes-tu cela ? J'ai oublié tous les hommes : — si donc tu avoues être un homme, je t'ai oublié.

FLAVIUS.

— Votre pauvre et honnête serviteur !

TIMON.

Alors je ne te reconnais pas. — Je n'ai jamais eu un honnête homme auprès de moi ; jamais je — n'ai entretenu que des marauds pour servir à manger à des coquins.

FLAVIUS, les larmes aux yeux.

Les dieux m'en sont témoins, — jamais pauvre intendant ne déplora plus sincèrement — la ruine de son maître que moi la vôtre.

TIMON.

— Quoi! tu pleures !... approche... Alors je t'aime, — parce que tu es une femme et que tu répudies — cette virilité de pierre qui n'a de larmes — que pour la luxure et le rire. La pitié est endormie : — étrange génération qui pleure de rire et non de pleurer !

FLAVIUS.

— Mon bon seigneur, je vous conjure de me reconnaître, — d'agréer ma douleur, et, tant que durera ce pauvre pécule, — de me garder pour intendant.

Il lui offre une sacoche pleine d'argent.

TIMON.

— Quoi! j'avais un intendant — si fidèle, si probe et aujourd'hui si bienfaisant! — Il y a là de quoi égarer ma farouche nature. — Laisse-moi regarder ton visage... Sûrement, cet homme — est né d'une femme. — Pardonnez-moi mon emportement sans réserve contre l'humanité, — dieux à jamais équitables ! Je proclame — un honnête homme (ne vous y trompez pas), un seul honnête homme, — pas davantage, s'il vous plaît, et c'est un intendant!... Que volontiers j'aurais haï tout le genre humain, — mais toi tu te rachètes. Tous les hommes, excepté toi, je les accable de malédictions! — En ce moment, ce me semble, tu es plus honnête que sage. — Car, en m'écrasant et en me trahissant, — tu aurais plus aisément trouvé un nouvel emploi; — beaucoup passent à un second maître — sur le cou du premier. Mais dis-moi franchement — (car il faut toujours que je doute en dépit de l'évidence), — ta générosité n'est-elle pas hypocrite et calculée, comme — la générosité usuraire du riche qui multiple les présents, — espérant qu'on lui en rendra vingt pour un?

FLAVIUS.

— Non, mon digne maître; dans votre cœur — le doute et le soupçon, hélas! trouvent place trop tard; — vous auriez dû vous défier d'un monde perfide, quand vous étiez en fête; — mais le soupçon arrive toujours quand tout est perdu. — Le ciel le sait, ma démarche n'est qu'un acte d'affection, — de respect et de zèle pour votre âme incomparable, — de sollicitude pour votre subsistance et votre entretien : et, croyez-le, — mon très-honoré seigneur, — tous les bénéfices qui s'offrent à moi — dans l'avenir, comme dans le présent, — je consentirais à les abandonner — pourvu seulement que vous eussiez le pouvoir et les moyens — de me dédommager par le spectacle de votre richesse!

TIMON.

— Regarde et sois satisfait!... Honnête homme unique, — tiens, prends ceci.

Il lui donne de l'or.

Les dieux ont de ma misère — tiré pour toi un trésor. Va, vis riche et heureux, mais à une condition : c'est que tu iras bâtir loin des hommes. — Exècre-les tous, maudis-les tous; n'aie de charité pour aucun. — Avant de secourir le mendiant, laisse la chair affamée — tomber de son squelette. Donne aux chiens — ce que tu refuses aux hommes. Que les prisons les dévorent! — Que les dettes les flétrissent et les dépouillent! Qu'ils soient comme des forêts désolées! — Et puissent les maladies sucer leur sang perfide! — Sur ce, adieu et prospère.

FLAVIUS.

— Oh! laissez-moi rester et vous consoler, mon maître!

TIMON.

Si tu redoutes les malédictions, — ne reste pas; fuis, tandis que tu es béni et sauf. — Ne revois jamais l'homme, et que je ne te revoie jamais.

Ils se séparent.

SCÈNE XIV.

[Devant la caverne de Timon.]

Entrent le POÈTE et le PEINTRE. TIMON les observe, sans être vu.

LE PEINTRE.

Si j'ai pris bonne note de l'endroit, sa demeure ne doit pas être éloignée.

LE POÈTE.

Que faut-il penser de lui? Devons-nous tenir pour vraie la rumeur qu'il regorge d'or?

LE PEINTRE.

C'est certain. Alcibiade l'affirme; Phryné et Timandra ont eu de l'or de lui; il a également enrichi de ses largesses de pauvres soldats maraudeurs. On dit qu'il a donné à son intendant une forte somme.

LE POÈTE.

Alors cette banqueroute n'était qu'une feinte pour éprouver ses amis.

SCÈNE XIV.

LE PEINTRE.

Pas autre chose. Vous le verrez de nouveau porter la palme dans Athènes, aussi florissant que les plus grands. Donc nous ne ferons pas mal de lui offrir nos services dans sa prétendue détresse. Cela aura l'air honnête de notre part, et pourra bien combler l'espoir qui nous attire ici, si les bruits qui courent sur sa richesse sont exatcs et véridiques.

LE POÈTE.

Qu'avez-vous à lui offrir, à présent?

LE PEINTRE.

Rien que ma visite pour le moment; seulement je lui promettrai un chef-d'œuvre.

LE POÈTE.

Je le servirai de la même façon, et lui parlerai d'un projet que j'ai pour lui.

LE PEINTRE.

Excellent! Promettre est tout à fait du bel air; cela ouvre les yeux de la curiosité. Exécuter est toujours un acte inférieur; et, excepté parmi les gens les plus naïfs et les plus simples, tenir sa parole est tout à fait hors d'usage. La promesse est ce qu'il y a de plus courtois et de plus fashionable; l'exécution est une sorte de codicille ou de testament qui atteste une maladie grave dans le jugement de l'auteur.

TIMON, à part.

Excellent artiste! tu ne saurais peindre un homme aussi hideux que toi.

LE POÈTE.

Je me demande quel ouvrage je dirai avoir préparé pour lui. Ce devra être une personnification de lui-même; une satire contre la mollesse de la prospérité, avec une dénonciation des innombrables flatteries qui poursuivent la jeunesse et l'opulence.

TIMON, à part.

Veux-tu donc figurer pour un misérable dans ton propre ouvrage? Veux-tu donc flageller tes propres vices sous le nom des autres? Fais-le; j'ai de l'or pour toi.

LE POÈTE.

Çà, cherchons-le.

> Nous péchons contre notre intérêt.
> Quand, sur la voie d'un profit, nous nous attardons.

LE PEINTRE.

C'est juste.

> Tandis que le jour te favorise, avant la nuit aux sombres profondeurs,
> Trouve ce que tu veux à la libre clarté du généreux soleil.

Venez.

TIMON, à part.

— Je vais vous rencontrer au prochain détour. Quel dieu que cet or — qui est adoré dans un temple plus abject — qu'une souille à truie! — Or, c'est toi qui équipes le navire et qui laboures la vague, — toi qui confères à un misérable le respect et l'admiration! — A toi le culte des hommes! et puissent les saints — qui n'obéissent qu'à toi être couronnés de fléaux! — Allons au-devant d'eux.

Il s'avance.

LE POÈTE.

— Salut, digne Timon!

LE PEINTRE.

Notre ancien et noble maître!

TIMON.

— Ai-je donc assez vécu pour voir deux honnêtes gens?

LE POÈTE.

Monsieur, — ayant souvent profité de votre expansive bonté, — apprenant votre retraite et la désertion de vos amis — dont les natures ingrates... O âmes hideuses! — Non, le ciel n'a pas de verges suffisantes... — Quoi! envers vous — dont la générosité sidérale donnait la vie et le mouvement — à tout leur être !... J'en suis confondu et je ne saurais couvrir — cette monstrueuse ingratitude — de mots assez gros.

TIMON.

— Laissez-la toute nue ; on ne la verra que mieux. — Honnêtes comme vous l'êtes, votre caractère — fait connaître et ressortir le leur.

LE PEINTRE.

Lui et moi, — nous avons fait notre chemin sous l'averse de vos bienfaits, — et nous en sommes pénétrés jusqu'au cœur.

TIMON.

Ouais, vous êtes d'honnêtes gens.

LE PEINTRE.

— Nous sommes venus jusqu'ici vous offrir nos services.

TIMON.

— Hommes honnêtes ! Ah ! comment m'acquitterai-je envers vous ? — Pouvez-vous manger des racines et boire de l'eau froide ? Non.

LE POÈTE ET LE PEINTRE.

— Tout ce que nous pourrons faire, nous le ferons pour vous rendre service.

TIMON.

— Vous êtes d'honnêtes gens. Vous avez appris que j'avais de l'or ; — oui, j'en suis sûr. Avouez la vérité : vous êtes d'honnêtes gens.

LE PEINTRE.

— On le dit, mon noble seigneur ; mais ce n'est pas pour cela — que nous sommes venus, mon ami et moi.

TIMON.

— Bonnes gens ! honnêtes gens !...

Au peintre.

Comme faiseur de portraits, — tu es le premier dans

Athènes ; vrai, tu es le premier : — tes portraits sont vivants.

LE PEINTRE.

Passablement, passablement, monseigneur.

TIMON.

Je dis ce qui est, mon cher.

Au poète.

Quant à tes fictions, — le vers y coule avec un nombre si gracieux et si aisé, — que tu restes naturel, même dans ton art. — Mais, malgré tout cela, mes honnêtes amis, — je dois vous le dire, vous avez un petit défaut. — Morbleu ! il n'a rien en vous de monstrueux ; et je ne désire même pas — que vous preniez la peine de vous en corriger.

LE PEINTRE ET LE POÈTE.

Nous supplions Votre Honneur — de nous le faire connaître.

TIMON.

Vous le prendrez mal.

LE PEINTRE ET LE POÈTE.

— Nous vous en saurons le meilleur gré, monseigneur.

TIMON.

Bien vrai ?

LE PEINTRE ET LE POÈTE.

— N'en doutez pas, digne seigneur.

TIMON.

— Eh bien, chacun de vous se fie à un coquin — qui le trompe effrontément.

LE PEINTRE ET LE POÈTE.

Vous croyez, monseigneur ?

TIMON.

— Oui ; vous l'entendez mentir, vous le voyez dissimuler, — vous connaissez sa supercherie grossière, et vous l'aimez, vous le nourrissez, — vous le pressez contre votre

tre sein. Cependant, tenez pour certain — que c'est un parfait scélérat.

LE PEINTRE.

— Je ne connais personne qui soit ainsi, monseigneur.

LE POÈTE.

Ni moi.

TIMON.

— Écoutez, je vous aime beaucoup; je vous donnerai de l'or, — mais chassez-moi ces misérables de votre compagnie; — pendez-les, poignardez-les, noyez-les dans les latrines, — exterminez-les par un moyen quelconque, et venez à moi : — je vous donnerai de l'or à foison.

LE PEINTRE ET LE POÈTE.

Nommez-les, monseigneur, faites-les connaître.

TIMON.

— Allez, vous, d'un côté, et vous, de l'autre; vous serez encore deux ensemble : — chacun de vous, mis à part et isolé, — n'en aura pas moins dans sa compagnie un archi-scélérat.

Montrant le poète au peintre.

— Si tu ne veux pas que, là où tu es, il y ait deux scélérats, — n'approche pas de lui.

Montrant le peintre au poète.

Si tu veux que, là où tu résides, — il n'y ait qu'un scélérat, eh bien, quitte-le. — Arrière! décampez! vous veniez chercher de l'or; en voilà, misérables ! — Vous avez un travail pour moi : en voilà le paiement ! Arrière !... — Vous êtes alchimistes; faites de l'or avec ça. — Loin d'ici, chiens infâmes !

Il les chasse à coups de pierres et rentre dans sa caverne.

Entrent FLAVIUS et deux SÉNATEURS.

FLAVIUS.

— C'est en vain que vous voudriez parler à Timon; — il

est tellement absorbé en lui-même — que, lui excepté, tout ce qui a figure humaine — lui est antipathique.

PREMIER SÉNATEUR.

Menez-nous à sa caverne. — Nous sommes tenus par notre promesse aux Athéniens — de parler à Timon.

DEUXIÈME SÉNATEUR.

En toutes les circonstances — les hommes ne sont pas les mêmes. C'est le temps avec ses malheurs — qui l'a fait ce qu'il est. Que le temps, d'une main plus propice, — lui rende la fortune de ses premiers jours, — et peut-être le refera-t-il tel qu'il était. Menez-nous à lui, — et advienne que pourra.

FLAVIUS.

Voici sa caverne. — Que la paix et le contentement soient ici !... Seigneur Timon ! Timon ! — Montrez-vous et parlez à des amis. Les Athéniens — vous envoient saluer par deux de leurs plus respectables sénateurs. — Parlez-leur, noble Timon.

Timon paraît à l'entrée de la grotte.

TIMON.

— O toi, soleil secourable, brûle !... Parlez, pendards ! — Que toute vérité dite par vous vous fasse une ampoule ! Que tout mensonge cautérise — votre langue jusqu'à la racine — et la consume, à peine proféré !

PREMIER SÉNATEUR.

Digne Timon....

TIMON.

— Oui, digne de votre société comme vous de la sienne !

DEUXIÈME SÉNATEUR.

— Les sénateurs d'Athènes te saluent, Timon.

TIMON.

— Je les remercie, et volontiers je leur renverrais la peste, — si je pouvais l'attraper pour eux.

SCÈNE XIV.

PREMIER SÉNATEUR.

Oh! oublie — une injure que nous déplorons nous-mêmes. — Les sénateurs, dans un concert d'amour, — te réclament à Athènes, te réservant — des dignités spéciales qui, devenues vacantes, veulent — être revêtues et portées par toi.

DEUXIÈME SÉNATEUR.

Ils confessent — que l'ingratitude à ton égard a été trop générale, trop grossière. — Le peuple, qui si rarement — se rétracte, sent lui-même — combien il a besoin des secours de Timon, et appréhende — sa propre ruine, s'il refuse ses secours à Timon ; — aussi nous charge-t-il de l'offrir, avec l'aveu de ses regrets, — une compensation plus que suffisante — pour faire contre-poids à l'offense ; — une somme d'affection et de richesses — qui doit effacer nos torts de ton cœur — et y inscrire l'expression de notre amour — en chiffres indélébiles.

TIMON.

Vous m'ensorcelez. — Vous m'entraînez jusqu'à l'extrême bord des larmes. — Donnez-moi le cœur d'un niais et les yeux d'une femme, — et ces consolations, digne sénateur, vont me faire pleurer de joie.

PREMIER SÉNATEUR.

— Ainsi donc veuille revenir parmi nous — et prendre en main la capitainerie d'Athènes, ta patrie et la nôtre. — Tu seras accueilli par des actions de grâces, — investi du pouvoir absolu, et ton noble nom — aura une autorité suprême. Ainsi nous aurons bientôt repoussé — les approches furieuses de cet Alcibiade, — qui, comme un sanglier farouche, déracine — la paix de sa patrie...

DEUXIÈME SÉNATEUR.

Et brandit son épée menaçante — contre les murs d'Athènes.

PREMIER SÉNATEUR.

Ainsi, Timon...

TIMON.

— Soit! monsieur, je consens; ainsi, monsieur, je consens. Écoutez : — Si Alcibiade tue mes concitoyens, — faites savoir à Alcibiade, de la part de Timon, — que cela est égal à Timon. Mais s'il saccage la belle Athènes, — s'il traîne par la barbe nos augustes vieillards, — s'il livre nos vierges saintes aux outrages — d'une guerre infâme, brutale et forcenée, — eh bien, faites-lui savoir (et répétez-lui les paroles mêmes de Timon), — que, dans ma pitié pour nos vieillards et nos jeunes filles, — je ne puis m'empêcher de lui dire que... cela m'est égal. — Qu'il le prenne comme il voudra. Vous, ne vous inquiétez pas des couteaux, — tant que vous aurez des gorges à offrir. Quant à moi, — il n'y a pas dans le camp des rebelles une lame — qui ne soit plus précieuse à ma tendresse que — la gorge la plus vénérable d'Athènes. Sur ce, je vous abandonne — à la protection des dieux propices, — comme des voleurs aux geôliers.

FLAVIUS.

Retirez-vous : tout est inutile.

TIMON.

— Tenez, j'étais en train d'écrire mon épitaphe ; — on la verra demain. La longue maladie — de ma santé et de ma vie commence à céder, — et le néant va me donner tout. Allez, vivez ! — qu'Alcibiade soit votre fléau ; soyez le sien, — et que cela dure longtemps.

PREMIER SÉNATEUR.

Nous parlons en vain.

TIMON.

— Et pourtant j'aime ma patrie, et ne suis pa — homme à me réjouir du naufrage public, — comme le prétend le bruit public.

SCÈNE XIV.

PREMIER SÉNATEUR.

Voilà qui est bien parlé.

TIMON.

— Recommandez-moi à mes aimables compatriotes.

PREMIER SÉNATEUR.

— Ces mots sont dignes des lèvres par lesquelles ils passent.

DEUXIÈME SÉNATEUR.

— Et ils entrent dans notre oreille, comme de grands victorieux — sous la porte triomphale.

TIMON.

Recommandez-moi bien à eux, — et dites-leur que, pour les délivrer de leurs chagrins, — de leur crainte des coups ennemis, de leurs souffrances, de leurs détresses, — de leurs peines d'amour et de toutes les douleurs incidentes — qui assaillent le fragile vaisseau de notre nature — dans le voyage hasardeux de la vie, je veux leur rendre un service ; — je veux les mettre à même de prévenir la furie du farouche Alcibiade.

DEUXIÈME SÉNATEUR.

— Voilà qu'il me plaît : il nous reviendra.

TIMON.

— J'ai ici, dans mon clos, un arbre — que pour ma propre commodité je suis obligé d'abattre, — et que je ne dois pas tarder à couper. Dites à mes amis, — dites aux Athéniens, grands et petits, — en suivant l'ordre hiérarchique, que quiconque désire — mettre fin à son affliction, se dépêche — de venir ici pour se pendre, avant que la hache ait frappé mon arbre. — Je vous en prie, transmettez mon message.

FLAVIUS.

— Ne le troublez plus; vous le trouverez toujours le même.

TIMON.

— Ne revenez plus près de moi ; mais dites aux Athéniens — que Timon a construit son éternelle demeure — sur une plage, voisine du flot salé, — qu'une fois par jour de son écume soulevée — couvrira la vague turbulente. Venez là, — et que la pierre de mon tombeau devienne votre oracle !... — Lèvres, laissez expirer les paroles amères, et s'éteindre ma voix. — Que la peste et la contagion soient les correctifs du mal. — Que le tombeau soit le travail unique de l'homme, et la mort son salaire ! — Soleil, cache tes rayons, Timon a cessé de régner.

Il sort.

PREMIER SÉNATEUR.

— Son ressentiment est immuablement — accouplé à sa nature.

DEUXIÈME SÉNATEUR.

— Notre espérance en lui est morte : rentrons, — et cherchons quel autre moyen nous reste — dans cet affreux péril.

PREMIER SÉNATEUR.

Il est urgent de nous hâter.

Ils sortent.

SCÈNE XV.

[Sous les murs d'Athènes.]

Entrent deux SÉNATEURS et un MESSAGER.

PREMIER SÉNATEUR.

— Ta révélation est pénible : ses forces — sont-elles aussi considérables que tu le dis ?

LE MESSAGER.

Je les ai estimées au plus bas ; — d'ailleurs, sa rapidité promet — une approche immédiate.

SCÈNE XVI.

DEUXIÈME SÉNATEUR.

— Nous sommes fort compromis s'ils n'amènent pas Timon.

LE MESSAGER.

— J'ai rencontré un courrier, mon ami ancien ; — quoique nous appartenions à deux partis opposés, — notre vieille affection nous a fait une intime violence, — et nous nous sommes parlé amicalement. Ce cavalier allait — de la part d'Alcibiade à la caverne de Timon — avec une dépêche pressant celui-ci — de concourir à la guerre contre votre cité, — guerre entreprise en partie pour le venger.

Entrent les SÉNATEURS députés vers Timon.

PREMIER SÉNATEUR.

Voici venir nos frères.

TROISIÈME SÉNATEUR.

— Ne parlez plus de Timon ; n'attendez plus rien de lui.
— On entend le tambour de l'ennemi, et son redoutable élan — encombre l'air de poussière. Rentrons pour nous préparer. — Notre ennemi est le piége qui, je le crains, causera notre chute.

Ils sortent.

SCÈNE XVI.

[Devant le tombeau de Timon au bord de la mer. — On aperçoit la caverne qu'il habitait.]

Entre un SOLDAT cherchant TIMON.

LE SOLDAT.

— D'après la description, ce doit être ici l'endroit... — Qui est là ? parlez ! holà !... Pas de réponse !... Qu'est ceci ? — Timon est mort : il a fini son temps. — Quelque bête a dû construire ceci ; car ici il n'y a pas d'homme. — Sûrement, il est mort, et voici sa tombe. — Je ne puis lire l'inscription — qui est sur ce sépulcre ; mais je vais en prendre — l'empreinte avec de la cire... — Notre capitaine sait déchiffrer tous les caractères : — il a la divination des vieillards à l'âge de la jeunesse. — Déjà il doit camper devant la fière Athènes dont — la chute est le but de son ambition.

Il sort.

SCÈNE XVII.

[Sous les murs d'Athènes.]

Les trompettes sonnent. Entre ALCIBIADE à la tête de ses bandes.

ALCIBIADE, aux trompettes.

Annoncez à cette ville lâche et voluptueuse — notre terrible approche.

On sonne un parlementaire. Les SÉNATEURS paraissent sur les remparts.

— Jusqu'à ce jour vous avez vécu et employé le temps — avec toute licence, faisant de votre volonté — la norme de la justice ; jusqu'à ce jour, moi et tous ceux — qui sommeillaient à l'ombre de votre pouvoir, — nous avons erré les bras croisés, exhalant — en vain nos souffrances. Maintenant le temps est mûr ; et l'énergie trop longtemps courbée de l'homme fort — se redresse en criant : *Assez!* La vengeance hors d'haleine — va s'affaisser pantelante sur vos fauteuils de repos ; — et l'insolence poussive va perdre le souffle — dans l'épouvante d'une fuite effarée.

PREMIER SÉNATEUR.

Noble jeune homme, — quand tes ressentiments n'étaient encore que des pensées, — avant que tu eusses le pouvoir et que nous eussions motif de te redouter, — nous avons envoyé vers toi pour verser un baume sur ta fureur — et

effacer notre ingratitude par des témoignages — surabondants d'affection.
DEUXIÈME SÉNATEUR.
Nous avons aussi tenté — de réconcilier le méconnaissable Timon avec notre cité — par un humble message et de magnifiques offres. — Nous n'avons pas tous été ingrats, et nous ne méritons pas — une extermination en masse.
PREMIER SÉNATEUR.
Nos murailles — n'ont pas été érigées par les mains de ceux — qui t'ont outragé ; et ces outrages ne sont pas de telle nature — que nos grandes tours, nos trophées et nos écoles doivent être abattus — pour les torts de quelques-uns.
DEUXIÈME SÉNATEUR.
D'ailleurs ils ne vivent plus, — ceux qui furent les instigateurs de ton exil ; — honteux d'avoir manqué de sagesse, le désespoir — leur a brisé le cœur. Entre, noble seigneur, — entre dans notre cité, tes bannières au vent, — et décime-la ! Oui, — si ta vengeance est affamée de — ce qui fait horreur à la nature, prélève la dîme du trépas. — Que les dés marqués de noir décident de nos destinées, — et périssent les victimes qu'ils marqueront.
PREMIER SÉNATEUR.
Tous ne sont pas coupables ; — il n'est pas équitable de se venger des morts — sur les vivants; ainsi qu'une terre, le crime — n'est pas héréditaire. Donc, cher compatriote, — fais entrer les troupes, mais laisse la rage aux portes ; — épargne Athènes, ton berceau, et ces parents — que, dans l'explosion de ta fureur, tu frapperais — avec ceux qui t'ont offensé; pareil au pasteur, — approche du troupeau et délivre-le des ouailles infectées, — mais ne le tue pas tout entier.
DEUXIÈME SÉNATEUR.
Ce que tu veux, — tu l'obtiendras avec ton sourire plus aisément — que tu ne le trancheras avec ton épée,

PREMIER SÉNATEUR.

Touche seulement du pied — nos portes fortifiées, et elles vont s'ouvrir, — si ta magnanimité, précédant tes pas, — nous déclare que tu entres en ami.

DEUXIÈME SÉNATEUR.

Jette ton gantelet, — ou tout autre gage d'honneur, comme un garant — que tu emploiras tes forces au redressement de tes griefs — et non à notre ruine, et ton armée tout entière — fera son havre de notre cité, jusqu'à ce que nous ayons — pleinement satisfait à tes désirs.

ALCIBIADE.

Eh bien, voici mon gantelet ! — Descendez et ouvrez vos portes inattaquées. — Ceux des ennemis de Timon et des miens — que vous-mêmes désignerez pour le châtiment, —ceux-là seuls succomberont ; et pour rassurer vos inquiétudes — sur mes généreuses intentions, je déclare que pas un de mes hommes — ne quittera son poste et ne troublera le cours— de la justice régulière dans l'enceinte de votre cité, — sans encourir, devant vos lois publiques, — la plus terrible responsabilité.

LES DEUX SÉNATEURS.

Voilà le plus noble langage.

ALCIBIADE.

— Descendez et tenez parole.

Les sénateurs descendent et ouvrent les portes.

Entre le SOLDAT *qui a paru à la scène* XV.

LE SOLDAT.

Mon noble général, Timon est mort. — Il est inhumé au bord extrême de la mer ; — sur la pierre tumulaire est une inscription que — j'ai moulée sur la cire... Cette molle empreinte — suppléera à ma malheureuse ignorance.

SCÈNE XVII.

ALCIBIADE, lisant.

Ci-git un corps misérable, séparé d'une âme misérable.
Ne cherchez pas mon nom. Que la peste vous consume,
  Chétifs méchants qui restez après moi !
Ci-git Timon, qui détesta tous les hommes vivants :
Passant, maudis-moi à ta guise, mais passe sans t'arrêter.

— Voici qui exprime bien tes derniers sentiments. — Tu n'avais que de l'horreur pour nos douleurs humaines, — que du dédain pour les effluves de notre cervelle, pour ces larmes que verse — notre égoïste nature ; mais une grande pensée — t'inspira, quand tu voulus que le vaste Neptune pleurât à jamais, — sur ton humble tombeau, des fautes pardonnées. Mort — est le noble Timon ; et nous nous réservons — d'honorer sa mémoire. Conduisez-moi dans votre cité ; — je veux allier l'olive à mon glaive, — je veux que la guerre engendre la paix, que la paix réprime la guerre, et que l'une — soit le remède souverain de l'autre. — Battez, tambours.

Ils sortent.

FIN DE TIMON D'ATHÈNES.

JULES CÉSAR

PERSONNAGES (25).

MARCUS BRUTUS.
JULES CÉSAR.
ANTOINE,
OCTAVE CÉSAR, } triumvirs après la mort de César.
LÉPIDE,
CASSIUS,
CASCA,
TRÉBONIUS,
LIGARIUS, } conjurés.
DECIUS BRUTUS,
METELLUS CIMBER,
CINNA,
FLAVIUS et MARULUS, tribuns.
CICÉRON,
PUBLIUS, } sénateurs.
POPILIUS LENA,
ARTÉMIDORE, sophiste de Cnide.
UN DEVIN.
CINNA, poète.
UN AUTRE POÈTE.
LUCILIUS, TITINIUS, MESSALA, le jeune CATON, et VOLUMNIUS, amis de Brutus.
VARRON, CLITUS, CLAUDIUS, STRATON, LUCIUS, DARDANIUS, serviteurs de Brutus.
PINDARUS, serviteur de Cassius.

PORTIA, femme de Brutus.
CALPHURNIA, femme de César.

SÉNATEURS, CITOYENS, GARDES, GENS DE SERVICE.

La scène est d'abord à Rome, puis à Sardes, et enfin à Philippes.

SCÈNE I.

[Rome. Une rue.]

Entrent Flavius, Marullus et une bande de citoyens.

FLAVIUS.

— Hors d'ici ! Au logis, paresseux que vous êtes ! rentrez au logis. — Est-ce fête aujourd'hui ? Eh ! ne savez-vous pas — qu'étant artisans, vous ne devez pas sortir — un jour ouvrable, sans les insignes — de votre profession ?... Parle, toi, de quel métier es-tu ?

PREMIER CITOYEN.

Moi, monsieur ? charpentier.

MARULLUS.

— Où est ton tablier de cuir ? et ta règle ? — Que fais-tu ici dans tes plus beaux habits ?... — Et vous, monsieur, de quel métier êtes-vous ?

DEUXIÈME CITOYEN.

Ma foi, monsieur, comparé à un ouvrier dans le beau, je ne suis, comme vous diriez, qu'un savetier.

MARULLUS.

Mais quel est ton métier ?... réponds-moi nettement.

DEUXIÈME CITOYEN.

Un métier, monsieur, que je puis exercer, j'espère, en toute sûreté de conscience : je fais aller les plus mauvaises mules.

MARULLUS.

Quel métier, drôle? mauvais drole, quel métier?

DEUXIÈME CITOYEN.

Eh! je vous en supplie, monsieur, ne vous mettez pas ainsi hors de vous. Au fait, si vous détraquez, je puis vous remettre en état.

MARULLUS.

Qu'entends-tu par là? me remettre en état, insolent!

DEUXIÈME CITOYEN.

Eh mais, monsieur, vous ressemeler.

FLAVIUS.

Tu es donc savetier? l'es-tu?

DEUXIÈME CITOYEN.

Ma foi, monsieur, c'est mon alène qui me fait vivre : je ne me mêle des affaires des gens, hommes ou femmes, que par l'alène. Je suis en effet, monsieur, chirurgien de vieilles chaussures; quand elles sont en grand danger, je les recouvre. Les hommes les plus respectables qui aient jamais foulé cuir de vache ont fait leur chemin sur mon ouvrage.

FLAVIUS.

— Mais pourquoi n'es-tu pas dans ton échoppe aujourd'hui? — Pourquoi mènes-tu ces gens-là à travers les rues?

DEUXIÈME CITOYEN.

Ma foi, monsieur, pour user leurs souliers et me procurer plus de travail. Mais, en vérité, monsieur, nous chômons aujourd'hui pour voir César et nous réjouir de son triomphe.

MARULLUS.

—Pourquoi vous réjouir? Quelles conquêtes nous rapporte-t-il? — Quels sont les tributaires qui le suivent à Rome — pour orner, captifs enchaînés, les roues de son chariot? — Bûches que vous êtes! têtes de pierre, pires que des êtres insensibles! — O cœurs endurcis! cruels fils de Rome, — est-ce que vous n'avez pas connu Pompée? Bien des fois — vous avez grimpé aux murailles, aux créneaux, — aux tours, aux fenêtres et jusqu'aux faîtes des cheminées, — vos enfants dans vos bras, et, ainsi juchés, — vous avez attendu patiemment toute une longue journée, — pour voir le grand Pompée traverser les rues de Rome ! — Et dès que seulement vous voyiez apparaître son chariot, — vous poussiez d'une voix unanime une telle acclamation, — que le Tibre tremblait au fond de son lit — à entendre l'écho de vos cris — répété par les cavernes de ses rives ! et aujourd'hui vous vous couvrez de vos plus beaux habits ! — Et aujourd'hui vous vous mettez en fête ! — Et aujourd'hui vous jetez des fleurs sur le passage de celui — qui marche triomphant dans le sang de Pompée ! — Allez-vous-en. — Courez à vos maisons ! tombez à genoux ! — Priez les dieux de suspendre le fléau — qui doit s'abattre sur une telle ingratitude.

FLAVIUS.

— Allez, allez, mes bons compatriotes ; et, en expiation de votre faute, — assemblez tous les pauvres gens de votre sorte, — menez-les au bord du Tibre, et gonflez ses eaux — de vos larmes, jusqu'à ce que le plus infime de ses flots — vienne baiser la plus haute de ses rives.

Les citoyens sortent.

— Voyez comme leur grossier métal s'est laissé toucher. — Ils s'évanouissent, la langue enchaînée dans le remords. — Allez par là au Capitole : — moi, j'irai par ici. Dépouillez les statues, — si vous les voyez parées d'ornements sacrés.

MARULLUS.

Le pouvons-nous ? — Vous savez que c'est la fête des Lupercales.

FLAVIUS.

— N'importe ; ne laissez sur aucune statue — les trophées de César. Je vais en chemin — chasser la foule des rues ; — faites-en autant là où vous la verrez s'amasser. —

Arrachons les plumes naissantes de l'aile de César, — et il ne prendra qu'un ordinaire essor ; — sinon, il s'élèvera à perte de vue — et nous tiendra tous dans une servile terreur.

Ils sortent.

SCÈNE II.

[La voie sacrée.]

Entrent en procession, au son de la musique, CÉSAR, ANTOINE, paré pour la course ; CALPHURNIA, PORTIA, DÉCIUS, CICÉRON, BRUTUS, CASSIUS et CASCA, suivis d'une foule de gens du peuple dans laquelle se trouve un DEVIN.

CÉSAR.

— Calphurnia !

CASCA.

Holà ! silence ! César parle.

La musique cesse.

CÉSAR.

Calphurnia !

CALPHURNIA.

— Me voici, monseigneur.

CÉSAR.

— Tenez-vous sur le passage d'Antoine, — quand il accomplira sa course... Antoine !

ANTOINE.

César, monseigneur ?

CÉSAR.

— N'oubliez pas dans votre hâte, Antoine, — de toucher Calphurnia. Car nos anciens disent que — les femmes infécondes, touchées dans ce saint élan, — secouent le charme qui les stérilise (26).

SCÈNE II.

ANTOINE.

Je m'en souviendrai. — Quand César dit: *Faites ceci*, c'est fait.

CÉSAR.

— En avant, et qu'on n'omette aucune cérémonie.

Musique.

LE DEVIN, dans la foule.

César!

CÉSAR.

Hé! qui appelle?

CASCA.

— Faites taire tout bruit... Silence, encore une fois.

La musique cesse.

CÉSAR.

— Qui m'appelle dans la foule? — J'entends une voix, qui domine la musique, — crier: *César!*... Parle! César est prêt à écouter.

LE DEVIN.

— Prends garde aux Ides de Mars (27).

CÉSAR.

Quel est cet homme?

BRUTUS.

— Un devin. Il vous dit de prendre garde aux Ides de Mars.

CÉSAR.

— Amenez-le devant moi, que je voie son visage.

CASSIUS, au devin.

— Compagnon, sors de la foule: lève les yeux sur César.

Le devin s'avance.

CÉSAR.

— Qu'as-tu à me dire à présent? Parle de nouveau.

LE DEVIN.

— Prends garde aux Ides de Mars.

CÉSAR.

— C'est un rêveur; laissons-le... Passons.

Symphonie. Tous sortent, excepté Brutus et Cassius.

CASSIUS.

— Venez-vous voir l'ordre de la course (28)?

BRUTUS.

Moi, non.

CASSIUS.

Je vous en prie, venez.

BRUTUS.

— Je n'aime pas les jeux... Il me manque un peu de — cet esprit folâtre qui est dans Antoine. — Que je ne contrarie pas vos désirs, Cassius, — je vous laisse.

CASSIUS.

Brutus, je vous observe depuis quelque temps. — Je ne trouve plus dans vos yeux cette affabilité, — cet air de tendresse que j'y trouvais naguère. — Vous traitez avec trop de froideur et de réserve — votre ami qui vous aime.

BRUTUS.

Cassius, — ne vous y trompez pas. Si j'ai le front voilé, — c'est que mon regard troublé se tourne — sur moi-même. Je suis agité — depuis peu par des sentiments contraires, — par des préoccupations toutes personnelles, — et peut-être cela a-t-il altéré mes manières; — mais que mes bons amis — (et vous êtes du nombre, Cassius), n'en soient pas affligés; — qu'ils ne voient dans ma négligence — qu'une inadvertance du pauvre Brutus qui, en guerre avec lui-même, — oublie de témoigner aux autres son affection.

CASSIUS.

— Je me suis donc bien trompé, Brutus, sur vos sentiments; — et cette méprise est cause que j'ai enseveli dans mon cœur — des pensées d'une grande importance, de sérieuses méditations. — Dites-moi, bon Brutus, pouvez-vous voir votre visage?

BRUTUS.

— Non, Cassius; car l'œil ne se voit — que réfléchi par un autre objet.

CASSIUS.

C'est juste. — Et l'on déplore grandement, Brutus, — que vous n'ayez pas de miroir qui reflète — à vos yeux votre mérite caché — et vous fasse voir votre image. J'ai entendu — les personnages les plus respectables de Rome, — l'immortel César excepté, parler de Brutus, — et, gémissant sous le joug qui accable notre génération, — souhaiter que le noble Brutus eût des yeux.

BRUTUS.

— Dans quel danger voulez-vous m'entraîner, Cassius, — que vous me pressez ainsi de chercher en moi-même — ce qui n'y est pas?

CASSIUS.

— Préparez-vous donc à m'écouter, bon Brutus ; — et puisque vous vous reconnaissez incapable de bien vous voir — sans réflecteur, je serai, moi, votre miroir, — et je vous révélerai discrètement à vous-même — ce que vous ne connaissez pas de vous-même. — Et ne vous défiez pas de moi, doux Brutus. — Si je suis un farceur vulgaire, si j'ai coutume — de prostituer les serments d'une affection banale — au premier flagorneur venu ; si vous me regardez — comme un homme qui cajole les gens, les serre dans ses bras — et les déchire ensuite, comme un homme — qui, dans un banquet, fait profession d'aimer — toute la salle, alors tenez-moi pour dangereux.

Fanfares et acclamations au loin.

BRUTUS.

— Que signifie cette acclamation? Je crains que le peuple — ne choisisse César pour son roi.

CASSIUS.

Ah ! vous le craignez? — Je dois donc croire que vous ne le voudriez pas.

BRUTUS.

— Je ne le voudrais pas, Cassius, et pourtant j'aime

bien César... — Mais pourquoi me retenez-vous ici si longtemps?... Qu'avez-vous à me confier ? — Si c'est du bien public qu'il s'agit, — montrez-moi d'un côté l'honneur, de l'autre la mort, — et je les considérerai l'un et l'autre avec le même sang-froid... — Et puisse la protection des dieux me manquer, si je n'aime pas — le nom d'honneur plus que je ne crains la mort !

CASSIUS.

— Je vous connais cette vertu, Brutus, — comme je connais vos traits extérieurs. — Eh bien ! c'est d'honneur que j'ai à vous parler. — Je ne saurais dire ce que vous et les autres hommes — vous pensez de cette vie ; mais, quant à moi, — j'aimerais autant n'être pas que de vivre — pour craindre une créature comme moi-même. — Je suis né libre comme César ; vous, aussi. — Nous avons été nourris tous deux, et nous pouvons tous deux — supporter le froid de l'hiver aussi bien que lui. — Une fois, par un jour gris et orageux — où le Tibre agité se soulevait contre ses rives, — César me dit: *Oserais-tu, Cassius, — te jeter avec moi dans ce courant furieux, — et nager jusqu'à ce point là-bas?* Sur ce mot, — accoutré comme je l'étais, je plongeai — et le sommai de me suivre : ce qu'il fit en effet. — Le torrent rugissait ; nous le fouettions — de nos muscles robustes, l'écartant — et le refoulant avec des cœurs acharnés. — Mais avant que nous pussions atteindre le point désigné, — César cria : *Au secours, Cassius, ou je me noie!* — De même qu'Énée, notre grand ancêtre, — prit sur ses épaules le vieil Anchise et l'enleva — des flammes de Troie, moi, j'enlevai des vagues du Tibre — le César épuisé. Et cet homme — est aujourd'hui devenu un dieu ! Et Cassius est — une misérable créature qui doit se courber, — si César lui fait nonchalamment un signe de tête ! — Il eut une fièvre, quand il était en Espagne ; — et, quand l'accès le prenait, j'ai remarqué — comme il tremblait : c'est vrai, ce

Dieu tremblait! — Ses lèvres couardes avaient abandonné
leurs couleurs, — et cet œil, dont un mouvement intimide
l'univers, — avait perdu son lustre. Je l'ai entendu gémir;
— oui, et cette langue qui tient les Romains — aux écoutes,
et dicte toutes ses paroles à leurs annales, — hélas! elle
criait : *Donne-moi à boire, Titinius*, —comme une fillette
malade ! O dieux, je suis stupéfait — qu'un homme de si
faible trempe — soit le premier de ce majestueux univers —
et remporte seul la palme !

Fanfares. Acclamations.

BRUTUS.

Une autre acclamation ! — Je crois qu'on applaudit — à
de nouveaux honneurs qui accablent César.

CASSIUS.

— Eh ! ami, il enjambe cet étroit univers — comme un
colosse, et nous autres, hommes chétifs, — nous passons
sous ses jambes énormes et nous furetons partout — pour
trouver des tombes déshonorées. — Les hommes, à de
certains moments, sont maîtres de leurs destinées. — Si nous
ne sommes que des subalternes, cher Brutus, — la faute en
est à nous et non à nos étoiles. — Brutus, César ! Qu'y-a-
t-il dans ce César ? — Pourquoi ce nom résonnerait-il plus
haut que le vôtre ? — Écrivez-les tous deux; le vôtre est
aussi beau ; — prononcez-les, il est aussi gracieux à la
bouche ; — pesez-les, il est d'un poids égal; employez-les
à une incantation, — Brutus évoquera un esprit aussi vite
que César. — Eh bien, au nom de tous les dieux, — de quoi
se nourrit notre César — pour être devenu si grand ? Siècle,
tu es dans la honte ! — Rome, tu as perdu la race des nobles cœurs ! — Quel est, depuis le grand déluge, le siècle —
qui n'ait été glorifié que par un homme ? — Jusqu'à présent, quand a-t-on pu dire en parlant de Rome — que son
vaste promenoir ne contenait qu'un homme ? — Est-ce bien
Rome, la grande cité ? Au fait elle est assez grande — s'il

ne s'y trouve qu'un seul homme ! — Oh ! nous avons ouï dire à nos pères, vous et moi, — qu'il fut jadis un Brutus qui eût laissé — dominer Rome par l'éternel démon — aussi volontiers que par un roi !

BRUTUS.

— Que vous m'aimiez, c'est ce dont je ne doute point. — Où vous voudriez m'amener, je l'entrevois. — Ce que je pense de ceci et de cette époque, — je le révélerai plus tard. Pour le moment, — je voudrais, et je m'adresse à vous en toute affection, — ne pas être pressé davantage. Ce que vous avez dit, — je l'examinerai ; ce que vous avez à dire, — je l'écouterai avec patience ; et je trouverai un moment — opportun pour causer entre nous de ces grandes choses. — Jusqu'alors, mon noble ami, ruminez ceci : — Brutus aimerait mieux être un villageois — que se regarder comme un fils de Rome — aux dures conditions que ces temps — vont probablement nous imposer.

CASSIUS.

— Je suis bien aise que mes faibles paroles — aient du moins fait jaillir de Brutus cette étincelle.

Rentrent César et son cortége.

BRUTUS.

— Les jeux sont terminés, et César revient.

CASSIUS.

— Quand ils passeront, tirez Casca par la manche, — et il vous dira, à sa piquante manière, — ce qui s'est passé de remarquable aujourd'hui.

BRUTUS.

— Oui, je le ferai... Mais voyez donc, Cassius, — le signe de la colère éclate au front de César, — et tous ceux qui le suivent ont l'air de gens grondés. — La joue de Calphurnia est pâle, et Cicéron — a les yeux d'un furet, ces yeux enflammés — que nous lui avons vus au Capitole — quand il était contredit dans les débats par quelque sénateur.

CASSIUS.

— Casca nous dira de quoi il s'agit.

CÉSAR.

Antoine !

ANTOINE.

César !

CÉSAR.

— Je veux près de moi des hommes gras, — des hommes à la face luisante et qui dorment les nuits. — Ce Cassius là-bas a l'air bien maigre et famélique ; — il pense trop. De tels hommes sont dangereux (29).

ANTOINE.

— Ne le craignez pas, César ; il n'est pas dangereux : — c'est un noble Romain, et bien disposé.

CÉSAR.

Je voudrais qu'il fût plus gras, mais je ne le crains point. — Pourtant, si ma gloire était accessible à la crainte, — je ne sais quel homme j'éviterais — aussi volontiers que ce sec Cassius. Il lit beaucoup : — il est grand observateur, et il voit — clairement à travers les actions des hommes. Il n'aime pas les jeux, — comme toi, Antoine ; il n'écoute pas la musique ; — rarement il sourit, et il sourit de telle sorte — qu'il semble se moquer de lui-même et mépriser son humeur — de s'être laissé entraîner à sourire de quelque chose. — Des hommes tels que lui n'ont jamais le cœur à l'aise, — tant qu'ils voient un plus grand qu'eux-mêmes : — et voilà pourquoi ils sont dangereux. — Je te dis ce qui est à craindre plutôt — que ce que je crains, car je suis toujours César. — Passe à ma droite, car je suis sourd de cette oreille, — et dis-moi sincèrement ce que tu penses de lui. —

César sort avec son cortége. Casca seul reste avec Brutus et Cassius.

CASCA.

Vous m'avez tiré par mon manteau : voudriez-vous me parler ?

BRUTUS.

— Oui, Casca : dites-nous, qu'est-il arrivé aujourd'hui, — que César a l'air morose — (30) ?

CASCA.

Mais vous étiez avec lui, n'est-ce pas ?

BRUTUS.

— En ce cas, je ne demanderais pas à Casca ce qui est arrivé. —

CASCA.

Eh bien, on lui a offert une couronne ; et, au moment où on la lui offrait, il l'a repoussée avec le revers de sa main, comme ceci ; et alors le peuple a poussé une acclamation.

BRUTUS.

Et pourquoi le second cri ?

CASCA.

Eh ! pour la même raison.

CASSIUS.

Ils ont vociféré trois fois... Pourquoi la dernière ?

CASCA.

Eh ! pour la même raison.

BRUTUS.

Est-ce que la couronne lui a été offerte trois fois ?

CASCA.

Oui, morbleu ; et il l'a repoussée trois fois, mais chaque fois plus mollement ; et à chaque refus mes honnêtes voisins acclamaient.

CASSIUS.

Qui lui a offert la couronne ?

CASCA.

Eh ! Antoine.

BRUTUS.

Dites-nous de quelle manière, aimable Casca.

CASCA.

Je pourrais aussi bien m'aller pendre que vous le dire. C'était une pure bouffonnerie; je n'y ai pas fait attention. J'ai vu Marc Antoine lui offrir une couronne; encore n'était-ce pas une couronne, c'était une de ces guirlandes, vous savez; et, comme je vous l'ai dit, il l'a repoussée une fois; mais malgré tout, à mon idée, il avait grande envie de la prendre. Alors, l'autre, la lui a offerte de nouveau; alors, il l'a repoussée de nouveau; mais, à mon idée, il avait beaucoup de peine à en écarter ses doigts. Et alors, l'autre, la lui a offerte pour la troisième fois; pour la troisième fois il l'a repoussée; et toujours, à chaque refus, les badauds vociféraient, et claquaient des mains, et faisaient voler leurs bonnets de nuit crasseux, et, parce que César refusait la couronne, exhalaient une telle quantité d'haleines infectes que César en a été presque suffoqué; car il s'est évanoui, et il est tombé. Et pour ma part je n'osais pas rire, de peur d'ouvrir les lèvres et de recevoir le mauvais air.

CASSIUS.

Doucement, je vous prie. Quoi! César s'est évanoui!

CASCA.

Il est tombé en pleine place du marché, et il avait l'écume à la bouche, et il était sans voix!

BRUTUS.

— C'est fort vraisemblable : il tombe du haut mal.

CASSIUS.

— Non, ce n'est pas César, c'est vous et moi, — c'est l'honnête Casca, c'est nous qui tombons du haut mal. —

CASCA.

Je ne sais ce que vous entendez par là; mais je suis sûr que César est tombé. Si la canaille ne l'a pas applaudi et sifflé, selon qu'elle était contente ou mécontente de lui, comme elle en use au théâtre avec les acteurs, je ne suis pas un homme sincère.

BRUTUS.

— Qu'a-t-il dit, quand il est revenu à lui? —

CASCA.

Morbleu, avant de tomber, quand il a vu le troupeau populaire se réjouir de ce qu'il refusait la couronne, il m'a ouvert brusquement son pourpoint et leur a présenté sa gorge à couper. Que n'étais-je un de ses artisans! S'il n'est pas vrai qu'alors je l'eusse pris au mot, je veux aller en enfer parmi les coquins!... Et sur ce, il est tombé. Quand il est revenu à lui, il a déclaré que, s'il avait fait ou dit quelque chose de déplacé, il priait Leurs Honneurs de l'attribuer à son infirmité. Trois ou quatre filles près de moi ont crié: *Hélas! la bonne âme!* et lui ont pardonné de tout leur cœur. Mais il ne faut pas y prendre garde : si César avait poignardé leurs mères, elles n'auraient pas fait moins.

BRUTUS.

Et c'est après cela qu'il est revenu si morose?

CASCA.

Oui.

CASSIUS.

Cicéron a-t-il dit quelque chose?

CASCA.

Oui, il a parlé grec.

CASSIUS.

Quel sens avaient ses paroles?

CASCA.

Ma foi, si je puis vous le dire, je ne veux jamais vous revoir en face. Ceux qui l'ont compris souriaient en se regardant et secouaient la tête; mais en vérité c'était du grec pour moi. Je puis vous apprendre encore du nouveau: Marullus et Flavius, pour avoir enlevé les écharpes des images de César, sont réduits au silence. Adieu. Il y a eu encore

bien d'autres sottises, mais je ne m'en souviens plus.
CASSIUS.
Voulez-vous souper avec moi ce soir, Casca?
CASCA.
Non, je suis engagé.
CASSIUS.
Voulez-vous dîner avec moi demain?
CASCA.
Oui, si je suis vivant, si ce caprice vous dure et si votre dîner vaut la peine d'être mangé.
CASSIUS.
Bon, je vous attendrai.
CASCA.
Soit. Adieu à tous deux.

Il sort.

BRUTUS.
— Que ce garçon s'est épaissi! — Il était d'une complexion si vive quand il allait à l'école!
CASSIUS.
Tel il est encore, — si apathique qu'il paraisse, — dans l'exécution de toute entreprise noble ou hardie. — Cette rudesse est l'assaisonnement de son bel esprit; — elle met les gens en goût et leur fait digérer ses paroles — de meilleur appétit.
BRUTUS.
— C'est vrai. Pour cette fois je vous quitte. — Demain, si vous désirez me parler, — j'irai chez vous; ou, si vous le préférez, — venez chez moi, je vous attendrai.
CASSIUS.
— Je viendrai.... Jusque-là songe à l'univers.

Brutus sort.

— Oui, Brutus, tu es noble; mais je vois que ta trempe généreuse peut être dénaturée — par des influences. Il convient donc — que les nobles esprits ne frayent jamais qu'avec leurs pareils. — Car quel est l'homme si ferme qui ne puisse être séduit? — César ne peut guère me souffrir, mais il aime Brutus. — Aujourd'hui, si j'étais Brutus et qu'il fût Cassius, — César ne me dominerait pas... Je veux ce soir — jeter par ses fenêtres des billets d'écritures diverses, — qui seront censés venir de divers citoyens : — tous auront trait à la haute opinion — que Rome a de son nom, et feront vaguement — allusion à l'ambition de César. — Et, après cela, que César se tienne solidement ; — car ou nous le renverserons, ou nous endurerons de plus mauvais jours.

Il sort.

SCÈNE III.

[Rome. Une rue.]

Il fait nuit. Tonnerre et éclairs. CASCA, l'épée à la main, se croise avec CICÉRON.

CICÉRON.

— Bonsoir, Casca. Est-ce que vous avez — reconduit César ? — Pourquoi êtes-vous hors d'haleine ? et pourquoi semblez-vous si effaré ?

CASCA.

— N'êtes-vous pas ému quand toute la masse de la terre — tremble comme une chose mal affermie ? O Cicéron, — j'ai vu des tempêtes où les vents grondants — fendaient les chênes noueux, et j'ai vu — l'ambitieux océan s'enfler, et faire rage, et écumer, — et s'élever jusqu'aux nues menaçantes ; — mais jamais avant cette nuit, jamais avant cette heure, — je n'avais traversé une tempête ruisselante de feu. — Ou il y a une guerre civile dans le ciel, — ou le monde, trop insolent envers les dieux, les provoque à déchaîner la destruction.

CICÉRON.

— Quoi! avez-vous vu quelque chose de plus surprenant?

CASCA.

— Un esclave public (vous le connaissez bien de vue), — a levé sa main gauche qui a flamboyé et brûlé — comme vingt torches; et cependant sa main, — insensible à la flamme, est restée intacte (31). — En outre (depuis lors je n'ai pas rengaîné mon épée), — j'ai rencontré près du Capitole un lion — qui m'a jeté un éclair, et, farouche, a passé — sans me faire de mal. Là — étaient entassées une centaine de femmes spectrales, — que la peur avait défigurées. Elles juraient avoir vu — des hommes tout en feu errer dans les rues. — Et hier l'oiseau de nuit s'est abattu — sur la place du marché, en plein midi, — huant et criant. Quand de tels prodiges — surviennent conjointement, qu'on ne dise pas : — *En voici les motifs, ils sont naturels!* — car je crois que ce sont des présages néfastes — pour la région qu'ils désignent.

CICÉRON.

En effet, c'est une époque étrange : — mais les hommes peuvent interpréter les choses à leur manière, — et tout à fait à contre-sens. — Est-ce que César vient demain au Capitole?

CASCA.

— Oui; car il a chargé Antoine de vous faire savoir qu'il y serait demain.

CICÉRON.

— Bonne nuit donc, Casca : ce ciel si troublé — n'invite pas à la promenade.

CASCA.

Adieu, Cicéron.

Cicéron sort.

Entre CASSIUS, la poitrine nue.

CASSIUS.

— Qui est là?

CASCA.

Un Romain.

CASSIUS.

C'est votre voix, Casca.

CASCA.

— Votre oreille est bonne. Cassius, quelle nuit que celle-ci!

CASSIUS.

— Une nuit fort agréable aux honnêtes gens.

CASCA.

— Qui jamais a vu les cieux si menaçants?

CASSIUS.

— Quiconque a vu la terre si pleine de crimes! — Pour moi j'ai marché dans les rues, — en m'exposant à cette nuit périlleuse; — et défait comme vous me voyez, Casca, — j'ai présenté ma poitrine nue aux pierres de la foudre; — et quand le sillage bleu de l'éclair semblait ouvrir — le sein du ciel, je m'offrais — au jet même de sa flamme.

CASCA.

— Mais pourquoi tentiez-vous ainsi les cieux? — C'est aux hommes de craindre et de trembler, — quand les dieux tout-puissants nous envoient ces signes, — formidables hérauts, pour nous épouvanter.

CASSIUS.

— Vous êtes abattu, Casca. Ces étincelles de vie — qui devraient être dans un Romain, vous ne les avez pas — ou du moins vous ne les montrez pas. Vous êtes pâle et hagard, — et vous vous effrayez, et vous vous étonnez — de voir cette étrange impatience des cieux. — Mais si vous vouliez en considérer la vraie cause, — et chercher pourquoi tous ces feux, pourquoi tous ces spectres glissant dans l'ombre; — pourquoi ces oiseaux, ces animaux enlevés à leur instinct et à leur espèce; — pourquoi tous ces vieillards déraisonnables et ces enfants calculateurs; — pourquoi tous ces êtres dévoyés de leurs lois, — de leurs penchants et de leurs facultés prédestinées — dans une nature monstrueuse, alors vous concevriez — que le ciel leur souffle ces inspirations nouvelles — pour en faire des instruments de terreur, annonçant — un monstrueux état de choses. — Maintenant, Casca, je pourrais — te nommer un homme en tout semblable à cette effroyable nuit, — un homme qui tonne, foudroie, ouvre les tombes et rugit — comme le lion dans le Capitole; — un homme qui n'est pas plus puissant que toi ou moi — par la force personnelle, et qui pourtant est devenu prodigieux — et terrible comme ces étranges météores.

CASCA.

— C'est de César que vous parlez, n'est-ce pas, Cassius?

CASSIUS.

— Peu importe de qui. Les Romains d'aujourd'hui — ont des nerfs et des membres, ainsi que leurs ancêtres. — Mais, hélas! le génie de nos pères est mort, — et nous sommes gouvernés par l'esprit de nos mères : — notre joug et notre soumission nous montrent efféminés.

CASCA.

— En effet, on dit que demain les sénateurs — comptent établir César comme roi, — et qu'il portera la couronne sur terre et sur mer, — partout, excepté en Italie.

CASSIUS.

— Je sais où je porterai ce poignard, alors. — Cassius délivrera Cassius de la servitude. — C'est par là, dieux, que vous rendez si forts les faibles : — c'est par là, dieux, que vous déjouez les tyrans. — Ni tour de pierre, ni murs de bronze battu, — ni cachot privé d'air, ni massives chaînes de fer, — ne sauraient entraver la force de l'âme. — Une existence, fatiguée de ces barrières terrestres, — a toujours le pouvoir de s'affranchir. — Si je sais cela, le monde entier saura — que cette part de tyrannie que je supporte, — je puis la secouer à ma guise.

CASCA.

Je le puis aussi ! — Tout esclave porte dans sa propre main — le pouvoir de briser sa captivité.

CASSIUS.

— Et pourquoi donc César serait-il un tyran ? — Pauvre homme ! je sais bien qu'il ne serait pas loup, — s'il ne voyait que les Romains sont des brebis. — Il ne serait pas lion, si les Romains n'étaient des biches. — Ceux qui veulent faire à la hâte un grand feu, — l'allument avec de faibles brins de paille. Quelle ordure, — quel rebut, quel fumier est donc Rome pour n'être plus — que l'immonde combustible qui illumine — un être aussi vil que César ! Mais, ô douleur ! où m'as-tu conduit ? Je parle peut-être — devant un esclave volontaire : alors, je sais — que j'aurai à répondre de ceci. Mais je suis armé, — et les dangers me sont indifférents !

CASCA.

— Vous parlez à Casca, à un homme — qui n'est pas un délateur grimaçant. Prenez ma main : — formez une faction pour redresser tous ces griefs : — et je poserai mon pied aussi loin — que le plus avancé.

CASSIUS.

C'est un marché conclu. — Sachez donc, Casca, que j'ai déjà engagé — plusieurs des plus magnanimes Romains — à tenter avec moi une entreprise, — pleine de glorieux périls. — Je sais qu'ils m'attendent en ce moment — sous le porche de Pompée : car, par cette effroyable nuit, — on ne

SCÈNE III.

peut ni bouger ni marcher dans les rues. — Et l'aspect des éléments — est à l'avenant de l'œuvre que nous avons sur les bras, — sanglant, enflammé et terrible.

Entre CINNA.

CASCA.

— Rangeons-nous un moment, car voici quelqu'un qui vient en toute hâte.

CASSIUS.

— C'est Cinna; je le reconnais à sa démarche : — c'est un ami... Cinna, où courez-vous ainsi?

CINNA.

— A votre recherche... Qui est là? Métellus Cimber!

CASSIUS.

— Non, c'est Casca : un affilié — à notre entreprise. Ne suis-je pas attendu, Cinna?

CINNA.

— J'en suis bien aise. Quelle nuit terrible! — Deux ou trois d'entre nous ont vu d'étranges visions.

CASSIUS.

— Ne suis-je pas attendu, Cinna? dites-moi.

CINNA.

Oui, vous l'êtes. — Oh! Cassius, si seulement vous pouviez gagner le noble Brutus — à notre parti!

CASSIUS, *remettant divers papiers à Cinna.*

— Soyez satisfait, bon Cinna. Prenez ce papier, — et ayez soin de le déposer dans la chaire du préteur, — que Brutus puisse l'y trouver; jetez celui-ci — à sa fenêtre, fixez celui-ci avec de la cire — sur la statue du vieux Brutus; cela fait, — rendez-vous au porche de Pompée, où vous nous trouverez. — Décius Brutus et Trébonius y sont-ils (32)?

CINNA.

— Tous, sauf Métellus Cimber, qui est allé — vous chercher chez vous... C'est bon, je vais me dépêcher, — et disposer ces papiers comme vous me l'avez dit.

CASSIUS.

— Cela fait, rendez-vous au théâtre de Pompée.

Sort Cinna.

— Venez, Casca : avant le jour, nous irons, vous et moi, — faire visite à Brutus : il est déjà aux trois quarts — à nous ; et l'homme tout entier — se reconnaîtra nôtre à la première rencontre.

CASCA.

— Oh! il est placé bien haut dans le cœur du peuple. — Ce qui en nous paraîtrait un crime, — son prestige, comme la plus riche alchimie, — le transformera en vertu et en mérite (33).

CASSIUS.

— Vous avez bien apprécié l'homme et son mérite, — et le grand besoin que nous avons de lui. Marchons, — car il est plus de minuit ; et, avant le jour, — nous irons l'éveiller et nous assurer de lui.

Ils sortent.

SCÈNE IV.

[Rome. Le verger de Brutus.]

Il fait toujours nuit. Entre BRUTUS.

BRUTUS.

— Holà! Lucius! — Je ne puis, au progrès des astres, — juger combien le jour est proche... Lucius! allons! — Je voudrais avoir le défaut de dormir aussi profondément... — Viendras-tu, Lucius, viendras-tu?... Allons, éveille-toi... Holà, Lucius!

Entre LUCIUS.

LUCIUS.

Avez-vous appelé, monseigneur?

SCÈNE IV.

BRUTUS.

Lucius, mets un flambeau dans mon laboratoire. — Dès qu'il sera allumé, viens ici m'avertir.

LUCIUS.

J'obéis, monseigneur.

Il sort.

BRUTUS, rêveur.

— Ce doit être par sa mort, et, pour ma part, — je n'ai personnellement aucun motif de le frapper — que la cause publique. Il veut être couronné ! — A quel point cela peut changer sa nature, voilà la question. — C'est le jour éclatant qui fait surgir la vipère — et nous convie à une marche prudente. Le couronner ! Cela... — Et alors, j'en conviens, nous l'armions d'un dard — qu'il peut rendre dangereux à volonté. — L'abus de la grandeur, c'est quand elle sépare — la pitié du pouvoir. Et pour dire la vérité sur César, — je n'ai jamais vu que ses passions dominassent — sa raison. Mais il est d'une vulgaire expérience — que la jeune ambition se fait de l'humilité une échelle, — vers laquelle elle se tourne tant qu'elle monte ; — mais dès qu'une fois elle atteint le sommet suprême, elle tourne le dos à l'échelle, — et regarde dans les nues, dédaignant les vils degrés — par lesquels elle s'est élevée. Voilà ce que pourrait César : donc, pour qu'il ne le puisse pas, prévenons-le. Et, puisque la querelle — ne saurait trouver de prétexte dans ce qu'il est aujourd'hui, — donnons pour raison que ce qu'il est, une fois agrandi, — nous précipiterait dans telles et telles extrémités. — Et, en conséquence, regardons-le comme l'embryon d'un serpent — qui, à peine éclos, deviendrait malfaisant par nature, — et tuons-le dans l'œuf.

Rentre Lucius.

LUCIUS.

— Le flambeau brûle dans votre cabinet, monsieur. —

En cherchant sur la fenêtre une pierre à feu, j'ai trouvé — ce papier, ainsi scellé, et je suis sûr — qu'il n'était pas là quand je suis allé au lit.

Il remet un pli à Brutus.

BRUTUS.

— Allez vous recoucher, il n'est pas jour... — N'est-ce pas demain, mon enfant, les Ides de Mars?

LUCIUS.

Je ne sais pas, monsieur.

BRUTUS.

— Regardez dans le calendrier, et revenez me le dire.

LUCIUS.

— J'obéis, monsieur.

Il sort.

BRUTUS.

Les météores qui sifflent dans les airs — donnent tant de lumière que je puis lire à leur clarté.

Il ouvre la lettre et lit.

— Brutus, tu dors; éveille-toi et regarde-toi. — Faut-il que Rome, etc. Parle, frappe, redresse. — Brutus, tu dors. Éveille-toi!

— J'ai ramassé — souvent de pareilles adresses jetées sur mon passage. — *Faut-il que Rome...* Je dois achever ainsi : — Faut-il que Rome tremble sous le despotisme d'un homme? Quoi! Rome! — C'est des rues de Rome que mes ancêtres — chassèrent le Tarquin, alors qu'il portait le nom de roi. — *Parle, frappe, redresse!* On me conjure donc — de parler et de frapper. O Rome! je t'en fais la promesse, — si le redressement est possible, tu obtiendras — de Brutus le plein accomplissement de ta demande.

Rentre Lucius.

LUCIUS.

— Monsieur, Mars a traversé quatorze jours.

On frappe derrière le théâtre.

SCÈNE IV.

BRUTUS.

— C'est bon. Va à la porte; quelqu'un frappe.

Lucius sort.

— Depuis que Cassius m'a aiguisé contre César, — je n'ai pas dormi. — Entre l'exécution d'une chose terrible — et la conception première, tout l'intérim — est une vision fantastique, un rêve hideux. — Le génie et ses instruments mortels — tiennent alors conseil, et la nature humaine — est comme un petit royaume — troublé par les ferments d'une insurrection.

Rentre Lucius.

LUCIUS.

— Monsieur, c'est votre frère Cassius qui est à la porte : — il demande à vous voir.

BRUTUS.

Est-il seul?

LUCIUS.

— Non, monsieur : d'autres sont avec lui.

BRUTUS.

Les connaissez-vous?

LUCIUS.

— Non, monsieur, leurs chapeaux sont rabattus sur leurs oreilles, — et leurs visages sont à demi ensevelis dans leurs manteaux — en sorte qu'il m'a été tout à fait impossible de les reconnaître — à leurs traits.

BRUTUS.

Faites-les entrer.

Lucius sort.

— Ce sont les conjurés. O Conspiration! — as-tu honte de montrer ton front sinistre dans la nuit, — au moment où le mal est le plus libre? Oh! alors, dans le jour, — où trouveras-tu une caverne assez noire — pour cacher ton monstrueux visage? non, ne cherche pas de caverne, ô Conspiration!—Masque-toi sous les sourires de l'affabilité, — car si tu marches de ton allure naturelle, l'Érèbe lui-même ne serait pas assez ténébreux — pour te dérober au soupçon.

Entrent CASSIUS, CASCA, DÉCIUS, CINNA, MÉTELLUS CIMBER *et* TRÉBONIUS.

CASSIUS.

— Je crois que nous troublons indiscrètement votre repos. — Bonjour, Brutus!... Nous vous dérangeons?

BRUTUS.

— Je suis debout depuis une heure; j'ai été éveillé toute la nuit. — Ces hommes qui viennent avec vous me sont-ils connus?

CASSIUS.

— Oui, tous, et il n'en est pas un — qui ne vous honore, pas un qui ne souhaite — que vous n'ayez de vous-même l'opinion qu'en a tout noble Romain. — Celui-ci est Trébonius.

BRUTUS.

Il est le bienvenu ici.

CASSIUS.

— Celui-ci, Décius Brutus.

BRUTUS.

Il est le bienvenu ici.

CASSIUS.

— Celui-ci, Casca; celui-ci, Cinna; — et celui-ci, Métellus Cimber.

BRUTUS.

Ils sont tous les bienvenus. — Quels soucis vigilants s'interposent — entre vos yeux et la nuit?

CASSIUS.

Puis-je vous dire un mot?

Il cause à voix basse avec Brutus.

DÉCIUS.

— C'est ici le levant. N'est-ce pas le jour qui apparaît ici?

CASCA.

— Non.

CINNA.

Oh! pardon, monsieur, c'est lui; et ces lignes grises — qui rayent les nuages là-haut, sont les messagères du jour.

CASCA.

— Vous allez confesser que vous vous trompez tous deux. — C'est ici, ici même où je pointe mon épée, que le soleil se lève : — il monte au loin dans le sud, — apportant avec lui la jeune saison de l'année. — Dans deux mois environ, c'est beaucoup plus haut dans le nord — qu'il présentera son premier feu; et le haut orient — est ici, juste dans la direction du Capitole.

BRUTUS.

— Donnez-moi tous la main, l'un après l'autre.

CASSIUS.

— Et jurons d'accomplir notre résolution.

BRUTUS.

— Non, pas de serment. Si la conscience humaine, — la souffrance de nos âmes, les abus du temps, — si ce sont là de faibles motifs, brisons vite, — et que chacun s'en retourne à son lit indolent; — laissons la tyrannie s'avancer tête haute, — jusqu'à ce que toutes nos existences tombent à la loterie du destin. Mais si ces raisons, — comme j'en suis sûr, sont assez brûlantes — pour enflammer les couards et pour acérer de vaillance — l'énergie mollissante des femmes, alors, concitoyens, — qu'avons-nous besoin d'autre aiguillon que notre propre cause — pour nous stimuler à faire justice? d'autre lien — que ce secret entre Romains qui ont donné leur parole — et ne l'éluderont pas? d'autre serment — que l'engagement pris par l'honneur envers l'honneur — de faire ceci ou de périr? — Laissons jurer les prêtres et les lâches et les hommes cauteleux,— et les vieilles charognes décrépites, et ces âmes souffreteuses — qui caressent l'injure ; laissons jurer dans de mauvaises causes—les créatures dont doutent les hommes; mais ne souillons pas la sereine vertu de notre entreprise, — ni l'indomptable fougue de nos cœurs — par cette idée que notre cause ou nos actes — exigent un serment. Chaque goutte de sang — que porte un Romain dans ses nobles veines, — est convaincue de bâtardise, — s'il enfreint dans le moindre détail — une promesse échappée à ses lèvres.

CASSIUS.

— Mais que pensez-vous de Cicéron? Le sonderons-nous ? — Je crois qu'il nous soutiendra très-énergiquement (34).

CASCA.

— Ne le laissons pas en dehors.

CINNA.

Non, certes.

MÉTELLUS.

—Oh ! ayons-le pour nous : ses cheveux d'argent—nous vaudront la bonne opinion des hommes, — et nous achèteront des voix pour louer nos actes. — On dira que son jugement a guidé nos bras : — notre jeunesse et notre imprudence disparaîtront — ensevelies dans sa gravité.

BRUTUS.

— Oh ! ne le nommez pas; ne nous ouvrons point à lui; —jamais il ne voudra poursuivre ce que — d'autres ont commencé.

SCÈNE IV.

CASSIUS.

Eh bien, laissons-le en dehors.

CASCA.

— En effet, il n'est pas notre homme.

DÉCIUS.

— Ne touchera-t-on qu'à César ?

CASSIUS.

— Décius, la question est juste. Il n'est pas bon, je crois, — que Marc-Antoine, si chéri de César, — survive à César. Nous trouverons en lui — un rusé machinateur ; et, vous le savez, ses ressources, — s'il sait en tirer parti, seraient assez étendues — pour nous inquiéter tous. Afin d'empêcher cela, — qu'Antoine et César tombent ensemble (35) !

BRUTUS.

— Notre conduite paraîtra trop sanguinaire, Caïus Cassius, — si, après avoir tranché la tête, nous hachons les membres ; — si nous laissons la furie du meurtre devenir de la cruauté : — car Antoine n'est qu'un membre de César. — Soyons des sacrificateurs, mais non des bouchers, Caïus. — Nous nous élevons tous contre l'esprit de César, — et dans l'esprit des hommes il n'y a pas de sang. — Oh ! si nous pouvions atteindre l'esprit de César, — sans déchirer César ! Mais, hélas ! pour cela il faut que César saigne ! Aussi, doux amis, — tuons-le avec fermeté, mais non avec rage ; — découpons-le comme un mets digne des dieux, — mais ne le mutilons pas comme une carcasse bonne pour les chiens. — Et que nos cœurs fassent comme ces maîtres subtils — qui excitent leurs serviteurs à un acte de violence — et affectent ensuite de les réprimander. Ainsi — notre entreprise sera une œuvre de necessité, et non de haine : — et, dès qu'elle paraîtra telle aux yeux de tous, — nous serons traités de purificateurs et non de meurtriers. — Et, quant à Marc-Antoine, ne pensez plus à lui : — car il ne pourra rien de plus que le bras de César, — quand la tête de César sera tombée.

CASSIUS.

Pourtant, je le redoute ; — car cette affection enracinée qu'il a pour César...

BRUTUS.

— Hélas ! bon Cassius, ne pensez plus à lui. — S'il aime César, il n'aura d'action — que sur lui-même : il pourra s'affecter et mourir pour César ; — et encore est-ce beaucoup dire, car il est adonné — aux plaisirs, à la dissipation et aux nombreuses compagnies.

TRÉBONIUS.

— Il n'est point à craindre : ne le faisons pas mourir ; — il est homme à vivre et à rire plus tard de tout ceci.

L'horloge sonne.

BRUTUS.

— Silence, comptons les heures.

CASSIUS.

L'horloge a frappé trois coups.

TRÉBONIUS.

— Il est temps de nous séparer.

CASSIUS.

Mais on ne sait encore — si César voudra, ou non, sortir aujourd'hui : — car depuis peu il est devenu superstitieux, — en dépit de l'opinion arrêtée qu'il avait autrefois — sur les visions, les rêves et les présages. Il se peut que ces éclatants prodiges, — les terreurs inaccoutumées de cette nuit, — et l'avis de ses augures — l'empêchent aujourd'aller au Capitole.

DÉCIUS.

— Ne craignez pas cela. Si telle est sa résolution, — je puis la surmonter. Car il aime à s'entendre dire — que les licornes se prennent avec des arbres, — les ours avec des miroirs, les éléphants avec des trappes, — les lions avec des filets et les hommes avec des flatteries, — mais quand je lui dis qu'il déteste les flatteurs, — il répond oui à cette flatterie suprême. Laissez-moi— faire. — Je puis donner à son humeur la bonne direction, — et je l'amènerai au Capitole.

CASSIUS.

— Eh ! nous irons tous le chercher chez lui.

BRUTUS.

— A huit heures, au plus tard, n'est-ce pas ?

CINNA.

— Oui, au plus tard, et n'y manquons pas.

MÉTELLUS.

— Caïus Ligarius est hostile à César — qui lui a reproché durement d'avoir bien parlé de Pompée. — Je m'étonne qu'aucun de vous n'ait pensé à lui.

BRUTUS.

— Eh bien, mon bon Métellus, allez le trouver : — il m'est dévoué, et je lui ai donné sujet de l'être. —Envoyez-le ici et je le formerai.

CASSIUS.

La matinée avance sur nous. Nous vous laissons, Brutus. —Sur ce, amis, dispersez-vous ; mais rappelez-vous tous — ce que vous avez dit, et montrez-vous de vrais Romains.

BRUTUS.

—Braves gentilshommes, ayez l'air riant et serein. — Que notre visage ne décèle pas nos desseins. — Soutenons notre rôle, ainsi que nos acteurs romains, — avec une ardeur infatigable et une immuable constance. — Et sur ce, bonjour à tous (36).

Tous sortent, excepté Brutus.

Lucius ! enfant !... Il dort profondément !... Peu importe. —Savoure la rosée de miel dont t'accable le sommeil. — Tu n'as pas, toi, de ces images, de ces fantômes

— que l'actif souci évoque dans le cerveau des hommes :
— voilà pourquoi tu dors si bien.

Entre PORTIA.

PORTIA.

Brutus, monseigneur!

BRUTUS.

— Portia, que voulez-vous? Pourquoi vous levez-vous déjà? — Il n'est pas bon pour votre santé d'exposer ainsi — votre frêle complexion à l'âpre fraîcheur de la matinée.

PORTIA.

— Ni pour votre santé non plus. Brutus, vous vous êtes sans pitié — dérobé de mon lit. Hier soir, à souper, — vous vous êtes levé brusquement et vous êtes mis à marcher, — les bras croisés, rêvant et soupirant ; — et, quand je vous ai demandé ce que vous aviez, — vous m'avez envisagée d'un air dur. — Je vous ai pressé de nouveau ; alors vous vous êtes gratté la tête, — et vous avez frappé du pied avec impatience. — J'ai eu beau insister, vous n'avez pas répondu ; — mais, d'un geste de colère, — vous m'avez fait signe de vous laisser. J'ai obéi, — craignant d'augmenter un courroux — qui ne semblait que trop enflammé, et espérant — d'ailleurs que c'était uniquement un de ces accès d'humeur auxquels — tout homme est sujet à son heure. — Cette anxiété ne vous laisse ni manger, ni parler, ni dormir : — et si elle avait autant d'action sur vos traits — qu'elle a d'empire sur votre caractère, — je ne vous reconnaîtrais pas, Brutus. Mon cher seigneur, — apprenez-moi la cause de votre chagrin.

BRUTUS.

— Je ne me porte pas bien ; voilà tout.

PORTIA.

— Brutus est raisonnable ; et, s'il avait perdu la santé, — il emploierait tous les moyens pour la recouvrer.

BRUTUS.

— Eh! c'est ce que je fais... Ma bonne Portia, allez au lit.

PORTIA.

— Brutus est malade? Est-il donc salutaire — de sortir dans ce déshabillé et d'aspirer les brumes — de l'humide matinée? Quoi! Brutus est malade — et il se dérobe à son lit bienfaisant — pour braver les miasmes pernicieux de la nuit, — pour provoquer l'air moite et impur — à augmenter son mal? Non, mon Brutus, — c'est dans votre âme qu'est le mal qui vous tourmente; — et, en vertu de mes droits et de mon titre, — je dois le connaître. Ah! je vous conjure — à genoux, par ma beauté vantée naguère, — par tous vos vœux d'amour et par ce vœu suprême — qui nous incorpora l'un à l'autre et nous fit un, — de me révéler à moi, votre autre vous-même, votre moitié, — ce qui vous pèse ainsi! Quels sont les hommes qui cette nuit — sont venus vous trouver? car il en est entré — six ou sept qui cachaient leur visage — aux ténèbres même.

BRUTUS.

Ne vous agenouillez pas, ma gentille Portia.

PORTIA.

— Je n'en aurais pas besoin, si vous étiez mon gentil Brutus. Dans le pacte de notre mariage, dites-moi, Brutus, — y a-t-il cette restriction que je ne dois pas connaître les secrets — qui vous touchent? Ne suis-je un autre vous-même — que sous certaines réserves, dans une certaine mesure, — pour vous tenir compagnie à table, réchauffer votre lit, — et causer parfois avec vous? N'occupé-je que les faubourgs — de votre bon plaisir? Si c'est là tout, — Portia est la concubine de Brutus, et non son épouse.

BRUTUS.

— Vous êtes ma vraie et honorable épouse; — vous

m'êtes aussi chère que les gouttes vermeilles — qui affluent à mon triste cœur.

PORTIA.

— Si cela était vrai, je connaîtrais ce secret. — Je l'accorde, je suis une femme, mais — une femme que le seigneur Brutus a prise pour épouse. — Je l'accorde, je suis une femme, mais — une femme de bonne renommée, la fille de Caton! — Croyez-vous que je ne suis pas plus forte que mon sexe, — étant ainsi née et ainsi mariée? — Dites-moi vos pensées; je ne les révélerai pas. — J'ai fait une forte épreuve de ma fermeté, — en me blessant volontairement — ici, à la cuisse. Je puis porter cette douleur avec patience; — et pourquoi pas les secrets de mon mari?

BRUTUS.

O dieux! — rendez-moi digne de cette noble femme! —
On frappe.

— Écoute, écoute! on frappe. Portia, rentre un moment; — et tout à l'heure ton sein partagera — les secrets de mon cœur. — Je t'expliquerai tous mes engagements, — et les sombres caractères imprimés sur mon front. Quitte-moi vite.
Sort Portia.

BRUTUS, continuant.

Lucius, qui est-ce qui frappe?

Entrent Lucius et Ligarius (37).

LUCIUS.

— Voici un malade qui voudrait vous parler.

BRUTUS.

— Caïus Ligarius, celui dont parlait Métellus.

A Lucius.

— Enfant, éloigne-toi... Caïus Ligarius! Eh bien?

LIGARIUS.

— Agréez le salut d'une voix affaiblie.

SCÈNE IV.

BRUTUS.

— Oh! quel moment vous avez choisi, brave Caïus, — pour être emmitouflé! que je voudrais ne pas vous voir malade!

LIGARIUS.

Je ne suis pas malade, si Brutus a en projet — un exploit digne du renom d'honneur...

BRUTUS.

— J'ai en projet un exploit de ce genre, Ligarius. — Que n'avez-vous, pour m'entendre, l'oreille de la santé!

LIGARIUS.

— Par tous les dieux devant qui s'inclinent les Romains, — je secoue ici ma maladie. Ame de Rome! — fils vaillant, issu de généreuses entrailles! — tu as, comme un exorciste, évoqué — mes esprits moribonds. Maintenant, dis-moi de courir, — et je m'évertuerai à des choses impossibles, — et j'en viendrai à bout. Que faut-il faire ?

BRUTUS.

— Une œuvre qui rendra les hommes malades bien portants.

LIGARIUS.

— Mais n'en est-il pas de bien portants que nous devons rendre malades?

BRUTUS.

— Oui, nous le devrons. Mon Caïus, — je t'expliquerai la chose en nous rendant — où nous avons affaire.

LIGARIUS.

Marchez, — et avec une nouvelle flamme au cœur, je vous suis — pour je sais quelle entreprise : il suffit — que Brutus me guide.

BRUTUS.

Suis-moi-donc.

Ils sortent.

SCÈNE V.

[Rome. Dans le palais de César.]

Tonnerre et éclairs. CÉSAR entre en robe de chambre (38).

CÉSAR.

— Ni le ciel ni la terre n'ont été en paix cette nuit. — Trois fois, dans son sommeil, Calphurnia a crié : — *A l'aide ! on assassine César !...*

Haussant la voix.

Y a-t-il quelqu'un ici ?

Entre un SERVITEUR.

LE SERVITEUR.

— Monseigneur ?

CÉSAR.

Va dire aux prêtres d'offrir immédiatement un sacrifice, — et rapporte-moi leurs opinions sur le résultat.

LE SERVITEUR.

— Oui, monseigneur.

Il sort.

Entre CALPHURNIA.

CALPHURNIA.

Que prétendez-vous, César ? Penseriez-vous à sortir ? — Vous ne bougerez pas de chez vous aujourd'hui.

CÉSAR.

— César sortira. Les choses qui m'ont menacé — ne m'ont jamais aperçu que de dos ; dès qu'elles verront — la face de César, elles s'évanouiront.

CALPHURNIA.

— César, jamais je ne me suis arrêtée aux présages, —

mais aujourd'hui ils m'effraient. Il y a ici qulqu'un, — sans parler de ce que nous avons vu et entendu, — qui raconte d'horribles visions apparues aux gardes. — Une lionne a mis bas dans la rue ; — les tombeaux ont bâillé et exhalé leurs morts. — Dans les nues se heurtaient de farouches guerriers de feu, — régulièrement formés en bataille par lignes et par carrés ; — et le sang tombait en bruine sur le Capitole. — Le bruit du combat retentissait dans l'air : — les chevaux hennissaient, les mourants râlaient ; — et des spectres criaient et hurlaient à travers les rues. — O César, ces choses sont inouïes, — et j'en ai peur.

CÉSAR.

Inévitables — sont les fins déterminées par les dieux puissants. — César sortira ; car ces prédictions — s'adressent au monde entier autant qu'à César.

CALPHURNIA.

— Quand les mendiants meurent, il n'apparaît pas de comètes ; — mais les cieux eux-mêmes éclairent la mort des princes.

CÉSAR.

— Les lâches meurent bien des fois avant leur mort ; — les vaillants ne sentent qu'une fois la mort. — De tous les prodiges dont j'ai jamais ouï parler, — le plus étrange pour moi, c'est que les hommes aient peur, — voyant que la mort est une fin nécessaire — qui doit venir quand elle doit venir.

Le SERVITEUR *rentre.*

CÉSAR.

Que disent les augures ?

LE SERVITEUR.

— Ils voudraient que vous ne sortissiez pas aujourd'hui ; — en enlevant les entrailles d'une victime, — ils n'ont pu trouver le cœur de l'animal.

CÉSAR.

—Les dieux font par là honte à la couardise. — César serait un animal sans cœur, — si par peur il restait aujourd'hui chez lui. — Non, César ne restera pas... Le danger sait fort bien — que César est plus dangereux que lui : — nous sommes deux lions mis bas le même jour ; — mais moi, je suis l'aîné et le plus terrible. — Et César sortira.

CALPHURNIA.

Hélas! monseigneur, —votre sagesse se consume en confiance. —Ne sortez pas aujourd'hui. Déclarez que c'est ma crainte — qui vous retient ici, et non la vôtre. —Nous enverrons Marc-Antoine au sénat; — et il dira que vous n'êtes pas bien aujourd'hui. — Laissez-moi vous persuader à genoux.

CÉSAR.

— Soit! Antoine dira que je ne suis pas bien, — et, pour te complaire, je resterai chez moi.

Entre Décius.

CÉSAR.

— Voici Décius Brutus : il le leur dira.

DÉCIUS.

— César, salut! Bonjour, digne César ! — Je viens vous chercher pour aller au sénat.

CÉSAR.

—Et vous êtes venu fort à propos — pour porter nos compliments aux sénateurs, — et leur dire que je ne veux pas venir aujourd'hui. — Que je ne le puis, ce serait faux; que je ne l'ose pas, plus faux encore. — Je ne veux pas venir aujourd'hui : dites-leur cela, Décius.

CALPHURNIA.

— Dites qu'il est malade.

CÉSAR.

César enverra-t-il un mensonge? — Ai-je étendu mon bras si loin dans la victoire, — pour avoir peur de déclarer la vérité à des barbes grises? — Décius, va leur dire que César ne veut pas venir.

DÉCIUS.

— Très-puissant César, donnez-moi une raison, que je ne fasse pas rire de moi, quand je dirai cela.

CÉSAR.

La raison est dans ma volonté : je ne veux pas venir. — Cela suffit pour satisfaire le sénat. — Mais pour votre satisfaction personnelle, — et parce que je vous aime, je vous dirai la chose. — C'est Calphurnia, ma femme ici présente, qui me retient chez moi : — elle a rêvé cette nuit qu'elle voyait ma statue, — ainsi qu'une fontaine, verser par cent jets — du sang tout pur, et que nombre de Romains importants — venaient en souriant y baigner leurs mains. — Elle voit là des avertissements, des présages sinistres, des calamités imminentes, et c'est à genoux — qu'elle m'a supplié de rester chez moi aujourd'hui.

DÉCIUS.

— Ce rêve est mal interprété. — C'est une vision propice et fortunée. — Votre statue, laissant jaillir par maints conduits ce sang — où tant de Romains se baignent en souriant, — signifie qu'en vous la grande Rome puisera — un sang régénérateur dont les hommes les plus illustres s'empresseront — de recueillir la teinture, comme une relique, la tache comme une insigne. — Voilà ce que veut dire le rêve de Calphurnia.

CÉSAR.

— Et vous l'avez bien expliqué ainsi.

DÉCIUS.

— Vous en aurez la preuve, quand vous aurez entendu ce que j'ai à dire. — Sachez-le donc, le sénat a résolu — de donner aujourd'hui une couronne au puissant César; — si vous lui envoyez dire que vous ne viendrez pas, — ses intentions peuvent changer. En outre la plaisanterie — circulerait bien vite, pour peu que quelqu'un s'écriât : — *Ajournons le sénat jusqu'à ce que la femme de César ait fait de meilleurs rêves!* — Si César se cache, ne se dira-t-on pas à l'oreille : — *Quoi! César a peur?* — Pardonnez-moi, César, mais la tendre, bien tendre sollicitude — que j'ai pour votre grandeur me force à vous dire cela, — et je fais céder toute considération à mon dévouement.

CÉSAR.

— Que vos frayeurs semblent folles maintenant, Calphurnia ! — Je suis honteux d'y avoir cédé... — Qu'on me donne ma robe; j'irai.

Entrent PUBLIUS, BRUTUS, LIGARIUS, METELLUS, CASCA, TRÉBONIUS et CINNA.

CÉSAR.

— Et voyez donc Publius qui vient me chercher.

PUBLIUS.

— Bonjour, César.

CÉSAR.

Salut, Publius. — Quoi, vous aussi, Brutus, si tôt levé! — Bonjour, Casca... Caïus Ligarius, — César n'a jamais été votre ennemi autant — que cette fièvre qui vous a maigri. — Quelle heure est-t-il?

BRUTUS.

César, il est huit heures sonnées.

CÉSAR.

— Je vous remercie de vos peines et de votre courtoisie.

Entre ANTOINE.

CÉSAR.

— Voyez, Antoine, qui fait ripaille toutes les nuits, — n'en est pas moins debout... Bonjour, Antoine.

ANTOINE.

— Bonjour au très-noble César !

CÉSAR.

Dites à tout le monde ici de se préparer. — J'ai tort de me faire attendre ainsi... — Tiens, Cinna !... Tiens, Métellus !. Quoi ! Trébonius ! — J'ai en réserve pour vous une heure de causerie ; — pensez à venir me voir aujourd'hui ; — tenez-vous près de moi, que je pense à vous.

TRÉBONIUS.

— Oui, César.

A part.

Et je me tiendrai si près, que vos meilleurs amis souhaiteront que j'eusse été plus loin.

CÉSAR.

— Mes bon amis, rentrez prendre un peu de vin avec moi ; — et aussitôt nous sortirons ensemble, en amis.

BRUTUS, à part.

— Paraître, ce n'est pas être, ô César, — cette pensée nâvre le cœur de Brutus.

Ils sortent.

SCÈNE VI.

[Rome. Les abords du Capitole.]

Entre ARTÉMIDORE, lisant un papier.

ARTÉMIDORE.

« César, prends garde à Brutus ; fais attention à Cassius ; n'approche pas de Casca ; aie l'œil sur Cinna ; ne te fie pas à Trébonius ; observe bien Métellus Cimber ; Décius Brutus ne t'aime pas ; tu as offensé Caïus Ligarius. Il n'y a qu'une pensée dans tous ces hommes, et elle est dirigée contre César. Si tu n'es pas immortel, veille autour de toi ; la sécurité ouvre la voie à la conspiration. Que les dieux puissants te défendent !

« Ton ami,
« ARTÉMIDORE. »

—Je me tiendrai ici jusqu'à ce que César passe, — et je lui présenterai ceci comme une supplique. —Mon cœur déplore que la vertu ne puisse vivre — à l'abri des morsures de l'envie. — Si tu lis ceci, ô César, tu peux vivre; — sinon, les destins conspirent avec les traîtres.

Il sort.

SCÈNE VII.

[Devant la maison de Brutus.]

Entrent PORTIA et LUCIUS.

PORTIA.

— Je t'en prie, enfant, cours au sénat; — ne t'arrête pas à me répondre, mais pars vite. —Pourquoi t'arrêtes-tu?

LUCIUS.

Pour connaître mon message, madame.

PORTIA.

—Je voudrais que tu fusses allé et revenu, — avant que j'aie pu te dire ce que tu as à faire. — O énergie, reste ferme à mon côté! Mets—une énorme montagne entre mon cœur et ma langue! — J'ai l'âme d'un homme, mais la force d'une femme. — Qu'il est difficile aux femmes de garder un secret!... — Te voilà encore ici!

LUCIUS.

Madame, que dois-je faire? — Courir au Capitole, et rien de plus? — Revenir auprès de vous, et rien de plus?

PORTIA.

Si fait, enfant, reviens me dire si ton maître a bonne mine, — car il est fort malade. Et note bien — ce que fait César, et quels solliciteurs se pressent autour de lui. — Écoute, enfant, quel est ce bruit?

LUCIUS.

— Je n'entends rien, madame.

PORTIA.

Je t'en prie, écoute bien. — J'ai entendu comme la rumeur tumultueuse d'une rixe : — le vent l'apporte du Capitole.

LUCIUS.

— Ma foi, madame, je n'entends rien.

Entre un DEVIN.

PORTIA, au devin.

— Viens ici, compagnon ; de quel côté viens-tu ?

LE DEVIN.

De chez moi, bonne dame.

PORTIA.

— Quelle heure est-il ?

LE DEVIN.

Environ neuf heures, madame.

PORTIA.

— César est-il allé au Capitole ?

LE DEVIN.

— Madame, pas encore ; je vais prendre ma place, — pour le voir passer.

PORTIA.

— Tu as une supplique pour César, n'est-ce pas ?

LE DEVIN.

— Oui, madame : s'il plaît à César — de m'entendre par bonté pour César, — je le conjurerai d'être son propre ami.

PORTIA.

— Quoi ! est-il à ta connaissance que quelque malheur le menace ?

LE DEVIN.

— Aucun que je sache, beaucoup que je redoute. — Bonjour. Ici la rue est étroite ; — cette foule qui est sur les talons de César, — sénateurs, préteurs, solliciteurs vulgaires, — étoufferait peut-être mortellement un faible vieillard. — Je vais me placer dans un endroit plus spacieux, et là — parler au grand César, quand il passera.

Il sort.

PORTIA.

— Il faut que je rentre... Hélas! quelle faible chose — que le cœur d'une femme!... O Brutus ! — que les dieux t'assistent dans ton entreprise!...

A part.

— Sûrement, ce garçon m'a entendu...

Haut, à Lucius.

Brutus a une supplique — que César ne veut pas accorder.

A part.

Oh! je me sens défaillir.

Haut.

— Cours, Lucius, et recommande-moi à monseigneur ; — dis-lui que je suis gaie, et reviens — me rapporter ce qu'il t'aura dit.

Ils se séparent.

SCÈNE VIII.

[Le Capitole.]

Le sénat est en séance. La rue qui mène au Capitole est encombrée par la foule au milieu de laquelle on remarque ARTÉMIDORE e tle DEVIN. Fanfares. Entrent dans cette rue CÉSAR, BRUTUS, CASSIUS, CASCA, DÉCIUS, MÉTELLUS, TRÉBONIUS, CINNA, ANTOINE, LÉPIDE, POPILIUS, PUBLIUS, et autres (39).

CÉSAR.

— Les Ides de Mars sont arrivées.

LE DEVIN.

Oui, César, mais non passées.

SCÈNE VIII.

ARTÉMIDORE, présentant un papier à César.

— Salut, César ! lis cette cédule.

DÉCIUS, présentant un papier à César.

— Trébonius vous demande de parcourir — à loisir son humble requête que voici.

ARTÉMIDORE.

— O César, lis d'abord la mienne ; car ma requête est celle — qui touche César de plus près. Lis-la, grand César.

CÉSAR.

— Ce qui nous touche ne viendra qu'en dernier.

ARTÉMIDORE.

— Ne diffère pas, César : lis immédiatement.

CÉSAR.

— Eh ! ce compagnon est-il fou ?

PUBLIUS.

Drôle, fais place.

CASSIUS.

— Quoi ! vous présentez vos pétitions dans la rue ! — Venez au Capitole.

CÉSAR entre dans le Capitole, suivi de son Cortége. Tous les sénateurs se lèvent.

POPILIUS, à Cassius.

— Je souhaite qu'aujourd'hui votre entreprise puisse réussir.

CASSIUS.

— Quelle entreprise, Popilius ?

POPILIUS.

Salut !

Il quitte Cassius et s'approche de César.

BRUTUS, à Cassius.

— Que dit Popilius Léna ?

CASSIUS.

Il a souhaité qu'aujourd'hui notre entreprise pût réussir. — Je crains que notre projet ne soit découvert.

BRUTUS.

— Voyez comment il aborde César; observez-le.

CASSIUS.

— Casca, hâte-toi, car nous craignons d'être prévenus. — Brutus, que faire? Pour peu que la chose soit connue, — c'en est fait de Cassius, sinon de César; — car je me tuerai.

BRUTUS.

Du calme, Cassius! — Popilius Léna ne parle pas de nos projets; — car, voyez, il sourit, et César ne change pas.

CASSIUS.

— Trébonius connaît son heure; car voyez, Brutus, — il écarte Marc-Antoine.

Antoine sort avec Trébonius. César et les sénateurs prennent leur siége.

DÉCIUS.

— Où est Métellus Cimber? Qu'il aille — à l'instant présenter sa requête à César.

BRUTUS.

— Il est en mesure : approchons-nous tous pour le seconder.

CINNA.

— Casca, c'est vous qui le premier devez lever le bras.

CÉSAR.

— Sommes nous tous prêts? Maintenant, quels sont les abus — que César et son sénat doivent redresser?

MÉTELLUS.

— Très-haut, très-grand et très-puissant César, — Métellus incline devant ton tribunal — son humble cœur...

Il s'agenouille.

CÉSAR.

Je dois te prévenir, Cimber. — Ces prosternements, ces basses salutations — peuvent échauffer le sang des hommes vulgaires, — et changer leurs décisions préconçues, leurs résolutions premières — en décrets d'enfants. Ne te leurre pas — de cette idée que César a dans les veines un sang rebelle, — qui puisse être altéré et mis en fusion — par ce qui dégèle les imbéciles, je veux dire par de douces paroles, — par de rampantes révérences, par de viles cajoleries d'épagneul. — Ton frère est banni par décret. — Si tu te confonds pour lui en génuflexions, en prières et en cajoleries, — je te repousse de mon chemin comme un chien. — Sache que César n'a jamais tort et que sans raison — il ne se laisse pas fléchir.

MÉTELLUS.

N'y a-t-il pas une voix plus digne que la mienne — pour résonner plus doucement à l'oreille du grand César, — en faveur de mon frère banni?

BRUTUS, s'avançant.

Je baise ta main, mais sans flatterie, César, — en te demandant que Publius Cimber soit — immédiatement autorisé à revenir.

CÉSAR.

— Quoi, Brutus !

CASSIUS, s'avançant.

Pardon, César ! César, pardon ! — Cassius tombe jusqu'à tes pieds — pour implorer la délivrance de Publius Cimber.

CÉSAR.

— Je pourrais être ému, si j'étais comme vous. — Si j'étais capable de prier pour émouvoir, je serais ému par des prières. — Mais je suis constant comme l'étoile polaire — qui pour la fixité et l'immobilité — n'a pas de pareille dans le firmament. — Les cieux sont enluminés d'innombrables étincelles ; — toutes sont de flammes et toutes brillent ; — mais il n'y en a qu'une seule qui garde sa place. — Ainsi du monde : il est peuplé d'hommes, — et ces hommes sont tous de chair et de sang, tous intelligents ; — mais, dans le nombre, je n'en connais qu'un seul — qui demeure à son rang, inaccessible — et inébranlable ; et cet homme, c'est moi. — J'en donnerai une légère preuve — en ceci même : — inflexible pour envoyer Cimber en exil, — je suis inflexible pour l'y maintenir.

CINNA, s'avançant.

— O César !

CÉSAR.

Arrière ! Veux-tu soulever l'Olympe ?

DÉCIUS, s'avançant.

— Grand César !

CÉSAR.

Brutus ne s'est-il pas agenouillé en vain ?

CASCA, s'avançant, le poignard à la main.

— Bras, parlez pour moi !

Casca frappe César au cou. César lui saisit le bras ; il est poignardé par plusieurs conjurés, et enfin par Marcus Brutus.

CÉSAR.

— Toi aussi, Brutus !... Tombe donc, César !

Il meurt. Les sénateurs et le peuple se retirent en désordre.

CINNA.

— Liberté ! indépendance ! La tyrannie est morte ! — Courez le proclamer, le crier dans les rues.

CASSIUS.

— Qu'on aille aux tribunes publiques crier : — *Liberté, indépendance, affranchissement !*

BRUTUS.

— Peuple et sénateurs ! ne vous effrayez pas : — ne fuyez pas, restez calmes. L'ambition a payé sa dette.

SCÈNE VIII.

CASCA.

— Montez à la tribune, Brutus.

DÉCIUS.

Et Cassius aussi.

BRUTUS.

— Où est Publius ?

CINNA.

— Ici, tout confondu de cette insurrection.

MÉTELLUS.

— Serrons nos rangs, de peur que quelque ami de César — ne parvienne...

BRUTUS.

— Que parlez-vous de serrer nos rangs ?... Publius, rassurez-vous ; — on n'en veut ni à votre personne, — ni à aucun autre Romain : dites-le à tous, Publius.

CASSIUS.

— Et quittez-nous, Publius, de peur que le peuple, — se ruant sur nous, ne fasse quelque violence à votre vieillesse.

BRUTUS.

— Oui, partez ; et que nul ne réponde de cet acte — que nous, les auteurs.

Rentre Trébonius.

CASSIUS.

Où est Antoine ?

TRÉBONIUS.

— Il s'est réfugié chez lui, effaré : — hommes, femmes, enfants courent, les yeux hagards, criant, — comme au jour du jugement.

BRUTUS.

Destins ! nous connaîtrons votre bon plaisir. — Nous savons que nous mourrons ; ce n'est que l'époque — et le nombre des jours qui tiennent les hommes en suspens.

CASSIUS.

— Aussi, celui qui soustrait vingt ans à la vie, — soustrait autant d'années à la crainte de la mort.

BRUTUS.

— Reconnaissez cela, et la mort est un bienfait. — Ainsi nous sommes les amis de César, nous qui avons abrégé — son temps de craindre la mort. Penchez-vous, Romains, penchez-vous, — baignons nos bras jusqu'au coude — dans le sang de César, et teignons-en nos épées; puis marchons jusqu'à la place du marché, — et, brandissant nos glaives rouges au-dessus de nos têtes, — crions tous : Paix! Indépendance! Liberté!

CASSIUS.

— Penchons-nous donc et trempons-nous... Combien de siècles lointains — verront représenter cette grande scène, notre œuvre, — dans des États à naître, et dans des accents encore inconnus!

BRUTUS.

— Que de fois on verra le simulacre sanglant de ce César — que voilà gisant sur le piédestal de Pompée, — au niveau de la poussière !

CASSIUS.

Chaque fois que cela se verra, — on dira de notre groupe : — Voilà les hommes qui donnèrent la liberté à leur pays!

DÉCIUS.

— Eh bien, sortirons-nous?

CASSIUS.

Oui, tous. — Que Brutus ouvre la marche, et nous lui donnerons pour escorte d'honneur — les cœurs les plus intrépides et les meilleurs de Rome.

Entre un SERVITEUR.

BRUTUS.

— Doucement! qui vient ici?... Un partisan d'Antoine!

SCÈNE VIII.

LE SERVITEUR, pliant le genou.

— Ainsi, Brutus, mon maître m'a commandé de m'agenouiller ; — ainsi Marc-Antoine m'a commandé de tomber à vos pieds, — et, m'étant prosterné, de vous parler ainsi — : « Brutus est noble, sage, vaillant ; — César était « puissant, hardi, royal et aimable. — Dis que j'aime Brutus « et que je l'honore. — Dis que je craignais César, l'ho- « norais et l'aimais. — Si Brutus daigne permettre qu'An- « toine — arrive sain et sauf jusqu'à lui et apprenne — « comment César a mérité de mourir, — Marc-Antoine « n'aimera pas César mort — autant que Brutus vivant ; mais « il suivra la fortune et les intérêts du noble Brutus, — à tra- « vers les hasards de ce régime inexploré, — avec un « entier dévouement. » Ainsi parle mon maître Antoine.

BRUTUS.

— Ton maître est un sage et vaillant Romain ; je ne l'ai jamais jugé pire. — Dis-lui que, s'il lui plaît de venir en ce lieu, — il sera éclairé, et que, sur mon honneur, — il partira sans qu'on le touche.

LE SERVITEUR.

Je vais le chercher immédiatement.

Il sort.

BRUTUS.

— Je sais que nous l'aurons facilement pour ami

CASSIUS.

— Je le souhaite ; mais cependant j'ai un pressentiment — qui me le fait redouter ; et toujours mes justes appréhensions — tombent d'accord avec l'événement.

Rentre ANTOINE.

BRUTUS.

— Mais voici venir Antoine... Soyez le bienvenu, Marc-Antoine.

ANTOINE, se penchant sur le corps de César.

— O puissant César! Es-tu donc tombé si bas! — Toutes tes conquêtes, tes gloires, tes triomphes, tes trophées — se sont rétrécis à ce petit espace!... Adieu!

Il se retourne vers les conjurés.

— Je ne sais, messieurs, ce que vous projetez, — quel autre ici doit perdre du sang, quel autre a la pléthore. — Si c'est moi, je ne connais pas d'heure aussi opportune — que l'heure où César est mort, ni d'instruments — aussi dignes que ces épées, enrichies — du plus noble sang de l'univers. — Je vous en conjure, si je vous suis à charge, — maintenant que vos mains empourprées sont encore fumantes et moites, — satisfaites votre volonté! Quand je vivrais mille ans, — jamais je ne me trouverais si disposé à mourir. — Aucun lieu, aucun genre de mort ne me plaira, — comme d'être frappé ici, près de César, par vous, — l'élite des grands esprits de cet âge.

BRUTUS.

— O Antoine! ne nous demandez pas votre mort. — Certes nous devons vous paraître bien sanguinaires et bien cruels, — avec de pareilles mains, après une telle action; — mais vous ne voyez que nos mains, — et leur œuvre encore saignante: — vous ne voyez pas nos cœurs: ils sont pleins de pitié! — C'est la pitié pour les douleurs publiques de Rome — (la pitié chasse la pitié, comme la flamme chasse la flamme) — qui a commis cet attentat sur César. Mais pour vous, — Marc-Antoine, pour vous nos glaives ont des pointes de plomb. — Nos bras, forts pour l'amitié comme pour la haine, nos cœurs — frères par l'affection, vous accueillent — avec l'empressement de la sympathie, de l'estime et de la déférence.

CASSIUS.

— Nulle voix ne sera plus puissante que la vôtre — dans la distribution des nouvelles dignités.

BRUTUS.

— Prenez seulement patience jusqu'à ce que nous ayons apaisé — la multitude que la frayeur a mise hors d'elle-même, — et alors nous vous expliquerons — pourquoi moi, qui aimais César, je me suis décidé ainsi — à le frapper.

ANTOINE.

Je ne doute pas de votre sagesse. — Que chacun me tende sa main sanglante ! — Je veux serrer la vôtre d'abord, Marcus Brutus, — puis je prends la vôtre, Caïus Cassius... — Maintenant, Décius Brutus, la vôtre ; maintenant la vôtre, Métellus ; — la vôtre, Cinna ; la vôtre aussi, mon vaillant Casca ; — enfin, la dernière, mais non la moindre en sympathie, la vôtre, bon Trébonius. — Messieurs, hélas ! que puis-je dire ? — Ma réputation est maintenant sur un terrain si glissant — que, dilemme fatal, je dois passer à vos yeux — pour un lâche ou pour un flatteur... — Que je t'aimais César, oh ! c'est la vérité. — Si ton esprit nous aperçoit maintenant, — n'est-ce pas pour toi une souffrance, plus cruelle que n'a été ta mort, — de voir ton Antoine faisant sa paix avec tes ennemis, — ô grand homme ! en présence de ton cadavre ? — Si j'avais autant d'yeux que tu as de blessures, — tous versant autant de larmes qu'elles dégorgent de sang, — cela me siérait mieux que de conclure — un pacte avec tes ennemis. — Pardonne-nous, Jules !... Ici tu as été cerné, héroïque élan ; — ici tu es tombé, et ici se tiennent tes chasseurs, — teints de ta dépouille et tout cramoisis de ta mort. — O monde ! tu étais la forêt de cet élan, — et c'est bien lui, ô monde, qui te donnait l'élan ! — Comme le cerf, frappé par plusieurs princes, — te voilà donc abattu !

CASSIUS.

— Marc-Antoine !

ANTOINE.

Pardonnez-moi, Caïus Cassius. — Les ennemis de César

diraient cela ; — ce n'est donc de la part d'un ami qu'une froide modération.

CASSIUS.

— Je ne vous blâme pas de louer César ainsi ; — mais quelle convention entendez-vous faire avec nous ? — Voulez-vous être inscrit au nombre de nos amis, — ou bien procéderons-nous sans compter sur vous ?

ANTOINE.

— C'est avec intention que j'ai serré vos mains ; mais j'ai été, en effet, — distrait de la question, en baissant les yeux sur César. — Je suis votre ami à tous, et je vous aime tous, — espérant que vous m'expliquerez — comment et en quoi César était dangereux.

BRUTUS.

— Autrement, ceci serait un spectacle sauvage. — Nos raisons sont si pleines de justesse — que, fussiez-vous le fils de César, — elles vous satisferaient.

ANTOINE.

C'est tout ce que je souhaite. — Je demanderai en outre qu'il me soit permis — d'exposer son corps sur la place publique, — et de parler à la tribune, comme il sied à un ami, — dans la cérémonie de ses funérailles.

BRUTUS.

— Vous le pourrez, Marc-Antoine.

CASSIUS.

Brutus, un mot !

* A part.

— Vous ne savez pas ce que vous faites là. Ne consentez pas — à ce qu'Antoine parle aux funérailles. — Savez-vous à quel point le peuple peut être ému — de ce qu'il débitera ?

BRUTUS, à part.

Pardon ! — Je monterai le premier à la tribune ; et j'exposerai les motifs de la mort de notre César. — Je déclarerai que tout ce qu'Antoine a à dire, — il le dit de notre aveu, avec notre permission ; — et que, par notre consentement formel, — tous les rites réguliers, tous les usages consacrés doivent être observés pour César. — Loin de nous nuire, cela nous servira.

CASSIUS, à part.

— Je ne sais pas ce qui peut en advenir : je n'aime pas cela.

BRUTUS.

— Marc-Antoine, faites : prenez le corps de César. — Dans votre discours funèbre vous ne nous blâmerez pas, — mais vous direz de César tout le bien que vous pouvez penser, — en déclarant que vous le faites par notre permission ; — sans quoi vous ne prendrez aucune part — à ses funérailles. Et vous parlerez — à la même tribune que moi, — après mon discours terminé.

ANTOINE.

Soit, — je ne demande rien de plus.

BRUTUS.

— Préparez-donc le corps et suivez-nous.

Tous sortent, excepté Antoine.

ANTOINE seul, penché sur le cadavre.

— Oh ! pardonne-moi, morceau de terre sanglante, — si je suis humble et doux avec ces bouchers ! — Tu es la ruine de l'homme le plus noble — qui jamais ait vécu dans le cours des âges. — Malheur à la main qui a versé ce sang précieux ! — Ici, sur tes plaies — qui, comme autant de bouches muettes, entr'ouvrent leurs lèvres de rubis — pour invoquer l'accent et le cri de ma voix, voici ce que je prophétise. — La malédiction va s'abattre sur la tête des hommes : — la furie domestique et l'atroce guerre civile — bouleverseront toutes les parties de l'Italie. — Le sang et la destruction seront choses si banales, — et les objets d'horreur si familiers — que les mères ne feront que sourire en voyant — leurs enfants écartelés par les mains de la guerre! — Toute pitié sera étouffée par l'habitude des actions féroces! — Et l'esprit de César, acharné à la vengeance, — ayant près de lui Até accourue toute brûlante de l'enfer, — ira dans ces contrées criant d'une voix souveraine : *Pas de quartier !* et déchaînera les chiens de la guerre, — de telle sorte qu'enfin cet acte hideux exhalera partout, au-dessus de la terre, l'odeur — des cadavres, implorant la sépulture!

Entre un SERVITEUR.

— Vous servez Octave César, n'est-ce pas?

LE SERVITEUR.

— Oui, Marc-Antoine.

ANTOINE.

— César lui a écrit de venir à Rome.

LE SERVITEUR.

— Il a reçu la lettre, et il arrive; — et il m'a chargé de vous dire de vive voix...

Apercevant le cadavre.

Oh! César!

ANTOINE.

— Ton cœur est gros : retire-toi à l'écart et pleure. — L'émotion, je le vois, est contagieuse! car mes yeux, — en voyant la douleur perler dans les tiens, — commencent à se mouiller. Est-ce que ton maître arrive?

LE SERVITEUR.

— Il couche cette nuit à sept lieues de Rome.

ANTOINE.

— Retourne en hâte lui dire ce qui est arrivé. — Il y a ici une Rome en deuil, une Rome dangereuse, — une Rome qui pour Octave n'est pas encore sûre. — Cours, et dis-le-lui... Non pourtant, attends un peu. — Tu ne t'en retourneras pas que je n'aie porté ce cadavre — sur la place publique. Là je verrai, — par l'effet de mon discours, comment le peuple prend — le cruel succès de ces hommes sanguinaires ; — et, selon l'événement, tu exposeras — au jeune Octave l'état des choses... — Prête-moi main-forte.

Ils sortent, emportant le corps de César.

SCÈNE IX.

[Le Forum.]

Entrent Brutus et Cassius, accompagnés d'une foule de citoyens (40).

LES CITOYENS.

— Nous voulons une explication. Qu'on s'explique !

BRUTUS.

— Suivez-moi donc, et donnez-moi audience, amis. — Vous, Cassius, allez dans la rue voisine, — et partageons-nous la foule. — Que ceux qui veulent m'entendre, restent ici : — que ceux qui veulent suivre Cassius, aillent avec lui ; — et il sera rendu un compte public — de la mort de César.

PREMIER CITOYEN.

Je veux entendre parler Brutus.

DEUXIÈME CITOYEN.

— Je veux entendre Cassius, afin de comparer leurs raisons, — quand nous les aurons entendus séparément.

Cassius sort avec une partie des citoyens. Brutus monte aux Rostres.

TROISIÈME CITOYEN.

Le noble Brutus est monté. Silence !

BRUTUS.

Soyez patients jusqu'au bout... Romains, compatriotes et amis, entendez-moi dans ma cause, et faites silence afin de pouvoir m'entendre. Croyez-moi pour mon honneur, et ayez foi en mon honneur, afin de pouvoir me croire. Censurez-moi dans votre sagesse, et faites appel à votre raison, afin de pouvoir mieux me juger. S'il est dans cette assemblée quelque ami cher de César, à lui je dirai que Brutus n'avait pas pour César moins d'amour que lui. Si alors cet ami demande pourquoi Brutus s'est levé contre César, voici ma réponse : Ce n'est pas que j'aimasse moins César, mais j'aimais Rome davantage. Eussiez-vous préféré voir César vivant et mourir tous esclaves, plutôt que de voir César mort et de vivre tous libres? César m'aimait, et je le pleure; il fut fortuné, et je m'en réjouis; il fut vaillant, et je l'en admire; mais il fut ambitieux, et je l'ai tué! Ainsi, pour son amitié, des larmes; pour sa fortune, de la joie; pour sa vaillance, de l'admiration; et pour son ambition, la mort! Quel est ici l'homme assez bas pour vouloir être esclave! S'il en est un, qu'il parle, car c'est lui que j'ai offensé. Quel est ici l'homme assez grossier pour ne vouloir pas être Romain? S'il en est un, qu'il parle; car c'est lui que j'ai offensé. Quel est l'homme assez vil pour ne pas vouloir aimer sa patrie? S'il en est un, qu'il parle; car c'est lui que j'ai offensé... J'attends une réponse.

TOUS LES CITOYENS.

Personne, Brutus, personne.

BRUTUS.

Ainsi je n'ai offensé personne. Je n'ai fait à César que ce que vous feriez à Brutus. Les registres du Capitole exposent les motifs de sa mort, sans atténuer les exploits par lesquels il fut glorieux, ni aggraver les offenses pour lesquelles il subit la mort.

Entrent ANTOINE *et d'autres citoyens portant le corps de César.*

Voici venir son corps, mené en deuil par Marc-Antoine, Marc-Antoine qui, sans avoir eu part à la mort de César, recueillera les bénéfices de cette mort, une place dans la république. Et qui de vous n'en recueillera pas? Un dernier mot et je me retire : comme j'ai tué mon meilleur ami pour le bien de Rome, je garde le même poignard pour moi-même, alors qu'il plaira à mon pays de réclamer ma mort.

LES CITOYENS.

Vive Brutus! vive, vive Brutus!

PREMIER CITOYEN.

— Ramenons-le chez lui en triomphe.

DEUXIÈME CITOYEN.

— Donnons-lui une statue au milieu de ses ancêtres.

TROISIÈME CITOYEN.

— Qu'il soit César !

QUATRIÈME CITOYEN.

Le meilleur de César — sera couronné dans Brutus.

PREMIER CITOYEN.

— Ramenons-le jusqu'à sa maison avec des acclamations et des vivats.

BRUTUS.

— Mes compatriotes...

DEUXIÈME CITOYEN.

Paix! silence! Brutus parle.

PREMIER CITOYEN.

— Paix, holà !

BRUTUS.

Mes bons compatriotes, laissez-moi partir seul, — et, à ma considération, restez ici avec Marc-Antoine. — Faites honneur au corps de César et faites honneur à la harangue — que, pour la gloire de César, Marc-Antoine — est autorisé à prononcer par notre permission. — Je vous en prie, que personne ne parte — que moi, avant que Marc-Antoine ait parlé.

PREMIER CITOYEN.

Holà, restez! écoutons Marc-Antoine.

TROISIÈME CITOYEN.

— Qu'il monte à la chaire publique! — Nous l'écouterons. Noble Antoine, montez.

Antoine monte à la tribune.

ANTOINE.

— Au nom de Brutus, je vous suis obligé.

QUATRIÈME CITOYEN.

— Que dit-il de Brutus?

TROISIÈME CITOYEN.

Il dit qu'au nom de Brutus — il se reconnaît comme notre obligé à tous.

QUATRIÈME CITOYEN.

— Il fera bien de ne pas dire de mal de Brutus ici.

PREMIER CITOYEN.

— Ce César était un tyran.

TROISIÈME CITOYEN.

Oui, ça, c'est certain.—Nous sommes bien heureux que Rome soit débarrassée de lui.

TROISIÈME CITOYEN.

— Silence. Écoutons ce qu'Antoine pourra dire.

ANTOINE.

— Généreux Romains...

LES CITOYENS.

Paix! holà! écoutons-le.

ANTOINE.

—Amis, Romains, compatriotes, prêtez-moi l'oreille. — Je viens pour ensevelir César, non pour le louer. — Le mal que font les hommes vit après eux; — le bien est souvent enterré avec leurs os: — qu'il en soit ainsi de César. Le noble Brutus — vous a dit que César était ambitieux : si cela était, c'était un tort grave, — et César l'a gravement expié. — Ici, avec la permission de Brutus et des autres (car Brutus est un homme honorable, — et ils sont tous des hommes honorables), — je suis venu pour parler aux funérailles de César. — Il était mon ami fidèle et juste; —mais Brutus dit qu'il était ambitieux, — et Brutus est un homme honorable. — Il a ramené à Rome nombre de captifs, — dont les rançons ont rempli les coffres publics: —est-ce là ce qui a paru ambitieux dans César?—Quand le pauvre a gémi, César a pleuré : — l'ambition devrait être de plus rude étoffe. — Pourtant Brutus dit qu'il était ambitieux ; et Brutus est un homme honorable. — Vous avez tous vu qu'aux Lupercales — je lui ai trois fois présenté une couronne royale, — qu'il a refusée trois fois : était-ce là de l'ambition ? — Pourtant Brutus dit qu'il était ambitieux ; — et assurément c'est un homme honorable. — Je ne parle pas pour contester ce qu'a déclaré Brutus, — mais je suis ici pour dire ce que je sais. — Vous l'avez tous aimé naguère, et non sans motif ; — quel motif vous empêche donc de le pleurer ? — O jugement, tu as fui chez les bêtes brutes, — et les hommes ont perdu leur raison !... Excusez-moi : — mon cœur est dans le cercueil, là, avec César, — et je doism'interrompre jusqu'à ce qu'il me soit revenu.

PREMIER CITOYEN.

— Il me semble qu'il y a beaucoup de raison dans ce qu'il dit.

DEUXIÈME CITOYEN.

— Si tu considères bien la chose, — César a été traité fort injustement.

TROISIÈME CITOYEN.

N'est-ce pas, mes maîtres ? — Je crains qu'il n'en vienne un pire à sa place.

QUATRIÈME CITOYEN.

— Avez-vous remarqué ses paroles ? Il n'a pas voulu prendre la couronne : — donc, il est certain qu'il n'était pas ambitieux !

PREMIER CITOYEN.

— Si cela est prouvé, quelques-uns le paieront cher.

DEUXIÈME CITOYEN, désignant Antoine.

— Pauvre âme ! ses yeux sont rouges comme du feu à force de pleurer.

TROISIÈME CITOYEN.

— Il n'y a pas dans Rome un homme plus noble qu'Antoine.

QUATRIÈME CITOYEN.

— Maintenant, attention! il recommence à parler.

ANTOINE.

— Hier encore, la parole de César aurait pu — prévaloir contre l'univers : maintenant le voilà gisant, — et il n'est pas un misérable qui daigne lui faire honneur ! — O mes maîtres! si j'étais disposé à exciter — vos cœurs et vos esprits à la révolte et à la fureur, — je ferais tort à Brutus et tort à Cassius, — qui, vous le savez tous, sont des hommes honorables. — Je ne veux pas leur faire tort; j'aime mieux — faire tort au mort, faire tort à vous-mêmes et à moi, — que de faire tort à des hommes si honorables. — Mais, voici un parchemin avec le sceau de César : — je l'ai trouvé dans son cabinet; ce sont ses volontés dernières. — Si seulement le peuple entendait ce testament — (pardon! je n'ai pas l'intention de le lire), — tous accourraient pour baiser les plaies de César mort, — pour tremper leurs mouchoirs dans son sang sacré, — pour implorer même, en souvenir de lui, un de ses cheveux — qu'ils mentionneraient en mourant dans leurs testaments — et transmettraient, comme un précieux legs, — à leur postérité !

QUATRIÈME CITOYEN.

— Nous voulons entendre le testament : lisez-le, Marc-Antoine.

LES CITOYENS.

— Le testament! le testament! Nous voulons entendre le testament de César.

ANTOINE.

— Ayez patience, chers amis. Je ne dois pas le lire : — il ne convient pas que vous sachiez combien César vous aimait. — Vous n'êtes pas de bois ni de pierre, vous êtes hommes; — et, étant hommes, pour peu que vous entendiez le testament de César, — vous vous enflammerez, vous deviendrez furieux. — Il n'est pas bon que vous

SCÈNE IX.

sachiez que vous êtes ses héritiers : — car, si vous le saviez, oh! qu'en arriverait-il!.

QUATRIÈME CITOYEN.

— Lisez le testament : nous voulons l'entendre, Antoine. — Vous nous lirez le testament : le testament de César!

ANTOINE.

— Voulez-vous patienter? Voulez-vous attendre un peu? — Je me suis laissé aller trop loin en vous parlant, — Je crains de faire tort aux hommes honorables — dont les poignards ont frappé César; je le crains.

QUATRIÈME CITOYEN.

— C'étaient des traîtres; eux, des hommes honorables!

LES CITOYENS.

— Le testament! le testament!

DEUXIÈME CITOYEN.

— C'étaient des scélérats, des meurtriers. Le testament! lisez le testament!

ANTOINE.

— Vous voulez donc me forcer à lire le testament! — Alors faites cercle autour du cadavre de César, — et laissez-moi vous montrer celui qui fit ce testament. — Descendrai-je? me le permettez-vous?

LES CITOYENS.

Venez, venez.

DEUXIÈME CITOYEN.

Descendez.

Antoine descend de la tribune.

TROISIÈME CITOYEN.

Libre à vous!

QUATRIÈME CITOYEN.

En cercle! plaçons-nous en rond.

PREMIER CITOYEN.

— Écartons-nous de la bière, écartons-nous du corps.

DEUXIÈME CITOYEN.

— Place pour Antoine! le très-noble Antoine!

ANTOINE.

— Ah! ne vous pressez pas ainsi sur moi; tenez-vous plus loin!

LES CITOYENS.

— En arrière! place! reculons!

ANTOINE.

— Si vous avez des larmes, préparez-vous à les verser à présent. — Vous connaissez tous ce manteau. Je me rappelle — la première fois que César le mit; — c'était un soir d'été, dans sa tente; — ce jour-là il vainquit les Nerviens. — Regardez! A cette place a pénétré le poignard de Cassius; — voyez quelle déchirure a faite l'envieux Casca; c'est par là que le bien-aimé Brutus a frappé, — et quand il a arraché la lame maudite, — voyez comme le sang de César l'a suivie! — On eût dit que ce sang se ruait au dehors pour s'assurer — si c'était bien Brutus qui avait porté ce coup cruel. — Car Brutus, vous le savez, était l'ange de César! — O vous, dieux, jugez avec quelle tendresse César l'aimait! — Cette blessure fut pour lui la plus cruelle de toutes. — Car, dès que le noble César le vit frapper, — l'ingratitude, plus forte que le bras des traîtres, — l'abattit; alors se brisa son cœur puissant; — et enveloppant sa face dans son manteau, — au pied même de la statue de Pompée, — qui ruisselait de sang, le grand César tombe! — Oh! quelle chute ce fut, mes concitoyens! — Alors vous et moi, nous tous, nous tombâmes, — tandis que la trahison sanglante s'ébattait au-dessus de nous. — Oh! vous pleurez, à présent; et je vois que vous ressentez — l'atteinte de la pitié; ce sont de gracieuses larmes. — Bonnes âmes, quoi! vous pleurez, quand vous n'apercevez encore — que la robe blessée de notre César! Regardez donc,—le voici lui-même mutilé, comme vous voyez, par des traîtres.

PREMIER CITOYEN.

O lamentable spectacle!

DEUXIÈME CITOYEN.

O noble César!

TROISIÈME CITOYEN.

O jour funeste!

QUATRIÈME CITOYEN.

O traîtres! scélérats!

PREMIER CITOYEN.

O sanglant, sanglant spectacle!

DEUXIÈME CITOYEN.

Nous serons vengés. Vengeance! Marchons! cherchons, brûlons, incendions, tuons, égorgeons? que pas un traître ne vive!

ANTOINE.

Arrêtez, concitoyens!

PREMIER CITOYEN.

Paix, là. Écoutons le noble Antoine.

DEUXIÈME CITOYEN.

Nous l'écouterons, nous le suivrons, nous mourrons avec lui.

ANTOINE.

—Bons amis, doux amis, que ce ne soit pas moi qui vous provoque — à ce soudain débordement de révolte.— Ceux qui ont commis cette action sont honorables; — je ne sais pas, hélas! quels griefs personnels—les ont fait agir : ils sont sages et honorables, — et ils vous répondront, sans doute, par des raisons. — Je ne viens pas, amis, pour enlever vos cœurs; — je ne suis pas orateur, comme l'est Brutus, — mais, comme vous le savez tous, un homme simple et franc, —qui aime son ami; et c'est ce que savent fort bien — ceux qui m'ont donné permission de parler de lui publiquement.

—Car je n'ai ni l'esprit, ni le mot, ni le mérite, — ni le geste, ni l'expression, ni la puissance de parole, — pour agiter le sang des hommes. Je ne fais que parler net : — je vous dis ce que vous savez vous-mêmes : — je vous montre les blessures du doux César, pauvres, pauvres bouches muettes, — et je les charge de parler pour moi. Mais si j'étais Brutus — et que Brutus fût Antoine, il y aurait un Antoine — qui remuerait vos esprits et donnerait — à chaque plaie de César une voix capable — de soulever les pierres de Rome et de les jeter dans la révolte.

LES CITOYENS.

— Nous nous révolterons.

PREMIER CITOYEN.

Nous brûlerons la maison de Brutus.

TROISIÈME CITOYEN.

— En marche donc! Allons, cherchons les conspirateurs.

ANTOINE.

— Mais écoutez-moi, concitoyens, mais écoutez ce que j'ai à dire.

LES CITOYENS.

— Holà! silence! Écoutons Antoine, le très-noble Antoine.

ANTOINE.

— Eh! amis, vous ne savez pas ce que vous allez faire. — En quoi César a-t-il ainsi mérité votre amour? — Hélas! vous ne le savez pas : il faut donc que je vous le dise. — Vous avez oublié le testament dont je vous ai parlé.

LES CITOYENS.

— Très-vrai!... Le testament! arrêtons, et écoutons le testament!

ANTOINE.

— Voici le testament, revêtu du sceau de César. — Il donne à chaque citoyen romain, — à chaque homme séparément, soixante-quinze drachmes.

SCÈNE IX.

DEUXIÈME CITOYEN.

— Très-noble César !... Nous vengerons sa mort.

TROISIÈME CITOYEN.

— O royal César !

ANTOINE.

Écoutez-moi avec patience.

LES CITOYENS.

Paix ! holà !

ANTOINE.

— En outre, il vous a légué tous ses jardins, — ses bosquets réservés, ses vergers récemment plantés — en deçà du Tibre ; il vous les a légués, à vous, — et à vos héritiers, pour toujours, comme lieux d'agrément public, — destinés à vos promenades et à vos divertissements. — C'était là un César ! Quand en viendra-t-il un pareil ?

PREMIER CITOYEN.

— Jamais ! jamais. Allons, en marche, en marche ! — Nous allons brûler son corps à la place consacrée, — e avec les tisons incendier les maisons des traîtres ! Enlevons le corps.

DEUXIÈME CITOYEN.

Allons chercher du feu.

TROISIÈME CITOYEN.

— Jetons bas les bancs.

QUATRIÈME CITOYEN.

— Jetons bas les siéges, les fenêtres, tout !

Sortent les citoyens, emportant le corps.

ANTOINE.

— Maintenant laissons faire. Mal, te voilà déchaîné, — suis le cours qu'il te plaira.

Entre un serviteur.

Qu'y a-t-il, camarade ?

LE SERVITEUR.

— Monsieur, Octave est déjà arrivé à Rome.

X.

ANTOINE.

Où est-il?

LE SERVITEUR.

— Lui et Lépide sont dans la maison de César.

ANTOINE.

— Et je vais l'y visiter de ce pas : il arrive à souhait. La fortune est en gaieté, — et dans cette humeur elle nous accordera tout.

LE SERVITEUR.

— J'ai ouï dire à Octave que Brutus et Cassius, — comme éperdus, se sont enfuis au galop par les portes de Rome.

ANTOINE.

— Sans doute, ils ont eu des renseignements sur le peuple — et sur la manière dont je l'ai soulevé... Conduis-moi près d'Octave.

Ils sortent.

SCÈNE X.

[Une rue.]

Entre CINNA le poëte (41).

CINNA.

— J'ai rêvé cette nuit que je banquetais avec César, — et des idées sinistres obsèdent mon imagination. — Je n'ai aucune envie d'errer dehors ; — pourtant quelque chose m'entraîne.

Entrent des CITOYENS.]

PREMIER CITOYEN, à Cinna.

Quel est votre nom?

DEUXIÈME CITOYEN.

Où allez-vous?

SCÈNE X.

TROISIÈME CITOYEN.

Où demeurez-vous ?

QUATRIÈME CITOYEN.

Êtes vous marié ou garçon ?

DEUXIÈME CITOYEN.

Répondez à chacun directement.

PREMIER CITOYEN.

Oui, et brièvement.

QUATRIÈME CITOYEN.

Oui, et sensément.

TROISIÈME CITOYEN.

Oui, et franchement... Vous ferez bien.

CINNA.

Quel est mon nom ? où je vais ? où je demeure ? si je suis marié ou garçon ? Et répondre à chacun directement, et brièvement, et sensément, et franchement. Je dis sensément que je suis garçon.

DEUXIÈME CITOYEN.

Autant dire que ceux qui se marient sont des idiots. Ce mot-là vous vaudra quelque horion, j'en ai peur... Poursuivez ; directement !

CINNA.

Directement, je vais aux funérailles de César.

PREMIER CITOYEN.

Comme ami ou comme ennemi ?

CINNA.

Comme ami.

DEUXIÈME CITOYEN.

Voilà qui est répondu directement.

QUATRIÈME CITOYEN.

Votre demeure ! brièvement !

CINNA.

Brièvement, je demeure près du Capitole.

TROISIÈME CITOYEN.

Votre nom, messire ! franchement.

CINNA.

Franchement, mon nom est Cinna.

PREMIER CITOYEN.

Mettons-le en pièces : c'est un conspirateur.

CINNA.

Je suis Cinna le poëte ! je suis Cinna le poëte.

QUATRIÈME CITOYEN.

Mettons-le en pièces pour ses mauvais vers, mettons-le en pièces pour ses mauvais vers.

CINNA.

Je ne suis pas Cinna le conspirateur.

DEUXIÈME CITOYEN.

N'importe, il a nom Cinna, arrachons-lui seulement son nom du cœur, et chassons-le ensuite.

TROISIÈME CITOYEN.

Mettons-le en pièces ! mettons-le en pièces ! Holà ! des brandons ! des brandons enflammés ! Chez Brutus, chez Cassius ! Brûlons tout ! Les uns chez Décius, d'autres chez Casca, d'autres chez Ligarius. En marche ! partons !

Ils sortent.

SCÈNE XI.

[Chez Antoine.]

ANTOINE, OCTAVE et LÉPIDE, assis autour d'une table (42).

ANTOINE.

— Ainsi tous ces hommes mourront ; leurs noms sont marqués.

OCTAVE.

— Votre frère aussi doit mourir ; y consentez-vous, Lépide ?

SCÈNE XI.

LÉPIDE.

— J'y consens.

OCTAVE.

Marquez-le, Antoine.

LÉPIDE.

— A condition que Publius cessera de vivre, — Publius, le fils de votre sœur, Marc-Antoine.

ANTOINE.

— Il cessera de vivre : voyez, d'un trait il est damné. — Mais, Lépide, allez à la maison de César ; — vous y prendrez le testament de César, et nous verrons — à en retrancher quelques legs onéreux.

LÉPIDE.

Ça, vous retrouverai-je ici ?

OCTAVE.

Ou ici ou au Capitole.

Sort Lépide.

ANTOINE.

— C'est un homme nul et incapable, — bon à faire des commissions. Convient-il, — quand le monde est divisé en trois, qu'il soit — un des trois partageants ?

OCTAVE.

Vous en avez jugé ainsi, — et vous avez pris son conseil pour décider qui serait voué à la mort, — dans notre noir décret de proscription.

ANTOINE.

— Octave, j'ai vu plus de jours que vous. — Nous n'accumulons les honneurs sur cet homme, — que pour nous décharger sur lui d'un certain odieux ; — il ne les portera que comme l'âne porte l'or, — gémissant et suant sous le faix, — conduit ou chassé dans la voie indiquée par nous ; — et, quand il aura porté notre trésor où nous voulons, — alors nous lui retirerons sa charge, et nous le renverrons, —

comme l'âne débâté, secouer ses oreilles — et paître aux communaux.

OCTAVE.

Faites à votre volonté ; — mais c'est un soldat éprouvé et vaillant.

ANTOINE.

— Mon cheval l'est aussi, Octave ; et c'est pour cela — que je lui assigne sa ration de fourrage. — C'est une bête que j'instruis à combattre, — à caracoler, à s'arrêter court, à courir en avant ; — le mouvement de son corps est gouverné par mon esprit. — Et, jusqu'à un certain point, Lépide est ainsi ; — il veut être instruit, dressé et lancé. C'est un esprit stérile qui vit — d'abjection, de bribes et d'assimilations, — et adopte pour mode ce qui a été usé et épuisé par les autres hommes. Ne parlez de lui — que comme d'un instrument. Et maintenant, Octave, — écoutez de grandes choses... Brutus et Cassius — lèvent des troupes ; il faut que nous leur tenions tête au plus vite. — Combinons donc notre alliance, — rassemblons nos meilleurs amis, et déployons nos meilleures ressources. — Allons à l'instant tenir conseil — pour visiter aux plus sûrs moyens de découvrir les trames secrètes — et de faire face aux périls évidents.

OCTAVE.

— Oui, agissons ! car nous sommes attachés au poteau — et harcelés par une meute d'ennemis ; — et plusieurs qui nous sourient recèlent, je le crains, dans leurs cœurs — des millions de perfidies.

Ils sortent.

SCÈNE XII.

[Le camp près de Sardes. Devant la tente de Brutus.]

Tambour. Entrent BRUTUS, LUCILIUS, LUCIUS et des soldats; TITINIUS et PINDARUS les rencontrent.

BRUTUS.

Halte-là.

LUCIUS.

Le mot d'ordre! holà! halte!

BRUTUS.

— Eh bien, Lucilius, Cassius est-il proche?

LUCIUS.

— Il est tout près d'ici; et Pindarus est venu — pour vous saluer de la part de son maître.

Pindarus remet une lettre à Brutus.

BRUTUS, après avoir lu la lettre.

— Il me complimente gracieusement... Votre maître, Pindarus, — soit par son propre changement, soit par la faute de ses officiers, — m'a donné des motifs sérieux de déplorer — certains actes : mais, s'il est près d'ici, — je vais recevoir ses explications.

PINDARUS.

Je ne doute pas — que mon noble maître n'apparaisse — tel qu'il est, plein de sagesse et d'honneur.

BRUTUS.

— Personne n'en doute... Un mot, Lucilius : — que je sache comment il vous a reçu.

LUCIUS.

— Avec courtoisie et avec assez d'égards, — mais non avec ces façons familières, — avec cette expansion franche et amicale — qui lui étaient habituelles jadis.

BRUTUS.

Tu as décrit là — le refroidissement d'un ami chaleureux. Remarque toujours, Lucilius, — que, quand l'affection commence à languir et à décliner, — elle affecte force cérémonies. — La foi naïve et simple est sans artifice, — mais les hommes creux sont comme certains chevaux fougueux au premier abord; — ils promettent par leur allure vaillante la plus belle ardeur; mais, dès qu'il leur faut endurer l'éperon sanglant, — ils laissent tomber leur crinière, et, ainsi que des haridelles trompeuses, — succombent à l'épreuve. Ses troupes arrivent-elles?

LUCIUS.

— Elles comptent établir leurs quartiers à Sardes, cette nuit; — le gros de l'armée, la cavalerie en masse, — arrivent avec Cassius.

Marche militaire derrière le théâtre.

BRUTUS.

Écoutez, il est arrivé. — Marchons tranquillement à sa rencontre.

Entrent Cassius et des soldats.

CASSIUS.

Halte-là!

BRUTUS.

Halte-là! faites circuler le commandement.

VOIX DIVERSES, derrière le théâtre.

Halte!... Halte!... Halte!

CASSIUS, à Brutus.

— Très-noble frère, vous m'avez fait tort.

BRUTUS.

— O vous, dieux, jugez-moi! Ai-je jamais eu des torts envers mes ennemis? — Si cela ne m'est pas arrivé, comment puis-je avoir fait tort à un frère?

CASSIUS.

Brutus, cette attitude sévère que vous prenez dissimule des torts, — et, quand vous en avez...

BRUTUS.

Cassius, modérez-vous; — exposez avec calme vos griefs... Je vous connais bien. — Sous les yeux de nos deux armées,—qui ne devraient voir entre nous qu'une tendre affection, — ne nous disputons pas. Commandez-leur de se retirer. — Puis, dans ma tente, Cassius, vous expliquerez vos griefs, — et je vous donnerai audience.

CASSIUS.

Pindarus, — dites à nos commandants de replier leurs troupes — à quelque distance de ce terrain.

BRUTUS.

— Lucilius, faites de même; et que nul — n'approche de notre tente, avant que notre conférence soit terminée.

— Que Lucius et Titinius gardent notre porte.

Ils se retirent.

SCÈNE XIII.

[Dans la tente de Brutus.]

Lucius et Titinius en faction à l'entrée de la tente. Paraissent Brutus et Cassius (43).

CASSIUS.

— Que vous m'avez fait tort, voici qui le prouve. — Vous avez condamné et flétri Lucius Pella, — pour s'être laissé corrompre ici par les Sardiens; — et cela, au mépris de la lettre par laquelle j'intercédais pour cet homme — qui m'était connu.

BRUTUS.

— Vous vous êtes fait tort à vous-même, en écrivant dans un cas pareil.

CASSIUS.

— Dans un temps comme le nôtre, il ne convient pas — que la plus légère transgression porte ainsi son commentaire.

BRUTUS.

— Permettez-moi de vous le dire, Cassius, à vous-même — on vous reproche d'avoir des démangeaisons aux mains, — de trafiquer de vos offices et de les vendre pour de l'or — à des indignes.

CASSIUS.

Moi, des démangeaisons aux mains! — En parlant ainsi, vous savez bien que vous êtes Brutus; — sans quoi ce serait, par les dieux, votre dernière parole.

BRUTUS.

— Le nom de Cassius pare cette corruption, — et voilà pourquoi le châtiment se voile la face.

CASSIUS.

— Le châtiment!

BRUTUS.

— Souvenez-vous de Mars, souvenez-vous des Ides de Mars! — N'est-ce pas au nom de la justice qu'a coulé le sang du grand Jules? — Entre ceux qui l'ont poignardé, quel est le scélérat qui a attenté à sa personne — autrement que pour la justice? Quoi! nous — qui avons frappé le premier homme de l'univers — pour avoir seulement protégé des brigands, nous irons — maintenant souiller nos doigts de concussions infâmes, — et vendre le champ superbe de notre immense gloire — pour tout le clinquant qui peut tenir dans cette main crispée! — J'aimerais mieux être un chien, et aboyer à la lune — que d'être un pareil Romain.

CASSIUS.

Brutus, ne me harcelez point; — je ne l'endurerai pas. Vous vous oubliez, — en prétendant ainsi me contenir.

SCÈNE XIII.

Je suis un soldat, moi, — plus ancien que vous au service, plus capable que vous — de faire des choix.

BRUTUS.

Allons donc, vous ne l'êtes point, Cassius.

CASSIUS.

— Je le suis.

BRUTUS.

Je dis que vous ne l'êtes point.

CASSIUS.

— Ne me poussez pas davantage ; je m'oublierais. — Songez à votre salut : ne me provoquez pas plus longtemps.

BRUTUS.

Arrière, homme de rien !

CASSIUS.

— Est-il possible !

BRUTUS.

Écoutez-moi, car je veux parler. — Est-ce à moi de céder la place à votre colère étourdie ? — Est-ce que je vais m'effrayer des grands yeux d'un forcené ?

CASSIUS.

— O dieux ! ô dieux ! faut-il que j'endure tout ceci !

BRUTUS.

— Tout ceci ! oui, et plus encore. Enragez jusqu'à ce qu'éclate votre cœur superbe ; — allez montrer à vos esclaves combien vous êtes colère, — et faites trembler vos subalternes ! Est-ce à moi de me déranger, — et de vous observer ? Est-ce à moi de me tenir prosterné — devant votre mauvaise humeur ! Par les dieux, — vous digérerez le venin de votre bile, dussiez-vous en crever ; car, de ce jour, — je veux m'amuser, je veux rire de vous, — chaque fois que vous vous emporterez.

CASSIUS.

En est-ce donc venu là ?

BRUTUS.

— Vous vous dites meilleur soldat que moi; — prouvez-le, justifiez votre prétention, — et cela me fera grand plaisir. Pour ma part, — je prendrai volontiers leçon d'un vaillant homme.

CASSIUS.

— Vous me faites tort, vous me faites tort en tout, Brutus. — J'ai dit plus ancien soldat, et non meilleur. — Ai-je dit meilleur?

BRUTUS.

Si vous l'avez dit, peu m'importe.

CASSIUS.

— Quand César vivait, il n'aurait pas osé me traiter ainsi.

BRUTUS.

— Paix! paix! vous n'auriez pas osé le provoquer ainsi.

CASSIUS.

— Je n'aurais pas osé!

BRUTUS.

Non.

CASSIUS.

— Quoi! pas osé le provoquer!

BRUTUS.

Sur votre vie, vous ne l'auriez pas osé.

CASSIUS.

— Ne présumez pas trop de mon affection; — je pourrais faire ce que je serais fâché d'avoir fait.

BRUTUS.

Vous avez fait ce que vous devriez être fâché d'avoir fait. — Vos menaces ne me terrifient point, Cassius; — car je suis si fortement armé d'honnêteté, — qu'elles passent près de moi, comme un vain souffle — que je ne remarque pas. Je vous ai envoyé demander — certaines sommes d'or que vous m'avez refusées ;— car moi, je ne sais pas me procurer d'argent par de vils moyens. — Par le ciel, j'aimerais mieux monnayer mon cœur — et couler mon sang en drachmes que d'extorquer — de la main durcie des paysans leur misérable obole — par des voies iniques. Je vous ai envoyé — demander de l'or pour payer mes légions, — et vous me l'avez refusé : était-ce un acte digne de Cassius ? Aurais-je ainsi répondu à Caïus Cassius ? — Lorsque Marcus Brutus deviendra assez sordide — pour refuser à ses amis ces vils jetons, — dieux, soyez prêts à le broyer — de tous vos foudres !

CASSIUS.

Je ne vous ai pas refusé.

BRUTUS.

— Si fait.

CASSIUS.

Non. Il n'était qu'un imbécile, — celui qui a rapporté ma réponse... Brutus m'a brisé le cœur. — Un ami devrait supporter les faiblesses de son ami ; — mais Brutus fait les miennes plus grandes qu'elles ne sont.

BRUTUS.

— Je ne les dénonce que quand vous m'en rendez victime.

CASSIUS.

— Vous ne m'aimez pas.

BRUTUS.

Je n'estime pas vos fautes.

CASSIUS.

— Les yeux d'un ami ne devraient pas voir ces fautes-là.

BRUTUS.

— Les yeux d'un flatteur ne les verraient pas, parussent-elles — aussi énormes que le haut Olympe.

CASSIUS.

— Viens, Antoine, et toi, jeune Octave, viens. — Seuls vengez vous sur Cassius ; — car Cassius est las du monde, —

haï de celui qu'il aime, bravé par son frère, — repris comme un esclave, toutes ces fautes observées, — enregistrées, apprises et retenues par cœur — pour lui être jetées à la face! Oh! je pourrais pleurer — de mes yeux toute mon âme!... Voici mon poignard, et voici ma poitrine nue, et dedans un cœur — plus précieux que les mines de Plutus, plus riche que l'or! Si — tu es un Romain, prends-le; — moi, qui t'ai refusé de l'or, je te donne mon cœur. — Frappe, comme tu frappas César; car, je le sais, — au moment même où tu le haïssais le plus, tu l'aimais mieux — que tu n'as jamais aimé Cassius.

BRUTUS.

Rengaînez votre poignard. — Emportez-vous tant que vous voudrez, vous avez liberté entière; — faites ce que vous voudrez, le déshonneur même ne sera qu'une plaisanterie. — O Cassius, vous avez pour camarade un agneau : — la colère est en lui comme le feu dans le caillou, — qui, sous un effort violent, jette une étincelle hâtive, — et se refroidit aussitôt.

CASSIUS.

Cassius n'a-t-il vécu — que pour amuser et faire rire son Brutus, — chaque fois qu'un ennui ou une mauvaise humeur le tourmente!

BRUTUS.

— Quand j'ai dit cela, j'étais de mauvaise humeur moi-même.

CASSIUS.

— Vous le confessez. Donnez-moi votre main.

BRUTUS.

— Et mon cœur aussi.

CASSIUS.

O Brutus!

BRUTUS.

Que voulez-vous dire?

SCÈNE XIII.

CASSIUS.

— Est-ce que vous ne m'aimez pas assez pour m'excuser, — quand cette nature vive que je tiens de ma mère — fait que je m'oublie ?

BRUTUS.

Oui, Cassius, et désormais, — quand vous vous emporterez contre votre Brutus, — il s'imaginera que c'est votre mère qui gronde, et vous laissera faire.

Bruit derrière le théâtre.

LE POÈTE, derrière le théâtre.

— Laissez-moi entrer pour voir les généraux ! — Il y a désaccord entre eux : il n'est pas bon — qu'ils soient seuls.

LUCIUS, derrière le théâtre.

Vous ne pénétrerez pas jusqu'à eux.

LE POÈTE, derrière le théâtre.

— Il n'y a que la mort qui puisse m'arrêter.

Entre le POÈTE.

CASSIUS.

— Eh bien, qu'y a-t-il ?

LE POÈTE.

— Honte à vous, généraux ! Fi ! que prétendez-vous ? — Soyez amis, ainsi qu'il sied à deux tels hommes ; — car j'ai vu, j'en suis sûr, bien plus de jours que vous.

CASSIUS.

— Ah ! ah ! que ce cynique rime misérablement !

BRUTUS.

— Sortez d'ici, drôle ; impertinent, hors d'ici,

CASSIUS.

— Excusez-le, Brutus, c'est sa manière.

BRUTUS.

— Je prendrai mieux son humeur quand il prendra mieux

son moment. — Qu'est-il besoin à l'armée de ces baladins stupides! — Compagnon, hors d'ici !

CASSIUS.

Arrière, arrière ! allez-vous-en.

Le poète sort.

Entrent Lucilius et Titinius.

BRUTUS.

— Lucilius et Titinius, dites aux commandants — de préparer le logement de leurs compagnies pour cette nuit.

CASSIUS.

— Et puis revenez tous deux, et amenez-nous Messala immédiatement.

Sortent Lucilius et Titinius.

BRUTUS.

Lucius, un bol de vin !

CASSIUS.

— Je n'aurais pas cru que vous pussiez vous irriter ainsi.

BRUTUS.

— O Cassius, je souffre de tant de douleurs !

CASSIUS.

— Vous ne faites pas usage de votre philosophie, — si vous êtes accessible aux maux accidentels.

BRUTUS.

— Nul ne supporte mieux le chagrin : Portia est morte.

CASSIUS.

Ha ! Portia !

BRUTUS.

— Elle est morte.

CASSIUS.

— Comment ne m'avez-vous pas tué, quand je vous contrariais ainsi ! — O perte insupportable et accablante !... — De quelle maladie ?

SCÈNE XIII.

BRUTUS.

Du désespoir causé par mon absence, — et de la douleur de voir le jeune Octave et Marc Antoine — grossir ainsi leurs forces : car j'ai appris cela — en même temps que sa mort. Elle en a perdu la raison, — et, en l'absence de ses familiers, elle a avalé de la braise.

CASSIUS.

— Et elle est morte ainsi !

BRUTUS.

Oui, ainsi.

CASSIUS.

O dieux immortels !

Entre Lucius, avec du vin et des flambeaux.

BRUTUS.

— Ne parlez plus d'elle... Donne-moi un bol de vin... — En ceci j'ensevelis tout ressentiment, Cassius.

Il boit.

CASSIUS.

— Mon cœur est altéré de ce noble toast. — Remplis, Lucius, jusqu'à ce que le vin déborde de la coupe. — Je ne puis trop boire de l'amitié de Brutus.

Il boit.

Rentre Titinius avec Messala.

BRUTUS.

— Entrez, Titinius; bien venu, bon Messala! — Maintenant asseyons-nous autour de ce flambeau, — et délibérons sur les nécessités du moment.

CASSIUS.

— Portia, tu as donc disparu !

BRUTUS.

Assez, je vous prie. — Messala, des lettres m'apprennent — que le jeune Octave et Marc Antoine — descendent sur nous avec des forces considérables, — dirigeant leur marche vers Philippes.

MESSALA.

— J'ai moi-même des lettres de la même teneur.

BRUTUS.

— Qu'ajoutent-elles?

MESSALA.

— Que, par décrets de proscription et de mise hors la loi, — Octave, Antoine et Lépide — ont mis à mort cent sénateurs.

BRUTUS.

— En cela nos lettres ne s'accordent pas bien : — les miennes parlent de soixante-dix sénateurs qui ont péri — par leurs proscriptions; Cicéron est l'un d'eux!

CASSIUS.

— Cicéron, l'un d'eux !

MESSALA.

Oui, Cicéron est mort, — frappé par ce décret de proscription. — Avez-vous eu des lettres de votre femme, monseigneur?

BRUTUS.

— Non, Messala.

MESSALA.

Et dans vos lettres est-ce qu'on ne vous dit rien d'elle?

BRUTUS.

— Rien, Messala.

MESSALA.

C'est étrange, il me semble.

BRUTUS.

— Pourquoi cette question? Vous parle-t-on d'elle dans vos lettres?

MESSALA.

— Non, monseigneur.

SCÈNE XIII.

BRUTUS.

— Dites-moi la vérité, en Romain que vous êtes.

MESSALA.

— Supportez donc en Romain la vérité que je vais dire. — Car il est certain qu'elle est morte, et d'une étrange manière.

BRUTUS.

— Eh bien, adieu, Portia... Nous devons tous mourir, Messala : — c'est en songeant qu'elle devait mourir un jour, — que j'ai acquis la patience de supporter sa mort aujourd'hui.

MESSALA.

— Voilà comme les grands hommes doivent supporter les grandes pertes.

CASSIUS.

— Je suis là-dessus aussi fort que vous en théorie, — mais ma nature ne serait pas capable d'une telle résignation.

BRUTUS.

— Allons, animons-nous à notre œuvre !... Que pensez-vous — d'une marche immédiate sur Philippes?

CASSIUS.

— Je ne l'approuve pas.

BRUTUS.

Votre raison ?

CASSIUS.

La voici : — il vaut mieux que l'ennemi nous cherche ; — il épuisera ainsi ses ressources, fatiguera ses soldats — et se fera tort à lui-même, tandis que nous, restés sur place, — nous serons parfaitement reposés, fermes et alertes.

BRUTUS.

— De bonnes raisons doivent forcément céder à de meilleures. — Les populations, entre Philippes et ce territoire, — ne nous sont attachées que par une affection forcée, —

car elles ne nous ont fourni contribution qu'avec peine : — l'ennemi, en s'avançant au milieu d'elles, — se grossira d'auxiliaires, — et arrivera rafraîchi, recruté et encouragé : — avantages que nous lui retranchons, — si nous allons lui faire face à Philippes, laissant ces peuples en arrière.

CASSIUS.

Écoutez-moi, mon bon frère...

BRUTUS.

— Pardon !.. Vous devez noter, en outre, — que nous avons tiré de nos amis tout le secours possible, — que nos légions sont au complet, que notre cause est mûre. — L'ennemi se renforce de jour en jour ; — nous, parvenus au comble, nous sommes près de décliner. — Il y a dans les affaires humaines une marée montante ; — qu'on la saisisse au passage, elle mène à la fortune ; — qu'on la manque, tout le voyage de la vie — s'épuise dans les bas-fonds et dans les détresses. — Telle est la pleine mer sur laquelle nous flottons en ce moment ; — et il nous faut suivre le courant tandis qu'il nous sert, — ou ruiner notre expédition !

CASSIUS.

Eh bien, puisque vous le voulez, en avant ! — Nous marcherons ensemble et nous les rencontrerons à Philippes.

BRUTUS.

— L'ombre de la nuit a grandi sur notre entretien, — et la nature doit obéir à la nécessité : — faisons-lui donc l'aumône d'un léger repos. — Il ne reste plus rien à dire ?

CASSIUS.

Plus rien. Bonne nuit. — Demain de bonne heure nous nous lèverons, et en route !

BRUTUS.

Lucius, ma robe de chambre !

Lucius sort.

Adieu, bon Messala ; — bonne nuit, Titinius... Noble, noble Cassius, — bonne nuit et bon repos !

SCÈNE XIII.

CASSIUS.

O mon cher frère, — cette nuit avait bien mal commencé. — Que jamais pareille division ne s'élève entre nos âmes ! — Non, jamais, Brutus.

BRUTUS.

Tout est bien.

CASSIUS.

— Bonne nuit, monseigneur.

BRUTUS.

Bonne nuit, mon bon frère.

TITINIUS ET MESSALA.

— Bonne nuit, seigneur Brutus.

BRUTUS.

Adieu, tous !

Sortent Cassius, Titinius et Messala.

Lucius rentre, tenant une robe de chambre.

— Donne-moi la robe. Où est ton instrument ?

LUCIUS.

— Ici, dans la tente.

BRUTUS.

Eh ! tu parles d'une voix assoupie ! — Pauvre garçon, je ne te blâme pas ; tu as trop veillé. — Appelle Claudius et quelques autres de mes hommes ; — je les ferai dormir sur des coussins dans ma tente.

LUCIUS, *appelant.*

Varron ! Claudius !

Entrent Varron et Claudius.

VARRON.

Monseigneur appelle ?

BRUTUS.

— Je vous en prie, amis, couchez-vous et dormez dans

ma tente ; — il se peut que je vous éveille bientôt — pour vous envoyer à mon frère Cassius.

VARRON.

— Permettez-nous d'attendre, en veillant, vos ordres.

BRUTUS.

— Non, je ne le veux pas. Couchez-vous, mes bons amis ; — il se peut que je change d'idée. — Tiens, Lucius, voici le livre que j'ai tant cherché; — je l'avais mis dans la poche de ma robe.

Les serviteurs se couchent.

LUCIUS.

— J'étais bien sûr que votre seigneurie ne me l'avait pas donné.

BRUTUS.

— Excuse-moi, cher enfant, je suis si oublieux. — Peux-tu tenir ouverts un instant tes yeux appesantis, — et toucher un accord ou deux de ton instrument?

LUCIUS.

— Oui, monseigneur, si cela vous fait plaisir.

BRUTUS.

Cela m'en fait, mon enfant ; — je te donne trop de peine, mais tu as bon vouloir.

LUCIUS.

C'est mon devoir, monseigneur.

BRUTUS.

— Je ne devrais pas étendre tes devoirs au delà de tes forces, — je sais que les jeunes têtes doivent avoir leur temps de sommeil.

LUCIUS.

— J'ai déjà dormi, monseigneur.

BRUTUS.

— Tant mieux; tu dormiras encore; — je ne te tiendrai pas longtemps; si je vis, — je veux être bon pour toi.

Lucius chante et s'endort peu à peu.

SCÈNE XIII.

— C'est un air somnolent... O assoupissement meurtrier ! — tu poses ta masse de plomb sur cet enfant — qui te joue de la musique !... Doux être, bonne nuit ! — Je ne serai pas assez cruel pour t'éveiller. — Pour peu que tu inclines la tête, tu vas briser ton instrument ; — je vais te l'ôter, et bonne nuit, mon bon garçon !

Prenant son livre.

— Voyons, voyons... N'ai-je pas plié le feuillet — où j'ai interrompu ma lecture ? C'est ici, je crois.

Il s'assied.

Le Spectre de César apparaît (44).

— Comme ce flambeau brûle mal !... Ah ! qui vient ici ? — C'est, je crois, l'affaiblissement de mes yeux — qui donne forme à cette monstrueuse apparition. — Elle vient sur moi. Es-tu quelque chose ? Es-tu un dieu, un ange ou un démon, — toi qui glaces mon sang et fais dresser mes cheveux ? — Dis-moi qui tu es.

LE SPECTRE.

— Ton mauvais génie, Brutus.

BRUTUS.

Pourquoi viens-tu ?

LE SPECTRE.

— Pour te dire que tu me verras à Philippes.

BRUTUS.

— Eh bien, je te reverrai donc ?

LE SPECTRE.

Oui, à Philippes.

Le spectre s'évanouit.

BRUTUS.

— Eh bien ! je te verrai à Philippes. — Maintenant que j'ai repris courage, tu t'évanouis ; — mauvais génie, je voudrais m'entretenir encore avec toi... — Enfant ! Lucius !... Varron ! Claudius, mes maîtres, éveillez-vous ! — Claudius !

LUCIUS.

— Les cordes sont fausses, monseigneur.

BRUTUS.

— Il croit être encore à son instrument....— Lucius, éveille-toi.

LUCIUS.

— Monseigneur?

BRUTUS.

Est-ce que tu rêvais, Lucius, que tu as crié ainsi?

LUCIUS.

— Monseigneur, je ne sais pas si j'ai crié.

BRUTUS.

— Oui, tu as crié... As-tu vu quelque chose?

LUCIUS.

Rien, monseigneur.

BRUTUS.

— Rendors-toi, Lucius... Allons, Claudius! — Et toi, camarade, éveille-toi!

VARRON.

Monseigneur?

CLAUDIUS.

Monseigneur?

BRUTUS.

— Pourquoi donc, mes amis, avez-vous crié ainsi dans votre sommeil?

VARRON ET CLAUDIUS.

— Avons-nous crié, monseigneur?

BRUTUS.

Oui; avez-vous vu quelque chose?

VARRON.

— Non, monseigneur, je n'ai rien vu.

CLAUDIUS.

Ni moi, monseigneur.

BRUTUS.

— Allez me recommander à mon frère Cassius : — dites-lui de porter ses forces de bonne heure à l'avant-garde : nous le suivrons.

VARRON ET CLAUDIUS.

Ce sera fait, monseigneur.

Ils sortent.

SCÈNE XIV.

(Les plaines de Philippes.)

Entrent Octave, Antoine *et leurs amis.*

OCTAVE.

— Eh bien, Antoine, nos espérances sont justifiées. — Vous disiez que l'ennemi ne descendrait pas, — mais qu'il tiendrait les collines et les régions supérieures. — Ce n'est pas ce qui arrive : voici leurs forces en vue. — Ils prétendent nous braver ici, à Philippes, — répondant à l'appel avant que nous le leur adressions.

ANTOINE.

— Bah ! je suis dans leur pensée, et je sais — pourquoi ils font cela. Ils seraient bien aises — de gagner d'autres parages, et ils descendent sur nous — avec la bravoure de la peur, croyant, par cette fanfaronnade, — nous inculquer l'idée qu'ils ont du courage ; — mais ils n'en ont pas.

Entre un Messager.

LE MESSAGER.

Préparez-vous, généraux ; — l'ennemi arrive en masses martiales, — arborant l'enseigne sanglante du combat, — et il faut agir immédiatement.

ANTOINE.

— Octave, portez lentement vos troupes — sur le côté gauche de la plaine.

OCTAVE.

— C'est moi qui prendrai la droite; prenez la gauche, vous.

ANTOINE.

— Pourquoi me contrecarrer en cet instant critique?

OCTAVE.

— Je ne vous contrecarre pas ; mais je le veux ainsi.

Marche militaire.

Tambours. Entrent Brutus, Cassius, et leurs troupes ; puis Lucilius, Titinius, Messala et autres.

BRUTUS.

— Ils s'arrêtent pour parlementer.

CASSIUS.

— Faites halte, Titinius, nous allons avancer et conférer avec eux.

OCTAVE.

— Marc Antoine, donnerons-nous le signal de la bataille?

ANTOINE.

— Non, César, nous répondrons à leur attaque.

Montrant Cassius et Brutus qui s'avancent.

— Sortons des rangs, les généraux voudraient nous dire quelques mots.

OCTAVE, à ses troupes.

Ne bougez pas avant le signal.

BRUTUS.

— Les paroles avant les coups, n'est-ce pas, compatriotes?

OCTAVE.

— Soit, mais nous n'avons pas, comme vous, de préférence pour les paroles.

BRUTUS.

— De bonnes paroles valent mieux que de mauvai coups, Octave.

ANTOINE.

— Avec vos mauvais coups, Brutus, vous donnez de bonnes paroles : — témoin le trou que vous fîtes dans le cœur de César, — en criant : *Salut et longue vie à César!*

CASSIUS.

Antoine, — la portée de vos coups est encore inconnue; — mais quant à vos paroles, elles volent les abeilles de l'Hybla, — et leur dérobent leur miel.

ANTOINE.

Mais non leur dard.

BRUTUS.

— Oh! oui, et leur voix aussi; — car vous leur avez pris leur bourdonnement, Antoine, — et très-prudemment vous menacez avant de piquer.

ANTOINE.

— Misérables, vous n'avez pas fait de même, quand vos vils poignards — se sont ébréchés dans les flancs de César : — vous montriez vos dents comme des singes, vous rampiez comme des lévriers, — et vous vous prosterniez comme des esclaves, baisant les pieds de César, — tandis que Casca, ce damné limier, — frappait César au cou par derrière ! O flatteurs !

CASSIUS.

— Flatteurs !.. C'est vous, Brutus, que vous devez remercier : — cette langue ne nous offenserait pas ainsi aujourd'hui, — si Cassius avait trouvé crédit.

OCTAVE.

— Allons, allons, la conclusion ! Si l'argumentation nous met en sueur, — la preuve exige une transpiration plus rouge.

Dégainant.

— Voyez, je tire l'épée contre les conspirateurs : — quand croyez-vous que cette épée rentrera au fourreau ? — Pas avant que les vingt-trois blessures de César — ne soient bien vengées ou qu'un autre César — n'ait fourni un meurtre de plus à l'épée des traîtres !

BRUTUS.

— César, tu ne saurais mourir de la main des traîtres, — à moins que tu ne les amènes avec toi.

OCTAVE.

Je l'espère bien ; — je ne suis pas né pour mourir par l'épée de Brutus.

BRUTUS.

— Oh ! quand tu serais le plus noble de ta race, — jeune homme, tu ne saurais mourir d'une plus honorable mort.

CASSIUS.

— Il est indigne d'un tel honneur, cet écolier mutin, — l'associé d'un farceur et d'un libertin.

ANTOINE.

— Toujours le vieux Cassius !

OCTAVE.

Allons, Antoine, retirons-nous... — Traîtres, nous vous lançons à la gorge notre défi ; — si vous osez combattre aujourd'hui, venez dans la plaine ; — sinon, quand vous serez en goût.

Sortent Octave, Antoine et leurs armées.

CASSIUS.

— Allons, vents, soufflez ; houle, soulève-toi, et vogue la barque ! — La tempête est déchaînée, et tout est remis au hasard.

BRUTUS.

— Holà ! Lucilius, écoutez ! un mot.

LUCILIUS.

Monseigneur ?

Brutus et Lucilius conversent à part.

SCÈNE XIV.

CASSIUS.

— Messala !

MESSALA.

Que dit mon général ?

CASSIUS.

Messala, — c'est aujourd'hui l'anniversaire de ma naissance ; à pareil jour — Cassius est né. Donne-moi ta main, Messala. — Sois-moi témoin que contre mon vouloir, — ainsi que Pompée, j'ai été contraint d'aventurer au hasard d'une bataille toutes nos libertés (45). — Tu sais combien j'étais fermement attaché à Épicure — et à sa doctrine ; maintenant je change de sentiment, — et j'incline à croire aux présages. — Quand nous venions de Sardes, sur notre première enseigne — deux aigles se sont abattus, ils s'y sont perchés, — et, prenant leur pâture des mains de nos soldats, — ils nous ont escortés jusqu'ici à Philippes. — Ce matin, ils se sont envolés et ont disparu : — et à leur place des corbeaux, des corneilles et des milans — planent au dessus de nos têtes, abaissant leurs regards sur nous, — comme sur des victimes agonisantes. Leur ombre semble — un dais fatal sous lequel — s'étend notre armée, prête à rendre l'âme.

MESSALA.

— Ne croyez pas à tout cela.

CASSIUS.

Je n'y crois qu'en partie ; — car je suis dans toute la fraîcheur du courage, et résolu — à affronter très-fermement tous les périls.

BRUTUS.

— C'est cela, Lucilius.

CASSIUS.

Maintenant, très-noble Brutus, — veuillent les dieux, en nous favorisant aujourd'hui, permettre — que dans la paix de l'amitié nous menions nos jours jusqu'à la vieillesse ! — Mais, puisque les affaires humaines doivent rester incertaines,—raisonnons en vue du pire qui puisse arriver.—Si nous perdons la bataille, c'est — la dernière fois que nous nous parlons : — qu'êtes-vous déterminé à faire en ce cas?

BRUTUS.

— A prendre pour règle cette philosophie — qui me fit blâmer Caton de s'être donné—la mort. Je ne sais comment, — mais je trouve lâche et vil — de devancer, par crainte de ce qui peut arriver, — le terme de l'existence. Je m'armerai de patience, — en attendant l'arrêt providentiel des puissances suprêmes — qui nous gouvernent ici-bas.

CASSIUS.

Ainsi, si nous perdons cette bataille,—vous consentirez être mené en triomphe—à travers les rues de Rome !

BRUTUS.

— Non, Cassius, non; ne crois pas, toi, noble Romain, — que jamais Brutus ira à Rome enchaîné : — il porte une âme trop grande. Mais ce jour — doit achever l'œuvre que les Ides de Mars ont commencée, — et je ne sais si nous nous reverrons. — Disons-nous donc un éternel adieu. — Pour toujours, pour toujours, adieu, Cassius ! — Si nous nous revoyons, eh bien, nous sourirons ; — sinon, nous aurons bien fait de prendre congé l'un de l'autre.

CASSIUS.

— Pour toujours, pour toujours, adieu, Brutus. — Si nous nous retrouvons, oui, nous sourirons ; — sinon, c'est vrai, nous aurons bien fait de prendre congé l'un de l'autre !

BRUTUS.

— En marche donc !.. Oh ! si l'homme pouvait savoir — d'avance la fin de cette journée ! — Mais il suffit qu'il sache que la journée doit finir, — et alors il sait la fin... Allons !... holà ! En marche !

Ils sortent.

SCÈNE XV.

[Le champ de bataille.]

Alarme. Entrent Brutus et Messala.

BRUTUS.

— A cheval, à cheval, Messala ! à cheval, et remets ces bulletins — aux légions de l'autre aile.

Bruyante alarme.

— Qu'elles s'élancent immédiatement, car je n'aperçois plus — qu'une molle résistance dans l'aile d'Octave, — et un choc soudain va la culbuter. — A cheval, à cheval, Messala ! qu'elles se précipitent toutes ensemble !

Ils sortent.

SCÈNE XVI.

[Une autre partie du champ de bataille.]

Alarme. Entrent Cassius et Titinius (46).

CASSIUS.

— Oh ! regarde, Titinius, regarde, les misérables fuient ! — moi-même je suis devenu un ennemi pour les miens. — Cet enseigne que voilà tournait le dos ; — j'ai tué le lâche, et lui ai repris son drapeau.

TITINIUS.

— O Cassius, Brutus a donné trop tôt le signal. — Ayant l'avantage sur Octave, — il l'a poursuivi avec trop d'ardeur ; ses soldats se sont mis à piller, — tandis que nous étions tous enveloppés par Antoine.

Entre PINDARUS.

PINDARUS.

— Fuyez plus loin, monseigneur, fuyez plus loin : — Marc Antoine est dans vos tentes, monseigneur! Fuyez donc, noble Cassius, fuyez plus loin.

CASSIUS.

— Cette colline est assez loin. Regarde, regarde, Titinius, — sont-ce mes tentes que je vois en flammes?

TITINIUS.

— Ce sont elles, monseigneur.

CASSIUS.

Titinius, si tu m'aimes, — monte mon cheval, et troue-le de tes éperons, — jusqu'à ce qu'il t'ait transporté à ces troupes là-bas — et ramené ici; que je sache avec certitude — si ce sont des troupes amies ou ennemies.

TITINIUS.

— Je reviens ici aussi vite que la pensée.

Il sort.

CASSIUS.

— Toi, Pindarus, monte plus haut sur cette colline; — ma vue a toujours été trouble; regarde Titinius, — et dis-moi ce que tu remarques dans la plaine.

Pindarus sort.

— Ce jour fut le premier où je respirai. Le temps a achevé sa révolution; — et je finirai là même où j'ai commencé; — ma vie a parcouru son cercle... L'ami, quelles nouvelles?

PINDARUS, de la hauteur.

— Oh! monseigneur!

CASSIUS.

Quelles nouvelles?

PINDARUS.

Titinius est enveloppé — par des cavaliers qui le poursuivent à toute bride; — cependant il pique des deux encore! Maintenant, ils sont presque sur lui; — maintenant, Titinius!... Maintenant plusieurs mettent pied à terre...; oh! il met pied à terre aussi... — Il est pris! et, écoutez! — ils poussent des cris de joie.

Acclamations lointaines.

CASSIUS.

Descends! ne regarde pas davantage... — Oh! lâche que je suis de vivre si longtemps, — pour voir mon meilleur ami pris sous mes yeux!

Entre PINDARUS.

A Pindarus.

— Viens ici, l'ami : — je t'ai fait prisonnier chez les Parthes ; — et je t'ai fait jurer, en te conservant la vie, — que tout ce que je te commanderais, — tu l'exécuterais. Eh bien, voici le moment de tenir ton serment! — Désormais sois libre ; et, avec cette bonne lame — qui traversa les entrailles de César, fouille cette poitrine. — Ne t'arrête point à répliquer. Tiens, prends cette poignée, — et, dès que mon visage sera couvert (il l'est déjà), — dirige la lame... César, tu es vengé — avec le même glaive qui t'a tué.

Il meurt.

PINDARUS.

— Ainsi, je suis libre; mais je ne le serais pas ainsi devenu, — si j'avais osé faire ma volonté. O Cassius! — Pindarus va s'enfuir de ce pays vers des parages lointains — où jamais Romain ne le reconnaîtra.

Il sort.

TITINIUS, couronné de laurier, rentre avec MESSALA.

MESSALA.

— Ce n'est qu'un revers pour un revers, Titinius; car Octave — est culbuté par les forces du noble Brutus, — comme les légions de Cassius le sont par Antoine.

TITINIUS.

— Ces nouvelles vont bien rassurer Cassius.

MESSALA.

— Où l'avez-vous laissé?

TITINIUS.

Tout désolé, — avec Pindarus, son esclave, sur cette hauteur.

MESSALA.

— N'est-ce pas lui que voilà couché à terre?

TITINIUS.

— Il n'est pas couché comme un vivant... O mon cœur!

MESSALA.

— N'est-ce pas lui?

TITINIUS.

Non, ce fut lui, Messala, — mais Cassius n'est plus. O soleil couchant, — comme tu descends vers la nuit dans tes rouges rayons, — ainsi dans son sang rouge le jour de Cassius s'est éteint. — Le soleil de Rome est couché! Notre jour est fini! — Viennent les nuages, les brumes et les dangers! Notre œuvre est accomplie. — La crainte de mon insuccès a accompli cette œuvre!

MESSALA.

— La crainte d'un insuccès a accompli cette œuvre. — O exécrable erreur, fille de la mélancolie, — pourquoi montres-tu à la crédule imagination des hommes — des choses qui ne sont pas! O erreur si vite conçue, — jamais tu ne viens au jour heureusement, — mais tu donnes la mort à la mère qui t'engendra.

TITINIUS.

— Holà, Pindarus! où es-tu, Pindarus?

MESSALA.

—Cherchez-le, Titinius; tandis que je vais rejoindre — le noble Brutus, pour frapper son oreille — de ce récit: je puis bien dire frapper; — car l'acier perçant et la flèche empoisonnée — seraient aussi bienvenus à l'oreille de Brutus — que l'annonce de ce spectacle.

TITINIUS.

Hâtez-vous, Messala, — pendant que je vais chercher Pindarus.

Sort Messala.

— Pourquoi m'avais-tu envoyé, brave Cassius? — Est-ce que je n'ai pas rencontré tes amis? Est-ce qu'ils n'ont pas — déposé sur mon front cette couronne de triomphe, — en me disant de te la donner? Est-ce que tu n'as pas entendu leurs acclamations? — Hélas! tu as mal interprété toutes choses. — Mais tiens, reçois cette guirlande sur ton front; — ton Brutus m'a ordonné de te la remettre, et je — veux exécuter son ordre.

Il détache sa couronne et la pose sur le front du cadavre.

Brutus, accours vite — et vois combien j'honorais Caïus Cassius...

Il ramasse l'épée de Cassius.

— Avec votre permission, dieux!... Tel est le devoir d'un Romain. — Viens, glaive de Cassius, et trouve le cœur de Titinius!

Il se frappe et meurt.

Alarme. MESSALA *revient, avec* BRUTUS, *le jeune* CATON, STRATON, VOLUMNIUS *et* LUCILIUS.

BRUTUS.

— Où, Messala? où est son corps?

MESSALA.

— Là-bas; et voyez Titinius qui le pleure!

BRUTUS.

— La face de Titinius est tournée vers le ciel.

CATON.

Il est tué.

BRUTUS.

— O Jules César, tu es encore puissant! — Ton esprit

erre par le monde et tourne nos épées — contre nos propres entrailles.

Alarme au loin.

CATON.

—Brave Titinius! Voyez, n'a-t-il pas couronné Cassius mort!

BRUTUS.

— Existe-t-il encore deux Romains tels que ceux-ci? — O toi, le dernier des Romains, adieu! — Il est impossible que jamais Rome — enfante ton égal. Amis, je dois plus de larmes—à ce mort que vous ne m'en verrez verser... — Je trouverai le moment, Cassius, je trouverai le moment... — Venez donc, et faites porter son corps à Thassos : — ses funérailles n'auront pas lieu dans notre camp; cela nous découragerait... Lucilius, venez; — venez aussi, jeune Caton; au champ de bataille! — Labéon, Flavius, portez nos troupes en avant. — Il est trois heures ; et, avant la nuit, Romains, — il faut que nous tentions la fortune dans un second combat.

Ils sortent.

SCÈNE XVII.

[Le champ de bataille.]

Alarme. Entrent en combattant des soldats des deux armées; puis BRUTUS, CATON, LUCILIUS *et autres* (47).

BRUTUS.

—Encore, compatriotes! encore! oh! revenez à la charge.

CATON.

—Quel bâtard reculerait? Qui veut marcher avec moi? — Je veux proclamer mon nom dans la plaine : — je suis le fils de Marcus Caton, holà! — un ennemi des tyrans, l'ami de ma patrie! — Je suis le fils de Marcus Caton, holà!

Il charge l'ennemi.

BRUTUS.

— Et moi, je suis Brutus, Marcus Brutus, moi ! — Brutus, l'ami de ma patrie : reconnaissez-moi pour Brutus !

Il sort, chargeant l'ennemi. Caton est accablé par le nombre et tombe.

LUCILIUS.

— O jeune et noble Caton, te voilà donc à bas ! — Ah ! tu meurs aussi vaillamment que Titinius, — et tu peux être honoré comme le fils de Caton !

PREMIER SOLDAT, à Lucilius.

— Rends-toi, ou tu meurs.

LUCILIUS.

Je ne me rends que pour mourir.

Offrant de l'argent au soldat.

— Voici qui te décidera à me tuer sur-le-champ : — tue Brutus, et sois honoré par sa mort.

PREMIER SOLDAT.

— Ne le tuons pas... C'est un noble prisonnier !

DEUXIÈME SOLDAT.

— Place, holà ! Dites à Antoine que Brutus est pris.

PREMIER SOLDAT.

— Je dirai la nouvelle... Voici le général qui vient.

Entre ANTOINE.

PREMIER SOLDAT.

— Brutus est pris, Brutus est pris, monseigneur !

ANTOINE.

Où est-il ?

LUCILIUS.

— En sûreté, Antoine ; Brutus est bien en sûreté. — J'ose assurer que nul ennemi — ne prendra vif le noble Brutus : — les dieux le préservent d'une si grande honte ! — Quelque part que vous le trouviez, soit vivant, soit mort, — vous le trouverez toujours Brutus, toujours lui-même.

ANTOINE.

— Ami, ce n'est pas Brutus ; mais je veux que vous le sachiez, — c'est une prise qui n'a pas moins de valeur. J'aimerais mieux avoir — de tels hommes pour amis que pour ennemis. Allez, — et voyez si Brutus est vivant ou mort ; — et revenez à la tente d'Octave nous dire — tout ce qui se passe.

Ils sortent.

SCÈNE XVIII.

[Un roc aux abords du champ de bataille.]

Entrent BRUTUS, DARDANIUS, CLITUS, STRATON et VOLUMNIUS (48).
Straton s'affaisse à terre et s'endort.

BRUTUS.

— Venez, pauvres amis qui me restez, reposons-nous sur ce rocher.

CLITUS.

— Statilius a montré sa torche ; mais, monseigneur, — il n'est pas revenu : il est pris ou tué.

BRUTUS.

— Assieds-toi, Clitus : tuer est le mot d'ordre ; — c'est chose à la mode aujourd'hui... Écoute, Clitus...

Il lui parle bas.

CLITUS.

— Quoi ! moi, monseigneur ! Non, pas pour le monde entier.

BRUTUS.

— Silence, donc ! Plus un mot.

CLITUS.

Je me tuerai plutôt moi-même.

SCÈNE XVIII.

BRUTUS.

— Écoute, Dardanius...

Il lui parle bas.

DARDANIUS.

Moi, faire une pareille action !

CLITUS.

Oh ! Dardanius !

DARDANIUS.

Oh ! Clitus !

CLITUS.

— Quelle sinistre demande Brutus t'a-t-il faite ?

DARDANIUS.

— Il m'a demandé de le tuer, Clitus ! Vois, il médite.

CLITUS.

— La douleur emplit ce noble vase — au point qu'elle déborde de ses yeux mêmes.

BRUTUS.

— Viens ici, bon Volumnius : écoute, un mot !

VOLUMNIUS.

— Que dit monseigneur ?

BRUTUS.

Ceci, Volumnius. — Le spectre de César m'est apparu — nuitamment deux fois : à Sardes, d'abord, — et, la nuit dernière, ici, dans les champs de Philippes. — Je sais que mon heure est venue.

VOLUMNIUS.

Non, monseigneur.

BRUTUS.

— Si fait, j'en suis sûr, Volumnius. — Tu vois comment va le monde, Volumnius ; — nos ennemis nous ont acculés à l'abîme : — il y a plus de dignité à nous y élancer — qu'à attendre qu'ils nous y poussent. Bon Volumnius, — tu sais que nous allions tous deux ensemble à l'école ; — au nom de notre vieille affection, je t'en prie, — tiens la poignée de mon épée, tandis que je me jetterai sur la lame.

VOLUMNIUS.

— Ce n'est pas l'office d'un ami, monseigneur.

Alarme.

CLITUS.

— Fuyez, fuyez, monseigneur ; il n'y a plus à rester ici.

BRUTUS.

— Adieu à vous ; et à vous ; et à vous, Volumnius. — Straton, tu es resté endormi tout ce temps ; — adieu à toi aussi, Straton... Compatriotes, — j'ai la joie au cœur en songeant que, dans toute ma vie, — je n'ai pas trouvé un homme qui ne me fût fidèle. — Je gagnerai à cette désastreuse journée plus de gloire — qu'Octave et Marc Antoine — n'en obtiendront par cet infâme triomphe. — Sur ce, adieu à tous ! car la bouche de Brutus — a presque achevé le récit de sa vie. — La nuit pèse sur mes yeux ; mes os veulent reposer, — n'ayant travaillé que pour atteindre cette heure-là.

Alarme.

CRIS, derrière le théâtre.

Fuyez, fuyez, fuyez !

Straton s'éveille et se relève.

CLITUS.

— Fuyez, monseigneur, fuyez.

BRUTUS.

Pars ; je te suis.

Sortent Clitus, Dardanius et Volumnius.

— Straton, reste auprès de ton seigneur, je te prie ; — tu es un digne compagnon ; — un reflet d'honneur est sur ta vie : — tiens donc mon épée, et détourne la face, — tandis que je me jetterai dessus. Veux-tu, Straton ?

STRATON.

— Donnez-moi d'abord votre main. Adieu, monseigneur.

BRUTUS.

— Adieu, bon Straton... César, sois tranquille maintenant ! — certes, je ne t'ai pas tué avec autant d'ardeur.

Straton tend l'épée. Brutus se jette sur la pointe et meurt.

SCÈNE XVIII.

Alarme. Retraite. Entrent Octave, Antoine ; Messala, Lucilius, *prisonniers ; puis l'armée victorieuse.*

OCTAVE, montrant Straton.

— Quel est cet homme ?

MESSALA.

L'homme de mon général. Straton, où est ton maître ?

STRATON.

— Il est délivré de la servitude où vous êtes, Messala. — Les vainqueurs ne peuvent faire de lui que des cendres. — Car Brutus n'a été vaincu que par lui-même, — et nul autre n'a eu la gloire de sa mort.

LUCILIUS.

— C'est ainsi que devait finir Brutus !... Je te remercie, Brutus, — d'avoir justifié les paroles de Lucilius.

OCTAVE.

— Tous ceux qui servirent Brutus, je les recueille.

A Straton.

— L'ami, veux-tu employer ton temps près de moi ?

STRATON.

— Oui, si Messala veut me présenter à vous.

OCTAVE.

— Faites-le, bon Messala.

MESSALA.

Comment est mort mon maître, Straton ?

STRATON.

— J'ai tenu le glaive, et il s'est jeté dessus.

MESSALA.

— Octave, prends donc à ta suite l'homme — qui a rendu le dernier service à mon maître.

ANTOINE.

— De tous les Romains, ce fut là le plus noble. — Tous les conspirateurs, excepté lui, — n'agirent que par envie contre le grand César : — lui seul pensait loyalement à l'in-

térêt général — et au bien public, en se joignant à eux.
— Sa vie était paisible; et les éléments — si bien combinés en lui, que la nature pouvait se lever — et dire au monde entier : c'était un homme !

OCTAVE.

— Rendons-lui, avec tout le respect — que mérite sa vertu, les devoirs funèbres. — Ses os seront déposés cette nuit sous ma tente, — dans l'honorable appareil qui sied à un soldat. — Sur ce, appelez les combattants au repos; et nous, retirons-nous, — pour partager les gloires de cette heureuse journée.

Ils sortent.

FIN DE JULES CÉSAR.

NOTES

SUR

MESURE POUR MESURE, TIMON D'ATHÈNES

ET

JULES CÉSAR.

---

(1) *Mesure pour Mesure* fut imprimé pour la première fois dans le grand in-folio de 1623.

Sous le règne de Charles II, Davenant fondit l'intrigue de *Mesure pour mesure* avec l'intrigue de *Beaucoup de bruit pour rien* dans une comédie qui fut représentée au Théâtre Royal en 1673. — Plus tard un librettiste nommé Gildon travestit *Mesure pour mesure* en un opéra qui fut joué au théâtre de Lincoln's Field vers 1700. — Garrick, malgré l'audace que lui donnait l'enthousiasme, n'osa pas monter sur son théâtre une comédie qui déjà révoltait la pruderie britannique. Plus téméraire, Kemble se risqua à la reprendre en 1789, mais, malgré les altérations qu'il avait fait subir à la pièce, la reprise n'eut pas de succès. Le génie du grand acteur fut impuissant à réhabiliter le chef-d'œuvre honni qui est encore aujourd'hui excommunié de la scène.

(2) Dans un formulaire de prières, publié en 1564 par ordre de la reine Élisabeth, il est spécifié que « les actions de grâces après chaque repas seront toujours terminées ainsi : « Deus « servet Ecclesiam — Regem vel Reginam custodiat — Con- « siliarios ejus regat — Populum universum tueatur — et « Pacem nobis donet perpetuam. »

(3) « Cette plaisanterie sur *le velours à trois poils tondu à la française* est une allusion à la perte de cheveux causée par le

mal français [1]. Lucio, reconnaissant que son interlocuteur a une telle *expérience* du mal en question, promet de boire à sa santé, mais en s'abstenant de boire après lui. C'était une opinion générale au temps de Shakespeare que le verre où avait bu une personne infectée pouvait communiquer la maladie. » — JOHNSON.

(4) Voici, dans la comédie publiée par Georges Whestone en 1578, la scène correspondante à la scène que nous venons de lire :

PROMOS, le shériff, des exempts ; puis CASSANDRE.

PROMOS.

C'est étrange de penser quels essaims de fainéants vivent — dans cette ville de rapines, de pillage et de vol. — N'était que la justice les réprime souvent, — le bien des honnêtes gens serait dérobé par ces perturbateurs. — Déjà trente ont été condamnés à mort à nos dernières assises, — mais je vois que leur châtiment effraye peu leurs pareils. — Aussi le seul moyen est d'extirper — toutes ces mauvaises herbes par la sévérité. — En conséquence, Shériff, exécutez promptement — les individus condamnés, pour couper court à tout espoir de pardon.

LE SHÉRIFF.

Ce sera fait.

CASSANDRE, à part.

— O cruelles paroles qui font saigner mon cœur ! — C'est maintenant, maintenant que je dois chercher à faire révoquer ce jugement.

Elle se jette aux genoux de Promos.

— Très-puissant seigneur, digne juge, adoucis ta rigoureuse sentence, — incline ton oreille pour écouter la plainte que, misérable, je t'adresse. — Regarde la malheureuse sœur du pauvre Andrugio : — bien que la loi le frappe de mort, montre de la pitié pour lui. — Songe à ses jeunes années, à la force de l'amour qui l'a forcé au mal ; — songe, songe que le mariage peut réparer ce qu'il a commis ; — il n'a pas souillé de lit nuptial, il n'a pas commis d'attentat violent ; — il a succombé à l'amour, sans autre intention que celle d'épouser la femme qu'il aimait. — Sûrement ces statuts ont été faits pour tenir en respect les libertins, — et la rigueur de la loi ne devrait atteindre que d'impurs débauchés. — Mais je n'ai nullement la prétention de les interpréter ; — j'implore avec larmes la grâce d'un condamné qui gémit sur sa faute. — Conséquemment, illustre seigneur, donnez à la justice le contrepoids de la pitié ; — toutes deux, en se faisant équilibre dans la balance, — élèveront votre renommée jusqu'au ciel.

[1] Les Anglais appelaient *mal français* la maladie que les Français ont longtemps appelée le *mal de Naples*.

PROMOS.

— Cassandre, renonce à des prières superflues. La loi l'a jugé, — la loi l'a trouvé coupable, la loi l'a condamné à mort.

CASSANDRE.

On pourrait répliquer pourtant — que la loi autorise souvent un mal pour observer les formes régulières de la légalité, — que la loi punit de petites fautes des peines les plus grandes — pour tenir les hommes dans une crainte continuelle. — Mais les rois, ou ceux qui servent l'autorité royale, — peuvent, si réparation est faite, dominer de leur clémence la force de la loi. — Il n'a pas été commis ici de meurtre volontaire qui réclame du sang. — La faute d'Andrugio peut être réparée: le mariage effacera la tache.

PROMOS.

— Belle dame, je vois la sollicitude naturelle que tu portes à Andrugio, — et, par égard pour toi et non pour ses mérites, je consens à cette faveur : —"je lui accorde un sursis et j'examinerai l'affaire. — Demain vous aurez licence de plaider sa cause à nouveau... — Shériff, exécutez mes ordres, mais retenez Andrugio, — jusqu'à ce que vous sachiez mon bon plaisir définitif à son égard.

LE SHÉRIFF.

— J'accomplirai votre volonté.

CASSANDRE.

— O digne magistrat, je m'engage à être ton esclave — pour ce faible éclair d'espoir que m'envoie ta main. — Sur ce je vais consoler celui qui est suspendu entre la vie et la mort.

Elle sort.

PROMOS.

— Heureux l'homme qui obtiendra l'amour d'une pareille épouse ! — Je proteste que ses modestes paroles m'ont émerveillé. — Si charmante qu'elle soit, elle n'est pas vêtue de parures éclatantes. — Sa beauté attire, mais ses regards, par leur chaste dédain, — coupent court aux prières passionnées. — O Dieu ! j'éprouve un changement soudain, qui enchaîne ma liberté !... — Qu'as-tu dit ? Fi, Promos, fi ! Éloigne-la de ta pensée... — Oui, je le ferai ; mes autres soucis guériront le souci que l'amour me cause. — Partons.

Ils sortent.

(Extrait de *La Très-excellente et fameuse histoire de Promos et Cassandre, divisée en discours comiques,* par George Whestone, gent, 1578.)

(5) Le commentateur Tyrwit voit ici une allusion à Jacques Ier lui-même. En effet, l'empressement de la foule importunait fort le fondateur de la dynastie des Stuarts, qui, comme le rapporte sir Simons d'Ewes dans ses mémoires, ne se gênait nullement « pour souhaiter la vérole ou la peste à

ceux qui s'attroupaient pour le voir: *Would bid a pox or a plague on such as floked to see him.* »

(6) Combien la beauté de cette scène magistrale ressort à côté de l'esquisse naïve de Georges Whestone!

ACTE III, SCÈNE I.

Entre PROMOS, seul.

PROMOS.

— J'ai beau faire, la raison ne refroidit pas le désir. — Plus je m'efforce de maîtriser ma folle passion, — plus ardemment, hélas! je sens brûler dans mon cœur — le feu où se forgent mes vaines pensées. — Oh! égarement d'un amour aveugle — qui détourne nos esprits du sentier de la sagesse, — et nous fait poursuivre notre malheur!... — Je ne sais si Cassandre est capable, ou non, d'aimer. — N'importe! j'admets qu'elle n'accorde pas ce que j'implore, — si je refuse de sauver la vie de son frère. — Mais le salut de son frère ne la fera céder que trop facilement... — La promesse de laisser vivre son frère — suffira pour qu'elle lâche pied. — Ainsi, quand la prière échouerait, la nécessité triomphera, — telle est la puissance dominatrice de l'autorité seigneuriale... Mais (ô douce apparition!) la voici qui entre! — L'espérance et la crainte agitent à la fois mon cœur.

Entre CASSANDRE.

CASSANDRE, se jetant aux pieds de Promos.

— Renommé seigneur, tant que durera ma vie, — je m'attache à toi par les liens de l'hommage. — Si j'ai éprouvé récemment ta bonté, — je veux encore une fois implorer à genoux — la grâce d'un condamné, suspendu entre la vie et la mort, — et qui est toujours prêt, si vous autorisez la réparation, — à faire sa femme légitime de son illégitime amante.

PROMOS.

— Belle dame, j'ai pesé ta requête, et je désire t'être favorable, — mais en vain. Tout conclut à exiger le sang de ton frère. — La rigueur de la loi condamne un délit par ignorance; — les fautes préméditées peuvent donc facilement se pallier ou se couvrir d'une excuse; — et quoi de plus prémédité que de violer une vierge?

CASSANDRE.

— La violence était peu de chose, puisque le malheureux — a obtenu sa conquête du consentement de la jeune fille.

PROMOS.

— La justice donne toujours la plus grave interprétation aux attentats coupables.

CASSANDRE.

— Et toujours elle leur inflige la peine la plus grave. — Aussi, puisque la loi rigoureuse le voue à la mort, — votre gloire n'en sera que plus grande à montrer pour lui de la pitié. — Le monde pensera que vous pouvez lui faire grâce pour une bonne cause ; — et, là où il existe une bonne cause, la clémence doit adoucir la force des lois.

PROMOS.

— Cassandre, tu as dit tout ce qu'on pouvait dire en faveur de ton frère. — Mais si je mets Andrugio en liberté, ce sera à ta considération. — Abrégeons les paroles : ta beauté m'a inspiré un si surprenant amour, — qu'en dépit de ma raison mes pensées sont entraînées par une aveugle affection. — Entièrement dominé par le pouvoir de Cupidon, je suis réduit à implorer une grâce — de toi, Cassandre, qui tiens ma liberté dans tes lacs. — Cède à mon désir, et alors commande ce que tu désires de moi : — la grâce de ton frère, et tout ce qui peut t'être agréable.

CASSANDRE, à part.

Se peut-il qu'un juge sollicite la faute même pour laquelle il punit de mort autrui ! O crime sans excuse !

Haut.

— Illustre seigneur, vous ne tenez ce langage, j'espère, que pour éprouver votre servante ; — s'il en était autrement, je ne voudrais pas acheter si chèrement la vie de mon frère.

PROMOS.

— Belle dame, mon attitude extérieure exprime ma pensée intime. — Si vous ne me croyez pas, plût à Dieu que vous eussiez une clef pour fouiller mon cœur.

CASSANDRE.

— Si vous aimez, comme vous le dites, vous savez la force de l'amour ; — l'ayant éprouvée, vous devriez en conscience vous montrer indulgent pour mon frère.

PROMOS.

— Dans une guerre incertaine, un prisonnier est toujours la rançon d'un autre.

CASSANDRE.

— Quels que soient les moyens de la guerre, l'amour est le contraire de la guerre. — C'est la haine qui engendre la guerre, l'amour ne saurait haïr : peut-il donc couver la violence ?

PROMOS.

— L'amant presse souvent son adversaire, et n'en a pas de remords. — Si donc il a par hasard un moyen de réduire son intraitable adversaire, — il serait, à mon sens, par trop débonnaire de renoncer à un tel avantage.

[CASSANDRE.

— Eh bien, pour être brève, j'aime mieux mourir que de souiller mon honneur. — Vous connaissez mon sentiment; cessez toute tentative, vos offres sont vaines.

PROMOS.

Songez-y, chère, j'achète votre amour à un prix assez haut : — la vie d'Andrugio doit suffire seule à dissiper votre résistance; — je l'accorde, avec toutes les richesses que vous souhaiterez. — Qui achète l'amour à un tel taux paye bien sa passion.

CASSANDRE.

— Non, Promos, non! L'honneur ne peut être vendu à aucun prix : — l'honneur est bien plus cher que la vie, qui dépasse elle-même la valeur de l'or.

PROMOS.

— Pour payer pleinement ce joyau, je puis te faire ma femme.

CASSANDRE.

— Pour un espoir incertain, je n'abandonnerai jamais cette perle inestimable.

PROMOS, à part.

Ces instances effarouchent tout d'abord celle que domine la pudeur. — Je vais donc lui signifier ma volonté et attendre sa réponse. — Belle Cassandre, joyau de ma joie, — ma déclaration doit te sembler bien étrange; — mais, si tu y réfléchis bien, tu n'as que faire d'être si timide. — Je consens encore à te concéder un répit; — j'attendrai patiemment deux jours ton consentement; — si tu me l'accordes (pour dissiper le nuage de mon souci), déguise-toi en page (pour empêcher tout soupçon), — et rends-toi une nuit à mon palais, charmante fille. — Jusqu'alors, adieu! tu verras que mes actes répondront à mes paroles.

Il sort.

CASSANDRE, seule.

— Adieu, monseigneur, mais vous épuisez vainement votre souffle en ces instances. — O trop malheureuse Cassandre, sujette à tous les maux! — Quelle langue peut exprimer, quelle pensée concevoir, quelle plume décrire ton anxiété! — Ce qui rend aises les autres cause mon accablement : — cette beauté engendre mon malheur, qui est si chère à tant d'autres. — Plût à Dieu qu'un autre mérite eût allumé cette flamme, — et que ma vertu eût obtenu l'hommage éclatant qui est décerné à mes attraits! — Cette beauté embrase Promos d'un amour dont la sagesse ne peut éteindre — l'ardeur que quand il aura noyé ses désirs dans l'océan de Vénus!

(Extrait de *La très-excellente histoire de Promos et Cassandre*.)

(7) Voici comment la comédie de Georges Whestone ébauche cette scène capitale :

ANDRUGIO, CASSANDRE.

ANDRUGIO.

— Ma Cassandre, quelles nouvelles ? bonne sœur, dites-moi.

CASSANDRE.

— Tout conclut à ta mort, Andrugio. — Prépare-toi, espérer serait vain.

ANDRUGIO.

— Ma mort ! hélas ! qui est-ce qui a provoqué ce nouveau refus ?

CASSANDRE.

— Ce n'est sûrement pas chez le pervers Promos l'amour de la justice.

ANDRUGIO.

— Chère, dis-moi pour quelle cause je dois perdre la vie.

CASSANDRE.

— Si tu vis, je dois perdre mon honneur. — Ta rançon, c'est que je cède — au désir charnel de Promos : plutôt que d'y consentir, je préférerais — qu'il me tuât dans les tourments les plus cruels. — Telle est ma résolution : tu vois que ta mort est prochaine. — Oh ! que ma vie ne peut-elle satisfaire sa furie ! — Cassandre aurait bien vite brisé tes liens !

ANDRUGIO.

— Est-il possible qu'un juge de son rang — puisse salir son âme d'un amour ou d'un désir illégitime ! — Que d s-je ? peut-il punir une faute de la mort, — quand il se trouve lui-même coupable d'une faute pareille ? — Que les sages aiment, nous le voyons souvent, ma sœur ; — et là où règne l'amour, la raison brave les épines. — mais celui qui aime ainsi, s'il est rejeté, — peut changer ses amours passagères en haine opiniâtre. — Que Promos aime, le cas n'est pas nouveau ; — puisqu'il implore de vous cette faveur, — songez, que si vous lui refusez satisfaction, — c'est moi, pauvre misérable, qui dans sa rage chanterai *Peccavi*. — Voilà deux maux dont le moins cruel est dur à digérer ; mais, quand nous y sommes réduits par la nécessité, — entre deux maux nous sommes tenus de choisir le moindre.

CASSANDRE.

— Aussi de ces deux maux je soutiens que la mort est le moindre ; — pour éviter ses coups nous ne saurions trouver de moyen ; — mais l'honneur survit quand la mort a achevé son œuvre funeste. — Ainsi la réputation est bien plus précieuse que la vie.

ANDRUGIO.

— Non, Cassandre, si tu te soumets, — pour me sauver la vie, au désir charnel de Promos, — la justice dira que tu ne commets pas de crime, — car dans les fautes forcées l'intention du mal n'est pas.

CASSANDRE.

Une intention qui peut être jugée coupable, — le proverbe le dit, annule dix bonnes actions ; — et une mauvaise action est dix fois plus funeste, — racontée qu'elle est partout par des langues envieuses. — Andrugio, ma réputation serait ainsi sacrifiée ; — la malveillance publierait mon crime, mais non la cause ; — et conséquemment, malgré tout mon désir de te délivrer, — pauvre créature, je dois craindre la griffe de la calomnie.

ANDRUGIO.

— Non, chère sœur. La calomnie diffamerait bien plutôt — votre existence sans tache, si vous retiriez la vie à votre frère, — quand il dépend de vous de le délivrer. Ma vie, ma mort est dans vos mains. — Songez que nous sommes du même sang ; — pensez que, moi une fois disparu, notre maison tombera en ruine ; — sachez que les fautes forcées n'ont pas à craindre la médisance ; — attendez-vous au blâme, si je succombe par votre faute. — Considérez bien l'extrémité où je suis ; — si je pouvais révoquer cette sentence autrement, — je ne reculerais devant aucun risque pour t'affranchir, ma fille, de ce joug accablant. — Mais, hélas ! je ne vois pas d'autre moyen de sauver ma vie... — Et puis l'espérance qu'il t'a donnée peut justifier ton consentement ; — il a dit qu'il ferait peut-être de toi sa femme, — et il est vraisemblable qu'il ne se contentera pas — des joies d'une seule nuit ; il sollicitera de nouveau ton amour, — et moi une fois délivré, si tu le tiens sur la réserve, — nul doute qu'il ne se décide à t'épouser, — plutôt que de perdre celle qui lui plaît tant !

CASSANDRE.

— Refuserai-je de me soumettre au désir de Promos, — quand j'assure ainsi la vie de mon frère ? — Non, dût ma réputation y périr. J'aimerais mieux moi-même mourir que le voir mourir. — Mon Andrugio, rassure-toi dans ta détresse. — Cassandre est décidée à payer ta grande rançon. — Elle est si désireuse de briser ta captivité — qu'elle consent à tuer son honneur. — Adieu, il faut que je renonce à ma robe virginale, — et que, pareille à un page, j'aille trouver l'impur Promos.

Elle sort.

ANDRUGIO.

— Ma bonne sœur, je te confie à Dieu, — et le prie de changer en bonheur ton ennui.

(8) « *Bâtard*, sorte de vin doux, alors fort en vogue, de l'italien *bastardo*. » WARBURTON.

(9) Un passage de *Comme il vous plaira* explique la pensée du clown : « L'exécuteur public, dit Silvius, dont le cœur est en-

durci par le spectacle habituel de la mort, n'abaisse pas la hache sur le cou de sa victime sans lui demander pardon. » — Silvius à Phébé. Scène XV.

(10) « Cette énumération des habitants de la prison met en lumière d'une manière très-frappante l'état des mœurs au temps de Shakespeare. Outre ceux dont les extravagances sont communes à toutes les époques, nous avons quatre spadassins et un voyageur. Il est vraisemblable que les originaux de ces portraits étaient alors connus. » JOHNSON.

(11) Au temps de Shakespeare, les usuriers, en faisant des avances aux jeunes prodigues qui s'adressaient à eux, les obligeaient d'habitude à accepter une grande partie du prêt en marchandises qui étaient de la plus mauvaise qualité et ne pouvaient se revendre qu'à vil prix. Dans *La Défense de l'escroquerie* (1592), le pamphlétaire Greene peint la situation d'un malheureux réduit à emprunter « cent livres, dont quarante en argent et soixante en marchandises, telles que cordes à luth, chevaux de carton et *papier brun*. » Le jeune monsieur Écervelé paraît avoir été victime d'une opération de ce genre.

(12) Au siècle dernier, le docteur Kenrick, qui a publié une édition de Shakespeare, avait vu un de ces antiques règlements dans la boutique d'un barbier du comté d'York ; il croyait pouvoir s'en rappeler textuellement les dispositions qu'il citait ainsi de mémoire :

RÈGLES POUR LA BONNE TENUE.

Premier venu, premier servi. Ne venez donc pas trop tard. — Et une fois arrivé, gardez votre décorum ; car celui qui s'écartera de ces règles payera l'amende. Sur ce, observez.

I. — Qui entre ici avec bottes et éperons, doit rester coi ; car pour peu qu'il bouge et donne un coup de son talon ferré, il paiera une pinte pour chaque piqûre.

II. — Qui rudement prend la place d'un autre payera chopine pour apprendre les manières.

III. — Qui sans révérence jurera ou sacrera devra tirer sept liards de sa bourse.

IV. — Qui interrompt le barbier dans son histoire devra payer chaque fois un pot d'ale.

V. — Qui ne peut ou ne veut retirer son chapeau pendant qu'on le coiffe, payera une pinte pour ça.

VI. — Et qui ne peut ou ne veut payer, sera renvoyé à moitié coiffé.

(13) Vers quelle époque *Timon d'Athènes* a-t-il été écrit? A quelle date a-t-il été représenté? Les principaux commentateurs ont répondu différemment à ces questions. Malone a fixé la date de la représentation à l'an 1609, Drake à l'an 1602, Chalmers à l'an 1601; d'autres se fondant sur un document récemment découvert, l'ont reculée jusqu'au seizième siècle[1].

En l'absence de renseignements positifs, une critique prudente doit se borner, selon nous, à examiner l'œuvre en elle-même et à chercher dans cet examen la solution du problème littéraire que l'histoire n'a pu résoudre. Or, il est certain pour tout expert qui étudie le texte original, tel que nous le présente l'édition-princeps de 1623, que *Timon d'Athènes* est une œuvre remaniée. Le drame porte la trace de retouches évidemment postérieures de plusieurs années à la composition primitive. Dans quelques scènes domine le vers rimé, — ce vers monotone et archaïque qu'on retrouve dans les plus anciennes productions du théâtre anglais et dans les premiers ouvrages de Shakespeare; dans d'autres (et ce sont les plus nombreuses), domine le vers blanc, — ce vers énergique et libre que Shakespeare a adopté presque exclusivement dans ses derniers drames. Coleridge a signalé le premier ces différences de style qui paraissent avoir échappé aux glossateurs du dix-huitième siècle, et a conclu de ces différences que Shakespeare n'est pas l'auteur unique de *Timon d'Athènes*. Suivant son hypothèse qui a été acceptée et développée par plusieurs éditeurs contemporains, il exis-

---

[1] M. Collier a signalé dans un recueil d'épigrammes, publié en 1598, le vers que voici :

Like hateman Timon in his cell he sits.
Comme le haïsseur d'hommes Timon, il est assis dans sa grotte.

t ait dans l'ancien répertoire anglais une pièce composée par quelque écrivain inconnu sur la légende du misanthrope hellénique, et c'est cette pièce que Shakespeare se serait appropriée en la remaniant. Le remaniement, imparfaitement accompli, expliquerait certaines irrégularités de composition, — par exemple, le manque de lien entre l'épisode d'Alcibiade et l'ensemble de l'œuvre, l'omission du nom de la maîtresse que servent le page et le fou, la non-apparition du personnage pour lequel Alcibiade se dévoue, etc. On le voit, l'assertion est grave : si elle était fondée, elle retirerait à Shakespeare l'honneur d'avoir conçu *Timon d'Athènes*. Shakespeare ne serait plus l'auteur original, vivifiant sous le souffle moderne une fable morte de l'antiquité, ce serait un imitateur, que dis-je ! un plagiaire dérobant, sous prétexte de le corriger, l'ouvrage d'un de ses contemporains. Cette magnifique idée, que nous faisions ressortir plus haut, — cette conception du philanthrope produisant fatalement le misanthrope et de l'amour justifiant la haine, — n'appartiendrait à Shakespeare : elle serait de quelque poète obscur à qui Shakespeare l'aurait volée !

Et sur quoi, s'il vous plaît, repose cette accusation ? De quelle preuve s'autorise-t-elle ? Il est incontestable que *Timon d'Athènes* offre de frappantes variations de forme. Mais pourquoi inférer de ces variations que ce n'est pas la même main qui a commencé et achevé l'œuvre ? Ces variations qui se remarquent dans *Timon d'Athènes* ne pourraient-elles pas provenir des variations même du style de Shakespeare ? — Comparez le premier *Hamlet* au second, vous trouverez entre les deux ouvrages des différences aussi vastes que celles que vous signalez entre les diverses parties de *Timon d'Athènes*. Certaines scènes de *Timon* sont fort au-dessous de certaines autres ; soit ! mais est-ce que l'esquisse primitive de *Roméo et Juliette* n'est pas bien inférieure au drame définitif ? Cette supériorité de l'œuvre achevée sur l'ébauche, vous l'expliquez fort naturellement par la progression qu'a suivie d'une époque à l'autre le talent du maître. Eh bien ! qu'est-ce qui vous empêche d'expliquer par cette progression les disparates que présente *Timon d'Athè-*

nes? Au lieu d'affirmer, sans preuves, que Shakespeare s'est approprié l'œuvre d'autrui, — conjecture injurieuse, — qu'est-ce qui vous empêche d'admettre, quand tant de présomptions vous y poussent, que le poète, après un long intervalle, a corrigé son propre ouvrage? Supposez tout simplement qu'après avoir, dans sa jeunesse, fait une exquisse de *Timon d'Athènes*, comme il avait fait une exquisse d'*Hamlet* et de *Roméo*, Shakespeare ait voulu, dans la maturité de son génie, réviser ce travail primitif, mais que quelque empêchement imprévu l'ait subitement interrompu dans cette entreprise de restauration. Quoi de plus vraisemblable que cette hypothèse? Elle justifie tout; elle explique d'une manière fort naturelle les étranges inégalités du style de *Timon d'Athènes* en laissant à l'auteur le mérite primordial d'avoir conçu cette grande œuvre; elle résout la question, non plus au détriment, mais à la gloire de Shakespeare. — Cette hypothèse est la nôtre.

Le répertoire anglais compte de nombreuses pièces faites d'après le *Timon d'Athènes* de Shakespeare. Les principales sont celle de Shadwell, jouée au théâtre du Duc en 1678, celle de James Love, jouée au théâtre royal de Richmond Green en 1768, celle de Cumberland, jouée à Drury Lane en 1771, celle de Hull, jouée à Covent-Garden en 1786.

(14) « Je soupçonne qu'une scène a été perdue dans laquelle l'entrée du fou et du page qui va le suivre était préparée par quelque dialogue explicatif qui apprenait à l'auditoire que tous deux étaient au service de Phryné, de Timandra, ou de quelque autre courtisane : information dont dépend en grande partie l'effet des plaisanteries que nous allons entendre. » JOHNSON.

(15) « *Corinthe*, mot d'argot désignant un lupanar, sans doute, je suppose, en raison des mœurs dissolues de l'antique cité grecque, Milton, dans son *Plaidoyer pour Smectymnuus*, désigne la maîtresse d'un bordel comme « une sage et vieille abbesse entourée de toutes ses jeunes laïques co-

rinthiennes, « *a sage and old prelatess vith all her young Corinthien laity.* » WARBURTON.

(16) Un antiquaire anglais qui vient de publier une nouvelle édition des œuvres complètes de Shakespeare, le révérend Dyce, possède le manuscrit d'une pièce anonyme, dont la fable de Timon d'Athènes est le sujet. Cette pièce écrite vers la fin du seizième siècle ou vers le commencement du dix-septième, présente de vagues analogies avec le drame de Shakespeare. Ainsi elle nous montre un intendant fidèle (Lachès) qui, à l'exemple de Flavius, vient en aide à la détresse de son maître, après avoir fait tous ses efforts pour conjurer sa ruine. Elle contient en outre une scène qui rappelle la scène du banquet postiche offert par Timon à ses parasites. Seulement, au lieu d'eau chaude, ce sont des « pierres peintes comme des artichauts » (*stones painted like artichokes*) qui sont offertes aux convives. Voici cette scène :

TIMON.

— Pourquoi ne vous attablez-vous pas? Je suis chez moi. — Je souperai debout ou assis, à mon gré. — Lachès, apportez vite ici les artichauts. — Eutrapelus, Demeas, Hermogenes, — je bois cette santé à toutes vos santés.

LACHÈS, à part.

Convertissez-la en poison, ô dieux ! — Que ce soit de la mort aux rats pour eux !

GELAS, à Eutrapelus.

Çà, voulez-vous la patte ou l'aile ?

EUTRAPELUS.

Vous découpez le chapon !

DEMEAS.

Je vais le dépecer et m'en régaler.

PHILON.

Timon, à ta santé !

TIMON.

Je vais vous faire raison, seigneur. — Ces artichauts ne plaisent pas au palais de l'homme.

DEMEAS.

Je les aime fort, par Jupin,

TIMON.

Eh bien, prends-en donc.

Il leur jette à la tête des pierres peintes comme des artichauts.

Oui, tu en auras, toi et vous tous ! — Méchants, bas, perfides, coquins, croyez-vous ma haine si vite éteinte !

Timon bat Hermogènes plus fort que tous les autres.

DEMEAS.

O ma tête !

HERMOGÈNES.

O mes joues !

PHILON.

Est-ce là un festin ?

GELAS.

Un festin de pierres, vraiment.

STILPO.

Les pierres sublunaires sont de la même substance que les célestes.

TIMON.

Si je tenais dans ma main l'effrayant foudre — de Jupiter, je le lancerais ainsi sur toi.

Il frappe Hermogènes.

HERMOGÈNES.

Malheur ! Hélas ! ma cervelle a sauté !

GELAS.

Hélas ! hélas ! je n'ai pas la chance de voyager aux Antilopes en ce moment ! Ah ! que n'ai-je ici mon Pégase ! Je m'enfuirais, par Jupin !

Tous sortent, excepté Timon et Lachès.

TIMON.

Vous êtes une génération de pierre, — ou plus dure, si l'on peut trouver quelque chose de plus dur. — Monstres inhospitaliers de Scythie ! Démons qui font horreur aux dieux !

LACHÈS.

Maîtres, ils sont partis. —

(Acte IV, Scène V.)

Nous n'aurions même pas mentionné cette farce puérile, si des commentateurs qui ont fait longtemps autorité, Steevenus et Malone, n'avaient osé dire qu'elle a servi de modèle à Shakespeare. Il semble que la critique anglaise depuis un siècle ait eu pour unique préoccupation de justifier le reproche de plagiat adressé à Shakespeare par le plus envieux de ses rivaux, Robert Greene. Seulement l'accusation que Greene hasardait à mots couverts contre un certain *Shake-Scene*, cette critique la lance tout haut contre Shakespeare. Rien de plus étrange, selon nous, que l'imperturbable aplomb avec lequel cette critique tranche, — toujours au détriment du génie, — les questions les plus délicates et les plus obscures de l'art. Ainsi, voilà un misérable opuscule n'ayant avec le drame de Shakespeare que les lointains rapports qui existent nécessairement entre deux œuvres composées sur le même sujet. Cet opuscule, resté manuscrit jusqu'à nos jours, a été publié pour la première fois en 1842 aux frais de la société Shakespearienne; aucun document historique ne le mentionne; Shakespeare ne l'a sans doute jamais lu; il n'en a sans doute pas soupçonné l'existence. N'importe! Messieurs les commentateurs ne s'arrêtent pas à ces vaines considérations : *sans preuve aucune*, en vertu de leur simple jugement, ils décident que cette chose, sans nom d'auteur comme sans date, est antérieure au drame de Shakespeare, que Shakespeare l'a connue, voire même que Shakespeare lui a emprunté l'idée de son banquet symbolique. Entre le chef-d'œuvre et la farce, ils n'hésitent pas : ils donnent à la farce la priorité sur le chef-d'œuvre. Une grande idée a été conçue : à qui l'attribuer? à la niaiserie ou au génie. Les commentateurs ne doutent de rien : ils l'attribuent à la niaiserie.

(17) « Rien ne contribue mieux à grandir le caractère de Timon que le zèle et la fidélité de ses gens. Une réelle vertu peut seule être honorée par des domestiques; il faut une impartiale bonté pour gagner l'affection des subalternes. »
JOHNSON.

(18) *Sous l'orbe de ta sœur*, c'est-à-dire *sous l'orbe de la lune*. Timon émet ici le vœu que le soleil infecte l'air qu'on respire sur la terre, ce monde *sublunaire*.

(19) Allusion à un usage du bon vieux temps qui consis-

tait à accélérer la mort des malades en leur retirant brusquement leur oreiller.

(20) Allusion à la gorgerette treillissée si fort à la mode vers la fin du seizième siècle. Cette pièce qui soutenait la gorge en la laissant voir était portée spécialement par les femmes non mariées. Impudeur singulière de la chasteté! C'était l'usage, à la cour d'Élisabeth, que les filles vierges eussent le sein nu. La reine elle-même observait encore cette coutume à l'âge de soixante-dix ans, ainsi que le prouve la curieuse narration du fameux voyageur Hentzner qui la vit à Greenwich en robe de soie blanche, « le sein découvert, comme l'ont toutes les dames anglaises, jusqu'à ce qu'elles se marient, *her bosom uncovered, as all the English ladies have it, till they marry* [1]. »

Ce détail de toilette tranche nettement la question de savoir quel costume doivent porter les personnages de *Timon d'Athènes*. L'auteur entendait évidemment que ses personnages fussent vêtus suivant la mode de son temps. C'est donc un contre-sens que de les habiller à la mode hellénique et de leur donner, comme le veut M. Knight, le costume indiqué par les métopes du Parthénon. Le vêtement dans *Timon d'Athènes* n'est pas plus antique que le décor. Soyez logiques. Si vous habillez à la grecque les convives de Timon, il vous faudra les faire souper, suivant l'usage attique, couchés sur des lits autour du triclinium. Pourquoi pas, direz-vous? Mais alors comment cette mise en scène se conciliera-t-elle avec les paroles de Timon, disant à ses commensaux d'aller chacun à son tabouret, *each man to his stool*? Comment se conciliera-t-elle avec l'apparition de ce page et de ce fou qui nous amusait tout à l'heure de leurs lazzis? Est-ce que, par hasard, l'antiquité connaissait le page et le fou de la domesticité féodale? Évidemment non. Donner à *Timon d'Athènes* le costume et le décor hellénique, ce n'est donc pas seulement man-

---

[1] Voir *la Vie d'Élisabeth* par Agnès Strickland. (Queens of England, vol. VII, p. 218.)

quer à la lettre, c'est manquer à l'esprit même de l'œuvre. Ne l'oublions pas, *Timon d'Athènes* n'est pas une satire contre le monde antique ; c'est un formidable anathème lancé contre la société moderne. L'habillement grec ne sied pas mieux au misanthrope de Shakespeare qu'au misanthrope de Molière.

(21) Comment douter, devant cette nouvelle preuve, que *Timon* soit un drame tout à fait moderne? L'usage de porter perruque ne remonte guère au delà du seizième siècle. Selon le chroniqueur Stowe, cet usage fut importé de France en Angleterre peu de temps après le massacre de la Saint-Barthélemy. La coquetterie fit adopter par la reine Élisabeth une mode qui lui permettait de dissimuler ses cheveux blancs, et l'exemple royal fut suivi par toutes les femmes. La fureur de porter perruque provoqua bientôt des abus odieux.

Le puritain Stubbes raconte, dans un pamphlet indigne, que les femmes ne se faisaient pas scrupule d'attirer chez elles de jeunes enfants pour leur couper leur chevelure. D'autres allaient jusqu'à violer les sépultures et se paraient des cheveux des morts. C'est cette profanation atroce que Shakespeare dénonce ici.

(22) Suivant une superstition ancienne, quand le lion a à combattre la licorne, qui est plus forte que lui, il se cache derrière un arbre. La licorne furieuse se précipite droit sur son ennemi, mais presque toujours emportée par son élan, elle enfonce sa corne dans le tronc avec une telle violence qu'elle ne peut plus se dégager. C'est alors que le lion fond sur elle et la tue.

(23) Pope a vu ici une allusion à la politique du sultan qui, avant de monter sur le trône, fait égorger ses plus proches parents.

(24) N'est-ce pas ici le cas de rappeler cette ode d'Anacréon traduite par Ronsard :

> La terre les eaux va buvant ;
> L'arbre la boit par la racine ;
> La mer salée boit le vent,
> Et le soleil boit la marine.
> Le soleil est bu de la lune,
> Tout boit soit en haut ou en bas.
> Suivant cette règle commune,
> Pourquoi ne boirions-nous pas ?

(25) Nous avons longtemps cru, sur la foi des commentateurs, que *Jules César* avait été composé vers la même époque que *Coriolan* et *Antoine et Cléopâtre*, c'est-à-dire dans les dernières années de la vie du poëte. Mais une étude attentive du texte original nous a fait revenir de cette opinion préconçue. Il y a, entre *Jules César* et les deux autres drames romains, une différence de style que peut seule expliquer une modification profonde dans le procédé du maître ; nous ne retrouvons pas ici cette forme si puissamment concise qui révèle la manière suprême de Shakespeare. Ici, ce n'est plus la phrase de *Macbeth*, — phrase serrée, dense, laconique jusqu'à la brusquerie, elliptique jusqu'à l'obscurité, pleine de raccourcis et de sous-entendus, entassant le plus d'idées possible, sous le moins de mots possible, insoucieuse des enjambements, dominant le vers souverainement et imposant au rhythme l'allure même de la pensée ; c'est bien plutôt la phrase de *Roméo et Juliette*, — phrase nette, limpide, transparente éclatante surtout par la clarté, facile, abondante, toujours sujette du rhythme, développant les images sans les presser, évitant la secousse des rejets, se cadençant dans un nombre égal et uniforme, et donnant presque toujours à la pensée la limite harmonieuse du vers. Donc, un intervalle considérable, selon nous, a dû s'écouler entre *Jules César* et *Coriolan*, entre *Jules César* et *Antoine et Cléopâtre*. *Coriolan* et *Antoine et Cléopâtre* appartiennent à cette phase suprême qui clôt la vie du poëte, phase qui commence à l'apparition de *Macbeth* et finit par la *Tempête*. *Jules César* appartiendrait, selon nous, à cette phase intermédiaire, comprise entre les dernières années du seizième siècle et les premières années du dix-septième, phase qu'inaugure *Roméo et Juliette* et que termine *Othello*.

Cette conjecture, que nous tirons de l'examen même du texte original, est appuyée d'ailleurs par des faits qu'un érudit, M. Payne Collier, a récemment mis en lumière. — Le principal argument de Malone pour fixer après l'année 1607 l'apparition de *Jules César*, est qu'en cette année 1607 une tragédie, dont Jules César est le héros, fut publiée dans le dialecte écossais par un certain comte de Sterline. Malone, partant de ce principe que Shakespeare avait dû plagier son contemporain, avait déclaré la pièce anglaise postérieure à la pièce calédonienne. Mais, ce qui ébranle la solidité de la date si savamment fixée par lui, c'est qu'on a découvert, il y a quelque temps, un exemplaire du *Jules César* de lord Sterline publié en 1603. Donc, en admettant le principe de Malone, en supposant que Shakespeare ait dû attendre, pour faire sa pièce, que le poëte écossais eût fait la sienne, il aurait pu donner son *Jules César* à la rigueur en 1603.

Mais voici un autre fait qui rend encore plus improbable l'hypothèse de Malone. En cette même année 1603, le poëte Drayton publia un poëme épique, intitulé *Les guerres des Barons*, dans lequel, racontant la lutte de la noblesse contre Édouard II, il peignait ainsi son héros Mortimer :

> C'était un mortel, nous le disions hardiment,
> Dont l'âme riche unissait toutes les facultés suprêmes,
> En qui *tous les éléments étaient* si harmonieusement
> *Combinés* qu'aucun ne pouvait revendiquer la suprématie ;
> Comme tous gouvernaient, tous pourtant obéissaient ;
> Son vivant caractère était si accompli,
> Qu'il semblait que le ciel eût créé ce modèle
> Pour montrer *la perfection d'un homme*.

Ce portrait a une ressemblance incontestable avec la fameuse description que fait Antoine de Brutus :

> « Sa vie était paisible ; et *les éléments*
> *Si bien combinés* en lui que la nature pouvait se lever
> Et dire au monde entier : *c'était un homme.* »

L'analogie, qui va jusqu'à l'identité de certains mots, est tellement minutieuse qu'elle ne peut résulter d'une coïncidence fortuite. Évidemment l'un des deux poètes a inspiré l'autre. Mais lequel ? Est-ce Shakespeare qui est l'auteur original ? Est-ce Drayton ? Une découverte récente, que nous devons à M. Collier, permet de répondre à cette question délicate avec l'assurance d'une certitude presque complète. M. Collier a trouvé une édition in-4° du poème de Drayton antérieure à l'édition in-8°, imprimée en 1603, et chose bien remarquable, cette édition, datée de 1596 et publiée sous un titre différent, ne contient pas la stance que nous avons traduite plus haut. Il est donc infiniment probable, comme le fait observer M. Collier, que c'est Shakespeare qui a inspiré Drayton. Drayton, occupé à réviser son poème, de l'année 1596 à l'année 1603, aura vu jouer *Jules César* durant cet intervalle, et, frappé par la beauté du portrait de Brutus, n'aura pas hésité à le reproduire et à le prendre pour modèle de son Mortimer. Ce qui ajoute à la vraisemblance de cette conclusion, c'est qu'en 1619, après la mort de Shakespeare, — l'auteur n'étant plus là pour réclamer, — Drayton publia une nouvelle édition de son poème dans laquelle la phrase de *Jules César* était encore plus servilement copiée. Au lieu de ces vers que contenait l'édition de 1603 :

> Son vivant caractère était si accompli,
> Qu'il semblait que *le ciel* eût créé ce modèle,
> Pour montrer *la perfection d'un homme.*

L'édition de 1619 disait :

> Il était d'un caractère si accompli,
> Qu'il semblait que *la nature*, en le créant,
> Voulût montrer tout ce que *peut être un homme.*

De cet ensemble de présomptions il est donc raisonnable d'inférer que *Jules César*, antérieur à la seconde édition du poème de Drayton comme à la tragédie de lord Sterline, a dû être composé et représenté dans les dernières années du règne d'Élisabeth. Comme, d'une part, Mères ne mentionne pas ce drame dans son catalogue de 1598, et, comme, d'autre part, les années 1601 et 1602 ont dû être absorbées par la création d'*Othello* et par la refonte d'*Hamlet*, nous inclinons à croire que la représentation de *Jules César* a eu lieu en 1600. Si notre calcul était exact, quelle importance historique cette représentation emprunterait aux circonstances ! Figurez-vous l'effet de ce drame insurrectionnel à la veille de l'insurrection du comte d'Essex. Quel à-propos tragique dans cette dénonciation de la tyrannie de César au moment même où un complot menace sourdement le despotisme d'Élisabeth ! Et quel exemple pour les conspirateurs de 1601 que les conjurés des Ides de Mars ! Quel idéal pour ce malheureux Essex que l'héroïque Brutus !

Jules César ne paraît pas avoir été imprimé du vivant de Shakespeare : l'édition de 1623 est la plus ancienne qui soit parvenue jusqu'à nous. — Ce drame a été remanié à différentes époques pour la scène anglaise; une première fois, après la restauration des Stuarts, par Dryden et par Davenant, associés en collaboration; une seconde fois, après l'avènement de la maison de Hanovre, par le duc de Buckingham, sous ce titre significatif : *La tragédie de Marcus Brutus*.

Voltaire a fait une traduction des trois premiers actes de *Jules César* qu'il a insérée à la suite de *Cinna* dans son édition des œuvres de Corneille. Dans notre admiration pour le défenseur de Calas et de Labarre, nous devons regretter profondément de voir ce nom illustre attaché à un travail qui n'est ni une bonne œuvre ni une bonne action. N'est-il pas déplorable, en effet, que Voltaire se soit laissé entraîner par la passion littéraire jusqu'à méconnaître les principes élémentaires de l'équité et de la véracité. Si cette traduction n'était qu'infidèle ! passe encore. Mais, hélas ! elle est déloyale. Que Voltaire n'ait pas toujours compris le texte de Shakespeare, cela s'excuse. Mais qu'il l'ait falsifié !

(26) « Il était d'aventure lors la fête des Lupercales, laquelle plusieurs écrivent avoir été anciennement propre et péculière aux pasteurs, et qu'elle ressemble en quelque chose à celle qu'on appelle la fête des Lycœiens en Arcadie. Comment que ce soit, à ce jour-là y a plusieurs jeunes hommes, et aucuns de ceux mêmes qui lors sont en magistrat, qui cou-

rent tous nus parmi la ville, frappant par jeu et en riant avec des courroies de cuir à tout le poil ceux qu'ils rencontrent en leur chemin, et y a plusieurs dames de bien et d'honneur qui leur vont expressément au devant, et leur présentent leurs mains à frapper, comme font les enfants de l'école à leur maître, ayant opinion que cela sert à celles qui sont grosses pour plus aisément enfanter, et à celles qui sont stériles, pour devenir grosses. » — PLUTARQUE traduit par AMYOT. *Vie de Jules César.*

(27) « Et y en a beaucoup qui content qu'il y eut un devin qui lui prédit et l'avertit longtemps devant qu'il se donnât bien de garde du jour des Ides de Mars, qui est le quinzième, pour ce qu'il serait en grand danger de sa personne. » Ibid.

(28) « Parquoi Cassius, après avoir discouru ces raisons en lui-même, parla le premier à Brutus, depuis le différend qu'ils avaient eu ensemble : et après s'être reconcilié avec lui, et qu'ils se furent entr'embrassés l'un et l'autre, il lui demanda s'il avait délibéré de soi trouver au sénat le premier jour du mois de mars, pour autant qu'il avait entendu que les amis de César devaient ce jour-là mettre en avant au consul que César fût par le sénat appelé et déclaré roi. Brutus répondit qu'il ne s'y trouverait point. Mais si on nous y appelle, dit Cassius ? Alors sera-ce à moi, répondit Brutus, à point ne me taire, ains à y résister, et à mourir plutôt que de perdre la liberté. Cassius adonc encouragé, et poussé par cette parole Et qui sera (dit-il) celui des Romains qui te veuille laisser mourir pour la liberté ? Ignores-tu que tu es Brutus ? Estimes-tu que ce soient tissiers, cabaretiers ou autres telles basses gens mécaniques qui écrivent ces billets et écriteaux qu'on trouve tous les jours en ton siége prétorial, et non les premiers hommes, et les plus gens de bien de la ville qui le fassent ? Car il faut que tu saches qu'ils attendent des autres préteurs quelques données et distributions populaires, quelques jeux, et quelques combats d'escrimeurs à outrance pour donner passe-temps au peuple : mais ils te demandent à toi nommément, comme une dette héréditaire à laquelle tu leur

es obligé, l'abolition de la tyrannie, étant bien délibérés de faire et souffrir toutes choses pour l'amour de toi, moyennant que tu te veuilles montrer tel comme ils pensent que tu doives être, et qu'ils s'attendent que tu sois. Cela dit, il baisa Brutus et l'embrassa, et ainsi, prenant congé l'un de l'autre, s'en allèrent chacun parler à leurs amis. » — *Vie de Marcus Brutus.*

(29) « Aussi César avait Cassius pour suspect : tellement qu'un jour parlant à ses plus féaux, il leur demanda : Que vous semble-t-il que Cassius veuille faire ? Car quant à moi il ne me plaît point de le voir ainsi pâle. Une autre fois on calomnia envers lui Antonius et Dolabella qu'ils machinaient quelque nouvelleté à l'encontre de lui, à quoi il répondit : Je ne me défie pas trop de ces gras ici si bien peignés et si en bon point, mais bien plutôt de ces maigres et pâles-là, entendant de Brutus et de Cassius. » — *Vie de Jules César.*

(30) « César regardait ce passe-temps, étant assis sur la tribune aux harangues dedans une chaire d'or, en habit triomphal : et était Antonius un de ceux qui couraient cette course sacrée pour ce qu'il était lors consul. Quand donc il vint à entrer sur la place, le monde qui y était se fendit pour lui faire voie à courir, et lui s'en alla présenter à César un bandeau royal, qu'on appelle diadème, entortillé d'un délié rameau de laurier : à laquelle présentation il se fit un battement de mains, non guères grand, de quelques gens qu'on avait expressément apostés pour ce faire : mais au contraire, quand César le refusa, tout le peuple unanimement frappa des mains : et comme derechef Antonius le lui représentait, il y eut derechef peu de gens qui déclarassent en être contents par leurs battements de mains : mais quand il le rebuta pour la seconde fois, tout le peuple universel fit encore derechef un grand bruit à force de battre des mains. Ainsi César ayant connu à cette épreuve que la chose ne plaisait point à la commune, il se leva de sa chaire, commandant qu'on portât ce

diadème à Jupiter au Capitole ; mais depuis on trouva quelques-unes de ses images par la ville qui avaient les têtes bandées de diadème à la guise des rois, et y eut des tribuns du peuple, Flavius et Marullus, qui les allèrent arracher, et qui plus est, trouvant ceux qui avaient les premiers salué César roi, les firent mener en prison, et le peuple à grosse foule allait après, battant des mains en signe de liesse, en les appelant brutes, à cause que Brutus fut anciennement celui qui déchassa les rois de Rome, et qui transféra la souveraine autorité et puissance, qui soulait être en la main d'un seul prince, au peuple et au sénat. César fut si fort irrité et courroucé de cela qu'il déposa Marullus et son compagnon de leurs offices, et, en les accusant, injuriait quand et quand le peuple, disant qu'ils étaient véritablement brutaux et cumains, c'est-à-dire bêtes et lourdaux. Et comme on lui eut décerné au sénat des honneurs transcendant toute hautesse humaine, les consuls et préteurs, suivis de toute l'assemblée des sénateurs, l'allèrent trouver en la place où il était assis sur la tribune aux harangues, pour lui notifier et déclarer ce qui avait été en son absence décerné à sa gloire : mais lui ne se daigna onques lever au-devant d'eux, à leur arrivée, ains parlant à eux, comme si c'eussent été personnes privées, leur répondit que ses honneurs avaient plutôt besoin d'être retranchés qu'augmentés. Cela ne fâcha pas seulement le sénat, ains fut aussi trouvé fort mauvais du peuple, qui estima la dignité de la chose publique être par lui méprisée et contemnée, à voir le peu de compte qu'il faisait des principaux magistrats d'icelle, et du sénat, et n'y eut homme de ceux à qui il fut loisible de s'ôter de là qui ne s'en allât la tête baissée, avec une morne et triste taciturnité : tellement que lui-même s'en apercevant se retira sur l'heure dans sa maison, là où retirant sa robe d'alentour de son col, il cria tout haut à ses amis qu'il était tout prêt de tendre la gorge à qui lui voudrait couper. Toutefois on dit que depuis, pour s'excuser de cette faute, il allégua sa maladie, à cause que le sens ne demeure pas en son entier à ceux qui sont sujets au mal caduc, quand ils parlent debout sur leurs pieds devant une commune, ains se troublent aisément, et leur prend souvent un éblouissement, mais cela était faux. » *Vie de Jules César.*

(31) « Mais certainement la destinée se put bien plus facilement prévoir que non pas éviter, attendu mêmement qu'il en apparut des signes et présages merveilleux : car quant à des feux célestes, et des figures et fantasmes qu'on vit courir çà et là parmi l'air, et aussi quant à des oiseaux solitaires, qui, en plein jour, vinrent se poser sur la grande place à l'aventure, ne méritent pas tels pronostics d'être remarqués ni déclarés en un si grand accident. Mais Strabon le philosophe écrit qu'on vit marcher des hommes tout en feu, et qu'il y eut un valet de soldat qui jeta de sa main force flamme, de manière que ceux qui le virent pensèrent qu'il fut brûlé, et quand le feu fut cessé il se trouva qu'il n'avait eu nul mal. César même sacrifiant aux dieux, il se trouva une hostie immolée qui n'avait point de cœur, qui était chose étrange et monstrueuse en nature pour ce que naturellement une bête ne peut vivre sans cœur. » *Ibid.*

(32) « Mais, quant à Brutus, ses familiers amis par plusieurs sollicitations, et ses citoyens par plusieurs bruits de ville et plusieurs écriteaux l'appelaient nommément, et l'incitèrent à faire ce qu'il fit : car au dessous de celui sien ancêtre Junius Brutus qui abolit la domination des rois à Rome, on écrivit, Plût à Dieu que tu fusses maintenant, Brutus, et une autre fois, Que vécusses-tu aujourd'hui, Brutus ! le tribunal même, sur lequel il séait et donnait audience durant le temps de sa préture, se trouvait le matin tout plein de tels écriteaux, Brutus, tu dors, et n'es pas vrai Brutus. » *Vie de Marcus Brutus.*

(33) « Comme donc Cassius allait sondant et sollicitant ses amis à l'encontre de César, tous unanimement lui promettaient d'entrer en cette conjuration, moyennant que Brutus en fût le chef, disant qu'une telle entreprise avait besoin, non tant de hardiesse ni de gens qui missent la main à l'épée

que d'un personnage de telle réputation comme était Brutus, pour commencer à faire chacun assurément penser par sa seule présence que l'acte serait saint et juste : autrement qu'à le faire ils auraient moins de cœur, et après l'avoir fait, en seraient plus soupçonnés, pour ce que chacun estimerait que jamais ce personnage n'aurait refusé à être participant d'une telle exécution, si la cause en eût été bonne. » *Vie de Marcus Brutus.*

(34) « A raison de quoi ils n'en découvrirent rien à Cicéron, combien que ce fût le personnage que plus ils aimaient, et auquel plus ils se fiaient, de peur qu'outre ce que de nature il avait faute de hardiesse, lui ayant encore l'âge apporté de la crainte davantage, il ne rabattît, par manière de dire, et n'émoussât la pointe de leur délibérée action et refroidît l'ardeur de leur entreprise, laquelle avait principalement besoin d'être chaudement exécutée, en voulant par discours de raison réduire toutes choses à si grande sûreté, qu'il n'y eût aucun doute. » — *Ibid.*

(35) « Après cela, ils délibérèrent s'ils devaient occire M. Antonius avec César : ce que Brutus empêcha, disant qu'il fallait qu'une telle entreprise qu'on regardait pour la défense des lois et de la justice fût pure et nette de toute iniquité. » — *Vie d'Antoine.*

(36) « Bref la meilleure et la plus grande partie des conjurés fut induite à entrer dans cette conspiration par la dignité et la réputation de Brutus : et sans avoir juré ensemble, sans avoir ni pris ni donné assurance, ni s'être obligés les uns aux autres par aucuns religieux serments, tous tinrent la chose si secrète en eux-mêmes, tous la surent si bien céler, et si couvertement manier, et mener entre eux, que combien que les dieux la découvrirent par prédictions de devins, par signes et prodiges célestes, et par présages des sacrifices, jamais néanmoins elle ne fut crue. Mais Brutus comme celui qui savait très-bien qu'à son aveu et pour l'amour de lui tous les plus nobles, les plus vertueux et les

plus magnanimes hommes de la ville se mettraient en ce
hasard, considérant en soi-même la grandeur du péril, quand
il était hors de sa maison, tâchait à se contenir et à composer de sorte sa contenance et son visage, qu'on ne connût
point qu'il eût aucune chose qui le travaillât en son entendement : mais la nuit et en sa maison, il ne le pouvait ainsi
faire : car ou son souci l'éveillait malgré lui, et le gardait
de dormir, ou de lui-même il se mettait le plus souvent à
penser si profondément en ses affaires, et s'arrêtait à discourir en son esprit toutes les difficultés qui étaient en son entreprise, si fort que sa femme étant couchée auprès de lui,
s'aperçut bien qu'il était plein d'agonie et de tristesse d'entendement qu'il n'avait point accoutumé, et qu'il remuait à
part lui en son esprit quelque délibération qui lui pesait
beaucoup, et lui était bien malaisée à résoudre et développer.
Sa femme Porcia était, comme nous avons déjà dit, fille de
Caton, et épousa Brutus qui était son cousin, non point fille,
mais bien jeune veuve après la mort de son premier mari
Bibulus, duquel elle avait eu un petit garçon nommé Bibulus, qui depuis a écrit un petit livre des faits et gestes de
Brutus qu'on trouve encore aujourd'hui. Cette jeune dame
étant savante en la philosophie, aimant son mari, et ayant
le cœur grand, joint avec un bon sens et une prudence
grande, ne voulut point attenter d'interroger son mari de ce
qu'il avait sur le cœur, que premièrement elle n'eût fait une
telle épreuve de soi-même : elle prit un petit ferrement, avec
lequel les barbiers ont accoutumé de rogner les ongles, et
ayant fait sortir de sa chambre toutes les femmes et servantes, elle se fit une plaie bien profonde dedans la cuisse,
tellement qu'il en sortit incontinent une grande effusion de
sang, et tantôt après pour l'âpre douleur de cette incision la
grosse fièvre la commença à saisir : et voyant que son mari
s'en tourmentait fort et en était en grand émoi, au plus fort
de sa douleur elle lui parla en cette manière :

« Je (dit-elle), Brutus, étant fille de Caton, t'ai été donnée,
» non pour être participante de ton lit et de ta table seule-
» ment comme une concubine, ains pour être aussi parson-

» nière et compagne de toutes bonnes et mauvaises fortunes.
» Or, quant à toi, il n'y a que plaindre ni reprendre de ton
» côté en notre mariage : mais de ma part, quelle démons-
» tration puis-je faire de mon devoir envers toi, et de com-
» bien je voudrais faire pour l'amour de toi, si je ne sais sup-
» porter constamment avec toi un secret accident, ou un souci
» qu'il soit besoin de céler fidèlement ? Je sais bien que le
» naturel d'une femme semble communément trop débile
» pour pouvoir sûrement contenir une parole de secret :
» mais la bonne nourriture, Brutus, et la conversation des
» gens vertueux ont quelque pouvoir de réformer un vice
» de la nature : et quant à moi, j'ai cela davantage que je
» suis fille de Caton et femme de Brutus, à quoi néanmoins
» je ne me fiais pas du tout par ci-devant, jusques à ce que
» maintenant j'ai connu que la peine même et la douleur
» ne me sauraient vaincre. »

« En disant ces paroles, elle lui montra sa blessure, et lui conta comment elle se l'avait faite pour s'éprouver elle-même. Brutus fut fort ébahi quand il eut ouï ces paroles, et levant les mains au ciel, fit prière aux dieux de lui faire tant de grâce qu'il pût mener à chef son entreprise si bien qu'il fût trouvé digne d'être mari d'une si noble dame comme Porcia : laquelle pour lors il réconforta le mieux qu'il put. » *Vie de Marcus Brutus.*

(37) — « Or y avait-il un des amis de Pompéius nommé Caius Ligarius, qui pour avoir suivi son parti, avait été accusé devant César, et César l'en avait absous : mais ne lui sachant pas tant de gré de son absolution, comme étant indigne de ce que pour sa tyrannique domination il avait été en danger, il lui en était demeuré fort âpre ennemi en son cœur, et si était au reste fort familier de Brutus, lequel l'alla voir malade en son lit, et lui dit : « O Ligarius, en quel temps es-tu mala-de ? » Ligarius incontinent se soulevant sur son coude et lui prenant la main droite : « Si tu as (dit-il), Brutus, volonté
» d'entreprendre chose digne de toi, je suis sain. » *Ibid.*

(38) « Le jour de devant les Ides de mars, après le souper,

étant couché auprès de sa femme, comme il avait accoutumé, tous les huis et fenêtres de sa chambre s'ouvrirent d'elles-mêmes, et s'étant éveillé en sursaut tout ému du bruit et de la clarté de la lune, qui rayait dedans la chambre, il ouït sa femme Calpurnia dormant d'un profond sommeil, qui jetait quelques voix confuses et quelques gémissements non articulés, et qu'on ne pouvait entendre : car elle songeait qu'on l'avait tué, et qu'elle le lamentait, le tenant mort entre ses bras ; toutefois il y en a qui disent que ce ne fut point cette vision qu'elle eut, mais que par ordonnance du sénat il avait été apposé au comble de la maison, pour un ornement et une majesté, comme quelque pinacle, ainsi que Livius même le récite. Calpurnia en dormant songeait qu'elle le voyait rompre et casser, et lui semblait qu'elle le regrettait et en pleurait : à l'occasion de quoi, le matin, quand il fut jour, elle pria César qu'il ne sortît point pour ce jour-là dehors, s'il était possible, et qu'il remît l'assemblée du sénat à un jour, ou bien s'il ne se voulait mouvoir pour ses songes, à tout le moins qu'il enquît par quelque autre manière de divination ce qui lui devait ce jour-là advenir, mêmement par les signes des sacrifices. Cela le mit en quelque soupçon et quelque défiance, pour ce que jamais auparavant il n'avait aperçu en Calpurnia aucune superstition de femme, et lors il voyait qu'elle se tourmentait ainsi fort de son songe : mais encore quand il vit qu'après avoir fait immoler plusieurs hosties les unes après les autres, les devins lui répondaient toujours que les signes et présages ne lui en promettaient rien de bon, il résolut d'envoyer Antonius au sénat pour rompre l'assemblée.

« Mais sur ces entrefaites arriva Décius Brutus, surnommé Albinius, auquel César se fiait tant que par testament il l'avait institué son second héritier, et néanmoins était de la conjuration de Cassius et de Brutus, et craignant que si César remettait l'assemblée du sénat à un autre jour, leur conspiration ne fût éventée, se moqua des devins, et tança César, en lui remontrant qu'il donnait occasion au sénat de se mécontenter de lui et de le calomnier, parce qu'il prendrait cette remise comme pour un mépris, à cause que les sénateurs s'étaient ce jour-là assemblés à son mandement et qu'ils étaient tous prêts à le déclarer par leurs voix roi de toutes les provinces de l'empire romain hors d'Italie, en lui permettant de porter à l'entour de sa tête le bandeau royal partout ailleurs, tant sur la terre que sur la mer, là où si maintenant quelqu'un leur allait dénoncer de sa part que pour cette heure ils se retirassent chacun chez soi, et qu'ils retournassent une autre fois quand Calpurnia aurait songé à de meilleurs songes, que diraient les malveillants et les envieux, et comment pourraient-ils recevoir et prendre en paiement les raisons de tes amis qui leur cuideraient donner à entendre que cela ne soit point servitude à eux et à toi domination tyrannique ? Toutefois si tu as (dit-il) du tout résolu d'abominer et détester ce jourd'hui, encore serait-il meilleur au moins que, sortant de ta maison, tu allasses jusque-là pour les saluer et leur faire entendre que tu remets l'assemblée à un autre jour. En lui disant ces paroles, il le prit par la main et le mena dehors. » *Vie de César.*

(39) » Il ne fut guère loin de son logis qu'il vint un serf étranger qui fit tout ce qu'il put pour parler à lui, et quand il vit qu'il n'y avait ordre d'en approcher pour la foule du peuple, et la grande presse qu'il eut incontinent autour de lui, il s'alla jeter dedans sa maison, et se mit entre les mains de Calpurnia, lui disant qu'elle le gardât jusques à ce que César fût de retour, pour ce qu'il avait de grandes choses à lui dire : et un Artémidorus, natif de l'île de Gnidos, maître de rhétorique en langue grecque, qui pour cette sienne profession avait quelque familiarité avec aucuns des adhérens de Brutus, au moyen de quoi il savait la plupart de ce qui se machinait contre César, lui vint apporter, en un petit mémoire écrit de sa main, tout ce qu'il lui voulait découvrir; et voyant qu'il recevait bien toutes les requêtes qu'on lui présentait, mais qu'il les baillait incontinent à ses gens qu'il avait autour de lui, il s'en approcha le plus près qu'il put et lui dit : « César, lis ce mémoire-ci que je te présente, seul,

» et promptement, car tu trouveras de grandes choses dedans,
» et qui te touchent de bien près. » César le prit, mais il ne
le put oncques lire pour la multitude grande des gens qui
parlaient à lui, combien que par plusieurs fois il essayât de
le faire : toutefois tenant toujours le mémoire en sa main, et
le gardant seul, il entra dedans le sénat. Les autres disent
que ce fut un autre qui lui présenta ce mémoire, et qu'Artemidorus, quelque effort qu'il fit, ne put oncques approcher
de lui, mais fut toujours repoussé tout au long du chemin. Or
peuvent bien ces choses être advenues accidentellement et
par cas fortuit : mais le lieu auquel était alors assemblé le
sénat ayant une image de Pompeius, et étant l'un des édifices
qu'il avait donnés et dédiés à la chose publique, avec son
théâtre, montrait bien évidemment que c'était pour certain
quelque divinité qui guidait l'entreprise, et qui en conduisait l'exécution notamment en cette place là... Quant à Antonius, pour ce qu'il était fidèle à César, et fort et robuste de
sa personne, Brutus Albinus l'entretint au dehors du sénat,
lui ayant commencé tout exprès un bien long propos.

» Ainsi, comme César entra, tout le sénat se leva au-devant
de lui par honneur, et adonc les uns des conjurés se mirent
derrière la litière, les autres lui allèrent à l'encontre de front,
comme voulant intercéder pour Métellus Cimber qui requérait
le rappel de son frère étant en exil, et suivirent ainsi en le
priant toujours, jusqu'à ce qu'il se fût assis en son siége : et
comme il rejettât leurs prières, et se courrouçât à eux les uns
après les autres, à cause que d'autant plus qu'il les refusait,
d'autant plus ils le pressaient et l'importunaient plus violemment, à la fin Métellus lui prenant sa robe à deux mains
la lui avala d'alentour du col, qui était le signe que les conjurés avaient pris entre eux pour mettre la main à l'exécution : et adonc Casca lui donna par derrière un coup d'épée
au long du col, mais le coup ne fut pas grand ni mortel,
parce que s'étant troublé, comme il est vraisemblable, à
l'entrée d'une si hardie et si périlleuse entreprise, il n'eut
pas la force ni l'assurance de l'asséner au vif. César, se retournant aussitôt vers lui, empoigna son épée, qu'il tint bien

ferme, et tous deux se prirent ensemble à crier : le blessé en latin, « O, traître, méchant Casca, que fais-tu? » et celui qui l'avait frappé, en grec, « Mon frère, aide-moi. »

» A ce commencement de l'émeute, les assistants, qui ne savaient rien de la conspiration, furent si étonnés et épris d'horreur de voir ce qu'ils voyaient, qu'ils ne surent oncques prendre parti ni de s'enfuir, ni de le secourir, non pas seulement d'ouvrir la bouche pour crier : mais ceux qui avaient conjuré sa mort l'environnèrent de tous côtés, les épées nues en leurs mains, de sorte que, de quelque part qu'il se tournât, il trouvait toujours quelques-uns qui le frappaient, et qui lui présentaient les épées luisantes aux yeux et au visage, et lui se démenait entre leurs mains ni plus ni moins que la bête sauvage acculée entre les veneurs : car il était dit entre eux que chacun lui donnerait un coup et participerait au meurtre : à l'occasion de quoi, Brutus même lui en donna un à l'endroit des parties naturelles : et y en a qui disent qu'il se défendit toujours et résista aux autres, en traînant son corps çà et là, et en criant à pleine voix, jusqu'à ce qu'il aperçut Brutus l'épée traite en la main : car alors il tira sa robe à l'entour de sa tête, sans plus faire de résistance, et fut poussé ou par cas d'aventure, ou par exprès conseil des conjurés, jusque contre la base, sur laquelle était posée l'image de Pompeius, qui en fut toute ensanglantée : de manière qu'il semblait proprement qu'elle présidât à la vengeance et punition de l'ennemi de Pompeius, étant renversé par terre à ses pieds, et tirant aux traits de la mort pour le grand nombre des plaies qu'il avait : car on dit qu'il eut vingt et trois coups d'épée, et il y eut plusieurs des conjurés, qui en tirant tant de coups sur un seul corps, s'entre-blessèrent eux-mêmes.

« Ayant donc été César ainsi tué, le sénat, quoique Brutus se présentât pour vouloir rendre quelque raison de ce qu'ils avaient fait, n'eut jamais le cœur de demeurer, mais s'enfuit à travers les portes, et remplit toute la ville de tumulte et d'effroi, tellement que les uns fermaient leurs maisons, les autres abandonnaient leurs boutiques et leurs bancs, et s'en allaient courant sur le lieu pour voir que c'était, les autres, l'ayant vu, s'en retournaient chez eux. Mais Antonius et Lepidus, qui étaient les deux plus grands amis de César, se dérobant secrètement, s'enfuirent en autres maisons que les leurs. Et Brutus et ses consors, étant encore tout bouillants de l'exécution de ce meurtre, et montrant leurs épées toutes nues sortirent tous ensemble en troupe hors du sénat, et s'en allèrent sur la place n'ayant point visage ni contenance d'hommes qui fuient, mais au contraire fort joyeux et assurés, admonestant le peuple de vouloir maintenir et défendre sa liberté. » — *Vie de César.*

... « Il survint aux conjurés plusieurs accidents qui étaient bien pour les troubler, dont le premier et le principal fut que César demeura beaucoup à venir, de sorte qu'il était déjà bien tard quand il arriva au sénat, à cause que ne se trouvant pas les signes des sacrifices bons ni propices, sa femme le retenait en sa maison, et les devins lui défendaient d'en sortir. Le second fut que quelqu'un s'approchant de Casca qui était l'un des conjurés, et le prenant par la main droite, lui dit, » Dea Casca, tu m'as bien célé ton secret, mais Brutus m'a » le tout découvert. De quoi Casca se trouvant étonné, l'autre continua son propos, disant : « Comment, par quel moyen » es-tu soudainement devenu si riche, que tu brigues d'être » édile ? » Tant peu s'en fallut que Casca, déçu par l'ambiguïté des paroles que l'autre lui avait dites, ne décélât tout le secret de leur conjuration. Un autre sénateur, nommé Popilius Lœna, après avoir salué plus affectueusement que de coutume Brutus et Cassius, leur dit tout bas : « Je prie aux dieux » que vous puissiez venir à chef de ce que vous avez entrepris : mais je vous conseille et admoneste de vous avancer, » car votre fait n'est point célé. » Leur ayant dit ces paroles, il s'en alla incontinent, et les laissa en grand doute que leur conspiration ne fût découverte.

» Et sur ces entrefaites accourut à grande hâte l'un des domestiques de Brutus pour lui dire que sa femme se mourait, à cause que Porcia, passionnée du souci de l'avenir, et n'étant pas assez puissante pour supporter une si grande ago nie d'esprit, pouvait à peine se contenir dedans la maison, mais tressaillait de frayeur à chaque bruit ou cri qu'elle entendait, ni plus ni moins que font ceux qui sont épris de la fureur des Bacchantes, demandant à tous ceux qui revenaient de la place que faisait Brutus, et y envoyant continuellement messagers les uns sur les autres, pour en savoir des nouvelles. A la fin la chose allant en longueur, sa force corporelle ne put plus résister, mais se laissa aller et défaillit tout à coup : tellement qu'elle n'eut pas seulement loisir d'entrer en sa chambre, car il lui prit une faiblesse ainsi qu'elle était assise emmi la maison, dont elle se pâma incontinent et perdit la parole entièrement : ce que voyant les servantes se prirent à crier, et les voisins y accoururent à la porte, au moyen de quoi le bruit fut incontinent épandu partout qu'elle était trépassée : toutefois elle se revint bientôt de cette pamoison, et fut couchée et traitée par ses femmes. Quant à Brutus, ayant ouï cette nouvelle, il en fut bien troublé, comme on peut estimer : toutefois il n'en abandonna point le public, ni ne s'en retira onques en sa maison pour chose qui y fut advenue [1].

» Et jà disait-on que César était en chemin, se faisant porter dedans une litière : car il avait délibéré de n'arrêter rien au sénat de tout ce jour-là, pour ce qu'il craignait les sinistres présages des sacrifices, ains de remettre les affaires de conséquence à une autre assemblée de conseil, feignant qu'il se trouvait mal. Au sortir de sa litière, Popilius Lœna, celui qui un peu devant avait dit à Brutus qu'il priait aux dieux qu'il pût conduire à fin son entreprise, l'alla aborder et le tint longuement à parler avec lui. César lui prêta l'oreille et l'écouta bien attentivement : par quoi les conjurés (s'il les faut ainsi appeler) n'entendant pas sa parole, mais conjecturant par ce qu'il leur avait un peu auparavant dit, que ce parlement n'était autre chose que la découverture de leur conspiration, furent bien étonnés et s'entre-regardant les uns les autres donnèrent bien à connaître à leurs visages, qu'ils étaient bien

---

[1] Voir, pour cet incident, la scène VII du drame.

tous d'avis qu'il ne fallait pas attendre jusqu'à ce qu'on les saisît au corps, mais que plutôt ils se devaient occire eux-mêmes avec leurs propres mains : et comme Cassius et quelques autres jettassent déjà les mains sur les manches de leurs épées par dessous leurs robes pour les dégaîner, Brutus regardant le geste et la contenance de Lœna, et considérant qu'il avait a façon d'un homme qui prie humblement et affectueusement, non pas d'un qui accuse, il n'en dit mot à ses compagnons, à cause qu'il y avait parmi eux plusieurs qui n'étaient pas de la conspiration : mais avec un visage joyeux et une chère gaie assura Cassius, et tantôt après se départit Lœna d'avec César en lui baisant la main, ce qui montra que c'était pour quelque affaire qui le concernait que ce long parlement s'était fait.

» Étant donc le sénat entré le premier dedans le conclave où se devait tenir le conseil, tous les autres conjurés environnèrent incontinent la chaire de César, comme s'ils lui eussent voulu dire quelque chose. Et dit-on que Cassius, jetant sa vue sur l'image de Pompeius, la pria, ni plus ni moins que si elle eût eu sens et entendement. Trébonius d'autre côté retira à part Antonius à l'entrée du conclave, et lui commença un long propos pour l'arrêter au dehors. Quand César entra au dedans, tout le sénat se leva par honneur devant lui, et aussitôt qu'il fut assis, les conjurés l'environnèrent de tous côtés, en lui présentant un d'entre eux, nommé Tullius Cimber, lequel suppliait pour la restitution de son frère qui était banni, tous faisaient semblant d'intercéder pour lui en lui touchant aux mains, et lui baisant l'estomac et la tête. César du commencement rejeta simplement leurs caresses et leurs prières : mais puis après voyant qu'ils ne désistaient point de toujousr l'importuner, il les repoussa à force : et adonc Cimber avec les deux mains lui avalla sa robe de dessus les épaules, et Casca qui était tout joignant lui par derrière dégaîna le premier, et lui donna un coup, auprès de l'épaule, mais la plaie n'entra guères avant, et César, se sentant blessé, lui saisit incontinent la main dont il tenait sa dague, et s'écria à haute voix en langage romain : « Méchant traître Casca, que fais-tu? » Et Casca de l'autre côté s'écria aussi en langage grec, appelant son frère à son aide. Et, comme jà plusieurs à la foule chargeassent sur lui, en regardant tout à l'entour de soi, et s'en voulant fuir, il aperçut Brutus qui tenait une épée nue au poing pour le frapper : et adonc lâcha la main à Casca qu'il tenait encore, et couvrant son visage avec sa robe, abandonna son corps à qui le voulait navrer : et alors les conjurés s'entrepressant les uns les autres pour l'affection qu'ils avaient de ne le point épargner, en frappant de tant de dagues et de tant d'épées sur un seul corps, se blessèrent les uns les autres, entre lesquels Brutus fut atteint en la main en voulant être participant de ce meurtre, et tous les autres furent aussi ensanglantés.

» Ayant donc été César ainsi tué, Brutus se présentant au milieu de la salle, voulut parler et arrêter les autres sénateurs qui n'étaient point de la conspiration, pour rendre raison de leur fait : mais ils s'enfuirent tous effrayés en grand désarroi, s'entrepressant et poussant à la porte de grande hâte qu'ils avaient de sortir, sans que personne toutefois les chassât : car il avait expressement été dit et arrêté entre eux qu'on ne tuerait autre que César seul, mais qu'on convierait au reste tous les autres à tâcher de recouvrer la liberté. Tous les autres avaient bien été d'avis, en délibérant sur cette affaire, qu'on devait aussi tuer Antonius, pour ce que c'était un homme insolent et qui de sa nature favorisait à la monarchie, outre ce qu'il avait grande faveur et bon crédit envers les gens de guerre pour la longue fréquentation et conversation qu'il avait eue entre eux, et mêmement pour ce qu'étant homme de sa nature entreprenant et convoiteux de grandes choses, il avait encore davantage lors l'autorité du consulat, étant consul avec César. Mais Brutus empêcha qu'il ne se conclût : premièrement pour ce qu'il dit que la chose serait injuste de soi : et secondement parce qu'il leur proposa quelque espérance de changement en lui : car il n'était point hors d'espoir qu'Antonius étant homme magnanime de nature et désireux d'honneur et de gloire, quand il verrait que César serait mort, ne pût entrer en volonté d'aider à son pays à recouvrer la liberté, étant par l'exemple d'eux attiré à aimer et suivre la vertu. Ainsi fut Brutus cause de sauver la vie à Antonius lequel sur l'heure de ce grand effroi se déguisa de l'habillement de quelque basse et vile personne, et se déroba : mais Brutus et ses consorts ayant les mains toutes sanglantes, et leurs épées nues aux poings, s'en allèrent droit au Capitole, admonestant, partout où ils passaient, les Romains de reprendre leur liberté. » — *Vie de Marcus Brutus.*

(40). « Or y eut-il du commencement, soudain que le cas eut été fait, quelques clameurs et quelques gens qui s'en coururent çà et là par la ville, ce qui augmenta le trouble, l'effroi et le tumulte davantage : mais quand on vit qu'on ne tuait personne, qu'on ne pillait ni ne forçait chose quelconque, adonc aucuns des sénateurs et plusieurs du peuple prenant assurance de là, s'en montèrent vers eux au Capitole, là où s'étant à la file assemblé grand nombre de personnes, Brutus leur fit une harangue pour gagner la grâce du peuple et justifier ce qu'ils avaient fait. Tous les assistants dirent qu'ils avaient bien fait, et leur crièrent qu'ils descendissent hardiment : à l'occasion de quoi Brutus et ses compagnons prirent l'assurance de descendre sur la place : les autres fuyaient en troupe, mais Brutus marchait devant environné tout alentour fort honorablement des plus notables personnages de la ville qui l'accompagnaient et l'amenèrent du mont du Capitole, à travers la place, jusques en la tribune aux harangues. Quand la commune le vit monté là-dessus, encore que ce fût une tourbe de gens ramassés de toutes pièces, et bien délibérés de faire quelque émeute, elle eut néanmoins honte de le faire pour la révérence de Brutus, et prêta silence pour entendre ce qu'il voudrait proposer : et quand il commença à parler prêtèrent audience fort paisible à sa harangue : toutefois si donnèrent-ils bien clairement à connaître incontinent après que le fait ne leur plaisait point à tous : car quand un autre nommé Cinna voulut parler, et qu'il commença à charger et accuser César, ils entrèrent en un courroux et une mutination grande, et lui dirent plusieurs injures, tellement que les conjurés s'en retirèrent derechef au mont du Capitole, là où Brutus, craignant y être assiégé, renvoya plusieurs gros personnages qui y étaient montés quand et lui, estimant qu'il n'était point raisonnable que ceux qui n'avaient été participans du fait, fussent participans du péril.

Toutefois le lendemain le sénat s'étant assemblé dedans le temple de la déesse Tellus, c'est-à-dire la terre, et en icelle assemblée ayant Antonius, Plancus et Cicéron mis en avant qu'il fallait ordonner une générale oubliance et abolition de toutes choses passées, et une concorde pour l'avenir, il fut arrêté que non-seulement ils auraient impunité du fait, mais que davantage les consuls mettraient en délibération du sénat quels honneurs on leur décernerait. Cela conclu, le sénat se leva, et Antonius le consul, pour assurer ceux qui étaient au Capitole, leur envoya son fils en otage. Sur cette fiance Brutus et ses compagnons descendirent, là où chacun pêle-mêle les salua, caressa et embrassa, entre lesquels Antonius même donna à souper en son logis à Cassius, et Lepidus à Brutus, et ainsi des autres, selon que chacun avait eu sa familiarité ou amitié avec quelqu'un d'eux. Le jour ensuivant, le sénat étant derechef assemblé en conseil, loua premièrement Antonius de ce qu'il avait sagement éteint et assouvi un commencement de guerre civile : puis donna aussi de grandes louanges à Brutus et à ses consorts qui là étaient présents : et finalement leur assigna des gouvernements de provinces : car à Brutus fut ordonnée Candie, à Cassius la Libye, et à Trébonius l'Asie, à Cimber la Bithynie, et à l'autre Brutus la Gaule en deçà des Alpes. Cela fait, on vint à parler du testament de César, de ses funérailles et de sa sépulture, là où étant Antonius d'avis qu'on devait lire son testament haut et clair et public, et aussi inhumer le corps honorablement et non point à cachette, de peur que cela ne fût occasion au peuple de s'irriter et aigrir davantage si on le faisait autrement, Cassius y contredit fort et ferme : mais Brutus y consentit et s'y accorda : en quoi il semble qu'il fit une seconde faute : car la première fut quand il empêcha de conclure qu'on occirait Antonius, pour ce qu'à bon droit on le chargea d'avoir en ce faisant sauvé et fortifié un très-grief et inexpugnable ennemi de leur conspiration : et la seconde fut qu'il accorda qu'on fît les funérailles de César en la sorte qu'Antonius voulut : ce qui fut la cause de perdre et gâter tout.

« Car premièrement quand on eut lu en public le testament par lequel il était porté qu'il léguait et donnait à chaque citoyen romain soixante-et-quinze drachmes d'argent pour tête et qu'il laissait au peuple ses jardins et vergers qu'il avait deçà la rivière du Tibre, au lieu où maintenant est bâti le temple de la Fortune, le peuple l'en aima et regretta merveilleusement : puis quand le corps fut apporté sur la place, Antonius qui fit la harangue à la louange du défunt, selon l'ancienne coutume de Rome, voyant que la commune s'émouvait à compassion par son dire, tourna son éloquence à l'inciter encore davantage à commisération, et prenant la robe de César toute ensanglantée, la déploya devant toute l'assistance, montrant les découpures d'icelle et le grand nombre de coups qu'il avait reçus. De quoi le peuple se mutina et s'irrita si fort qu'il n'y eut plus d'ordre en la commune, parce que les uns criaient qu'il fallait faire mourir les meurtriers qui l'avaient occis, les autres allaient arracher les étaux, les tables, selles et bancs de boutiques d'alentour de la place, comme on avait fait ès funérailles de Claudius, et ayant fait un monceau, mirent le feu dedans, et sur icelui posèrent le corps qu'ils brulèrent au milieu de plusieurs lieux sacrés, inviolables et sanctifiés, et aussitôt que le feu fut embrasé, les uns deçà, les autres delà, en prirent des tisons ardents, avec lesquels ils s'en coururent ès maisons de ceux qui l'avaient tué, pour les y brûler : toutefois eux qui s'étaient bien auparavant munis et pourvus, se sauvèrent aisément de ce danger. » — *Vie de Marcus Brutus.*

(41) « Mais il y eut un poëte nommé Cinna, lequel n'avait aucunement été participant de la conjuration, ains avait toujours été ami de César, et la nuit de devant avait songé que César le conviait à souper avec lui et que l'ayant refusé, il l'en avait pressé à grande instance, jusque à le forcer, tant

qu'à la fin il l'avait mené par la main en un grand lieu vague et ténébreux, là où tout effrayé il avait été contraint de le suivre malgré lui. Cette vision lui avait donné la fièvre toute la nuit, et néanmoins le matin quand il sut qu'on portait le corps pour l'aller inhumer, ayant honte de ne se trouver au convoi de ses funérailles, il sortit de son logis, et s'alla mettre parmi la commune qui était jà mutinée et irritée : et pour ce que quelqu'un le nomma par son nom Cinna, le peuple pensa que ce fut celui qui naguère avait en sa harangue blâmé et injurié publiquement César, et se ruant dessus lui en fureur le déchira en pièces sur la place. » — *Ibid.*

(42) « Et pour ce faire s'assemblèrent ensemble ces trois, César, Antonius et Lepidus, en une îlette, environnée tout à l'entour d'une petite rivière, là où ils furent sans en bouger par l'espace de trois jours. Et quant à toutes autres choses, ils en accordèrent aisément, et partirent entre eux tout l'empire romain, ni plus ni moins que si c'eût été leur paternel héritage. Mais ils eurent grande difficulté à s'accorder de ceux qu'on ferait mourir : pour autant que chacun d'eux voulait perdre ses ennemis, et sauver ses parents et amis : toutefois à la fin, pour la grande envie qu'ils avaient de se venger de leurs adversaires, ils abandonnèrent et mirent sous le pied la révérence de consanguinité et la sainteté d'amitié : car César céda à Antonius Cicéron, et Antonius lui abandonna Lucius César, qui était son oncle, frère de sa mère : et tous deux ensemble permirent à Lepidus de faire mourir son frère Paulus. Toutefois aucuns disent que ce furent eux qui le demandèrent, et que Lepidus le leur octroya. Je pense qu'il ne fut jamais chose plus horrible, plus inhumaine, ni plus cruelle que cette permutation-là. » — *Vie d'Antoine.*

(43) « Environ ce temps, Brutus envoya prier Cassius de se trouver en la ville de Sardes : ce qu'il fit, et Brutus étant averti de sa venue, lui alla au devant avec tous ses amis, et là tout leur exercite étant en armes, les appela tous deux

empereurs [1] : et comme il advient ordinairement en grandes affaires entre deux personnages qui ont l'un et l'autre beaucoup d'amis et tant de capitaines sous eux, ils avaient quelques plaintes et quelques mécontentements l'un de l'autre. Parquoi devant que faire autre chose, incontinent qu'ils furent arrivés au logis, ils se retirèrent à part en une petite chambre, firent sortir tout le monde, et fermèrent les portes sur eux : et alors commencèrent à se plaindre réciproquement chacun de son compagnon : et finalement vinrent jusqu'à s'entrecharger et accuser en se disant haut et clair leurs vérités l'un à l'autre, avec une grande véhémence, et puis à la fin se prirent tous deux à pleurer.

» Leurs amis qui étaient au dehors de la chambre les oyant tancer ainsi hautement et se courroucer si aigrement, en furent ébahis, et eurent peur qu'ils ne tirassent outre, mais ils avaient défendu que personne n'allât parler à eux : toutefois un nommé Marcus Faonius, qui avait été, par manière de dire, amoureux de Caton en son vivant, et se mêlait de contrefaire le philosophe non tant avec discours de raison qu'avec une impétuosité et une furieuse et passionnée affection, voulut entrer dedans, quoique les serviteurs lui empêchassent l'entrée : mais il était trop malaisé de retenir ce Faonius, à quoi que ce fût que sa passion l'incitât : car il était homme véhément et soudain en toutes choses, qui n'estimait rien la dignité d'être sénateur romain : et combien qu'il usât de cette franchise de parler audacieusement, de laquelle faisaient profession les philosophes qu'on appelait anciennement cyniques, comme qui dirait, chiens, si est-ce que le plus souvent on ne trouvait point son audace fâcheuse ni importune, pour ce qu'on ne faisait que rire de ce qu'il disait. Ce Faonius donc alors malgré les huissiers poussa la porte au dedans, et entra en la chambre, prononçant avec une grosse voix et avec un accent grave qu'il contrefaisait expressément les vers que dit le vieux Nestor en Homère :

> Écoutez-moi et mon conseil suivez.
> J'ai plus vécu que tous deux vous n'avez.

[1] Imperatores, c'est-à-dire souverains capitaines. (Note d'Amyot.)

» Cassius s'en prit à rire : mais Brutus le jeta dehors, l'appelant chien de mauvaise grâce, et chien contrefait à fausses enseignes : toutefois ils mirent en cet endroit fin à leur conversation et se départirent incontinent d'ensemble. Le soir même Cassius fit apprêter le souper en son logis, auquel Brutus mena ses amis : et comme ils étaient déjà à table, Faonius y survint : s'étant levé, Brutus le voyant se prit à dire tout haut qu'il ne l'avait point mandé, et commanda qu'on le mît au plus haut lit[1] : mais lui à force se coucha en celui du milieu, ce qui donna à la compagnie matière de rire et en fut la chère du festin plus gaie, et non sans propos de philosophie.

» Le lendemain Brutus condamna judiciellement en public, et nota d'infamie Lucius Pella, homme qui avait été préteur des Romains, et à qui Brutus avait donné charge, à la poursuite de ceux de Sardis qui l'accusèrent et convainquirent de pilleries, concussions et malversations en son état. Ce jugement déplut merveilleusement à Cassius, à cause que peu de jours auparavant lui-même avait seulement admonesté de paroles en privé deux de ses amis atteints et convaincus des mêmes crimes, et en public les avait absous, et ne laissait point de les employer et de s'en servir comme devant : à l'occasion de quoi il reprenait Brutus, comme voulant être trop juste et garder trop sévèrement la rigueur des lois, en un temps auquel il était plutôt besoin de dissimuler un petit et ne pas prendre les choses au pied levé. Brutus au contraire lui répondit qu'il se devait souvenir des Ides de Mars, auquel jour ils avaient tué César, lequel ne pillait ni ne travaillait pas lui-même tout le monde, mais seulement était le support et l'appui de ceux qui le faisaient sous son autorité et sous lui, et que, s'il y a aucune occasion, pour laquelle on puisse honnêtement mettre à nonchaloir la justice et le droit, il eût mieux valu laisser dérober et faire toutes choses iniques et contre la raison aux amis de César que de le souffrir aux leurs : car lors on ne nous eût pu, disait-il, imputer que lâcheté de cœur seulement, et maintenant on nous accu-

---

[1] Comme qui dirait au bas de la table. (Note d'Amyot.)

sera d'injustice, outre la peine que nous supportons et les dangers auxquels nous nous exposons. » — *Vie de Marcus Brutus*.

(44) « Sur le point donc qu'il devait passer en Europe, une nuit bien tard, tout le monde étant endormi dedans son camp, en silence, ainsi qu'il était en son pavillon avec un peu de lumière pensant et discourant profondément quelque chose en son entendement, il lui fut avis qu'il ouït entrer quelqu'un, et jetant sa vue à l'entrée de son pavillon, aperçut une merveilleuse et monstrueuse figure d'un corps étrange et horrible, lequel s'alla présenter devant lui sans rien dire mot : si eut bien l'assurance de lui demander qui il était, et s'il était dieu ou homme, et quelle occasion le menait là. Le fantasme lui répondit : « Je suis ton mauvais ange, Brutus, et tu me verras près la ville de Philippes. » Brutus, sans autrement se troubler, lui répliqua : « Eh bien, je t'y verrai donc. » Le fantasme incontinent se disparut : et Brutus appela ses domestiques qui lui dirent n'avoir ouï voix ni vision quelconque. A cette cause il se remit pour lors à veiller et penser comme devant : mais le matin sitôt qu'il fut jour, il s'en alla devers Cassius lui conter la vision qu'il avait eue la nuit. » *Ibid*.

(45) « Au déloger de l'armée y eut deux aigles qui, fondant de grande raideur, s'allèrent ranger aux premiers enseignes, et suivirent toujours les soldats, qui les nourrirent jusques auprès de la ville de Philippes, là où un jour seulement devant la bataille, elles s'envolèrent toutes deux. Or avait jà Brutus réduit en son obéissance la meilleure partie des peuples et des nations de tout ce pays-là : mais, s'il y était encore demeuré à ranger quelque ville ou quelque seigneur, alors, ils achevèrent de les subjuguer tous, et tirèrent outre jusques à la côte de Thassos : là où Norbanus, ayant planté son camp en certain pas qu'on appelle les Détroits, près d'un lieu qu'on nomme Iymbolon, Cassius et Brutus l'environnèrent tellement qu'il fut contraint de se retirer de là, et à abandonner le lieu qui était fort avantageux pour lui, et s'en fallut bien qu'ils

ne lui prissent toute son armée, car Cœsar ne l'avait pu suivre à cause de sa maladie, pour raison de laquelle il était demeuré derrière, et l'eussent fait, n'eût été le secours d'Antonius qui fit une si extrême diligence que Brutus ne la pouvait croire. Cœsar n'arriva que dix jours après, et se campèrent Antonius à l'encontre de Cassius et Brutus à l'opposite de Cœsar.

» Les Romains appellent la plaine, qui était entre leurs deux osts, les champs Philippiens, et n'avait-on jamais vu deux si belles ni si puissantes armées de Romains, l'une devant l'autre, prêtes à combattre. Il est vrai que celle de Brutus était en nombre d'hommes beaucoup moindre que celle de César, mais en beauté de harnais et en somptuosité d'équipage, il faisait beaucoup meilleur voir celle de Brutus : car la plupart de leurs armes n'étaient qu'or et argent, que Brutus leur avait donné largement, combien qu'en toutes autres choses il enseignât très-bien à ses capitaines à vivre réglément sans superfluité quelconque : mais quant à la somptuosité des armes qu'il faut que les gens de guerre aient toujours en leurs mains, ou qu'ils les portent ordinairement sur leur dos, il estimait qu'elle augmentait le cœur à ceux qui de nature sont convoiteux d'honneur, et qu'elle rend plus âpres au combat ceux qui aiment à gagner et craignent à perdre, à cause qu'ils combattent pour sauver leurs armes, comme leurs biens et leurs héritages. Quand ce vint à faire la revue et la purification de leurs armées, César fit la sienne au dedans des tranchées de son camp, et donna un peu de blé seulement, et cinq drachmes d'argent par tête à chaque soldat pour sacrifier aux dieux, en leur demandant la victoire. Mais Brutus condamnant cette chicheté ou pureté, premièrement fit la revue de son exercite, et le purifiant aux champs ainsi comme est la coutume des Romains : et puis donna à chaque bande forces moutons pour sacrifier, et cinquante drachmes d'argent à chaque soldat : de manière que leurs gens étaient bien plus contents d'eux, et mieux délibérés de bien faire au jour de la bataille, que ceux de leurs ennemis. Toutefois en faisant les cérémonies de cette purification, on dit qu'il advint à Cassius une chose de sinistre présage : car l'un de ses sergents qui portaient les verges devant lui, lui apporta le chapelet de fleurs qu'il devait avoir sur la tête en sacrifiant, renversé à l'envers, et dit-on qu'encore auparavant, en quelques jeux ou quelque pompe, où on portait une image de la Victoire de Cassius qui était d'or, elle tomba parce que celui qui la porta trébucha.

» Davantage on voyait tous les jours dedans le camp grand nombre d'oiseaux qui mangent des charognes des corps morts, et si trouva-t-on des ruchées d'abeilles qui s'étaient amassées en un certain lieu dedans le pourpris des tranchées du camp, lequel lieu les devins furent d'avis de forclore de l'enceinte du camp, pour ôter la superstitieuse crainte et soupçon qu'ils en avaient, laquelle commençait même à retirer et démouvoir un petit Cassius des opinions d'Épicurus, et avait totalement épouvanté les soldats : tellement qu'il n'était pas lors d'avis qu'on décidât cette guerre par une seule bataille, mais qu'on délayât plutôt et qu'on tirât en longueur, attendu qu'ils étaient les plus forts d'argent et les plus faibles en nombre d'hommes et d'armes ; mais au contraire Brutus toujours auparavant et lors mêmement ne demandait autre chose que de mettre tout au hasard d'une bataille le plus tôt possible, afin que vitement ou il recouvrât et rendît la liberté à son pays, ou qu'il délivrât de ses maux tout le monde, qui était travaillé à suivre, nourrir et entretenir tant de grosses et puissantes armées. Et encore voyant qu'ès courses et escarmouches qui se faisaient tous les jours, ses gens étaient les plus forts, et avaient toujours du meilleur, cela lui élevait le cœur davantage. Et outre cela, pour ce que déjà il avait eu quelques-uns de leurs gens qui s'étaient allé rendre aux ennemis, et en soupçonnait-on encore d'autres d'en vouloir faire autant, cela fit que plusieurs des amis même de Cassius qui paravant étaient de son opinion, quand ce vint au conseil à débattre si on donnerait la bataille ou non, furent de l'avis de Brutus : et néanmoins y eut l'un de ses amis, qui s'appelait Atellius, qui y contredit, et fut d'avis qu'on attendît l'hiver passé. Brutus lui demanda quel profit il espérait

d'attendre encore un an : et Atellius lui répondit : « Si autre
« profit il n'y a, au moins aurai-je d'autant plus longuement
vécu. » Cassius fut fort marri de cette réponse, et en fut Atellius très-mal voulu, et pis estimé de tous les autres : tellement qu'il fut sur l'heure conclu et arrêté que le lendemain
on donnerait la bataille, si tint Brutus tout le long du souper
contenance d'homme qui avait bien bonne espérance, et fit
de beaux discours de la philosophie : puis après souper s'en
alla reposer. Mais quant à Cassius, Messala dit qu'il soupa
à part en son logis avec bien peu de ses plus familiers, et
que tout le long du souper il eut la façon morne, triste et
pensive, combien que ce ne fût point son naturel, et qu'après souper il le prit par la main, et la lui serrant étroitement,
comme on fait par manière de caresses ainsi qu'il avait accoutumé, il lui dit en langage grec :

« Je te proteste et appelle à témoin, Messala, que, comme le
» grand Pompéius, je suis contre mon vouloir et avis contraint
» d'aventurer au hasard d'une bataille la liberté de notre pays ;
» et néanmoins si devons-nous avoir bon courage, ayant regard à la fortune, à laquelle nous ferions tort si nous nous
» défions d'elle, encore que nous suivions mauvais conseil. »

» Messala écrit que Cassius, lui ayant dit ces dernières paroles, lui dit adieu et que lui l'avait convié de souper le jour en-suivant en son logis pour ce que c'était le jour de sa nativité.
Le lendemain donc aussitôt comme il fut jour, fut haussé au
camp de Brutus et de Cassius le signe de la bataille qui était
une cotte d'armes rouge : et parlèrent les deux chefs ensemble au milieu de leurs deux armées, là où Cassius le premier
se prit à dire :

« Plaise aux dieux, Brutus, que nous puissions ce jourd'hui
» gagner la bataille, et vivre désormais tout le reste de notre
» vie l'un avec l'autre en bonne prospérité : mais étant ainsi
» que les plus grandes et principales choses qui soient entre
» les hommes, sont les plus incertaines, et que si l'issue de la
» journée d'hui est autre que nous ne désirons et que nous
» n'espérons, il ne sera pas aisé que nous nous puissions revoir,
» qu'as-tu en ce cas délibéré de faire ? ou de fuir ou de mourir ? »

» *Brutus lui répondit :*

« Étant encore jeune et non assez expérimenté aux affaires
» de ce monde, je fis, ne sais comment, un discours de phi-
» losophie, par lequel je reprenais et blâmais fort Caton de
» s'être défait soi-même, comme n'étant point licite ni reli-
» gieux, quant aux dieux, ni quant aux hommes vertueux,
» de ne point céder à l'ordonnance divine et ne prendre pas
» constamment en gré tout ce qu'il lui plaît nous envoyer,
» mais faire le rétif et s'en retirer, mais maintenant me trou-
» vant au milieu du péril, je suis de tout autre résolution,
» tellement que, s'il ne plaît à Dieu que l'issue de cette bataille
» soit heureuse pour nous, je ne veux plus tenter d'autre
» espérance, ni tâcher à remettre sus de rechef autre équipage
» de guerre, ains me délivrerai des misères de ce monde, me
» contentant de la fortune : car je donnai, aux Ides de Mars,
» la vie à mon pays, pour laquelle j'en vivrai une autre li-
» bre et glorieuse. »

» Cassius se prit à rire, lui ayant ouï dire ce propos, et en
l'embrassant :

« Allons donc, dit-il, trouver nos ennemis pour les com-
» battre en cette intention : car ou nous vaincrons ou nous ne
» craindrons plus les vainqueurs. »

» Ces paroles dites, ils se mirent à deviser en présence de
leurs amis touchant l'ordonnance de la bataille, là où Brutus
pria Cassius de lui laisser la conduite de la pointe droite, laquelle on estimait être plus convenable et mieux séante à Cassius, tant pour ce qu'il était plus âgé que pour ce qu'il était
plus expérimenté : et néanmoins Cassius le lui octroya. » *Ibid.*

(46) « Ainsi Cassius fut à la fin contraint lui-même de se
retirer avec une petite troupe de ses gens sur une motte, de
là où on pouvait clairement voir et découvrir ce qui se faisait en la plaine. Mais quant à lui, il n'y vit rien, car il avait
mauvaise vue, sinon qu'il vit, encore fut-ce à grand'peine,
comme les ennemis pillaient son camp devant ses yeux. Il
vit aussi venir une grosse troupe de gens de cheval que
Brutus envoyait à son secours, et pensa que ce fussent ennemis qui le poursuivissent : et néanmoins envoya un de

ceux qui étaient autour de lui, nommé Titinius, pour savoir ce que c'était. Ces gens de cheval l'aperçurent de tout loin, et sitôt qu'ils connurent que c'était l'un des meilleurs, des plus féaux amis de Cassius, se prirent à jeter un grand cri de joie, et ceux qui étaient ses plus familiers mirent pied à terre pour le saluer et l'embrasser : les autres l'environnèrent tout à l'entour du cheval avec chant de victoire, et grand bruit de leurs armes, dont ils faisaient retentir la campagne pour l'excessive joie qu'ils avaient : mais ce fut ce qui fit plus de mal que le reste : car Cassius pensa que Titinius à la vérité fût pris des ennemis et dit adonc ces paroles :

« Pour avoir trop aimé à vivre, j'ai attendu, jusques à voir, » pour l'amour de moi, prendre devant mes yeux l'un de » mes meilleurs amis. »

» Et cela dit, il se retira à part en une tente où il n'y avait personne, et y tira quand et lui l'un de ses affranchis, nommé Pindarus, qu'il avait toujours tenu auprès de lui pour une telle nécessité, depuis le malheureux voyage contre les Parthes auquel Crassus mourut. Toutefois il se sauva bien de cette déconfiture, mais lors entortillant son manteau à l'entour de sa tête, et lui tendant le col tout nu, il lui bailla à trancher sa tête (car on la trouva séparée d'avec le corps), mais jamais depuis homme ne vit Pindarus, dont aucuns ont pris occasion et matière de dire qu'il avait occis son maître sans son commandement.

» Incontinent après on avisa et reconnut clairement ces gens de cheval, et Titinius couronné d'un chapeau de triomphe qui s'en venait devant en diligence pour trouver Cassius : mais quand il entendit par les cris, pleurs et lamentations de ses amis qui se tourmentaient, l'inconvénient et l'erreur qui était advenue par l'ignorance de son capitaine, il dégaîna son épée en se disant mille injures à soi-même de ce qu'il avait tant demeuré, et s'en tua lui-même sur-le-champ. Brutus cependant approchait toujours, ayant déjà bien entendu que Cassius avait été rompu : mais de la mort il n'en sut rien qu'il ne fût bien près de son camp : là où, après l'avoir bien lamenté et pleuré, en l'appelant le dernier des Romains, comme étant impossible que plus il plût à Rome naître un personnage d'aussi grand cœur comme il avait été, il fit ensevelir le corps, et l'envoya en la ville de Thassos, de peur que si on faisait les funérailles dedans le camp, elles ne fussent cause de quelque désordre: puis assembla ses gens de guerre et les réconforta. »

(47) « Si mourut là le fils de Marcus Caton, combattant vertueusement entre les plus vaillants jeunes hommes. Car combien qu'il fut extrêmement las et travaillé, il ne voulut jamais reculer ni fuir: mais en combattant obstinément à coups de mains et déclarant tout haut qui il était par son nom et celui de son père, fut à la fin abattu dessus plusieurs corps des ennemis qu'il avait tués autour de lui. Aussi y demeurèrent morts sur le champ tous les plus gens de bien qui fussent en l'armée, qui s'exposèrent courageusement à tout danger pour sauver la personne de Brutus: entre lesquels y avait un de ses plus familiers nommé Lucilius, qui voyant une troupe d'hommes barbares, ne faisant compte de tous les autres qu'ils rencontraient en leur voie et tirant tous en foule à l'encontre de Brutus, se délibéra de les arrêter tout court au péril de sa vie, et étant demeuré derrière, leur dit qu'il était Brutus, et à celle fin qu'ils le crussent plus tôt, les pria de le mener à Antonius, pour ce, disait-il, qu'il craignait César, et qu'il se fiait plus à Antonius. Ces barbares étant fort joyeux de cette rencontre et cuidant bien avoir trouvé une très-heureuse fortune, le menèrent qu'il était déjà nuit, et envoyèrent devant quelques-uns d'entre eux, pour en avertir Antonius: lequel en fut aussi très-aise, et vint au-devant de ceux qui le menaient. Les autres, qui entendirent qu'on amenait Brutus prisonnier, y accoururent aussi de toutes parts les uns ayant compassion de sa fortune, les autres disant qu'il avait fait chose indigne de sa réputation de s'être pour peur de mourir ainsi lâchement fait prendre vif à des barbares. Quand ils approchèrent les uns des autres, Antonius s'arrêta un peu, pensant en lui-même comment il se devait porter envers Brutus: et cependant Lucilius lui fut présenté, qui se prit à dire d'un visage fort assuré :

« Antonius, je te puis assurer que nul ennemi n'a pris ni ne
» prendra vif Marcus Brutus, et à Dieu ne plaise que la for-
» tune ait tant de pouvoir sur la vertu : mais quelque part
» qu'on le trouve, soit vif, soit mort, on le trouvera toujours
» en état digne de lui : au reste, quant à moi, je viens ici
» devant toi, ayant abusé ces hommes d'armes ici, en leur fai-
» sant croire que j'étais Brutus, et ne refuse point de souffrir
» pour cette tromperie tous tels tourments que tu voudras. »

» Ces paroles de Lucilius ouïes, tous les assistants en demeurèrent fort étonnés, et Antonius regardant ceux qui l'a-
vaient amené, leur dit :

« Je pense que vous êtes bien marris d'avoir failli à votre
» entente, compagnons, et qu'il vous est avis que celui-ci vous
» a fait un grand tort : mais je veux bien que vous sachiez que
» vous avez fait une meilleure prise que celle que vous pour-
» suiviez : car, au lieu d'un ennemi, vous m'avez amené un
» ami ; et quant à moi, si vous m'eussiez amené Brutus vif,
» je ne sais certes ce que je lui eusse fait, là où j'aime trop
» mieux que tels hommes que celui-ci soient mes amis que
» mes ennemis. »

» En disant cela il embrassa Lucilius, et pour lors le con-
signa et le bailla en garde à ses amis, en le leur recom-
mandant : et Lucilius le servit toujours depuis loyalement
et fidèlement jusques à la mort. »

(48) « Mais Brutus ayant passé une petite rivière bordée de
çà et là de hauts rochers et ombragée de force arbres, étant
déjà nuit toute noire, ne tira guères outre, mais s'arrêta en un
endroit bas au dessous d'une haute roche, avec aucun de ses
capitaines et amis qui l'avaient suivi, et regardant vers le ciel
tout plein d'étoiles, prononça en soupirant deux vers, dont
Volumnius en a noté l'un qui est de telle substance :

> O Jupiter, que celui dont naissance
> Ont tant de maux, n'échappe ta vengeance.

» Et dit qu'il avait oublié l'autre. Un peu après nommant
ses amis qu'il avait vus mourir en la bataille devant ses yeux,
il soupira plus fort qu'il n'avait encore fait, mêmement quand

il vint à nommer Labeo et Flavius, dont l'un était son lieutenant et l'autre maître des ouvriers de son camp. Sur les entrefaites, il y eut quelqu'un de la compagnie qui, ayant soif et voyant que Brutus l'avait aussi, s'en courut avec un cabasset vers la rivière. Au même instant on entendit du bruit devers l'autre coté : Volumnius y alla avec Dardanus, l'écuyer de Brutus, pour voir que c'était, et incontinent après étant retournés demandèrent s'il n'y avait plus à boire. Brutus en riant doucement leur répondit, tout est bu, on vous en apportera d'autre, et y renvoya celui même qui y avait été la première fois, lequel fut en danger d'être pris par les ennemis, et se sauva à bien grande peine étant encore blessé. Au reste Brutus estimait qu'il ne fût pas mort grand nombre de ses gens en la bataille, et pour le savoir au vrai, il y eut un nommé Statilius qui promit passer à travers les ennemis, car autrement n'était-il pas possible, et s'en aller visiter leur camp, et que là s'il trouverait que tout s'y portât bien, il allumerait un flambeau et le hausserait en l'air, puis s'en retournerait à lui. Le flambeau fut levé : car Statilius alla jusque-là : et longtemps après, Brutus, voyant qu'il ne revenait point, dit, si Statilius est en vie il reviendra : mais il advint de male fortune qu'en s'en retournant il tomba aux mains des ennemis qui l'occirent.

» La nuit étant jà bien avancée, Brutus s'inclinant devers Clitus, l'un de ses domestiques, ainsi qu'il était assis, lui dit quelques mots tout bas à l'oreille ; l'autre ne lui répondit rien, ains se prit à pleurer. Par quoi il attira son écuyer Dardanus auquel il dit aussi quelques paroles : et à la fin il s'adressa à Volumnius même, parlant en langage grec, et le priant en mémoire de l'étude des lettres et des exercices qu'ils avaient pris ensemble, qu'il lui voulût aider à mettre la main à l'épée et à pousser le coup pour se tuer. Volumnius rejeta fort cette prière, et aussi firent bien les autres, desquels il y eut un qui dit qu'il ne fallait pas demeurer là, ains s'en fuir : et adonc Brutus se levant : « Il s'en faut fuir voirement, dit-il, mais c'est avec les mains et non avec les pieds, » et leur touchant à tous en la main, leur dit ces paroles d'un fort bon et joyeux visage :

« Je sens en mon cœur un grand contentement de ce qu'il

» s'est trouvé que pas un de mes amis ne m'a failli au besoin,
» et ne me plains point de la fortune, sinon en tant qu'il tou-
» che à mon pays : car quant à moi, je me répute plus heu-
» reux que ceux qui ont vaincu, non-seulement pour le regard
» du passé, mais aussi pour le présent, attendu que je laisse
» une gloire sempiternelle de vertu laquelle nos ennemis
» victorieux ne sauraient jamais ni par armes, ni par argent,
acquérir, ni laisser à la postérité, qu'on ne dise toujours
qu'eux étant injustes et méchants ont défait des gens de bien,
» pour usurper une domination tyrannique qui ne leur ap-
» partient point. »

» Cela dit, il les admonesta, et pria chacun d'eux qu'ils se voulussent sauver, puis se retira un peu à l'écart avec deux ou trois seulement, desquels était Straton, qui était premièrement venu à sa connaissance par l'étude de la rhétorique : il approcha le plus près de lui, et prenant son épée à deux mains par le manche, se laissa tomber de son haut sur la pointe et se tua ainsi. Les autres disent que ce ne fut pas lui qui tint l'épée, mais que ce fut Straton à son instance et prière qui la lui tendit en tournant le visage de l'autre côté, et que Brutus se jeta de grande raideur dessus : tellement que s'étant percé d'outre en outre par le milieu de l'estomac, il rendit l'esprit tout incontinent.

» Messala qui, ayant été grand ami de Brutus, se réconcilia depuis avec César, lui présenta quelque temps après ce Straton, un jour qu'il était de loisir, et en pleurant lui dit : « César, » voici celui qui rendit le dernier service à Brutus. » César le reçut dès lors, et depuis en toutes ses affaires s'en est trouvé aussi loyalement servi que de nul autre des Grecs qu'il eut à l'entour de lui jusqu'à la bataille d'Actium... Au demeurant, Antonius ayant lors trouvé le corps de Brutus, le fit envelopper d'une de ses plus riches cottes d'armes. Et depuis étant averti que la cotte avait été dérobée, fit mourir le larron qui l'avait prise, et envoya les cendres et reliques du corps à Servilia, mère de Brutus. »

FIN DES NOTES.

APPENDICE.

EXTRAIT DES HÉCATOMMITHI

DE J.-B. GIRALDI CINTHIO

Mis en français par Gabriel Chappuys.

NOUVELLE V.

Décade huitième.

Juriste est envoyé par l'Empereur Maximian en Inspruck où il fait prendre un jeune homme, qui avait violé une fille, et le condamne à mort; sa sœur tâche de le délivrer ; Juriste donne espérance à cette sœur de la prendre à femme, et de délivrer son frère : elle couche avec lui : et la nuit même Juriste fait trancher la tête au jeune homme, et l'envoie à sa sœur : elle s'en plaint à l'Empereur, lequel fait épouser cette femme à Juriste, et puis le fait bailler pour être défait. La femme le délivre et vivent ensemble très-amiablement.

Encore que Matea semblât aux femmes digne de grand'-peine, à cause de son ingratitude et déshonnêteté, à peine néanmoins se gardèrent-elles de pleurer, quand elles ouïrent les paroles qu'elle avait proférées, un peu devant sa mort, et lui souhaitèrent toutes repos.

Mais personne n'eut compassion d'Acolaste et de Fritto, s'émerveillant tous que Dieu les eût soufferts si longtemps en leurs méchancetés.

Mais les sages disent que Dieu laisse les méchants vivre entre les bons, afin qu'ils leur soient comme un exercice continuel, et un aiguillon pour avoir recours à lui. Joint que Sa Majesté les endure, pour voir s'ils s'amenderont : mais quand il les voit obstinés en leurs mauvaises œuvres, il leur donne enfin tel châtiment que ceux-là l'ont eu.

Et comme chacun se tût, Fulvia dit :

Les seigneurs établis de Dieu au gouvernement du monde, devraient punir l'ingratitude venant à leur connaissance, comme les homicides, adultères et larcin, voire encore plus, comme digne de plus grand'peine. De quoi ce grand empereur Maximian instruit, voulut tout d'un coup punir l'ingratitude et l'injustice d'un sien officier, dont l'effet se fût ensuivi, si la bonté de la femme, contre laquelle l'ingrat s'était montré très-juste, ne l'eût par sa courtoisie délivré de peine, comme je vous montrerai maintenant.

Tandis que ce grand seigneur, qui fut un rare exemple de courtoisie, de magnanimité et de singulière justice, gouvernait très-heureusement l'empire romain, il envoyait ses officiers gouverner les États qui florissaient sous son empire. Entre autres il envoya au gouvernement d'Inspruck un sien familier qu'il aimait fort, nommé Juriste.

Et devant que l'y envoyer, il lui dit :

— Juriste, la bonne opinion que j'ai conçue de vous, cependant que vous avez été à mon service, me fait vous envoyer gouverneur d'une tant noble ville qu'Inspruck, sous lequel gouvernement je pourrais enjoindre beaucoup de choses ; mais je veux toutes les resserrer en une, qui est que vous gardiez inviolablement la justice, quand vous devriez juger contre moi-même, qui suis votre seigneur. Je vous avise que de tous autres défauts advenant ou par ignorance ou par négligence (lesquels néanmoins il faut éviter tant qu'il est possible), je vous pourrais pardonner, et non pas d'une chose faite contre justice.

Et si d'aventure vous ne pensez être tel que je vous désire, pour ce que tout homme n'est pas propre à toute chose, ne prenez pas cette charge, et demeurez plutôt ici à la cour, à vos charges accoutumées, qu'étant gouverneur de cette ville-là, m'induire à faire contre vous ce que, non sans grand déplaisir, il me conviendrait faire pour le devoir de justice, si vous me gardiez justice.

Et en cet endroit il se tut.

Juriste, beaucoup plus joyeux de l'office et charge, à laquelle l'empereur l'appelait, que connaissant soi-même, remercia son seigneur de cette amiable remontrance, et lui dit que, de soi-même, il était animé à la conservation de la justice, laquelle il garderait d'autant plus volontiers qu'il y était enflammé par les propos d'icelui : qu'il avait intention se porter si bien en ce gouvernement, que Sa Majesté aurait occasion de se louer.

Les propos de Juriste furent agréables à l'empereur, qui lui dit :

— Véritablement, aurai-je occasion de vous louer, si vos faits correspondent à vos paroles.

Et lui ayant fait bailler les lettres patentes, qui étaient déjà dépêchées, il l'envoya là.

Juriste commença à gouverner la ville assez prudemment, mettant toute peine de tenir la balance juste, aussi bien ès jugements qu'en la dispensation des offices, récompense des vertus et punition des méfaits. Il demeura longtemps, par ce moyen, encore en plus grand crédit envers l'empereur, et en l'amitié de tout le peuple, de manière qu'il se pouvait réputer heureux, entre les autres, s'il eût toujours continué à gouverner en cette manière.

Advint qu'un jeune homme de la ville, appelé Vico, força une jeune fille d'Inspruck : de quoi la plainte alla par-devant Juriste : lequel le fit prendre incontinent, et ayant confessé qu'il avait pris cette fille à force, il le condamna, selon la loi de cette ville, à avoir la tête tranchée, encore que les criminels voulussent prendre les filles forcées à femmes.

Cettui avait une sœur, fille, qui n'avait pas plus de dix-huit ans, laquelle outre ce qu'elle était ornée de grande beauté avait une très-douce manière de parler, une présence aimable, accompagnée d'une rare honnêteté féminine.

Celle-ci qui se nommait Épitia, sachant que son frère était condamné à mort, fut surprise d'une merveilleuse douleur, et délibéra voir, si elle pourrait délivrer son frère, ou à tout le moins adoucir sa peine. Et ayant été avec son frère, sous la charge d'un homme ancien, que son père avait tenu en la maison, pour les enseigner tous deux en la philosophie, encore que son frère eût mal pratiqué tels enseignements, elle s'en alla à Juriste, et le pria avoir compassion de son frère, et pour le peu d'âge d'icelui, d'autant qu'il n'avait encore seize ans, pour le peu d'expérience, et l'aiguillon d'amour, montrant que l'opinion des plus sages était que l'adultère commis par force d'amour, et non pour faire tort au mari de la femme, méritait moindre peine que qui le commettait pour faire injure : que l'on devait dire de même au fait de son frère, lequel ne voulant faire tort et injure, mais induit d'une ardente amour, avait fait ce pourquoi il était condamné, et que, pour réparer la faute commise, il était pour prendre la fille à femme. Et combien que la loi voulût que cela ne servît aux forceurs de filles, il pouvait néanmoins, comme sage qu'il était, mitiger cette sévérité, laquelle portait avec soi offense plutôt que justice, vu qu'il était en ce lieu, par l'autorité qu'il avait de l'empereur, la vive loi, laquelle autorité elle croyait lui avoir été baillée par Sa Majesté, afin qu'il se montrât, par l'équité, plutôt clément que rigoureux : que, s'il fallait user de ce tempérament, en quelque cas, ce devait être en cas d'amour, principalement quand l'honneur de la fille ou femme violée demeurait sauf, comme il était pour demeurer au fait de son frère, lequel était tout prêt à la prendre à femme : qu'elle pensait bien que la loi eût été établie telle, pour épouvanter et faire craindre plus qu'afin d'être observée ; qu'elle trouvait être une grande cruauté de vouloir, par la mort, punir le péché qui pouvait être honnêtement et saintement réparé, au contentement de l'offensée.

Et ajoutant autres raisons, elle tâcha d'induire Juriste à pardonner à ce malheureux.

Juriste, qui ne prenait pas moins de plaisir d'entendre le gracieux langage d'Épitia que de voir sa grande beauté, se fit redire une même chose deux fois, et atteint d'un sale appétit, il tourna sa pensée à commettre envers elle la faute pour laquelle il avait condamné Vico à la mort, et lui dit :

— Épitia, vos raisons ont tant servi à votre frère, que là où demain il devait avoir la tête tranchée, on différera l'exécution jusques à tant que j'aie considéré ce que vous m'avez dit, et si je trouve vos raisons telles, que je puisse délivrer votre frère, je le vous baillerai d'autant plus volontiers qu'il me fait mal de le voir conduit à la mort par la rigueur de la loi, laquelle a ainsi disposé.

Épitia eut bonne espérance de telles paroles, et le remercia fort de sa courtoisie, pour laquelle elle se tenait à jamais obligée à lui, vu qu'elle avait ferme espérance que, s'il considérait les choses dites, il la rendait fort contente par la délivrance de son frère. Juriste dit qu'il le ferait, et qu'il ne faillirait pas d'accomplir son désir, s'il le pouvait faire sans offenser la justice.

Epitia alla rapporter à son frère ce qu'elle avait fait avec Juriste, dont Vico fut bien aise, et pria sa sœur de solliciter toujours sa délivrance : ce qu'elle promit de faire.

Juriste, qui avait imprimé la beauté de la fille dans son

cœur, s'appliqua du tout à pouvoir jouir d'Épitia : et pour cette cause attendait qu'elle retournât parler à lui une autre fois, pour la délivrance de son frère.

Quelques jours après, elle y retourna, et lui demanda gracieusement ce qu'il avait délibéré.

Aussitôt que Juriste la vit, se sentit devenir tout en feu, et lui dit :

— Belle fille, vous soyez la bienvenue. J'ai considéré vos raisons, et en ai encore cherché d'autres, afin que vous puissiez demeurer contente : mais je trouve que toute chose portant conclut la mort de votre frère. Car il y a une loi universelle que quand aucun a péché ignoramment, son péché n'est excusable, pour ce qu'il devait savoir ce que tous les hommes en général doivent connaître, à bien vivre : quiconque pèche par une telle ignorance, ne mérite aucune excuse ni compassion : à raison de quoi je ne puis user de miséricorde envers votre frère. Il est bien vrai que, quant à vous à qui je désire faire plaisir (puisque vous aimez tant votre frère), si vous me voulez complaire de votre gente personne, je suis prêt de lui faire grâce de la vie, et changer la mort en peine moins griève.

A ces paroles, Épitia devint toute en feu, et lui dit :

— J'aime beaucoup la vie de mon frère, mais j'aime encore mieux mon honneur, et aimerais mieux le sauver par la perte de la vie que par la perte de l'honneur. Pour quoi laissez cette vôtre déshonnête pensée. Mais si je peux recouvrer mon frère par un autre moyen, je le ferai volontiers.

— Il n'y a point d'autre moyen, dit Juriste, et ne devriez vous montrer tant revêche ; car pourrait aisément advenir que nos premières conjonctions seraient telles, que vous deviendriez ma femme.

— Je ne veux, dit Épitia, mettre mon honneur en danger.

— Et pourquoi en danger, dit Juriste? Vous êtes par aventure telle que vous ne devez penser qu'ainsi doive être. Avisez-y bien, et j'attendrai demain votre réponse.

— Je vous réponds, dit-elle, dès à présent, que si vous ne me prenez à femme, pourvu que vous vouliez que la délivrance de mon frère en dépende, vous perdrez votre peine.

Juriste lui répliqua qu'elle y pensât, et qu'il pouvait beaucoup pour elle et pour les siens, ayant en main, en ce lieu, la justice et la force.

Épitia s'en alla toute fâchée à son frère, et lui dit ce qui était advenu entre elle et Juriste, concluant qu'elle ne voulait perdre son honneur pour lui sauver la vie : en pleurant le pria se disposer à endurer patiemment ce que le destin ou sa mauvaise fortune lui apporterait.

En cet endroit Vico se mit à pleurer, et à prier sa sœur de ne consentir à sa mort, pouvant le délivrer en la manière que le gouverneur lui avait proposée.

— Cela est impossible, dit-elle.

— Ah! ma sœur, je vous prie que les lois de nature, du sang, et de l'amitié, qui a toujours été entre nous, puissent tant en votre endroit, que vous me délivriez, puisque vous le pouvez faire, d'une tant infâme et misérable fin. J'ai failli, je le confesse : je vous prie, ma sœur, qui pouvez corriger mon erreur, ne me refusez votre aide; Juriste vous a dit qu'il vous pourrait prendre à femme; et pourquoi ne devez-vous penser qu'il doive être ainsi? Vous êtes belle, ornée de toutes les grâces que la nature peut donner à une gentille femme; vous êtes gentille et avenante; vous avez une merveilleuse manière de parler; ce qui peut vous faire aimer, non-seulement de Juriste, mais aussi de l'empereur du monde. Et pour cette cause, vous ne devez douter que Juriste ne vous prenne à femme; et en cette manière, votre honneur sauf, vous sauverez par même moyen la vie de votre frère.

Vico, tenant ces propos, pleurait, et Epitia aussi, laquelle Vico ayant embrassée par le col, ne la laissa, tant qu'elle lui eût promis, par contrainte, de s'adonner à Juriste, pour lui sauver la vie, pourvu qu'il la maintînt toujours en l'espérance de la prendre à femme.

Le lendemain la jeune fille s'en alla à Juriste, et lui que l'espérance qu'il lui avait donnée de la prendre pour sa femme, après les premiers embrassements, et le désir de délivrer son frère, non-seulement de la mort, mais de toute autre peine, par lui méritée à cause d'une telle offense, l'avait induite de se mettre entièrement à sa discrétion, et que l'un et l'autre point, elle était contente de se donner à lui, et sur tout elle voulait qu'il lui promît la délivrance de son frère.

Juriste s'estima sur tout heureux, ayant à jouir d'une tant belle et gaillarde jeune fille, et lui dit :

— Qu'il lui donnait la même espérance qu'il lui avait donnée du commencement, et qu'il délivrerait son frère de prison.

Le lendemain, ayant soupé ensemble, ils s'en allèrent se coucher, et le méchant prit parfaitement son plaisir de la fille.

Mais devant que d'aller coucher avec elle, au lieu de délivrer Vico, il commanda qu'on lui tranchât incontinent la tête.

Le matin Épitia, défaite des bras de Juriste, le pria d'une très-gracieuse manière, qu'il lui plût satisfaire à l'espérance qu'il lui avait donnée de la prendre à femme, et que cependant il délivrât son frère.

Il répondit qu'il était fort content d'avoir couché avec elle, qu'il voulait bien qu'elle eût conçu l'espérance qu'il lui avait donnée et qu'il lui enverrait son frère à la maison.

Ce dit, il fit appeler le geôlier, et lui dit :

— Tire de prison le frère de cette fille, et le lui mène en sa maison.

Épitia, ayant entendu cela, s'en alla en la maison toute joyeuse, attendant son frère délivré.

Le geôlier, ayant fait mettre le corps de Vico sur une bière, lui mit la tête aux pieds, et, l'ayant couvert d'un drap noir, il le fit porter à Épitia.

Et étant entré en la maison, il fit venir la fille et lui dit :

— Voilà votre frère que monsieur le gouverneur vous envoie délivré de prison.

Et ayant dit ainsi, il fit découvrir la bière, et lui offrit son frère en la manière que vous avez ouïe.

Je ne pense pas que l'on pût dire jamais ni comprendre quel fut l'ennui et déplaisir d'Épitia, quand elle vit son frère en cet état; je pense bien que vous croyez qu'il fut extrême : mais elle le tint clos en son estomac; et là où toute autre femme se fût mise à pleurer et à crier, elle à qui la philosophie avait enseigné comme l'on se doit porter en toute fortune, montra qu'elle était contente, et dit au geôlier :

— Vous direz à votre seigneur et au mien aussi, que j'accepte mon frère tel qu'il lui a plu de me l'envoyer, et puisqu'il n'a voulu satisfaire à ma volonté, je suis contente qu'il ait accompli la sienne, pensant qu'il ait justement fait ce qu'il a fait; et me recommanderez à lui, m'offrant toujours prête à lui complaire.

Le geôlier fit ce récit à Juriste, qui pensa qu'il pourrait avoir la jeune fille à sa volonté, comme si elle était sa femme, et qu'il lui eût offert son frère en vie.

Après que le geôlier fut parti, Épitia pleura et fit de grandes plaintes sur le corps mort de son frère, maudissant la cruauté de Juriste et sa simplicité de s'être donnée à lui devant que son frère fût délivré : et après plusieurs larmes, elle fit ensevelir ce corps, et puis, s'étant retirée toute seule en sa chambre, induite d'un très-juste courroux, elle commença à dire en soi-même :

— Endureras-tu donc, Épitia, que ce méchant t'ait privée de ton honneur, et t'ait promis, pour cette cause, de te bailler ton frère en vie et délivré, pour te l'offrir maintenant en si misérable état? Souffriras-tu qu'il se puisse vanter de deux tromperies faites à ta simplicité, sans en avoir de toi-même le convenable châtiment?

Et s'enflammant par telles paroles à la vengeance, elle dit :

— Ma simplicité a ouvert le chemin à ce méchant, de conduire à fin son déshonnête désir : je veux que sa lasciveté me donne le moyen de me venger : et combien que la vengeance ne me rende pas mon frère en vie, mon ennui n'en sera pas si grand.

Elle s'arrêta en cette pensée, attendant que Juriste l'envoyât derechef demander pour coucher avec elle : où allant, elle avait délibéré porter secrètement le glaive, pour l'égorger, ou veillant ou dormant, comme elle pourrait, et lui ôter la tête, la commodité s'offrant pour la porter au sépulcre de son frère, et la vouer à l'ombre d'icelui. Mais pensant plus mûrement là-dessus, elle vit que, combien qu'elle pût tuer ce trompeur, on pourrait aisément présumer qu'elle eût fait cela, comme une femme déshonnête, et pour cette cause, hardie à tout mal, par un courroux et dépit plutôt que pour lui avoir été failli de foi.

Par quoi connaissant combien était grande la justice de l'empereur, qui était à cette heure-là à Villac, elle délibéra d'aller se plaindre à Sa Majesté de l'ingratitude et injustice de Juriste en son endroit.

Et s'étant vêtue d'habit de deuil et mise toute seule secrètement en chemin, elle s'en alla à Maximian, et s'étant jetée à ses pieds, elle lui dit piteusement :

—Très-sacré empereur, la cruelle ingratitude et incroyable injustice de votre gouverneur et lieutenant en Inspruck, en mon endroit, m'a fait venir devant Votre Majesté, espérant qu'elle emploiera tellement sa justice accoutumée, qui ne défaillit oncques au pauvre affligé, que comme je me dois plaindre infiniment de Juriste, pour le tort qu'il m'a fait, le plus grand qu'il fût jamais, il ne se glorifiera pas de m'avoir assassinée et brigandée : qu'il me soit loisible d'user de cette parole devant Votre Majesté, laquelle semblant rude, n'égale néanmoins la cruelle et non jamais ouïe honte et infamie, que m'a fait ce mauvais homme, qui s'est fait connaître à moi, tout d'un coup, et très-injuste et très-ingrat.

Et pleurant étrangement en cet endroit, elle récita à Sa Majesté la cruauté et injustice de Juriste, avec tant de larmes et lamentations, qu'elle émut à pitié l'empereur et les autres seigneurs qui étaient entour Sa Majesté, tous étonnés d'un fait tant horrible.

Mais combien que Maximian eût grande compassion d'elle, ayant néanmoins prêté une oreille à Épitia, il garda l'autre pour Juriste. Et ayant envoyé la femme se reposer, il fit venir Juriste et enchargea à tous de ne lui dire mot de ceci.

Quand Juriste fut devant l'empereur, il fit appeler incontinent Épitia.

Juriste voyant celle qu'il avait grièvement offensée, vaincu de la conscience, fut tellement éperdu, qu'étant abandonné des esprits vitaux, il commença du tout à trembler.

Maximian, voyant cela, tint pour certain que la femme lui avait dit la vérité, et s'adressant à Juriste, avec la sévérité requise en un cas tant cruel, il dit :

— Oyez de quoi cette jeune fille se plaint de vous.

Et il commanda à Épitia de réciter ce dont elle se lamentait.

Elle narra par ordre toute l'histoire, et enfin, comme devant, elle demanda justice à l'empereur.

Juriste, ayant entendu l'accusation, voulut flatter la fille, disant :

— Je n'eusse jamais pensé que vous, que j'aime tant, fussiez venue m'accuser ainsi devant Sa Majesté.

Maximian ne permit pas que Juriste flattât la fille, et dit:

— Il n'est pas temps ici de faire le passionné : répondez à l'accusation d'Épitia contre vous.

Juriste, à l'heure, laissant ce qui lui pouvait nuire, dit :

— Il est vrai que j'ai fait trancher la tête au frère de celle-ci, pour avoir ravi et forcé une fille : ce que j'ai fait pour ne violer la sainteté des lois, et pour garder la justice, que Votre Majesté m'avait tant recommandée, sans laquelle offenser, il ne pouvait pas demeurer en vie.

En cet endroit Épitia dit :

— s'il vous semblait que la justice voulût ainsi, pourquoi me promettiez-vous de me le bailler en vie, et sous cette promesse, me donnant espérance que vous m'épouseriez, pourquoi m'avez-vous privée de ma virginité? Si mon frère a mérité de sentir pour une faute seulement la sévérité de justice, vous l'avez mérité mieux que lui pour deux causes.

Juriste demeura en cet endroit comme muet.

A cette cause l'empereur dit :

— Pensez-vous que ce soit garder la justice que l'avoir ainsi offensée, voire quasi occise, usant de la plus grande ingratitude envers cette gentille jeune fille, que l'on ouït jamais parler avoir été pratiquée par aucun méchant? Mais vous en trouverez marri et m'en croyez.

Juriste commença en cet endroit à crier merci : et Épitia, au contraire, à demander justice.

L'empereur, connaissant la simplicité d'Épitia et la méchanceté de Juriste, voulut pour garder l'honneur de la femme, et la justice pareillement, que Juriste épousât Épitia.

La femme ne le voulait pas consentir, disant qu'elle ne pouvait penser qu'elle dût jamais avoir de lui que méchancetés et trahisons.

Mais Maximian voulut qu'elle fût contente de ce qu'il avait délibéré.

Juriste, ayant épousé la fille, pensa avoir la fin de ses maux : mais il advint autrement.

Car Maximian ayant renvoyé la femme en son logis, il dit à Juriste, qui était demeuré là :

—Vous avez commis deux crimes fort grands, l'un d'avoir diffamé cette jeune fille, par telle tromperie que l'on peut dire que vous l'avez forcée ; l'autre, d'avoir fait mourir son frère contre la foi à elle donnée. Car combien qu'il méritât la mort, puisque vous étiez disposé de violer la justice, vous deviez plutôt garder la foi à sa sœur, puisque votre dissolue lasciveté vous avait incité à lui promettre sur la foi, que, l'ayant deshonorée, le lui envoyer mort, comme vous l'avez fait. Pourquoi, puisque j'ai pourvu au premier crime, en vous faisant épouser la fille que vous avez violée, pour réparer l'autre, je veux que l'on vous tranche la tête, comme vous l'avez fait trancher à son frère.

On peut plutôt imaginer que réciter combien fut grande la fâcherie de Juriste, ayant ouï la sentence de l'empereur.

Il fut donc mis entre les mains des sergents, afin que, le matin ensuivant, il fût exécuté selon la teneur de la sentence.

Parquoi Juriste, entièrement disposé à mourir, n'attendait autre chose, sinon que le bourreau allât le défaire.

Cependant Épitia, qui avait été si ardente contre lui, ayant eu la sentence de l'empereur, mue de sa naturelle bénignité, jugea être une chose indigne d'elle, puisque l'empereur avait voulu que Juriste fût son mari, et qu'elle l'avait accepté pour tel, permettre qu'il mourût à l'occasion d'icelle, pensant que cela lui serait plutôt attribué à un appétit de vengeance, et à cruauté, qu'à désir de justice.

Parquoi, elle s'en alla à l'empereur, et ayant eu congé de parler, elle dit ainsi :

— Très-sacré empereur, l'injustice et ingratitude de Juriste m'ont induite de demander justice à Votre Majesté contre lui : à quoi elle a très-justement pourvu, faisant qu'il m'épousât, pour la réparation de mon honneur, et le condamnant à mort, pour avoir fait mourir mon frère, contre la foi donnée. Mais comme devant que je fusse sa femme, je devais désirer que Votre Majesté le condamnât à mourir, aussi maintenant qu'il lui a plu que je sois liée à Juriste par le saint lien du mariage, si je consentais à la mort d'icelui, je me tiendrais digne du nom de cruelle femme, avec une perpétuelle ignominie. Ce qui serait un effet contraire à l'intention de Votre Majesté, laquelle par sa justice a pourchassé mon honneur. Parquoi, très-sacré empereur, afin que la bonne intention de Votre Majesté obtienne sa fin, et que mon honneur demeure sans tache, je vous supplie humblement et en toute révérence, ne permettre que par la sentence de Votre Majesté l'épée de justice tranche misérablement le nœud par lequel il a plu à icelle me lier et joindre à Juriste. Et là où la sentence de Votre Majesté a montré certain signe de sa justice, à le condamner à mort, lui plaise aussi maintenant, comme je l'en prie derechef affectueusement, manifester sa clémence, en me le donnant en vie. Ce n'est, très-sacré empereur, moindre louange à qui tient le gourvernement du monde, comme à bon droit Votre Majesté l'a maintenant, d'user de clémence que de justice. Car là où la justice montre que les vices lui sont en haine, à raison de quoi il leur donne châtiment, la clémence le fait très-semblable aux dieux immortels. Et si j'obtiens cette singulière grâce de votre bénignité, pour l'acte gracieux usé envers moi, je prierai toujours dévotement Dieu, comme très-humble servante de Votre Majesté, qu'il lui plaise la conserver longuement, et heureusement, afin qu'elle puisse longtemps user de sa justice et clémence, au profit des humains et à l'honneur et louange immortelle d'icelle.

En cet endroit Épitia acheva de parler.

Maximian fut émerveillé de l'entendre ainsi prier pour Juriste, qui lui avait fait si grand tort: et lui sembla qu'une si grande bonté méritait qu'il lui octroyât ce qu'elle demandait. Parquoi ayant fait venir Juriste à l'heure qui l'attendait d'être conduit à la mort, il lui dit :

— Méchant homme, la bonté d'Épitia a eu tant de crédit en mon endroit, que là où votre méchanceté méritait d'être punie d'une double mort, et non pas d'une, elle m'a induit à vous faire grâce de la vie, laquelle je veux que vous reconnaissiez tenir d'elle. Et puisqu'elle est contente de vivre avec vous, je suis content que vous viviez avec elle. Et, si j'entends que vous la traitiez autrement qu'il faut, je vous ferai éprouver le déplaisir que vous me ferez en cela.

Et ce disant, prit l'empereur Épitia par la main et la bailla à Juriste.

Ils remercièrent tous deux Sa Majesté de la grâce et faveur qu'elle leur avait faite.

Et Juriste, considérant combien avait été grande envers lui la courtoisie d'Épitia, l'aima toujours beaucoup : et pour cette cause, elle vécut très-heureusement avec lui le reste de ses ans.

FIN DE L'APPENDICE.

TABLE

DU TOME DIXIÈME.

Introduction.. 7
Mesure pour Mesure... 101
Timon d'Athènes.. 223
Jules César.. 333
Notes.. 443

   Appendice :

Extrait des Hécatommithi de J.-B. Giraldi Cinthio, mis en français par Gabriel Chappuys....................... 495

ŒUVRES DE SHAKESPEARE.

Tome   I. Les deux Hamlet.

Tome II. Les Féeries.
    Le Songe d'une Nuit d'Été.
    La Tempête.

Tome III. Les Tyrans.
    Macbeth.
    Le roi Jean.
    Richard III.

Tome IV. Les Jaloux — I.
    Troylus et Cressida.
    Beaucoup de bruit pour rien.
    Conte d'hiver.

Tome V. Les Jaloux — II.
    Cymbeline.
    Othello.

Tome VI. Les Comédies de l'Amour.
    La Sauvage apprivoisée.
    Tout est bien qui finit bien.

Tome VII. Les Amants tragiques.
    Antoine et Cléopâtre.
    Roméo et Juliette.

Tome VIII. Les Amis.
    Les Deux Gentilshommes de Vérone.
    Le Marchand de Venise.
    Comme il vous plaira.

Tome IX. La Famille.
    Coriolan.
    Le roi Lear.

Tome X. La Société.
    Mesure pour Mesure.
    Timon d'Athènes.
    Jules César.

Tome XI. La Patrie. — I.
    Richard II.
    Henry IV (1re partie).
    Henry IV (2e partie).

Tome XII. La Patrie. — II.
    Henry V.
    Henry VI (1re partie).

www.ingramcontent.com/pod-product-compliance
Lightning Source LLC
Chambersburg PA
CBHW071722230426
43670CB00008B/1098